阿部純一郎
Abe Jun'ichiro

〈移動〉と〈比較〉の日本帝国史

統治技術としての観光・博覧会・フィールドワーク

新曜社

〈移動〉と〈比較〉の日本帝国史――目次

装幀——難波園子

凡例

歴史資料からの引用および本文の記述に関しては、以下の基準に従っている。

(1) 読みやすさを考慮して、適宜句読点を補った。また、旧字体を新字体に、片仮名を平仮名に、平仮名を片仮名に、漢数字を英数字に改めた箇所がある。

(2) 引用文中において中略した箇所は、「……」あるいは「……〔中略〕……」で示した。また筆者による注記を補った場合には、〔 〕で示した。

(3) 引用文中には、現代からみれば差別的・蔑視的とみなしうる用語(たとえば「支那」「生蕃」)もふくまれているが、論者が置かれた歴史的・社会的位置をあらわす重要な指標と判断し、原文のまま表記している。ただし、本文の記述に際しては、指示対象を明らかにするために現代風に改めた箇所もある(たとえば「中国」「台湾先住民」)。

序章　はじまりの拉致

時代を二つに区分できる日付というものは、どれでも自由に決められるとはいえ、一四九二年――コロンが大西洋を横断した年――以上に近代のはじまりを刻むにふさわしい年はないであろう。……この時以来（たとえ宇宙は無限であるにせよ）世界は閉じられ、コロン自身が断固たる口調で宣言したように「世界は小さくなった」のである。それまでは、人は全体にはかかわらない一部分を構成していたのにたいして、自分たちがその一部分となっている全体の存在に気づいたのだ。――ツヴェタン・トドロフ『他者の記号学』

「近代」のはじまりを一四九二年に置くとするならば、近代はさまざまな人の〈移動＝転地 displacement〉とともに幕を開けたといえる。この年、スペイン王国はついにイベリア半島からイスラム勢力を駆逐し（グラナダ陥落）、つづいてユダヤ人の国外追放（ユダヤ人追放令）、コロンブスの「新世界発見」の航海が始まっている。それはスペイン、ひいてはヨーロッパが、「内なる他者」を締め出し、「外なる他者」を取り込んでいく象徴的な年であり、ナショナリズムとグローバリゼーションという「近代」を形づくる二つの歯車が回り始めた、まさに「新しい世界 New World」のはじまりにふさわしい年でもあった（Todorov 1982=1986: 6–8; Marx 2003: 3–4; 本橋 2005: 6–18）。

コロンブスと先住民との最初の「植民地的出会い colonial encounter」は、この近代における人の移動とその暴力性を濃縮された形で示している。

一四九二年のそもそも最初の日から、ヨーロッパ人が言語的接触を確立するために〔つまり通訳を確保するために〕選択した主たる手段、それは誘拐することであった……コロンブスの航海日誌の記載記事の中で、彼に挨拶に来た原住民の何人かを捕えてスペインに連れて行き、「彼らが話せるようにする」という意図が表明されている。一〇月一五日、陸地接近のわずか三日後、コロンブスはこの捕虜の二人が逃亡したことを報告している。一人は船から海に飛び込み、海岸に泳ぎ着いたように思え、もう一人はコロンブスがそれ以前に称えていた原住民の「丸木舟」……に乗って、まんまと逃げおおせたのである。……〔中略〕……その逃亡の直後、一人のインディオが、木綿の玉を売買したいと思い船に漕ぎ寄って来たが、スペイン人の船員たちに捕えられる。(Greenblatt 1991=1994: 168–169〔 〕は引用者註、以下同様)

こうした原住民の拉致は、ヨーロッパ人と植民地住民との出会いのなかでは、ありふれたものであった。スペインに代わって次世代の海洋国家を担ったイギリスの航海者たちも、珍しい動植物や収集品とともに、現地の人間を、実に多種多様な理由で〝持ち帰っている〟。たとえば通訳や情報提供者として、安価な労働力として、貴族のステータス・シンボルとして、未知なる世界の物的証拠として、宮廷内の娯楽あるいは商業的な見世物(フリークス)として、さらには愛する子供へのプレゼントとして(Altick 1978=1989–1990; Marshall and Williams 1982=1989; Fryer 1984; Dabydeen 1987=1992; Greenblatt 1991=1994)。

我々は、これらの移動する原住民の存在を、近代史における単なる偶発的なエピソードとして扱うべきではない。むしろそれは「近代」に、そのはじまりから不可分に組み込まれてきたものなのだ。

本書の主題は、近代のグローバリゼーションとナショナリズムの展開にともなう原住民の〈移動=転地〉の経験、ならびにそれを取り巻く学知と政策の歴史である。その主な舞台は、一九世紀後半以降の日本とその最初の植民地である台湾に設定される。本書は、これらの島々を舞台にして繰り広げられた人々の移動と遭遇、特に観光・博覧会・フィールドワークという三つの「植民地的出会い」に焦点をあてる。

ここで興味深いのは、コロンブスの航海から遅れること四〇〇年、ヨーロッパ列強との領土獲得競争に乗りだした日本でも、同じような出来事が反復されたことである。すなわち一八九六（明治二九）年一二月、領有直後の台湾において、台南県に暮らす先住民三名が日本人に拉致され、東京で「観物興業」に利用されるという事件が発生している（「蕃人の誘拐に対する処分」『理蕃誌稿』第一編：三二一–三二二頁）。

ただし日本政府はこの事件を、「無智」な先住民を騙して「奇利」をむさぼる行為とみなし、すぐさま興業を中止し、先住民を台湾に送り返すとともに、台湾総督府および台南県知事に対して、今後「蕃地」（＝山岳地帯の先住民居住区域）出入者の「誘拐的所為」を厳重に取り締まるよう注意を促している。さらに、台北・台中両県の知事に対しても事件の経過を周知し、同様の事件を未然に防ぐために、蕃地出入者への許可制を導入した府令第三〇号（「蕃地出入取締の府令」一八九六年九月）の規定を遵守するよう求めた(1)。

この日本帝国のはじまりに起こった先住民拉致事件は、本書でこれから検討することになる複数の問題系が絡み合い、交差している象徴的な事例といえる。そこで以下では、この事件を取り巻く状況をより詳細に追うことで、本書の問題関心を明確にすることにしたい。

第一は、原住民の見世物化の問題である。事件の当事者は台南県鳳山支庁の「ツァリセン族」三名で、当時の報道によると、彼らは一二月四日から一五日まで、東京の神田小川町にて「生蕃（＝台湾先住民）の唱歌踊り」や「生計遊楽の状」を昼夜二回公演で演じる予定になっていた(2)。「生計」という表現はやや分かりにくいが、「槍投げ」「弓彎《ひ》き」を演じたという記述から、おそらく先住民の狩猟生活を見せる趣向だったと推察される。また、「七〇以上の首を獲たる」証拠として貝殻の「数珠」を身に着けていたという説明から、外見的には〝首狩り族〟のイメージが押しだされていたようだ。さらに日本語で「君が代」を歌わせたり、「台湾踊」と称する舞踊を見せたりもしたらしく、この点について記者は、「奇異なる音程もて自ら唱歌を唄ひつつ飛跳る様抱腹噴飯なり。未だ台湾土人を知らざるものは行て見るべし」と紹介している。(3)

本書で重要なのは、以上のような原住民を見世物にする行為が、当時政府による規制を受けながらも、その後、政府公認の場において大々的に推奨されていくことだ。その場とは博覧会である。本書の第一の関心は、帝国期日本の博覧会政策、なかでも植民地台湾の住民を対象とする〈原住民展示〉の問題にある。この問題は、本書の第四章・第五章および第七章の一部で扱う。

第二に注目したいのは、日本人と原住民との接触、あるいは原住民の移動を「管理 management」しようとする政策的思考である。ここでは「禁止」ではなく、「管理」という点がポイントとなる。たとえば先の府令第三〇号も、その内容は、所轄官庁の許可を得ないで先住民居住区域に出入りする日本人を制限する（違反すれば罰則を科す）ものであって、日本人と先住民との接触を全面的に禁止するものではなかった。言いかえれば、ある特定の接触は制限されたが、その他の接触は容認・促進されたわけだ。

より具体的にいうと、同法の規制対象は、「濫に蕃地に出入し、中には蕃人を欺罔して不当の利を貪り、我政府及内地人一般に対する蕃人の感情を害し施政の妨害を醸す」者とされ、「著実なる企業家」が「将来殖産興業の道を謀る」ために山地を「視察」・「探見」する場合には入山を許可するよう通達されている。(4) しかし、山地に出入りする日本人が「著実」なのか「不当」なのかという判断は結局、総督府の観点でしかなく、中村（2003: 323–324）によれば、これによって政府の公認した一部の日本人による山地資源（特に樟脑）の開発独占の道が切り開かれることになったという。

一方、原住民の移動についても、国家による移動者の峻別・管理がおこなわれた。植民地住民を日本に連れて来る行為は、先の拉致事件では、「奇利」を求めて「無智」な先住民を騙す〝不当な〟行為として処分されたが、翌一八九七（明治三〇）年八月、今度は総督府主導のもとで、「ツァリセン族」ほか先住民一三名が「内地の文物」を視察するという名目で日本に連れて来られている。(5) しかもこの「内地観光」事業は、一度限りのものではなく、太平洋戦争直前まで継続的に実施された。またその参加者には、先住民だけではなく台湾漢族も含まれ、さらに団体ではなく少人数で来日した人びとも含めるなら、その規模はもっと大きくなる。本書の第二の関心は、帝国期日本の観光政策、特に植民地台湾の住民を対象とする内地観光事業にある。この帝国期のツーリズムの問題は、本書全体を貫く政治的・社会的背景となるものだが、特に第五章から第九章にかけて詳細に取り上げることにしたい。

要するに、先住民拉致事件とは、日本人と植民地住民との出会いを構成する三つの実践――〈原住民を移動する〉・〈原住民と接触する〉・〈原住民を展示する〉――に対して国家が介入し、その一部を「違法化＝異端化 de-legitimization」しつつ、植民地政策の内部へと取り込んでいく過程を象徴する出来事だった。しかしそのなかにあって、国家の規制を逃れつつ、時にはそれと手を結びつつ展開された、移動・接触・展示の実践が存在した。それは人類学である。本書の第三の関心は、帝国期日本の人類学とフィールドワークの問題に向けられる。

たとえば先に東京で見世物にされた先住民の姿を、当時嬉々として眺めていたのは、一般の見物客だけではなかった。これらの先住民はさらに、東京帝国大学医科大学教授の人類学者・小金井良精（一八五九―一九四四）による身体計測も受けており、小金井はその身体を評して、「日本人中には見出し得べからざる壮健の骨格なり」と語ったという[6]。小金井のような国内の人類学者にとって、原住民展示の場は、異民族の姿を間近に観察できる一種の「フィールド」でもあったように思われる。我々は第四章で、この関係性が政府主催の博覧会の場に継承されていくさまを、小金井も所属していた東京人類学会と博覧会との関わりを通して見ることになる。

さらに付言すれば、この時期には日本人類学のフィールドワークの歴史においても大きな進展がみられた。特に台湾では、山地出入者への規制が強まるのと軌を一にして、先住民を対象とする本格的な人類学調査が開始されている。すなわち、東京人類学会会員で、当時総督府官吏を務めていた伊能嘉矩（一八六七―一九二五）の「平埔族」調査（一八九六年七月～）および台湾全島調査（一八九七年五月～）、同じく東京人類学会会員で、海外フィールドワークの開拓者と評される鳥居龍蔵（一八七〇―一九五三）の全四回にわたる台湾先住民調査（一八九六年夏～一九〇〇年八月）である。

フィールドワークを構成する「旅立ち」・「訪問」そして「書く」という行為を（Clifford and Marcus (eds.) 1986=1996; Clifford 1997=2002）、移動・接触・展示（表象）の実践と捉え返すならば、我々は植民地支配と人類学との共犯性という戦後くりかえし議論されてきた問題を（先駆的な批判は、Leris 1966=1971）、人の移動・接触・展示に対する国家の管理が強まるなかで、同時期のフィールド科学がそれにいかなる仕方で対峙・応答したのか、という角度から再構成可能となる。この問題は、明治・大正期の学知の動向を扱う第二章から第四章、さらに昭和期を扱う第八章・第九章でそれぞれ考えることにしたい。

観光・博覧会・フィールドワーク――。このいまだ萌芽的に現れているにすぎない三つの点を繋ぎ合わせたとき、一体いかなる「日本帝国」の輪郭が浮かび上がってくるか。本書は、日本人と植民地住民とが対峙したこれら三つの「植民的出会い」に焦点をあて、日本帝国史を再構成する試みである。

†

つづいて本書の構成について述べておきたい。

本書は、一九世紀後半に加速するグローバルな人の〈移動〉と〈接触〉という前提から出発し、日本の植民地帝国の成立・存続にとって、日本人と原住民の〈移動〉と〈接触〉の管理こそが決定的な重要性をもっていたと主張する。そのためにはまず、「ナショナリズム」と「グローバリゼーション」を分析的に対立させる思考法や、「国民国家」時代の後に続くものとして「グローバリゼーション」時代を位置づけるような段階論的な歴史観を刷新しなくてはならない。

第一章では、B・アンダーソンのナショナリズム論を手がかりにして、近代の輸送・通信ネットワークの発達とそれに基づく現実的／仮想的《ヴァーチャル》な〈移動＝転地〉の経験が、ナショナリズムという新たなイマジネーションを成立させるうえで鍵となる役割を果したことを明らかにする。この章では、アンダーソンの著作群を批判的に読解しながら、ナショナリズムとは、われわれが世界を眺める一種独特の〈比較〉の様式であることを論じる。その一方で、〈比較〉をナショナリズム、主に帝国解体型の反植民地ナショナリズムを生みだす要因として捉える彼の論理展開には、理論的・実証的な不備があることも指摘する。以上を踏まえて、観光・博覧会・フィールドワークという三つの〈比較〉の実践と、日本の植民地支配との連関構造を解明するという本書の課題設定が明確化される。

第二章・第三章の主題は、人類学の〈比較〉の実践である。第二章では、坪井正五郎と鳥居龍蔵という日本人類学の学問的制度化《ディシプリン化》の原点となる二人の人物を取り上げる。両者はいずれも、日本の学界に新興科学たる人類学の学問的権威を確立すべく多大な力を尽くした。しかし、両者が目指した人類学とその方法論は大きく異なっている。本章では、両者の〈比較〉の手法に注目し、「人類」全体を視野に入れた坪井の広大な比較のフィールドが、鳥居において「東洋」へと解体・縮小していく過程をたどる。それは同時に、多様な血縁的・文化的ネットワークが絡みあったハイブリッドな対象として「フィールド」を捉える見方が後退し、人類学の調査対象が、人種的に分断可能な〝閉域〟として概念化・規範化されていく瞬間でもあった。

第三章では、鳥居の閉域化された「フィールド」理解がいかにして生みだされたかを、実際の調査の現場から検証する。すでに述べたように、鳥居は日本人類学史のなかでフィールドワークの開拓者とされる人物である。実際彼は、写真機・蓄音機といった当時最先端のテクノロジーを調査の場にいち早く導入し、人類学の「記録」のあり方を近代化した。また調査報告書とは別に、旅行日誌をベースにした「民族誌」を執筆し、新たな「書く」方法を創出した。さらに彼は、文献調査が主流だった時代に、みずから海外調査へと臆することなく飛び込んでいき、従来の調査ならびに調査者のイメージを一新した。しかしそれは既成の学問的権威への挑戦でもあり、鳥居のフィールドワークは、この「科学的権威付け」をめぐる抗争関係のなかで理解されなければならない。本章では、鳥居の初期の調査にあたる台湾先住民調査とその延長線上に位置する西南中国調査を題材にして、彼がフィールドでの体験を、民族誌にいかなる仕方で書き込んだか——そして何を省略したか——を問題にしたい。この作業を通して、植民地平定以前の「危険な」フィールドを調査した「孤独な」観察者という半ば伝説化された鳥居像を〈脱神話化〉することを試みる。

第四章からは、学知の領域から博覧会そして観光の領域へと少しずつ焦点を移していく。第四章では、日本の人類学史ならびに博覧会史上に刻まれる負の歴史のひとつである〈原住民展示〉の問題を取り上げる。ただし本章の主たる関心は、生身の人間を展示するという〈原住民展示〉の暴力性を問い正すことではない。むしろこの章では、当時の人類学者が〈原住民展示〉の設計・運営に大きく関わり、しかもその空間を貴重な「フィールド」と捉えていたことの意味を深く掘り下げていく。なぜ彼らは〈原住民展示〉という舞台装置に惹きつけられたのか、その空間はいかなる意味で魅力的だったのか、そして彼らはその空間をいかなる形に仕立て上げようとしたのか。この章では、博覧会に対する人類学者の「姿勢と言及の構造」（E・サイード）を解き明かし、そこからひるがえって、彼らが植民地のフィールドに対してとった「姿勢と言及の構造」を照射する。

第五章では、博覧会という〈比較〉の空間を植民地サイドの視点から捉えかえす。ここで取り上げる事例は、第五回内国勧業博覧会（一九〇三年、於：大阪）で台湾総督府が実施した二つの事業、すなわち植民地パビリオン「台湾館」の設置と、台湾漢族を博覧会見学に連れだす「内地観光」事業である。先行研究では、前者の「台湾館」は、〈文明＝日本〉と対比された〈異質・未開な台湾〉という他者表象を強化する装置だったと理解されている。しかしその一方で、この事業に植民地サイドで関わった多くの人々にとって、台湾館は逆に〈異質・未開な台湾〉という日本本国の「誤解」を解消する手段として捉えられており、台湾館が結果的にそうした「誤解」を再生産するに至ったことは否定的に評価されていた。では、なぜ関係者の意図は裏切られ、「誤解」は反復されたのか。本章では、台湾館事業とそれと並行して進められた内地観光事業の政策過程を追いながら、台湾の植民地政策に内在する相反する政策ベクトルの存在（「帝国の緊張」）を浮き彫りにする。

第六章・第七章では、観光という〈比較〉の実践が、植民地住民に対する統治技術としてどのように利用されたかを詳細に論じる。ここでは、領有当初から太平洋戦争直前まで実施された台湾先住民に対する観光政策を事例に、時代ごとの政策変化や参加者への心理的効果など、さまざまな側面から観光政策と植民地支配との関係を探る。これら二つの章では、観光事業に参加した先住民の多種多様な——ときに政策意図から外れるような——反応パターンと、それらの反応を引き起こした政策実態、さらに植民地政府が先住民を体制側に引き込むべく〈比較〉の内容をどのように「管理」しようとしたかを論じる。また章の最後には、領台四〇周年の記念事業として企画され、多くの先住民を出演者・観光客として動員した台湾博覧会（一九三五年、於：台北）を取り上げ、ここまで論じてきた観光と博覧会という二つの〈比較〉が、台湾を舞台にしてどのような形で合流・融合したかを示す。

第八章では、日本帝国内部の民族運動の高まりや国際的な対日世論の悪化にともない、一九三〇年代以降の日本政府の政策において、観光が一種の世論操作・プロパガンダ活動として民族政策に接続されていく過程を追う。ここでは、当時観光問題や民族・人口政策を扱う政府系機関に所属していた社会学者・小山栄三（一八九九–一九八三）の議論を糸口にして、台湾の植民地政策に確認された、観光を利用して帝国秩序を（再）構築するというプロジェクトが、植民地住民以外のさまざまな移動者を巻き込みながら帝国規模で展開されたことを示す。

第九章では、日中戦争下の台湾で発行された『民俗台湾』という雑誌の活動、特に台湾民藝品の保護活動を取り上げる。従来『民俗台湾』及びその主宰者である人類学者・金関丈夫（一八九七–一九八三）の言論活動は、台湾島内の政治状況のもとで、主に皇民化政策との関連のなかで分析・評価されてきた。しかし金関らの活動は、台湾島内に閉塞したローカルな運動ではなく、同時期に帝国各地で展開された文化保存運動の一環として捉えなければならない。そこで本章では、以下の二つの『民俗台湾』関係者の活動に注目する。（1）朝鮮・満洲・中国・東南アジアなどの各植民地圏の政策動向を素早くキャッチしつつ、より広い政治的コンテクストのもとで台湾の伝統文化を保存する価値を訴え、政策的支持を引きだしていく過程、（2）日本民藝協会の柳宗悦（一八八九–一九六一）が日本・朝鮮・沖縄などで進めていた民藝保存運動と連帯・協同しつつ、日本と台湾の両地域からクレイム活動を展開していく過程、この二点である。そのうえで本章では、柳田国男（一八七五–一九六二）が『民俗台湾』誌上で提唱した「大東亜民俗学」という比較民俗学の構想と、金関が目指していた〈比較〉との差異について論じる。これらの作業を通じて、金関・柳らの活動が、台湾文化をとり巻く既存の価値観を解体し、新たな文化保存の道すじを切り開く試みであったことを示す。

以上が本書で描こうとしている日本帝国史のアウトラインである。

本書は、以下の二つの理由で、現代の視点から書かれた歴史書である。第一に、本書で扱うのは、現代と同じく、グローバリゼーションとナショナリズムが同時進行していた世界である。第二に、本書は、当時支配的だった価値観のなかでは看過されてきた出来事を扱うという意味において、現代の視点から書かれている。すなわち本書は、かつては周辺的とみなされてきたが、脱植民地化やグローバリゼーションの進展にともなう言説空間の再編のなかで新たな意味を獲得しつつある、そんな歴史的経験に光をあてる。しかしそれは言いかえれば、本書が対象とする時代と現代の言説空間とが大きく異なるということを意味する。したがって本書は、現在の視点から当時の研究者の「未熟さ」や政策実践の「暴力性」を非難するような歴史分析からは自覚的に距離をとろうと努めた(本書が多くの章で一九九〇年代以降の日本のポスト・コロニアリズム研究を俎上に載せているのはこのためである)。本書が目指しているのは、今日の基準からみればあまりにも「未熟」で「暴力的」にさえ映る帝国期の言説実践の意味を、それらが生まれてきた歴史的な〈場〉のなかで内在的に理解し、帝国期を生きた人々の社会的現実——植民地的想像力——に迫ること、である。

次章ではまず、日本における初期グローバリゼーションの展開と、それが切り開いた新たな想像力の問題から議論を始めよう。

第一章　理論視角
――移動・比較・ナショナリズム

第一節　初期グローバリゼーションと帝国期日本のナショナリズム

日本人がグローバリゼーションを実際に肌で感じ始めたのは、いつ頃だったのだろうか。むろん、唯一の正解があるわけではない。その理由のひとつは、「グローバリゼーション」の定義自体が一様ではないからである。しかし、ひとまずそれを「地球的規模での相互連関性が拡大し、深化し、加速化する現象」（Held, McGrew, Goldblatt and Perraton 1999=2006: 25）と定義するならば、その感覚は、「グローバリゼーション」という言葉が使われ始める一九九〇年代よりは、はるかに遠い昔に訪れていたように思える。たとえば今から百年程前の一九一〇年代に書かれた本――後藤新平著『日本膨張論』（1916→1924）の中に、「世界主義的傾向の実際的根拠」と題する一章がある。そこで語られているのは、近代の交通機関の発達によって時間的・空間的に縮小された世界、あらゆるモノ・コト・ヒトが「超国民的」・「超国家的」（後藤 ibid.）に移動しあう世界の姿だった。

科学の発達に伴ふ交通機関の進歩は、地上の距離を短縮して世界の表面を縮小し、張房縮地《ちょうぼうしゅくち》の図は今や空談に非ずして事実となつて現はれた。……若し往時の如く、歩々膝栗毛に鞭打つて世界を一周せんとせば、数年乃至十数年を費すとも尚其成功を期し得ない。然るに今日汽車、汽船の便をかりて最捷径をとらんか、僅々《きんきん》数月を出でずして世界一周の目的を達することができる。……世界は斯くて綿を括りて鞠とするよりも猶以上に交通機関の網に依て緊《し》め縮められた。蛛網の如き交通機関は今や地球の神経系統として、其の表面に於ける一切の事と物とを伝達し輸送して居る。是に於て、英国も米国も支那も印度も皆御隣り同志といふことになつた。謂はば世界中が皆一つ所へ寄せ集められて、一眸裡に展開さるるやうになつたのである。（後藤 1916 → 1924: 37–38）

世界全体が一点に圧縮され、一望に把握できるという感覚。この錯覚を引き起こしているのは、言うまでもなく、遠隔地への移動時間を短縮した長距離輸送ネットワークにほかならない。より具体的にいえば、それは日本のアジア進出とともに次々と開設され、植民地または諸外国と連結されていった日本帝国の鉄道・海運ネットワークであった。

奉天―釜山間の直通急行運転が開始された一九一二年六月一五日、日本国内では初の特別急行列車が東京―下関間をつないだ。これによって新橋から下関へ出て、関釜連絡船（一九〇五年九月開港）に乗って釜山港に向かい、そこから列車に乗り換えて奉天（現：瀋陽）に到着するまでの所要時間は約六二時間、さらに足を伸ばせば六九時間二〇分で、後に「満洲国」の首都となる新京（現：長春）に着くことができた（満鉄会編 2007: 32–33）。また一九一〇年四月には東清鉄道（ロシア）と満鉄および内閣鉄道院（一九〇八年創設）との交渉の末、日本海経由で日本と「満洲」（中国東北部、以下括弧省略）とを結ぶ日満旅客連絡運輸体制が実現。さらに翌一九一一年七月のシベリア経由国際連絡運輸会議（ロンドン）において世界周遊券と東半球一周周遊券の設定が合意され、これによって帝国日本の鉄道・海運ネットワークは、「世界一周」旅客運輸体制への参入を果たす（満鉄会編 2007: 178）。

つづく一九一二年には、今日のＪＴＢの前身であるジャパン・ツーリスト・ビューロー（以下、ビューローと表記）が内閣鉄道院の援助の下、南満洲鉄道・朝鮮鉄道・台湾鉄道・日本郵船・東洋汽船・大阪商船・帝国ホテル・帝国劇場ならびに外客相手の商店（三越、高島屋等）の賛同を得て設立された。本部を鉄道院内に置いたビューローは、すぐさまその支部を大連（満鉄内）・京城（朝鮮鉄道局内）・台北（台湾鉄道部内）に開設し、帝国全土に広がる旅客輸送ネットワークを構築していく（図1-1を参照）。その一方で、ビューローは諸外国の輸送会社との切符代買契約を通じて業務範囲を拡大し、特に第一次大戦後から大正末の日本は、多くの世界一周旅行客が立ち寄る「世界周遊旅行の黄金時代」を迎えた（日本交通公社編 1962: 101–114, 120–122）。

もちろん、後藤が上記のように語った一九一〇年代にあって、実際に世界一周の旅ができたのは、ごく一部の社会階層に限られていた。[1] しかし、それはある程度今日でもそうである。後藤の主張において、実際に旅に出かけるかどうかは重要ではない。後藤（1916→1924: 37, 39）によれば、近年の通信メディア（「電話」・「電信」等）を用いれば、我々は「必ずしも直接異国人に接しなくとも」異国の文化に触れ、「僅々二三十分間を出でずして、世界一周が出来る」のである。だからこの近代の交通・通信ネットワークによって相互連結した社会は、いまや一部の上流層にとどまらず、より大多数の人びとを巻き込んでいる。たとえば大西洋を航海している一汽船が難破し、その乗客たる大富豪が溺死したというニュースが伝わったとする（後藤 1916→1924: 44–45）。後藤によれば、こうした「地球上の或地点に起る僅かなる経済的波瀾と雖も、直ちに彼等（不特定多数の関係者）はそれより種々なる影響を被らずにはゐない」。つまり、「各個人の利害関係が世界的に錯綜」し、「殆んど国境を超越して居る」点が「現代の一大特徴」である。

その文体の旧さをひとまず置けば、後藤がここで語っている内容は、今日「グローバリゼーション」の特徴として語られているもの——たとえば「時空間の拡大／圧縮」（Harvey 1989=1999; Giddens 1990=1993）——を先取りしているといってよい。ただし、そこには決定的な違いもある。それは、こうしたモノ・コト・ヒトの越境的な移動や、それに伴う間文化的な接触・混交現象が、今日「ナショナルな共同体」（国民＝国家）の解体として——肯定的・否定的いずれの立場からも——主題化されているイシューとまったく結びついていないことで、この点は『日本膨張論』というタイトルからも窺える。

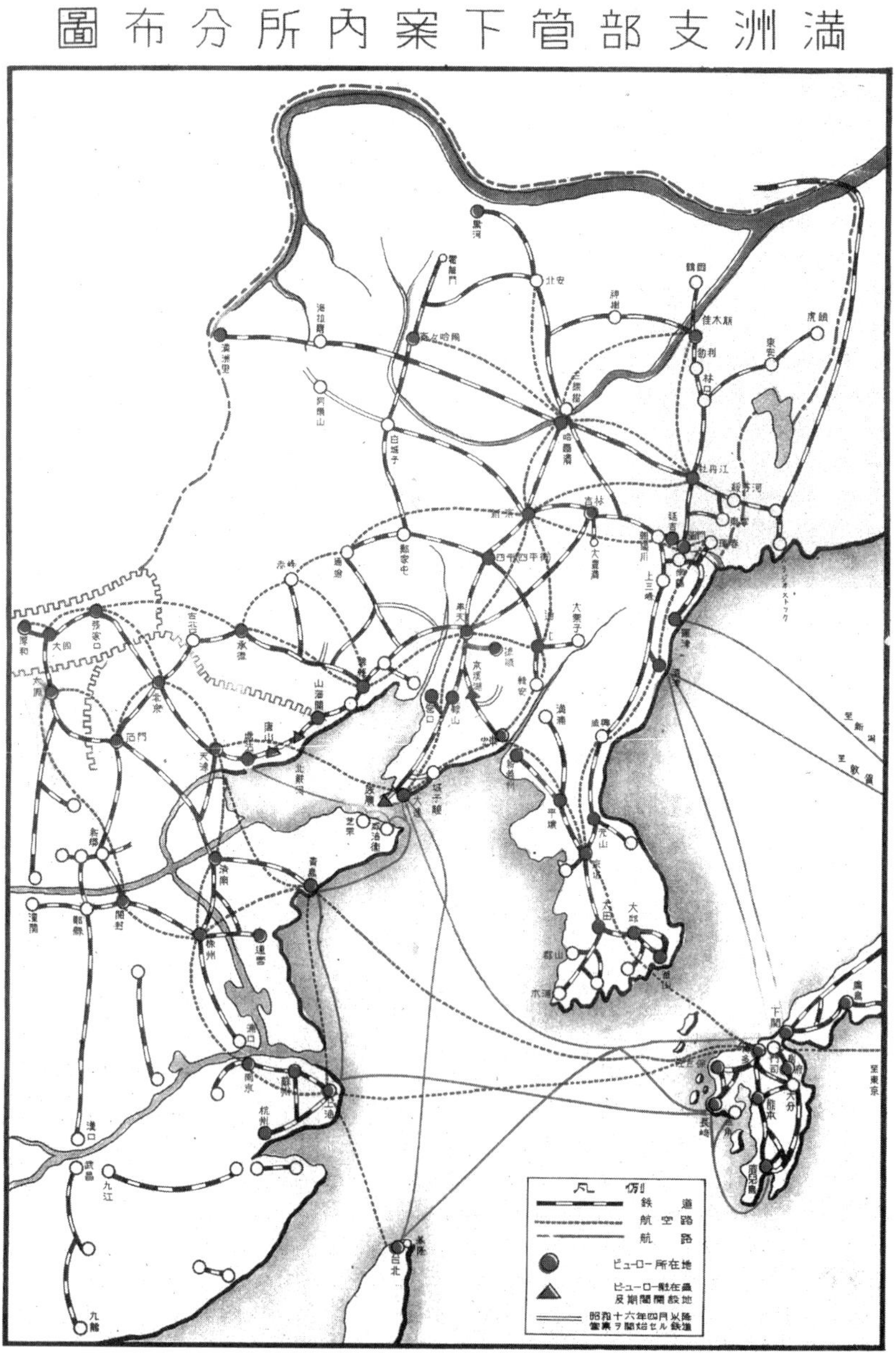

図1－1　日本帝国の旅客輸送ネットワーク（JTB 満洲支部管下、1943年時点）

出典：東亜交通公社編（1943）より。

たとえば第一一章「膨張国民としての日本民族」では、元来「日本民族」が対外膨張志向を有してきたこと（「世界雄飛の思想」「膨張発展の思想」）、しかも異文化を次々と吸収し、自己流に消化する能力にも長けてきたこと（「同化的精神」「思想的文化的征服の精神」）が論じられているが、彼によると、この点を史実から裏付けることこそが、「本書を編む目的の一つ」であったという（後藤 1916→1924: 133-156）。要するに、後藤にとって地球的規模での相互連結性の高まりは、「日本民族」というネイションを解体するものではなく、それどころかネイションをその本来の姿へと導いていく力として捉えられている。

そこで疑問が生まれる。どうして後藤のグローバルな世界認識は、今日たびたび語られるような「ナショナルな共同体」の解体言説ではなく、日本の領土拡張を正当化するような構成言説にいとも容易に結びついているのか。もちろん、グローバリゼーションがある種のナショナリズムを強化することは、これまでも多くの論者に指摘されてきた。しかし、そこで扱われるのは主に防衛的・反動的ナショナリズム、すなわちナショナルな共同体の〝危機〟の意識から展開される運動（例えばゼノフォビア的な移民排斥）であって、後藤のようにグローバリゼーションがネイションを〝構成〟する、さらには〝完成〟させるという意識とは、別の水準にある。言いかえれば、現代のグローバリゼーションの中で主張されるナショナルな共同体の解体言説は、それを〝解放〟と捉えるにせよ、〝危機〟と捉えるにせよ、いずれもグローバリゼーションとナショナリズムとの対立関係を下敷きにしている。しかし、後藤のようなナショナリストを相手にする場合には、こうした前提は分析の出発点から誤ったアプローチを採用することになりかねない。なぜなら、グローバリゼーションとナショナリズムとを対立させる思考法自体が、まさに近代のナショナリズムの所産だからである。

この点は現在、「方法論的ナショナリズム methodological nationalism」という主題のもとで活発に議論されている（Wimmer and Glick Schiller 2002; Chernilo 2007; 佐藤 2009a, 2009b）。方法論的ナショナリズムとは、近代の国民国家形成の過程で、社会の「国民＝国家化 nationalization」だけでなく、社会を観察する際の思考枠組の「国民＝国家化」が生じたことを表す概念である。それには様々なヴァリエーションがあるが、ここでは特に「人の移動」を「国民国家の危機」と結びつける戦後の国際移民研究によく見られた言説が、それ自体、両大戦間期に強化されたナショナルな人口管理体制の所産であると論じたウィマーとグリック・シラーの論文を参照したい。

それによると、戦間期のシカゴ学派や戦後の国際移民研究では、「移民」と「国民」との文化的差異が——移民が国民神話の土台を形づくってきたアメリカのような国でさえ——問題視され、移民のホスト社会への「同化」や「統合」に大きな関心が寄せられたのに対して、「準拠集団たる国民共同体が階級的・文化的に異質であること」、「大きな多様性を含んでいること」は不当に無視されてきたという。その結果、「文化的多様性の増大」が問題となる場合、それはつねに「移民」問題として提起された。そこでは移民は初めから「文化的他者」、ひいてはホスト社会の「潜在的脅威」と見なされ、だからこそ戦後の国際移民研究は——機能主義の伝統とも関わるが——「社会統合」を主要な課題に据えてきたのである。そしてこの場合、「統合は常に、国民に所属している人びとの間では、すでに確立された、問題にもならない、強固なものと捉えられている」(Wimmer and Glick Sciller 2002: 310)。

移民を国民国家と対置させる思考、国際移動(研究)と国内移動(研究)を分析的・学問領域的に切り離す傾向、移民の社会的地位を分析する際に、同等の階層・教育水準に位置する「国民人口の一部」と比較するのではなく「国民平均」と比較する傾向などは、ウィマーとグリック・シラーに従えば、分析以前の前提として、国民/外国人、国内/国際問題といった境界線を実体視し、密輸入している危険がある(Wimmer and Glick Schiller 2002: 310–311)。ただし、こうしたナショナルな思考枠組が問題となるのは、なにも現代のグローバル化社会の分析だけに限られるわけではない。現在の「グローバル化」時代と安易に対置されている過去の「国民国家」時代の方が、その分析枠組にナショナルな実体化が入り込む危険は大きいのである(佐藤 2009b: 349–351; Chernilo (2007: 14–19) によるウルリッヒ・ベックのグローバル化社会論への批判も参照)。つまり、昔はそれでも良かったが今は通用しない、という単純な話ではないのだ。

かつてブルデューが述べたように、「国家の主要な権力のひとつは、我々が社会的世界のあらゆる物事——そこには国家自体も含まれる——に対して自動的に当てはめている思考のカテゴリーを生みだし、それを押し付けてくる点にある」(Bourdieu 1999: 53) とすれば、「方法論的ナショナリズム」を克服するためには、既存の分析枠組にひそむナショナルな「思考のカテゴリー」を明らかにし、学知と国家権力との共犯関係を解体していく基礎理論的な作業が求められるだろう。

次節では、この作業の一環として、近年の文化/社会理論のなかで起こっている「移動論的転回」と呼ばれる動きに注目する。そのうえで、グローバリゼーションとナショナリズムを安易に対置させることなく、グローバリゼーションの中で/を通してナショナリズムを捉え返すための理論視角を整える。

第二節　ナショナリズム研究における「移動性」という視角

第一項　移動論的転回

近年、従来の文化/社会理論のなかで通用してきた概念や方法論や分析枠組を、大きく「移動性」とでも呼べるテーマを軸にして、根底から再編しようとする動きが起こっている。社会学者のジョン・アーリは、この一連の動きを称して、「移動論的転回 mobility turn」と呼ぶ (Urry 2000=2006)。

たとえば「フロー」・「ネットワーク」・「旅 travel」・「接触領域 contact zone」・「異種混淆性・雑種性 hybridity」・「故郷喪失 exile」・「ディアスポラ」・「移動・転地 mobility, displacement」といった、そこで用いられている一群の記述的・解釈的用語を眺めるだけでも、今日問題とされているのが何であるかは容易にみてとれる。すなわち、これらの概念をもちいて各々の論者が挑戦をしかけているのは、これまで「文化」や「社会」、あるいは「地域」や「共同体」について分析する際に暗黙の前提とされてきた、あるひとつの、他から明確に区別された、均質的で、連続的な、有機的全体という形象にほかならない (Appadurai 1996=2004; Beck 1997=2005; Bhabha 1994=2005; Clifford 1997=2001; Said 2000a=2006, 2000b=2009; Urry 2000=2006)。

こうした試みの背景には、さまざまなモノ・コト・ヒトが国家や地域のローカルな枠を越えて移動しあう現代社会のなかで、これまで社会科学が蓄積してきた数々の道具立てのうち、この先どれが、どれほどの分析力を保ちうるのかという強い問題意識がある。もちろん、既成の理論が時代の変化に対応できず、新たに組み替えられていくということは、これまでもくり返しおこなわれてきたし、そうしたことが起こらない方が、学問にとっては〝危機〟であるともいえる。だが、近年起こっている再編化の動きは、その矛先が、「社会」や「文化」といった人文・社会科学のもっとも基底に位置している概念にまで到達している――いやむしろそこを集中的に狙い撃ちしている――点で、注目に値する。

これまでの諸前提では、真正な社会存在は、境界を画定された場所のなかで中心に位置づけられるか、位置づけられるべきだと考えられた。このような場所は「文化」という言葉がそのヨーロッパ的な意味を導きだす庭のようなものだった。居住は集団生活のローカルな土台で、旅はその補足と考えられた。roots（起源）はつねにroutes（経路）に先行する。……〔だが、〕転地displacementという実践は、たんなる場所の移動や拡張ではなく、むしろ多様な文化的な意味を構成するものとして考えられるかもしれないのだ。たとえばヨーロッパ拡張主義の文化的な効果は、たんに文明や産業、科学、資本の外部への拡散として称揚されたり、あるいは悲嘆されるものではもはやなくなるだろう。なぜなら、「ヨーロッパ」と呼ばれる地域は、その境界線の外側からの影響によって、たえず再形成され、横断されてきたからである。……文化の中心や明確に規定される地域・領土は、接触contactに先行して存在するのではない。……〔中略〕……文化的な活動、アイデンティティの構築や再構築は、接触領域で、また国民、民族、場所の、管理されてはいるが侵犯的な間文化的境界で生じるのである。静止と純粋性は、移動と混成という歴史的な諸力に抗することによって――創造的かつ暴力的に――主張されるのだ。（Clifford 1997=2001: 12-13, 17）

クリフォードが問題にしているのは、これまで「文化」の起源や歴史に関する語りを支配してきた――大抵は悲観的なムードを帯びた――物語である。すなわち、歴史のはじまりには「純粋な」文化が存在し、それが外部との接触・混交によってその「真正性 authenticity」を失ってゆくという物語。また、文化とは「土地に根を張った rooted」生活のなかで生まれ・育つものであり、外部への流出・離散はその本来のローカルな足場を根こそぎにしてゆくという物語。これらの物語のもとで従来の研究者たちは、今まさに絶滅しつつある「文化」を記録・保存し、「救出する salvage」ことを自らの使命に掲げてきた。一方、それに代えてクリフォードは、この種の「純粋性」や「居住性」の主張は、むしろ移動・接触・混交の中から、移動・接触・混交という歴史的現実を打ち消すことによって、事後的に立ち上がってくるという見方をとる。

この視点を、ナショナリズム研究の文脈で考えてみよう。すると、前者のタイプの物語構造は、それ自体がナショナリズム言説の一部に組み込まれていることが分かる。なぜならナショナリズムとは、〝本来あるべき姿〟や〝本来いるべき場所〟から引き離されてしまっているという疎外の感情をひとつの糧としているからだ（Gellner 1983=2000; Hage 1998=2003）。たとえばエドワード・サイードは、ナショナリズムには移民や難民といった「エグザイル＝故郷喪失者」を排除することで所属アイデンティティを強化する側面があるだけではなく、そもそもナショナリズム自体がある種の故郷喪失感から生まれてくると語る。

> ナショナリズムとは、特定の場所や民族や遺産に所属するという主張である。それは、言語や文化や習慣を共にする共同体によって想像された故国 home を肯定する。またそうすることで、それは他国からの流民 exile を排除する。エグザイルがもたらす損壊を防ごうと戦う。……あらゆるナショナリズムは、その初期段階において、疎外状況から発達する。アメリカの独立戦争、ドイツやイタリアの統一運動、アルジェリアの解放などは、どれも、本来の生活様式とみなされたものから引き離された——追放 exile された——民族集団のなせるわざである。（Said 2000a=2006: 178-179 強調引用者）

ただし厳密にいえば、「疎外」感情とナショナリズム感情は同一のものではない。したがって我々はさらに、ある特定の状況のもとで行為者が感じる疎外感が、「ナショナルな」自己疎外——たとえば本来の「民族性」や「祖国」から引き離されているというような——として想像されるメカニズムについて考察を進める必要がある。

この問題を取り上げ、理論的に解明しようとしたのが、ベネディクト・アンダーソンであった。さらにアンダーソンは、ナショナリズム研究の領域で、移動性の水準において「ネイション」という共同性が立ち上げられてくるという分析視角を切り開いた先駆的人物としても位置づけることができる。そこで以下では、アンダーソンのナショナリズム論を手がかりに、人の移動とナショナリズムとの関係を問うための分析視角を整理することにしたい。

第二項　旅と比較——B・アンダーソンのナショナリズム論

アンダーソンが『想像の共同体 *Imagined Communities*』（Anderson 1983 → 1991=1997、以下［IC］と略記する）で展開した数々の革新的な分析手法のうち、人の移動とナショナリズムとの連関について論じたものとして、特に「巡礼圏」という視点を取り上げたい。かつての宗教共同体の時間的・空間的広がりがその中心たる聖地への「巡礼＝旅 journey」を通じていかに想像されたかを論じたヴィクター・ターナーの「コミュニタス」論（Turner 1974=1981: esp. ch.3）を援用しつつ、アンダーソンは、これと似たような意味創造のメカニズムを、ヨーロッパの絶対主義王政下または植民地帝国下において、その広大な版図内を次から次へと渡り歩いた行政役人たちの「世俗的巡礼」の中に見いだそうとした。この議論は、彼が近代ナショナリズムの始源に位置づけている一八世紀後半の南北アメリカのクレオール・ナショナリズムの記述のなかに最初に登場する。

> クレオールが円弧を描いて登りつめていく頂上、彼が任命されうる最高の行政的中心は、彼が現にいる帝国の一行政単位の首都であった。しかし、このせまくかぎられた巡礼の旅において、彼は同伴者と巡り合い、かれらはその共同性が、その巡礼の旅の特定の広がりにもとづくばかりではなく、大西洋のこちら側で生まれてしまったという共通の運命にもとづくものであることを悟るようになった。たとえ父親が移住して一週間もたたないうちに生まれたと

しても、彼がアメリカで生まれたという偶然は、スペイン人となんら違いがないにもかかわらず、彼に従属的地位をあてがったのだった。それに対してはどうすることもできなかった。彼はクレオールであり、それは手の施しようのないことであった。しかし、この排斥のいかに不条理にみえたことか！　にもかかわらず、こうした不条理の内に隠されていたのは次のような論理であった。それ故、スペインで生まれた半島人は、真のアメリカ人になれるはずがない。（IC: 102–103 強調引用者）

ここで注目したいポイントは次の二点である。一点目は、人の移動を通じてナショナルな共同性が想像されるメカニズムにおいて、ある共通の地平（「あちら側と同じなのに……」）の下での差異（「……こちら側にいる」）という「比較」が重要なモメントになっている点だ。アンダーソンは『想像の共同体』の時点ではこの言葉を前面に出していないが、その理論的続編として位置づけられる論文集『比較の亡霊 *The Spectre of Comparisons*』（Anderson 1998=2005、以下［SC］と略記する）では、この「比較」の問題を軸にして、『想像の共同体』の議論を事例的に拡大し、かつ理論的に統合しようとしている。

二点目は、人の移動から「ナショナルな」比較が発生する要因として、クレオール出身者の勤務地や社会移動を、ある一定の範囲内に制限する植民地帝国の不平等な機会構造に目配りをしている点だ。アンダーソンがその他に「巡礼圏」の視点を適用しているのは、戦後のアジア・アフリカ地域の独立運動だが（IC: 189–90, 197–200）、ここでも、それに先だつ植民地帝国の領土的境界線や、現地エリート層の地理的・社会的な移動制限が注目されている[2]。以下ではこれら二点に注目し、「移動」あるいは「比較」とナショナリズムとの関係について、アンダーソンの議論を整理していく。

「巡礼圏」の議論が『比較の亡霊』にどう継承されたかを考える際に参考となるのは、第三章の「遠距離ナショナリズム Long-Distance Nationalism」という論考である。その冒頭でアンダーソンは、「資本主義経済への統合と帝国の分解という逆説的な二重の動きは、いったいどのように把握すべきなのだろうか」（SC: 99）と問い、現代のグローバリゼーション（「資本主義経済への統合」）とナショナリズム（「帝国の分解」）の同時進行性に関する問題設定をおこなっている。この視点は、近代の人の移動とナショナリズムとの連関を論じた「巡礼圏」の議論の延長線上で理解することができる。

特にアンダーソンが重視したのは、一六世紀以降加速する資本主義の大西洋横断的《トランス・アトランティック》、さらにはグローバルな展開が、長距離輸送ネットワーク（船、鉄道、自動車、飛行機）と遠隔コミュニケーション・メディア（出版印刷、新聞、ラジオ、電話、ファックス、テレビ、インターネット）という二つの技術的要件に支えられつつ、世界規模で大量の「故郷喪失者／故郷離脱状態 exile」を生みだしたことだった。彼によれば、それらに共通する心理状態とは、遠くのものに親しみを感じるような、見慣れたものを遠くから眺めるような、「空間転移の意識 consciousness of displacement」（SC: 102）とされる。

ここでアンダーソンが論じているのは、フェン・チャーの解説によれば、これまで諸個人がみずからを取り巻く社会環境との間にとり結んでいた「非反省的で親密な関係」が、個々人の意志や選択を超えた圧倒的な物質的諸力（資本主義）によって破壊された事態にほかならない（Cheah 2003: 12）。そこに生まれる反省的で不安定な意識――これは「それをしようと決められる何かというよりも、むしろやってくる何か、反省的な自己を形づくる何か」（Cheah 2003: 12）であり、まさにこの「何か something」こそが、アンダーソンのいう「比較の亡霊」である。

〔比較の亡霊とは、〕ひとたびそれに触れたら、以後はけっしてマニラのことを同時に考えずにはベルリンを体験できず、ベルリンのことを考えずにはマニラを体験できなくさせてしまう新しい不安定な二重性の意識 double-consciousness のことである。まさにここにはナショナリズムの根源がある。なぜなら、ナショナリズムというものは、数々の比較をすることによって生き長らえるからだ。（SC: 363 強調引用者）

ナショナリズムは「比較」の中から生まれ、それによって支えられているというこの主張は、アンダーソンが『想像の共同体』において析出したネイションの三つの想像様式のうち、特に「ネイションは限られたもの limited として想像される」（IC: 25）に関わる。つまり「国民」はつねに、その境界線の外側にはまた別の「国民」がいることを――実際に見てきたかどうかはともかく――知っているのであり、言いかえれば、あるひとつの共通の世界のなかに、自分たちとは異なるが、それでも同じ「国民」と呼ばれる集団が並存して暮らしていることを知っているのである。この共通の地平のもとでの差異の意識が「比較」である。近代にナショナリズムが誕生した大きな理由がここにある。なぜなら、近代の物質的諸力（資本主義および交通・通信ネットワーク）こそが、「あらゆるものをあらゆる人びとにとって比較可能にし、またすべての人びとにどんなものでも比較させるような、そんな日常世界をつくりだしていった」（Cheah 2003: 11）からだ。アンダーソンによれば、あらゆるナショナリズムの根底には、世界を比較可能な「諸社会 societies」の多元的並存として想像する世界観がある。近代の「国民」という概念はつねに、「競合・比較を可能にするあるひとつの地平 a competitive, comparative field」を前提としている（IC: 41 訳は一部変更）。要するに、他の国民との「比較」のなかで自己を反省的に捉える「相対化 relativization」の意識と、自己を他の国民から区別（限定）されたものとして捉える「領土化 territorialization」の意識が、ナショナリズムを用意したのである（IC: 42）。

ただし、ナショナリズムの根底には「比較」の問題があるというアンダーソンの主張から、我々は「ナショナリズム」と「比較」を短絡的に同一視してはならない。先の「疎外」と同様に「比較」も、それを「ナショナルな」比較へと水路付ける制度的布置の考察が抜け落ちてしまえば、理論的には不十分な理解にとどまる。そこで最後に、この水路付けの問題が『比較の亡霊』でどう扱われているかも見ておこう。ここで注目したいのは、ナショナリズムは「雑種性」から生まれてくるという以下のアンダーソンの主張である。

ネイティヴのネイティヴ性とは、どこにもつなぎとめることができない点にあり、その真の意味は雑種的で撞着語法的なものなのだ。……実際に印刷物によるやりとりに親しむことで、かなりの人数のヴェトナム人がフランス語を、そしてさらにはチェコ人がドイツ語を、ユダヤ人がハンガリー語を読み、書き、そしておそらくは話しもするような状況になったときにこそ、ネイティヴらしいネイティヴが登場する。ナショナリズムの純粋性は、まさにこの雑種性から出現させられるのである。（SC:105 強調引用者、訳は一部変更）

この「雑種性」から「純粋性」への欲求（＝ナショナリズム）が生まれてくるという主張は、ナショナリズムとは「非〇〇的〇〇人」という否定性の烙印を解消していく運動なのだという、アンダーソンのもうひとつの理解と結びついている。たとえば多数の俗語や方言の中からひとつの言語が国家の公用語（「標準化された俗語」）に選ばれ、それが雇用や地位上昇の機会と結びつくとき、また家庭内で母親からチェコ語を教えられた子供たちが学校では「標準語」としてドイツ語を学ばされるとき、そこに一種の「故郷離脱の状態」――「完璧には（真の）ドイツ人にはなれないドイツ人」といった居心地のわるい反省的自覚――が生じてくるとアンダーソンは語る（SC: 108–110）。これは先の「巡礼圏」の議論でみた「非スペイン的（＝南北アメリカ出身の）スペイン人」という意識構造と同型であり、『比較の亡霊』でもアンダーソンは、この否定性の烙印を肯定に転じる運動性（「それ故、スペインで生まれた半島人は、真のアメリカ人になれるはずがない」）を、ナショナリズムの動因と捉えている。すなわち、「ナショナリズム運動が起こり、さまざまな変遷を経て成功した国民国家へとのし上がっていく過程は、離散の地から故郷に戻り、雑種性を解消し、政治闘争という暗室で陰画《ネガ》を反転させて陽画《ポジ》の写真を現像するための企図である」（SC: 110）と。

「雑種性」・「故郷喪失」といった新たな概念が用いられているが、その基本構造は『想像の共同体』と同型である。つまりアンダーソンは『比較の亡霊』でも、〝不純なドイツ人〟という「雑種性」のスティグマ、〝本当のあるべき場所にいない〟という「故郷離脱」感情、そして〝真の／偽のドイツ人〟という「比較」を生みだす原因を、言語や出身地などの属性を基準にして教育・就職機会を不平等に配分する国家体制に求めている。

第三項　帝国の緊張

アンダーソンのナショナリズム論が重要なのは、「国民の共同性」と「人の移動性」との間にしばしば想定される安易な二項対立を脱構築したところにある。しかしだからといって、移動性はネイションを「解体」するのではなく「構成」するのだという風に、単に論理をさかさまにすればよいという話ではない。本章ではアンダーソンの議論を検討するなかで、「移動」・「比較」・「雑種性」・「故郷喪失（疎外）」といった現象は、それだけではナショナリズムを生みだす十分条件ではないと主張した。両者を短絡的に同一視してしまうと、アンダーソンが一貫して論じている制度的水路付けの考察が背景にいてしまう。それだけではない。両者を過度に同一視すれば、ナショナリズムとは必ずしも結びつかない「移動」や「比較」の可能性は、そもそも思考することすらできなくなってしまう。

さらに、アンダーソンの議論にはもうひとつ留意すべき点がある。それは、彼が「移動」・「比較」とナショナリズムとの関係について論じるとき、その分析対象が南北アメリカのクレオール・ナショナリズムやアジア・アフリカ地域の反帝国主義的な独立運動といった、「分離独立型」[3]のナショナリズムの事例に集中している点だ。これは、帝国期日本のナショナリズムを扱う本書にとって看過できない問題である。

もちろん、アンダーソンが「国家統合型」のナショナリズムの事例を扱っていないわけではない。たとえば『想像の共同体』第六章「公定ナショナリズム Official Nationalism」の議論は、植民地帝国の社会統合の問題を扱っており、しかもその事例の一つは日本帝国である。しかし、アンダーソンがそこで論じているのは、日本の植民地政策は、植民地住民を「日本化」する一方で、植民地住民が「日本人」と同等の社会的地位へと移動することは制限するという「矛盾」を孕んでいたこと（IC: 175）、そしてこの両義性こそが後の反植民地ナショナリズムの土台となる雑種性のスティグマ――この場合は「非日本的日本人」と言えるだろう――を生みだしたという点である。つまり彼の関心はここでも、植民地帝国の統治体制が――意図せざる結果として――みずからに反旗を翻すことになる反植民地ナショナリズムの土台をいかに作りだしたかという問題に向かっている。その結果、アンダーソンの議論には、「移動」・「比較」といった現象が、植民地帝国の社会統合をいかに「支えたか」という視点が欠落している。言いかえれば、アンダーソンの議論には、植民地帝国の統治体制が彼のいう「矛盾」を内包しつつも、それでもなお長期間維持されたのはなぜか、という逆向きの問いが抜けているのである。

この点で示唆的なのは、日本統治下台湾の国語教育を分析した陳培豊（2001）の論考である。そこで陳は、日本人と植民地住民——陳の分析対象は台湾漢族が中心である——との関係を「支配と抵抗」という二項対立図式に押し込めてきた従来の日本帝国史研究を批判し、植民地住民の「抵抗」だけでなく「受容」に注目する必要性を訴えている。たとえば陳は、台湾の国語教育が植民地朝鮮やヨーロッパの植民地に比べて高い普及率を示したことに注目し、次のように述べている。

「同化」に対して被統治者は最初から拒絶、抵抗の主体として描かれている。すなわち、次第に強化されていく「同化」政策の強要、伝統文化の抑圧によって被統治者が抵抗、拒絶し、そのために民族抵抗運動が発生し、やがて皇民化運動の下では抵抗運動に対する弾圧が強まって終戦を迎えるという定式化された歴史観に終始しているのである。統治者の一方的な強制や勧誘によって、果たして七〇％を超える就学率の数字が達成され得たであろうか。既成の「支配と抵抗」という図式からこぼれ落ちていく問題を捉え直す必要があろう。教育についていえば、単に支配者が「同化」主義に基づいて国語教育を押し付けたということだけではなく、文明的な教育の普及そのものを抑制したり、また、教育を普及しながら民族意識の台頭を抑制しようとしたこと、被支配者の側には、文明的な教育を受容しながら抵抗したり、抵抗しながら受容するという複雑な実相が存在していたはずである。つまり、「同化」教育という一見日本側にとって磐石の枠組みの中で、日本人と台湾人の駆け引きがどのように行なわれていたのか、ということをこそ究明する必要があるのである。（陳 2001: 19）

アンダーソンが言うように、日本の植民地政策および政策言説の中に、同化と差別、統合と分離、包摂と排除といった、相反する政策ベクトルが含まれていたことは確かである（駒込 1996: 8–20; 山本 2006: 103–104 も参照）。しかし、こうした体制側の「矛盾」を認めたからといって、それは必ずしも——アンダーソンが想定したようには——被統治者側の「抵抗」を引き起こすことにはならない。とりわけ台湾のように、植民地支配が半世紀もの間維持され、他の植民地に比べて大きな「成功」を収めた――と当時も、そして今日でさえ見なされている――地域を対象とする場合には、我々にもそれに応じた分析視角が求められる。つまり、植民地支配を統治者側の一方的な「強制」と捉えるのではなく、被統治者側の――さまざまな程度と仕方での――「受容」と「抵抗」を視野に入れなくてはならない(4)。それだけではない。我々はまた、統治者による政策の「強制」と同時に「抑制」を、つまり被統治者側の反応に応じて政策がいかに管理(促進/制限)されたかという問題も考える必要がある。

たとえば「比較」と「ナショナリズム」の関係も、両者を短絡的に同一視することはできないし、それはアンダーソンの意図とも反しているだろう。そこで重要になるのが、くり返し述べてきたように、「比較」の水路付けに関する考察なのだが、これは次のような議論の方向性を押し開く。すなわち、植民地帝国が体制を揺るがす「比較」の契機をいかに生みだしたかという問題(アンダーソン)だけではなく、体制への抵抗を抑制すべく「比較」をどう管理しようとしたかという問題である。この点で興味深いのは、当時日本の政策のなかで植民地住民の「移動」や「比較」を積極的に促そうとしていた事業の存在である。それは観光事業であり、本書は植民地台湾の観光事業を〈比較の管理〉という視点から読み解いていく。

以上述べてきた問題は、近年の「白人性 whiteness」研究や「新しい帝国史 new imperial history」のなかで進められている、「帝国主義」・「レイシズム」概念の問い直しにもつながっている。その批判の矛先は、第一に、近代の植民地帝国史を「入植者」対「原住民」の「支配と抵抗」の歴史として描いてきた解釈枠組――陳も批判するこの枠組は、欧米圏では一九三〇-五〇年代の反レイシズム言説の高まりとともに普及したとされる(Balibar and Wallerstein 1988=1997; Barkan 1992; Füredi 1998)――に向けられている。しかし、問題はそこにとどまらない。第二に、そもそも帝国期を生きた人々にとって、白人/黒人、西洋/非西洋、入植者/原住民の「人種的な」差異や序列は当然視されていたという想定自体――従来のポスト・コロニアル研究はこの実体主義・本質主義に批判の照準を合わせてきたわけだが――が批判にさらされている(Bonnett 2000, 2004; Miles 1993; Miles and Brown 2003; Cooper and Stoler (eds.) 1997; Stoler 1997, 2002; 竹沢編 2005)。

一方、それに代えてストーラーとクーパーが打ちだすのは、以下のような「帝国の緊張 tensions of empire」を視野に入れた、より動態的な分析枠組である。すなわち、①帝国主義のプロジェクトには複数の、しばしば対立するような政策や言説が共存していたこと、②白人／黒人、西洋／非西洋、入植者／原住民といった線引きは、当初からくり返し論争にさらされた不鮮明なカテゴリーであったこと、しかし、③そのように曖昧で流動的なカテゴリーであったからこそ、これらの線引き問題は何度も蒸し返され、絶えず再構築され続けたこと、である（Stoler and Cooper 1997）。それは、日本の植民地政策を検討する際も、我々はこうした「帝国の緊張」を分析の中心におく必要がある。それは、日本の植民地政策を単なる「矛盾」と済ますのではなく、そこに内包された緊張関係のなかに、日本帝国を「支えた」メカニズムを読み取っていくことを意味する。

第三節　比較の帝国

日本のナショナリズムが東アジアへと膨張していく時代、それは同時に、ますます多くの日本人が、近代の交通・通信ネットワークによって相互連結されたグローバルな社会空間へと巻き込まれていく時代だった。本章の目的は、近年の文化／社会理論で起こっている移動論的転回、特にアンダーソンのナショナリズム論を手がかりにして、帝国期日本のナショナリズムを初期グローバリゼーションの中で／を通して分析するための理論視角を整えることにあった。なかでも本書にとって重要なのは、輸送交通と通信メディアの発達が現実的／仮想的に可能にしたグローバルな人の移動と接触・混交こそが、ナショナリズムの土台となる新たな世界認識——「空間転移」の意識、「故郷離脱」感情、世界を比較可能な「諸社会」の多元的並存として捉える想像力——を切り開いたという視点である。

ただし、アンダーソンの議論の中核に位置する「比較 comparison」という概念は、それ自体多義的な用語である。ナショナリズムの根底には他との比較の中で自己を反省的に捉える「相対化」の意識があるとしても、こうした「比較」の成立が必ずしもナショナリズム（言説・運動・政策）を生みだすわけではない。本書に残された課題は、グローバリゼーションの中で／を通して可能になったこの「比較」の舵取りをめぐって、日本帝国の多種多様な行為者の間でどのような駆け引きがおこなわれたかを、より細かく分析することである。

一方、これまで多様な研究領域で用いられてきたこの「比較」という概念は、領域横断的な研究を可能にする概念的ツールとしても役立つ。特に本書にとって重要なのは、博覧会研究および学説史（フィールド調査史）研究との接点である。実際、アンダーソン自身がこの点を多かれ少なかれ意識していたことは明らかである。たとえば『想像の共同体』増補版（1991）に加えられた第一〇章「人口調査、地図、博物館」とその延長線上に位置する『比較の亡霊』第一章の「系列化 serialization」に関する議論は、フェン・チャーも指摘するように、人口統計・地図・博物館展示によってはじめて想像可能になった諸社会の「比較」の問題を扱っている（Cheah 2003: 9; 新倉 2008: 590–591 も参照）。

また学説史との接点として注目されるのは、アンダーソンが「諸社会」の多元的並存として想像された世界のことを、「社会学的風景 sociological landscape」（IC: 56）と呼んでいることだ。事実、近代西欧において誕生した社会学は、当初から「比較」という手法を自らの戦略拠点に据えることによって「諸社会」の断層——たとえば近代／前近代、西洋／非西洋——を析出し、自己（＝近代・西欧）を反省的に捉える視点を生みだしてきた。同様の世界観は、複数形の「諸文化 cultures」から成り立つ世界が意識されはじめた、文化相対主義以後の人類学のなかにも見いだすことができるだろう。

さらに、アンダーソンのいう「比較」につきまとう不安定な二重意識は、人類学の調査対象との距離のとり方にもつながっている。たとえばクリフォードは、「文化の内にいながら、その文化を外から眺める」という参与観察の手法について、それを「個別の意味システムの世界のなかで脱中心化している状態、すなわち、文化のなかに身を置きながら同時に文化を観察している状態」と言い表している（Clifford 1988=2003: 122）。そして彼によれば、このような脱中心化された二重意識を科学的手法へと転換したのが、まさしく近代人類学とそのディシプリンの中核に位置する「フィールドワーク」なのである。[5]

要するに、社会学・人類学という学知の成立にも、「比較」の問題が大きく関わっている。かくしてここに、ナショナリズムとフィールドワークという近代に誕生した二つの「比較」の連関を問う地平が開かれる。

帝国期日本の観光・博覧会政策と人類学系フィールドワークの歴史を扱う本書の鍵概念は、「比較」である。一九世紀後半に初期グローバリゼーションの波が押し寄せるなかで、観光・博覧会・フィールドワークという三つの比較の実践はどのように連動しつつ、新たな世界観を切り開いていったか。またこれら三つの比較は、帝国期日本のナショナリズムといかなる仕方で連結したのか／しなかったのか。本書は、以上の複数の「比較」の連関を分析することを通じて、帝国期に生きた人々の社会的経験に迫ろうとする。

次章ではまず、二〇世紀初頭におこなわれた、ある人類学者の旅と比較の問題から議論を開始する。

第二章 「人類」から「東洋」へ
——坪井正五郎の旅と比較

はじめに——旅する人類学者

一九一一年七月五日、人類学者・坪井正五郎（一八六三―一九一三）は、日本郵船会社の「宮崎丸」に乗り、約九ヵ月間にわたる世界一周の旅にでた。その旅路は、横浜港からインド洋廻りでヨーロッパに入り、その後アメリカ大陸を横断して帰ってくるという西廻り経路で、一九一二年三月二九日に帰国した（図2-1を参照）。当時日本からヨーロッパに向かう旅人には、シベリア鉄道でユーラシア大陸を横断するという最短のルートがすでに確立されていた。しかし坪井は、「態《わざ》と印度洋を廻り方々寄り道」をしながらゆく旅を好んだ（坪井 1912d→2005: 280）。その理由は、彼自身の説明によれば、「可成的（＝なるべくの意）多くの異つたる人種に接し其の人情及風俗を観察せんとの希望」から来たものであったという[1]。

海外旅行がいまだ手軽なものではなかったこの当時、坪井の世界一周旅行は、異なる文化や民族を「観察」できる貴重な体験であった。それはまた、そうした機会に恵まれない人びと——人類学者も含まれる——にとって、未知な

図2－1　坪井正五郎の世界一周旅行ルート（1911.7.5～1912.3.29）出典：筆者作成

る世界の現状を伝えてくれる貴重な情報源のひとつとなった。実際、坪井の旅行通信は、みずから会長を務めていた東京人類学会の機関誌『人類学雑誌』に計一二回にわたって連載されたが[2]、その中身は、単なる旅の報告というよりは、人類学者は何を観察し、比較すべきかに関する手引書のようである。

たとえばシンガポールの「マレー人」・「支那人」・「印度人」が雑居しあう町中を評して、「彼等の体質性情を比較し生活状態を対照するのも面白いが雑居の様子を見るのも興味が深い」とし、「人種と云ふ事に付いて具体的の観念を得度い者は少くともシンガポール迄は出掛けるが好いと思ふ」と語りかける（坪井 1911: 483-485）。また他の地域についても、住民の服装・食事・言葉・動作、交通機関、町の様子、自然風景といった項目別に記述がなされ、読者に「比較」をうながす工夫が施されている。いく先々での旅の観察を事細かに書き送り、様々な比較をうながすことで国内の人類学徒の視野を押し広げようとする。この姿勢は、後述する英仏留学中の旅行通信――その冒頭は、「人類学に志有る洋行者への注意」と題して、多様な民族からなる船員・乗客の比較から始まっている（坪井 1889a）――から一貫して変わることがなかった（図2-2）。

坪井によれば、この世界一周旅行の目的のひとつは、エジプトの遺跡を「実査」することにあったという[3]。ただし、この「実査」という言葉を重く受けとり、それ以外の寄港地での見聞を、瑣末な事柄とみなすのは誤りである。我々はむしろ当時の「実査」、すなわち現地調査あるいはフィールドワークの意味について改めて考えてみるべきである。たとえば坪井が遺跡の「実査」に費やした時間は、せいぜい半日程度であり（八月一八日にギザ、同月二〇日にメンフィス、サッカラ）、この点では、様々な寄港地での観察とさほど変わらない。しかもこれは、坪井に時間的余裕がなかったためではなく、彼は自由に使える「一〇日余りの時日」を、重要な発掘品を観察・比較できる別の場所に費やしたのである。それは博物館である。坪井にとって遺跡調査と並ぶもうひとつの重要な目的は、「各地の博物館或は大学教室」を巡覧し、「人類学上の見聞」を深めることにあった（坪井 1912b: 92）[4]。

寄港地での見聞と、古代遺跡の実査と、各地の博物館巡りとが同列に並べられた坪井の旅行通信は、「調査」と「旅行」、または科学的「観察」と単なる「見物」との間の明確な線引きを困難にする。言いかえれば、坪井の調査＝

図2－2　坪井正五郎写真　左：留学先ロンドンにて（27歳の頃）右：世界一周旅行の滞在地エジプト・ギザにて（撮影日1911年８月18日、48歳）

＊坪井は『人類学雑誌』に送られた通信のなかで、旅先で特に「煩さいもの」として、ギザにおける観光客狙いの客引き（ロバ乗り、ラクダ乗り、ピラミッド登り、写真屋、古物売り、絵葉書売り、水売り）や物乞いを挙げている。またポルトサイドやカイロにおける贋物の古物売りにも注意を促している（坪井 1912b: 90–91）。右の写真中央は、ピラミッドとスフィンクスを背にしてロバにまたがる坪井。
出典：『人類学雑誌』第28巻第11号（大正２年12月）の巻頭写真より転載。

旅行は、これらの観察と比較をすべて包み込んだところの総体であり、いま仮に「フィールド」という言葉を用いるとすれば、彼のフィールドは、旅中の船上から滞在先の博物館までを包含する世界全体、そして旅先で出会った人類全体だった。

本章は、日本人類学のフィールドワークが、ある特定の空間内部で行なわれる実践として、いまだ領域画定されていなかった時代の間文化的比較の問題をあつかう。日本の人類学または民族社会学にマリノフスキーやラドクリフ＝ブラウンの「集中的な intensive」調査方法が紹介されるのは、一九三〇年代前後である[5]。しかしそれ以前にすでに、インテンシブ／エクステンシブという、その後の方法論上の対立を用意するような重要な変化が起こっていた。それは「科学的な」調査を、ある地理的に限定された空間内部での実践へと方向付けていく調査規範の登場である。しかもその転機は、今日の人類学史のなかで、その調査範囲の広さから「綜合的」と——肯定・否定の入り混じった形で——評価されている二人の人物のなかに見いだすことができる。

その人物とは、日本人類学の創始者とされる坪井正五郎と、坪井の直弟子で、日本の海外フィールドワークの開拓者とされる鳥居龍蔵（一八七〇―一九五三）である。(6) 本章で注目したいのは、人類学的「比較」とはどうあるべきかに関する両者のスタンスの違いであり、特にその違いが浮き彫りになるのが、坪井の死（一九一三年）をはさむ明治末から大正期にかけてである。以下では、坪井と鳥居という明治・大正期を代表する二人の人類学者の言説を対象に、日本の人類学において、学問的に有意義な「比較」として認められる調査対象の範囲が、「人類」から「東洋」へと縮小していく過程を追う。

一九九〇年代以降、坪井や鳥居といった日本人類学の「古典 canon」にあたる業績を、帝国期日本のアジア支配という政治的文脈のなかで批判的に読み返そうとする研究が増加した（冨山 1994; 小熊 1995; 清水 2001; 福間 2003; 松田 2003; 坂野 2005b; 山路 2008）。これらの研究は、たとえば次章以降で扱う坪井の原住民展示や鳥居の海外調査が日本のアジア支配を不可欠の前提としていたことや、両者の人種・民族論（坪井の「日本人起源論」や鳥居の「日鮮同祖論」）が日本の異民族支配を学問的に正当化する役割を果たしたこと、さらに両者の研究活動が、当時の人類学的「知」の収集をめぐる西洋列強への対抗心によって駆り立てられていたこと、などを明らかにした。これらの研究は総じて、坪井と鳥居に共通する、人類学という学知の「文化帝国主義」（サイード）の側面に光を当ててきたといえる。

それに対して本章では、以上の成果を踏まえつつも、こうした共通性のなかで見過ごされがちな両者の差異に注目する。ストーラーとクーパーも指摘するように、「帝国主義」というプロジェクトを、あるひとつの首尾一貫した主義主張（-ism）と捉えることは難しい。以下で論じるように、たとえば「西洋への対抗」という問題をひとつとっても、そこでいう「西洋」、もしくはそれと対置される「東洋」という概念の中身は、各々の論者が置かれた政治的文脈や学問的立場によって大きく異なり、それはときにお互いに衝突しさえする独自の「対抗」実践を形づくっている。また「人種」・「民族」といった概念も注意を要する。なぜなら「人種」という概念が生物学的・遺伝学的意味に限定して用いられてくるのは、日本では一九三〇年代頃であり（坂野 2005a）、坪井や鳥居のような草創期の人類学では、同じ「人種」という概念を用いていても、その意味するところは幅広く、首尾一貫していなかったからだ（阿部 2008）。したがって我々は、今日その実体性が疑問視されている「人種」・「民族」などの言葉を当時の研究者が用いているからといって、一括りに「レイシスト」・「ナショナリスト」と論じることには慎重にならねばならない。本章は、坪井と鳥居の人類学を、当時の歴史的文脈の中に位置づけ、それぞれの概念枠組、方法論、世界観、そして西洋人類学との距離のとり方の違いを析出することを目指す。

次節ではまず、両者の「比較」に対するスタンスの違いから見ていくことにしよう。

第一節　身近なものを収集する——日本人類学における「比較」の縮小

日本の人類学史は、土器や石器、遺跡や貝塚などへの考古学的関心から始まった。坂野（2005b: 15-53）によれば、一八七七（明治一〇）年のモース（Edward Sylvester Morse）による大森貝塚発掘と、江戸期以来の古物趣味・博物学の伝統とが結びつくことで、明治一〇年代には、日本人による組織的な人類学研究が開花したという。その中心にいた人物こそ坪井正五郎であり、彼が東京大学理学部在籍中に開催した研究会「じんるいがくのとも」は、その後「人類学会」・「東京人類学会」と名称を変え、戦前日本の人類学研究を牽引していく代表的組織となる（表2-1を参照）。「人類学」を冠する学会も設立され、ひとまず国内の研究ベースが整えられると、坪井は文部省の国費留学生として、ヨーロッパの人類学研究の動向を視察すべく、約三年間（一八八九年六月九日〜一八九二年一〇月一四日）の英仏留学に旅立った[7]。この旅は、坪井の人類学に関する思想形成において、きわめて重要な位置を占めている。なかでもパリ万博（一八八九年）や大英博物館の展示を直接目にした体験は、当時国内において新興科学たる人類学の学問的・教育的価値を伝える活動に従事していた坪井に、資料の分類方法や陳列方法の重要性を認識させることになる。またこの体験を通して、人類学における「比較」とはどうあるべきかに関する彼自身の立場も形づくられていった。

表2-1　坪井正五郎年表

西暦（元号）	坪井正五郎および東京人類学会	備考
一八八一（明治一四）	九月、東京大学理学部生物学科に入学（～一八八六年七月卒業）	
一八八四（明治一七）	一〇月、東大理学部内で同人と研究会「じんるいがくのとも」開催。その後、第五回目の会合をもって「人類学会」と改称（初代会長：神田孝平）	
一八八六（明治一九）	二月、人類学会の機関誌『人類学会報告』創刊 六月、組織名・機関誌名を「東京人類学会」・『東京人類学会報告』と改称 九月、東京大学理学部大学院に進学（～一八八八年七月修了）	
一八八八（明治二一）	九月、東京帝国大学理科大学・助手に就任（～翌年五月に依頼解職）	
一八八九（明治二二）	六月、文部省の命により英仏に国費留学（～一八九二年一〇月中旬帰国）。留学中、万国人類学会に出席、万国東洋学会（ロンドン）で報告（名誉賞牌受賞）、英国人類学会会員に推薦、万国刑事人類学会（ブリュッセル）出席	パリ万国博覧会（Exposition Universelle de Paris）開催
一八九〇（明治二三）		
一八九一（明治二四）		
一八九二（明治二五）	一〇月、東京帝国大学理科大学・教授に就任	
一八九三（明治二六）	講座制開設にともない、東京帝大人類学教室・初代主任になる	シカゴ万国博覧会（World's Columbian Exposition）開催
一八九五（明治二八）		四月、日清講和（下関）条約 第四回内国勧業博覧会（京都・岡崎）開催（四月一日～七月三一日）
一八九六（明治二九）	東京人類学会・会長に就任	鳥居龍蔵の台湾先住民調査（一八九六年～一九〇〇年）
一八九九（明治三二）	二月、東京帝国大学総長の推薦により理学博士の学位授与	
一九〇〇（明治三三）		パリ万国博覧会（Exposition Universelle de Paris）開催
一九〇一（明治三四）		豪・移住制限法（Immigration Restriction Act）制定

一九〇二（明治三五）		鳥居龍蔵の西南中国調査（一九〇二年七月～一九〇三年三月）
一九〇三（明治三六）	第五回内国勧業博覧会の場外パビリオン「人類館」に参与 「人種談」発表（華族会館での講演）	第五回内国勧業博覧会（大阪・天王寺）開催（三月一日～七月三一日）
一九〇四（明治三七）	東京帝大・人類学教室主催「人類学標本展覧会」開催	セントルイス万国博覧会（Louisiana Purchase Exposition）開催
一九〇五（明治三八）	「人類学的智識の要益々深し」発表（静岡県教育協会での講演）	九月、日露講和（ポーツマス）条約
一九〇六（明治三九）	九月、帝国学士院会員になる（一九一一年一二月、高等官一等に）	一〇月、米・サンフランシスコで日本人学童隔離事件おこる
一九〇七（明治四〇）		東京勧業博覧会（東京・上野）開催（三月二〇日～七月三一日）
一九〇八（明治四一）		二月、日米紳士協定（Gentleman's Agreement）締結
一九〇九（明治四二）	「実際問題と人種の異同」発表（サンフランシスコ発行『日米』紙に掲載）	
一九一〇（明治四三）		日英博覧会（英国・ロンドン）開催（五月一四日～一〇月二九日）
一九一一（明治四四）	四月、機関誌名が『人類学会雑誌』と改称 七月、世界一周旅行へ（～一九一二年三月末帰国）	戴冠記念博覧会（Coronation Exhibition）および帝国博覧会（Festival of Empire Exhibition）開催（英国・ロンドン）
一九一二（明治四五）	拓殖博覧会の場内パビリオン「観光館」に参与	明治記念・拓殖博覧会（東京・上野）開催（一〇月一日～一一月二九日）
一九一三（大正二）	露・ペテルブルク開催の第五回万国学士院連合大会に帝国学士院代表として出席。現地滞在中、盲腸炎を患い死去（五月二六日）	南米展覧会（東京・上野）開催 拓殖博覧会（大阪・天王寺）開催（四月一五日～六月一三日）
一九一四（大正三）		東京大正博覧会（東京・上野）開催（三月二〇日～七月三一日）

出典：坂野（2005b: ch.1）の他、「故坪井正五郎小伝」『人類学雑誌』（大正二年一二月）第二八号第一一号：六二四－六二七頁、山崎直方「理学博士坪井正五郎君を悼む」『東洋学芸雑誌』（大正二年七月）第三〇巻第三八二号：三一九－三二三頁、松村瞭「東京人類学史話」『ドルメン』（昭和七年四月）創刊号：二九－三〇頁、吉川芳秋（筆写）「日本人類学の始祖　故坪井正五郎博士の自叙伝（二）」『ドルメン』（昭和八年七月）第二巻第七号：八－一〇頁を参考に筆者作成。

英仏留学を通して当時最先端の人類学研究に触れた坪井は、日本の人類学研究の遅れとともに、その将来性を確信するに至る。この確信は、たとえばパリ滞在中の在留日本人会での講演における、「日本は人類学者の金坑なり」（坪井 1890a: 146–149）という発言からも窺える。日本が人類学研究のフィールドとして多くの可能性を秘めているとする坪井の発言は、その約二年前に『東京人類学会雑誌』に掲載された論考「人類学当今の有様」（坪井 1887）にすでに確認される。そこで坪井は、欧米諸国に比べて日本の人類学研究が、人材・組織・制度などの点で立ち遅れていると指摘したうえで、しかし彼らに追いつき、さらに追い抜くことも不可能ではないと主張している。

我々はコートルフェージ氏〔Armand de Quatrefages, 1810–1892〕が世界第一と大言するパリスの博物館、フラワア氏〔William Henry Flower, 1831–1899〕が全世界無類と誇称するナショナル、ミュウジアムの様なる人類学標品陳列所は有しませんが、研究の材料は身辺に堆積して居ます。……北の方北海道に至れば、毛深きを以て有名なるアイノ人あり。南の方琉球に至れば、曲玉を家賓として珍重する沖縄人あり。我々の衣食住は今将に変化せんとす。我々の風俗習慣は今将に一新せんとす。容貌骨格といひ、智識言語といひ、研究の材料実に甚多し。我々は大なる人類学博物館中に在る者と云ふ可く、又大なる人類学実験室中に在る者と云ふ可きで有ります。(8)（坪井 1887: 274 強調引用者）

われわれ日本人の「身辺に堆積」している、がいまだ発掘されていない「大なる人類学博物館」・「大なる人類学実験室」としての日本。日本人類学の発展のためには、この「身辺の材料を総て」収集しなければならない、と坪井は会員にむかって総動員をかけている（坪井 1887: 274）。

先行研究は、こうした過剰ともとれる主張の裏に、当時の日本人研究者が抱えていた屈折した心理状況を読み取ってきた。それは、日本人が収集・分析する観察者である前に、まずなによりも欧米の学者（たとえばモースやベルツなどの「お雇い外国人」）によって収集・展示される標本だったという問題である（小熊 1995: 24–32; 坂野 2005b: 20–24, 36–38）。坪井のいう「身辺の材料」のなかに、「アイノ人」や「沖縄人」と並んで、「我々」日本人も含まれていることは、この意味で象徴的である。つまり「人類学博物館」としての日本の風景は、〈エキゾティックな他者〉には収集する価値があるとする、当時の日本人にも向けられていた西洋人類学のまなざしを受容し、そこから本国を振り返ることを通じて、いわば〝再発見〟されたのである（冨山 1994: 41）。

坪井の英仏留学が、この人類学標本としての日本および日本人の立場を、今一度再確認させる契機となったことはおそらく疑いない。実際、留学先から東京人類学会に送られた通信のなかで、坪井はヨーロッパの博覧会や博物館に展示された日本人の標本について何度か報告している。たとえばパリ万博会場内の人類学標本室の入口には、「ビシャリ人」・「アメリカ土人」・「樺太アイノの老夫」の実大画と並んで、背中の入墨が見えるように裸で立っている「日本の江戸ッ子」が描かれていた（坪井 1889b: 25）。また同じくパリの植物園（Jardin des plantes）構内にある人類学博物館で坪井は、「エジプト」・「支那」の標本とともに展示された「日本人」の頭骨を目撃している（坪井 1890a: 145）。日本人の「身辺」には人類学の材料が大量に「堆積」しているという留学前の確信は、こうした西欧のコレクションを実際に見ることを通じていっそう深められたにちがいない。

以上のように、日本人類学のはじまりにおいて、坪井が〈エキゾティックな他者〉を収集すべきとする西洋人類学のまなざしを無批判に受容したことは、後々まで日本の人類学史に暗い影を落としていく。実際、先の引用にもみられるような、日本の異民族支配の過程を〈文化的多様性の増大〉、あるいは〈人類学的資料の豊かさ〉として肯定的に評価する姿勢は、その後も強くなることはあれ決して弱まることはなかった（坪井 1902, 1912g, 1914）。次第に膨張していく日本の領土は、坪井にとって、より豊かな「人類学博物館」の完成を意味し、彼が生前語っている夢の博物館は、まさに〈多民族国家・日本〉のミニチュアを企図するものであった（坪井 1904a; 本書の第四章も参照）。

こうした発想は、本章で扱うもう一人の人類学者・鳥居龍蔵にも引き継がれている。たとえば鳥居は、坪井の死後に書かれた文章のなかで、日本人類学の将来について次のように語っている。

日本は今や昔日の日本ではなくして、既に学術上最も面白味ある殖民地の諸民族を有するのみならず、なお我が帝国の周囲は諸処の地方と接近して来た。すなわち満洲、シベリア、蒙古、シナ等のアジア大陸のみならず、フィリピン諸島、マレー諸島、ミクロネジア、ポリネシア諸島等は近寄つて来た。これらの諸地方は、よし他の政府の領地たるとしても、日本の学者の研究すべき所たるは明らかである。なお、中央アジア、チベット、インドシナの如きもこれと関係して居る。ここに人種学上、民族学上の事を日本で研究するとしても、その関係する所は広い。すなわち前に挙げたような土地と関係を有つて居る故に、どうしても、以上の地を比較して研究せねばならぬ時代となつて来た。又日本を離れて、以上の諸地方のいずれかを研究せんとしても、日本の学者は、研究上極めて便宜な位地にあるのである。(鳥居 1913: 482 強調引用者)

日本帝国とその周囲の諸民族の調査こそが、日本人研究者にとって必要かつ有利な研究テーマだと鳥居は主張している。この発言からは、その背後にある日本の植民地支配に対する批判意識は微塵も感じられない。たとえば上の発言で用いられている「接近して来た」・「近寄って来た」という文章表現が、これらの地域への日本帝国の暴力的介入という事態をいかに曖昧にしているかを考えてみてほしい。さらにここでは、坪井の場合には北海道や琉球をカバーするにすぎなかった〈身近なもの〉の範囲が、明治期の領土拡張にともない、鳥居において飛躍的に拡大している様が、実にはっきりと表れている。この意味で、坪井と鳥居の人類学には、先行研究も指摘するように、「文化帝国主義」としての無視できない連続性がある。

だが本章で注目したいのは、そうした連続性の裏側で起こっている変化の方だ。それは、異なる文化や民族を相互に比較する際に、それが学問的に有意義な比較として認められる範囲の問題である。

ここでポイントとなるのが、鳥居が先の発言に続けて、「我々はもとよりアフリカのことやアメリカ内地のことも知って居る必要はあるが、遠きそれらよりも、近き東洋の人種、民族の研究が一層必要なることを感ずる」(鳥居 1913: 483 強調引用者)と述べているくだりである。以下で論じるように、この「遠き」アフリカ・アメリカよりも「近き東洋」の調査を優先すべきだとする鳥居の主張は、単純に日本からの地理的距離を理由とするものではない。

そうではなく彼の主張は、人類学的に有意義な「比較」と呼べるためには、比較対象をどの範囲に設定しなくてはならないかという方法論的規範（学問的正統性）の問題に関わっている。たとえば鳥居は、アフリカと日本の文化の間にたとえ類似点があっても、それは「単に偶然の符合に過ぎぬ」（鳥居 1910a: 475）として、この種の比較研究を学問的に退けている。

それとは対照的に、日本帝国がいまだ北海道や琉球を包摂していたにすぎない頃の坪井には、鳥居のような比較対象の限定はみられない。いやそれどころか、坪井が日本というフィールドの人類学的価値を確信した大きな理由は、まさに西欧の博物館に展示されたアフリカやアメリカの発掘品と日本のそれとの間に高い類似性を認めたからなのである(9)。要するに、日本帝国が領土的に拡大し、それとともに日本人研究者が入り込めるフィールドも拡大していくなかで、人類学における比較対象の範囲はかえって縮小していくのである。これは一体なぜなのか。

この問いに答えるためには、坪井と鳥居の「比較」論を、各々が思い描いている「人類学」の構想のなかに位置づける必要がある。次節ではまず、坪井が西欧の博物館・博覧会に対してに実際にどのような感想を抱いたかという点を手がかりにして、坪井の人類学の基本的な特徴を明らかにする。

第二節　「人類の理学」という構想——坪井正五郎による比較の手法と「人種」言説

第一項　「陳列」論——科学的な陳列とは何か

先述したように、坪井は留学中の旅行通信のなかで、西欧の博物館に展示された収集品と、日本の発掘品とが実によく似ているという発見を嬉々として伝えている。ただし坪井は、西欧の博物館を手放しに賞賛したわけではなかった。事実、彼はそこにある種の疲労感、端的にいえば、「見づらい」という不満を抱いていた。そしてこの見づらさの原因は、以下で論じるように坪井の人類学の理論的フレームの問題と密接につながっている。

まず押さえておくべきは、坪井にとって博物館巡りとは、世界各地の収集品を直接観察・比較できるという点で、きわめて重要な調査活動のひとつだったことである。たとえばパリ万博を見学した際も、坪井は、「私の博覧会縦覧の主意は人類学研究上益を得ようと云ふに在るのですから此廣い場所を悉く歩き此夥多な品物を残らず見る抔と云ふ事は企てません」（坪井 1889a: 524）と明言している。つまり、坪井は会場内に飾られた世界各地の品々を、ただ目的もなく網羅的に見て廻ったわけではなかった。そうではなく、坪井は「人類学研究上益」となる歩き方で、さまざまな展示品をいわば選択的に眺めたのである。したがって、その歩き方／眺め方には坪井の人類学が体現されているはずであり、とすれば我々は、彼が感じた疲労感の意味について考えることで、坪井の人類学的まなざしが西欧のそれといかなる点でズレていたかも明らかにできるはずである。

西欧の博物館に対する坪井の不満は、展示品の内容ではなく、陳列方法に向けられている。坪井は、日本をふくむ非西洋の品々が、西欧の博物館に収集・保存されていること自体は何ら問題にしていないし、かえってその収蔵力の大きさを褒めてさえいる。この点は、その陳列方法に対する評価とは著しい対照をなしている。たとえば坪井はパリ万博会場内の人類学陳列室について、「物品陳列の法が理学的で無い」と語っており（坪井 1889c: 86; 1890b: 227）、また大英博物館についても、「不道理な分類」で理解しづらいと述べている（坪井 1890b: 225-226）。なお、坪井のいう「理学」とは、science の訳である。要するに、坪井は西欧の博物館・博覧会の陳列が「非科学的」と語っているのである。

その理由を、パリ万博会場内の人類学陳列室への発言を例に見てみよう。坪井によれば、この陳列室の展示の順序は、いたって非論理的であるとされる。まず、このパビリオンの入口は三つに分かれているが、そもそも観覧者に対して「何れが第一かも示して無い」。くわえて、入口前に展示された「古墳内部の現物、各地掘出の古器物、ブッシマンの実大模型等は何の故に最初に出てきたのか訳が分からず」、さらに「日本製金色木製の大仏の座像」のごとき、「一寸縦覧人の眼を引きますが人類学には縁の遠い品物」まで一緒に並べられている。それだけではない。各部屋の陳列も、そこに飾られた標本にはまったく統一性がないと語る。

人体解剖と比較解剖との標本は此室ばかり集つて居ると云ふでも無く、中央室を飛び越して左室にも一部、二階に上つて中央部にも一部有る事故、好く見やうとするには此所彼所奔走しなければならず、石器も所々方々に一群一群列べて有つて比較に不便だし、銅器鉄器も其通り、角や骨の細工した彫刻物こそは此所ばかりに集まつて居るのだらうと中央室のを熟視して、後に中庭に出て見れば此所にも連れが沢山有る、掘出品許りと心得て見て居ると現用品が混じて居たり、現用品かと思つて見れば古代の物を想像して作つたので有つたり、諸人種の頭骨、諸人種の写真、諸人種の模像がチリチリバラバラに置いて有つたり、一番始に有つた古墳内部の現物二箱と並べて置くべき同様の物二箱が二階の片隅に置いて有つたり、実に意外なことだらけ（坪井 1889c: 86–88 強調引用者）

秩序なき配列、無統一な分類、そして発掘品と現用品、本物とレプリカの混合。坪井の眼に映ったパリ万博の光景は、大量のモノが無秩序に氾濫するカオスでしかなかった。これを近代の博覧会の特徴とされる「スペクタクル性」の問題と捉えるならば（Schivelbusch: 1977 → 1982; Williams: 1982 → 1996; 吉見: 1992）、その目まぐるしく展開するモノの充溢は、研究者が標本をじっくり観察・比較することも、一般の観覧客が展示の趣旨を正しく理解することも困難にする。しかしそんな状態は、坪井にとって、かつての「骨董会」・「好事会」（坪井 1889c）を思い起こさせる雑多な、趣味的な展示でしかなく、近代人類学の発祥の地であるヨーロッパには似つかわしくない「非科学的な」展示と映ったのであった。

ここには、坪井が当時国内で抱えていた課題、すなわち新興科学たる人類学を学問として確立し、その意義を社会に伝えていくという課題意識が色濃く反映されている。坪井にとって「人類学標本展覧会は人類学大意を示す場所」であり、そうである以上、専門外の人びとにも要点が一目で分かるように、「標本其者を陳列すると同時に其価値有る所以を明にする設備をも工夫」するのは当然のことだった（坪井 1904b: 334）。

そこで問題となるのは、人類学の価値を伝えるために適切な陳列とはいかなるものか、である。この点について坪井は、パリやロンドンの博物館の「只地方別け若しくは種族別けにして有る丈」の陳列との対比のなかで自説を展開

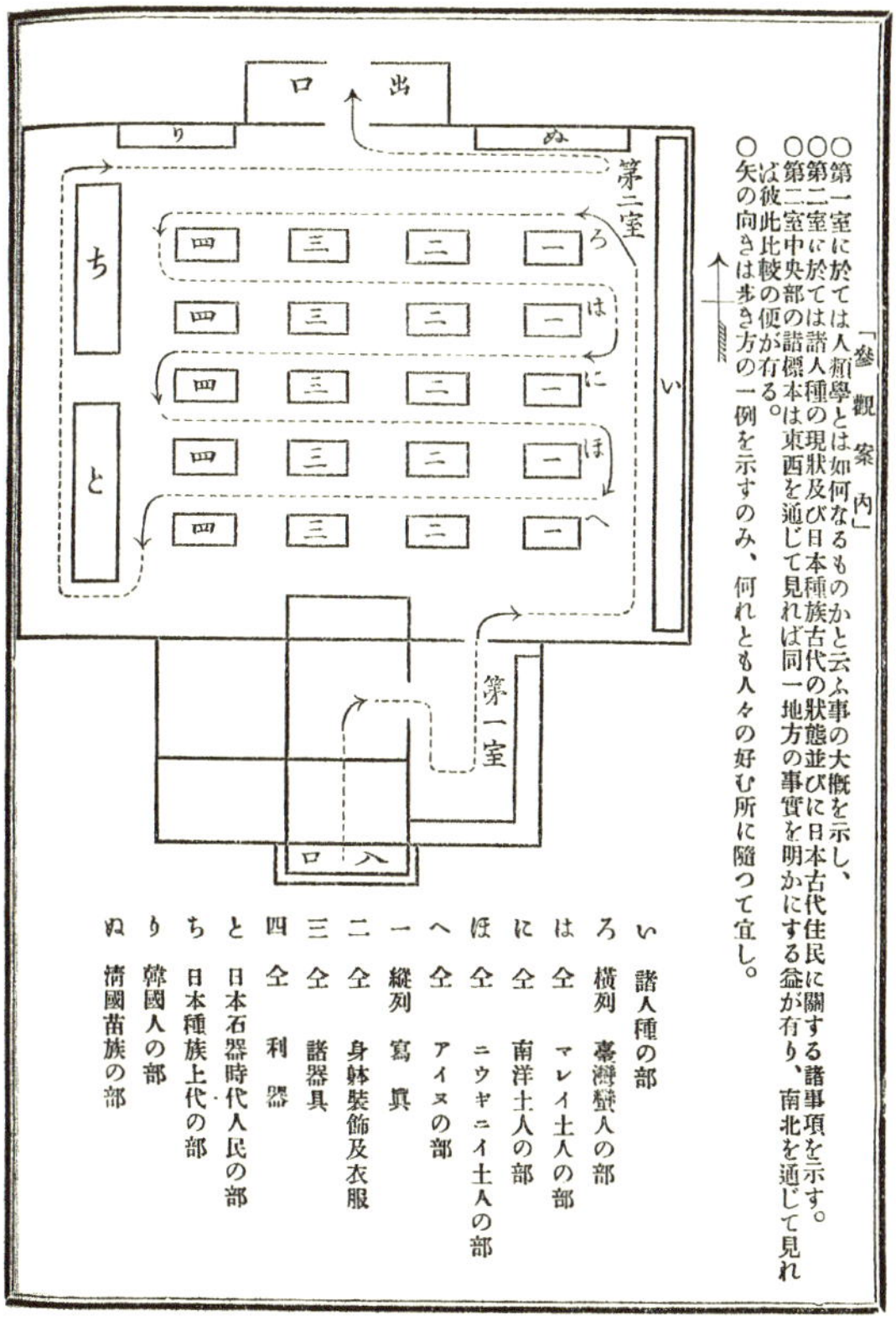
「參觀案內」
○第一室に於ては人類學とは如何なるものかと云ふ事の大概を示し、
○第二室に於ては諸人種の現狀及び日本種族古代の狀態並びに日本古代住民に關する諸事項を示す。
○第二室中央部の諸標本は東西を通じて見れば同一地方の事實を明かにする益が有り、南北を通じて見れば彼此比較の便が有る。
○矢の向きは歩き方の一例を示すのみ、何れとも人々の好む所に隨つて宜し。
出口
入口
第一室
第二室
い 諸人種の部
ろ 横列 臺灣蕃人の部
は 仝 マレイ土人の部
に 仝 南洋土人の部
ほ 仝 ニウギニイ土人の部
へ 仝 アイヌの部
一 縱列 寫眞
二 仝 身體裝飾及衣服
三 仝 諸器具
四 仝 利器
と 日本石器時代人民の部
ち 日本種族上代の部
り 韓國人の部
ぬ 清國苗族の部

図2－3　人類学教室主催・人類学標本展覧会（1904年）「参観案内」図

出典：坪井（1904b: 338）より転載。

している。それは「大体を地方別け又は種族別け」にしつつも、「各部に於ては各の人民の生活状態を一目の下に明かにする様」部類分けにする方法である（坪井 1899a: 424）。そのメリットは、坪井によれば、各標本を「系統的にでも比較的にでも見られる」点にあり（坪井 1904b: 335）、実際この手法は、坪井が所属する東京帝大人類学教室主催の人類学標本展覧会（一九〇四年）で利用されている[10]（図2-3を参照）。

　この「系統的」観察と「比較的」観察をミックスさせた陳列は、坪井にとって人類学の最終目標が、人類の進化の過程を解明することに置かれていた点と関係している。坪井は、過去から現在までのあらゆる人類は〈野蛮・未開〉から〈文明・開化〉へとむかう単一のヒエラルキーの内部に位置づけられるという進化論的な世界観を抱いていた。こうした一元的な世界観のもとでは、同水準の発展段階にあると想定された集団同士を、その時間的・空間的隔たりを越えて相互に比較対照することも可能となる[11]。たとえば坪井は、各民族の現在の生活習慣を記述する「土俗学 Ethnography」や、古物・遺跡から過去の生活習慣を推測する考古学にくわえて、これらの過去および現在の生活状態を相互に比較参照する「比較土俗学」の視点を取り入れることで、人類進化の過程を再構成できると主張している（坪井: 1891, 1892a）。すなわち、「現存する野蛮、未開、半開、開明の諸国人民を比較すれば一般人類情況の変化を察する事が出来」るし、古代の遺跡や古物を分析する際も、いまだ「石器時代」の段階にある民族の生活を参照することで、当時の「使用法」・「製造法」・「人民の有様」が明らかになるという（坪井: 1892a: 9–10）。以上のような問題関心が、標本を単に地域別・人種別に並べるのではなく、「使用者の人種的関係が有る無しに係らず古器物は諸地方の現用品に比べて考究するのが肝要」だとする主張（坪井 1904b: 337 強調引用者）にも反映されているといえよう[12]。

ただし逆に注意しておきたいが、坪井はなにも地域や人種の分類を完全に取り払った陳列を薦めているわけではない。事実坪井は、当時タイラー（Edward Burnett Tylor, 1832–1917）が管理していたオックスフォード大学の人類学標本室を訪れた際[13]、「諸物品が地方にも種族にも関係せずに、衣服とか武器とか云ふ様に部類別けに従つて置いて」あったことを回想して、「是では何れの品を如何なる種族の者が用ゐるのか分かり悪い」と不平をもらしている（坪井 1899a: 424 強調引用者）。

では、どうして坪井は地域横断的・人種横断的な比較を推奨しながらも、あくまで地域や人種の区分は残そうとしたのか。またこの場合、人種や地域を「区別する＝切り分ける」行為とは、結局のところ何を意味するのか。この点について、以下では坪井の人類学における「地域」・「人種」分類の位置付けからアプローチする。

第二項　「分類」論――何のための分類か

英仏留学から帰国した一〇日後、坪井は東京地学協会[14]の会合に出席し、「地理学上智識の拡張が人類学上研究の進歩に及ぼせる影響」（坪井 1892c）と題する講演をおこなっている。そこで彼は、自民族だけを人間と見なすようなエスノセントリックな「人類」の捉え方が、みずからの土地の外で暮らす異民族の発見によってその限界をいかに克服したかについて、主にヨーロッパの歴史を中心に論じている。これは人類学でいうところの「人類」の意味を説明する際に、坪井がよく用いた論法だった（坪井 1892b, 1893c, 1894a, 1894b）。人類とは、生物学的にみれば単一の種（ホモ・サピエンス）に属し、それ以上、階級、肌の色、居住地、風俗習慣などの違いによっては分割されない「全世界に住居する我々同類」を指すという点を、坪井はリンネやダーウィンの見解を引きながらくり返し説いている。そこから語り始めなくてはならなかった坪井の立場を、現代の我々が想像することは難しい。こうした時代状況のなかで、人類学を「一個独立の理学」（坪井 1887: 273）として確立しようする坪井の試みは、さまざまな誤解を生むことになる。彼は何度も一から説明しなくてはならなかった。坪井は生涯のライフワークとして、人類学の歴史、定義、範囲、目的、効用などに関する啓蒙的論考を大量に書き残している。

とはいえ坪井の人類学、すなわち「人類の理学 science of man」（坪井 1895b）が、なかなか世間から理解されなかったのもわからないではない。というのも彼は、人類学の学問としての独自性を、その「調査する事柄」でも「研究に用ゐる材料」でも「研究法」でもなく、「人類一般に関する諸事を説明する」という「目的」に置いているからだ（坪井 1893a: 131–133; 1893b: 187–188）。つまり裏をかえせば、坪井のいう人類学は、その調査対象・研究材料・方法論の点で、既成の学問と大幅に重なってくるのである。事実坪井は、人類学とその他の学問との違いはただ「裏面の希望」だけだとさえ述べている（坪井 1893b: 189）。この位置どりが、坂野（2005b: 30–35）も言うように、日本人類学の発展のためにあらゆる人的資源――専門家からアマチュア収集家、調査支援者、読者層に至るまで――を動員しようとする思惑と表裏一体にあったことは確かであろう。しかし逆にそれが、坪井の人類学を、あまりにも幅広く捉えどころのない――したがって他の学問と混同されやすい――ものにしたように思われる(15)。

いまここで重要なのは、日本の学界に「人類学」という学問分野を新たに打ちたてようとした坪井が、まさに「人類一般」の研究を至上目的に据えたことによって、逆説的にも、人間科学における学問の棲み分けに関して、その人為性を強く意識していた点にある。

人類学の一学科たる所以は目的の一なるに在り。説明せんとする事項の互に相密接せるに在り。含む所の諸事同時に研究するを得るに在るには非ず。又含む所の諸事一人にして研究するを得るに在るには非ず。……人類学は分類の土台に随つて幾様にも小分けする事が出来ますが、各の小分けは人類学の目的を達する為に便なる事を要します。若し人類学をば東洋と西洋とにて区分し、又は理論と応用とにて区分するが如き人が有れば、此人は人類学の目的の何たるを忘れた者と云はなければ成りません。人類の理学は応用を問ひませんし人類一般に関する問題には東洋西洋の別を立つ可きものではござりません。（坪井 1893b: 188 強調引用者）

坪井にとって人類学の部門分けは、調査対象（＝人類）の側にそう書き込まれているものではなく、研究者の「分類の土台に随つて幾様にも小分けする事が出来」る、人為的な線引きにすぎなかった。しかしこれは、どんな下位部門も人類学にとっては不要である、という意味ではない。実際、ある分類が人為的であるからといって、それが分析的に間違っているとか、役に立たないという結論はでてこない。そうではなく、ここで坪井が強調しているのは、その分類が果たして「人類学の目的を達する為に便なる」かどうか、この一点である。

人類学の部門分けは、それによって個々の研究者を各々の研究領域に閉じ込めるものであってはならない、と坪井は注意している。坪井のいう「人類学」が取り扱う対象は幅広く、それらを「一人」で「同時に」研究することはどだい不可能である。そこで彼が重視したのは研究者間の連携だった。「人類一般」を研究しているはずの学者が、各々の専門分野に閉じこもり、他の分野のことをなおざりにするのは、坪井がもっとも危険視する学問領域の実体化にほかならなかった。各部門のあいだに便宜上たてられた境界線は、いつでも取り外す用意ができていなくてはならない。つまり、「人類学の一部を修めるに付いても宜しく他の部の事に注意して之を並進する事を心掛く可き」であり、こうして人類一般の解明という共通目標のもとで、お互いの知見をいつでも「比較対照」できるよう「相互の連絡」をとり続けることが重要なのである（坪井 1893b: 188–189）。

おそらくここに、坪井の陳列方法において、異なる地域や人種を文字どおり〝横断〟していく歩き方が推奨されている理由もあるのだろう。日本の古代に関心をもつ者も、その標本だけをみて廻るわけにはいかない。逆にいえば、その標本を、自分たちだけの独占物にしてはならないのだ。

同じことは、西洋／東洋という地域分類とそれに基づく学問領域の棲み分け（西洋／東洋研究）にも当てはまる——たとえ現実には陳列品の選定が、日本帝国の支配圏によって限界付けられていたとしても（図2–1を参照）。と同時に、この西洋／東洋という地域分類を人為的なものと捉える立場は、一九世紀末に高まったある西洋人類学の潮流に対する抵抗の意味合いももっていた。その潮流とは、具体的には黄禍論、より一般化すれば、「人種」分類の実体化への動きである。

第三項 「人種」論——黄禍論と進化論の争い

人類学の部門分けと同じく、単一の「種」に属する人類を、複数の「人種」に切り分ける行為も、研究者の目的関心に左右される人為的な操作にすぎないことを、坪井は国内外の研究書にみられる定義の多様性を通してよく分かっていた。同じ「人種」という言葉を用いていても、その分類の根拠とされる指標は、体格、言語、容貌、風俗、地域と実に多様であり、どの指標が選ばれるかに応じて、人種の数や範囲はめまぐるしく変化する。それゆえ結局のところ、この「人種」という多義的な概念に何か共通する意味があるのなら、それは単に「人の群」くらいにすぎない、と坪井はいう（坪井 1893d: 426–427）。

しかも坪井が問題視したのは、単に「人種」概念を用いる際の指標の不統一にとどまらない。たとえ単一の指標に揃えたとしても、そもそも現実の人間を「判然たる境界線」で分けること自体が不可能なのである。なぜなら、言葉の習得や居住地の変更（移住）、さらには異民族との接触・混交（雑婚・混血）といった人間の学習性や移動性は、「人類の一群は此所を界とする」という風に、人種をマッピングする作業をきわめて困難にするからである。たとえば通常固定的で変化しにくいと考えられている肌の色をとっても、黒と白との間には、「黒み勝ちの栗色、栗色、薄栗色、薄茶褐色、薄茶褐色を帯びたる白色等」のグラデーションがあるばかりで、「決して二種類を距てる様な間隙は無い」（坪井 1893d: 425）。つまり、これまで人種の〝差異〟や〝多様性〟といった言葉で語られてきた事柄は、程度の問題にすぎないのだ。

このように「人種」の実体化を認めない坪井にとって、当時もっとも厄介な問題は、日清・日露戦争での日本の勝利をうけて欧米各国で高まった「黄禍 yellow peril」論の動向だった(16)。この学問の枠にとどまらない政治的かつ感情的なテーマについて、坪井は同時代人として幾度か反論を試みている。たとえば一九〇三年の論考「人種談」では、米国の日本人学童排斥事件やオーストラリアの白豪主義的な移民排斥に触れながら、それらが「白人」と「黄色人」との間の先天的な差異や優劣を仮定することで正当化されている点を、「実に卑怯の話である」と攻撃している（坪井 1903a: 257）。また一九〇五年の論考「人類学的智識の要益々深し」でも、「黄禍などと云つて、日本人は黄色いから他の黄色い者と団結するだらうなどと云つてビクビクするのは間違である」と苦言を呈している（坪井 1905b: 463）。坪井の「人種」理解は、既存の学術的定義の混乱と、黄禍論という現実の人種問題が交差するなかで組み立てられたものであった(17)。

黄禍論に対抗すべく、坪井は人種の〝差異〟なるものを、〝質的な断絶〟ではなく〝量的な遠近〟の問題として捉え直す。人類の祖先は同一であり、それが異なる環境のなかで淘汰をくり返してきた結果、今日のような人類のヴァリエーションが生じているのだと坪井はいう。したがって、「或る人種的団体と他の人種的団体との間に多くの類似点が存すれば、夫れは比較的近い時代に共通祖先を有して居たと認められるし、類似点が少なければ比較的遠い時代に共通祖先を有して居た事になる」（坪井 1909: 261 強調引用者）。それはあたかも「兄弟、従兄弟の如き関係」であって、人種の分類も「絶対的の性質相違」ではなく「縁故の遠い近い」を示すもの、つまり「系図」として捉えるべきなのである（坪井: 1895a, 1903a, 1905a, 1909）。

以上の坪井の「人種」理解について、前項までの議論と関連させて、二点ほど留意したいことがある。

第一に、坪井の量的な「人種」理解は、人類の多様性を発展（「進化」）の方向性ではなく速度の差とみなす、坪井の進化論的想定と結びついていることだ。つまり、それは黄禍論とは異なるが同じくヒエラルキー的な世界観を前提としている。実際、坪井は黄禍論に反論するなかで、「日本人と支那人とは同人種と云ふことで聯合しても、一所に進んで行つて呉れると宜いが、足の早い者と遅い者と歩いて引操返ることがあるかも知れぬ、それ故に同人種であるからと云ふことばかりに重きを置くことは不利益と思ふ」とも答えている（坪井 1903a: 271–272）。そこにあるのは、「劣等と認められた人種にも幾らか優等の者があり、優等と誇つている人種の中にも劣等の者がある」（坪井 1903a: 256）という、また別の序列意識である。

第二に、坪井が人類学の部門分けを不要なものとは捉えなかったように、彼が人種間の質的な差異や優劣を否定しているからといって、そこから坪井にとって人種の分類は「二義的な重要性しかもたない」（坂野 2005b: 97）という結論は導けないことだ。一見矛盾するようだが、坪井によれば、人種の相違について分析することは可能であり、かつ人類学にとって必要な作業でもあった。

> 若しも世界中の人種が総ての性質に於て一様で有るならば其中に性質上の群を設けると云ふ事は出来ませんが、実際は種々の相違が有つて一地方の人類と他地方の人類とを比べて、此点は同じで有るが此点は異つて居るとか、此点の違ひ方は此点の違ひ方よりも大いとか小さいとか云ふ事が出来ます。人類現在の有様を明かに知らうと云ふには、一般に通ずる事に注目するのも肝腎でございますが、一群一群の事を調べ相互に比べ合せるのも亦必要でございます。（坪井 1893e: 465–466 強調引用者）

ここでの坪井の主張は、人種の分類を不可能として禁じることではなく、それを人為的操作として徹底的に意識化させることであるといってよい。要は、XとYの人種が同じか／異なるかという二者択一的な用語に代えて、どの点が、どの程度同じなのか／異なるのかをはっきりさせることが重要なのだ。ただしこの場合、そこに見いだされる

〝差異〟は、当該集団をあらゆる点で質的に隔てるものではなく、つねに部分的な差異、量的な差異にとどまり続ける。この留保は、研究者が自らの分類が抱えている限定——つまりどの集団の、どの側面を比較した結果なのか——を自覚するうえで不可欠である。結局、坪井が「人種」という区分を用いる場合、それは分析の終着点では決してなく、そこから人種横断的な比較を開始するための便宜的な足場にすぎない。

当時よくみられた「日本人種」・「東洋人種」・「亜細亜人種」・「黄色人種」といった用語の氾濫についても、坪井はこれらの用法が間違っているとは述べていない。坪井自身は、「人種と云ふ語には窮屈な制限を付けない方が便宜で有る」と感じており、ただ「人種なる語を制限無しに用ゐるとしても比較対照を際《ママ》しては分類の土台をば一定して置く可き」であると注意しているにすぎない（坪井 1895a: 221, 1893e: 466）。たとえば日本／支那／英国人種は「国の名を蒙らせた名称」、西洋／東洋人種は「住所の位置に由つて付けたる名」、ヨーロッパ／アジア人種は「大陸の名を蒙らせた名称」、白人／黄色人種は「皮膚の色に由つて付けたる名」であって、それぞれ基準の異なるものを比較することはできないし、比較すべきでもない——坪井はそう語っているだけである。

要するに、坪井は今日いうところの national もしくは regional な分類を、肌の色に基づく分類とともに、「人種」と呼ぶこと自体には何の疑問も呈していない。坪井にとって人種が単に「人の群」、言いかえれば、group くらいの意味しかもたないことを想起すれば、それも別に驚くことではないだろう。だから研究者が「人種」という用語をどんな基準で用いたとしても、そのこと自体は——人為的操作として了解されているかぎり——許される。「世間で常に用ゐる日本人種、大和人種、天降人種抔の人種なる語は人種学上、一定したる所の意義に従つて居るとは申されませんが、便宜上存して置く可きものでござります」（坪井 1893d: 427 強調引用者）。つまり、「人種」の正確な用語法はないのである。国や地域や肌の色に基づく分類のうち、一体どれが最も「種」と呼ぶにふさわしいか、などといった議論は論外である。坪井の陳列方法において、人種や地域を横断する比較が促される一方、人種別、地域別の分類も依然として残されている理由は、以上のような「人種」概念の道具的理解に求められるだろう。

だが、こうした坪井の人類学と「人種」理解は、その後の日本人類学史のなかで大きな挑戦を受けることになる。

次節ではこの点を、坪井の死後に提唱される鳥居の「東洋人種学」構想を例に見ていくことにしたい。

第三節　「東洋」の領土化——鳥居龍蔵の「東洋人種学」構想

第一項　人類学と人種学を分離する

坪井が黄禍論と格闘していた頃、鳥居は一八九六（明治二九）年から一九〇〇（明治三三）年まで計四回にわたり派遣された台湾先住民（「生蕃」）調査を終えて、西南中国の「苗族《ミャオ》」調査（一九〇二年七月～一九〇三年三月）に赴いていた。この八ヵ月間に及ぶ、当時としては長期間のフィールド調査は、鳥居の学問的立場を大きく転換させることになる（鳥居 1913: 482）。結論を先にいえば、それは「人類学」から「人種学」への、そして「人類」から「東洋」への研究関心のシフトである。この転換は、坪井と同じく西洋人類学に対抗する、しかし坪井とは異なる応答の仕方であった。西南中国での体験は、鳥居にいかなる転機をもたらしたか。本節ではこの点を、坪井との差に注目しつつ明らかにする。またこの作業を通じて、日本人類学における「比較」の範囲がいかにして縮小していったかを示す。

鳥居によれば、西南中国調査は元来、台湾先住民調査の連続線上に位置するものであったという。

> 余が西南シナを旅行した目的は、先年自ら台湾に行つて生蕃を調査した結果、彼ら蕃族と現今西南に住する苗族のある者とが、人類学上密接なる関係をもつて居るのではないかという疑問を生じたので、実地苗族の境を踏んでその状態を調査し、以てこの疑問を解こうというのが主であつて、ついでに雲南・四川等の各地に散在する猓玀《ロロ》族等をも調査して見たいというのであつた。（鳥居 1926: 232）

この台湾調査について鳥居は後に、当時の自分の発想は「ナチュラルサイエンス」であり、「自然の背景の間に生蕃が生活している」と考えていたと回想している（鳥居 1936b: 413）。次章でくわしく論じるように、この時期の鳥居の主な関心は、各民族の地理的分布――つまり民族地図――を画定することにあり、特に文化や民族の違いを周囲の自然環境の違いから説明する方法をとっていた。この点は、晩年の自叙伝で、「原始的生畜《ママ》〔生蕃？〕生活と地理的関係とが調和し、自然の雰囲気を形成する所は、私に人類と土地との関係を面白く感じさせた」（鳥居 1953: 201）と語っている点にも窺える。この視点は西南中国調査にも引き継がれていくが（田畑 1997: 47-48）、その一方で鳥居は、自らの研究を「ナチュラルサイエンス」の方向に押し進めるつもりもなかった。苗族調査以降、鳥居は自らの研究を自然科学から明確に区別していく。そしてこの位置取りは、鳥居の人類学が坪井のそれから、いくつかの点で大きく離れていくことも意味した。

たしかに鳥居も、人類は単一の種（species）であって、「人種」とはそこに含まれるいくつかの変種（variety）を表すものにすぎないと認めている（鳥居 1910a: 472）。だが、坪井にとって人種の研究は、最終目標たる人類の研究のための下位部門と捉えられていたのに対して、鳥居の場合、これら二つの研究領域は、研究の方向性をまったく異にするものと捉えられている。鳥居によれば、「人類」研究の主題は、「自然に於ける人類の位置」を明らかにすることにあり、そこでは人類と「動物」との差が重要となる（鳥居 1910a: 472）。しかもこの動物学的（生物学的）研究は、人類と「類人猿」との差が「もはや分かり過ぎて居る」今日にあって、その焦点を次第に「類人猿以下」へと移してきている。こうして人類の研究がより「動物本位」になるにつれて、それはますます動物学・生物学といった「純然たる自然科学 Naturwissenschaft」の領域に近づいている。その結果、人類の下位分類、すなわち人種（race）、氏族（clan）、種族（tribe）、家族（family）、系統（stock）などの研究は、人類研究のなかで周辺化されてしまっているという。

人種および人種以下の研究――鳥居の言葉でいえば、「人種学 Ethnologie」・「民族学 Ethnographie」――は、以上のような人類研究の自然科学化によって生じた空白を埋めるものとして位置付けられている。そしてこの場合、人種学・民族学は「人類の共通性」ではなく「人種間の異同」を、「人類性」ではなく「人種性」を研究対象とし、「自然科学」ではなく「人文科学 Kulturwissenschaft」の領域に属するとされる（鳥居 1910a: 472-473, 1913: 481-482）。坪井にとっては同時並行的であった、いやそうでなくてはならなかった人類と人種の研究は、鳥居にとっては相互独立的である。

坪井への追悼の意を込めて発表された挑戦的な論考「人類学と人種学（或は民族学）を分離すべし」のなかで鳥居は、坪井の人類学を、彼の天才もしくは個性へと還元する。坪井の人類学は、その「性格、境遇、経歴、学力」、「趣味、知識等」の産物であって、他人には決して真似することができない。そう述べたうえで鳥居は、「若しその学問にして、実際これが研究を行うことが出来ぬとせば、いかにその系統がよく立ち、いかにその範囲が広くあっても」、「学問としての価値は、少ない」、さらには「劣つて居る」（鳥居 1913: 481）と展開する。そして最終的に鳥居は、（「純然たる」）人類学と人種学・民族学との統合は「単に理想」にすぎず、実際には「全く研究方法を異にして居る」これら二部門を「分離して、互いに精密に研究する方が、適当であろう」と提案する（鳥居 1913: 482）。

確かに、これは坪井本人に対する批判ではない。だが、坪井の理想では誰でも実践できる万人の学問となるはずだった人類学が、坪井その人だけの学問と評価されたことは重要である。というのも、こうした認識に立つことで、鳥居はポスト坪井時代の人類学者に対して、新たな人種・民族研究の方法論——彼はそれを「東洋人種学」と呼ぶ——を提示していくからである。以下では、その特徴を三つに分けて整理する。

第二項　人類から東洋へ——フィールドの限定と占有

第一に、鳥居は調査対象がいかなる人種・民族に所属するか——彼の言葉でいえば、「人種性」・「民族性」——を判別する際に、どの指標を優先すべきか、いかなる種類の知識が必要なのか、どんな手続きを踏むべきかといった問題を、坪井に比べてかなり明確に規定している。つまり鳥居は、既存の多種多様なアプローチを「一つのメソッド」（鳥居 1910a: 471）に統一しようとするのである。

鳥居にとって、人種性・民族性の確定において最も重視すべき指標は「体格」、次に「心理」・「言語」、そして「風俗、習慣、古物、遺跡」などが続く。しかもこの場合、研究の最終目標は、調査対象の人種性・民族性の確定にあるため、そこで必要となる知識も、人類一般に当てはまる「解剖学」・「心理学」の知識ではなく、「人種解剖」・「民族心理」の知識とされる。また「土俗志 Ethnography」や考古学や言語学についても、人種学・民族学に必要なのは、「人種民族的を示すところの土俗」、「人種的、民族的の古物」、そして「比較言語学」に関する知識であるという。最後に、研究の手続きについても、まず身体面での異同を確かめ、それをベースにして心理、言語、風俗習慣などの観察を積み重ねていく手法をとる。それとは逆の手続き、たとえば言語の共通性から人種の同質性を導きだすような推論は、鳥居によれば、「非常に危険」である。なぜなら、言語を共有している集団間の人種的な結びつきは、そこに身体面の類似があってはじめてその「値打ち」を獲得するからである（鳥居 1910a: 474, 478）。この点こそ、鳥居が日本とアフリカの文化的類似性を「単に偶然の符合に過ぎぬ」と退ける最大の理由である。要するに、鳥居にとって学問的に価値のある比較とは、いわば〝人種横断的〟ではなく〝人種内部的〟な比較でなくてはならない。

第二に、こうした鳥居の方法論には、単なる研究関心の相違にとどまらない、「人種」や「民族」をめぐる独特の世界観が反映されている。それを示すのが、鳥居の「人種性」・「民族性」概念にふくまれる実体主義である。坪井のいう「人種」があくまで研究者による人為的分類であったのに対して、鳥居のいう「人種」は、少なくとも理想では、自然の対応物をもつ。たとえば異民族との接触・混交をくり返してきた民族を調査する場合、一体どうすればその本来の「人種心理」なるものを推定できるのかという問題について、鳥居は次のように答えている。

> 吾々はこの場合には、かの化学者が試験をする如く、玻璃管の中にある原素を入れて、その原素から他の原素を抜き取つて、そうして単なる原素を出すというようなふうにせねばなりません。その方法を取りたいのでありますが、これは不可能の事であります。併しどうしても進んだ民族の方の研究でその人種性を現すにはこういう方法を採らなければならぬ、各人種、民族の祖先の遺伝的に現れて居る所のキャラクターを認むべきものを材料とせねばならぬ。
> （鳥居 1910a: 474 強調引用者）

文字通りの〝還元〟である。鳥居のいう「人種心理」とは、外部の影響を完全に取り除いた、単純かつ純粋な「原素」のようなものなのだ。たとえば鳥居が、「他民族と接触交通」している「開けた民族」の「複雑」な心理よりも、「民族との接触交通に乏しい」「野蛮人」の方が、人種心理の確定は「簡単」と述べているのは（鳥居 1910a: 473-474）、このためである。

さらに注目すべきは、鳥居が本来の「人種心理」を復元するための「材料」として、「祖先の遺伝的に現れて居る所のキャラクター」を重視していることだ。これが鳥居のいう「体格」・「体質」、つまり身体面に現れる特徴にほかならない。その理由について、鳥居はみずからの満洲での調査経験を引き合いにだしながら、体質とは違って言葉は簡単に忘れられてしまうからだと語っている（鳥居 1910a: 474）。要するに、人間の身体とは鳥居にとって、多種多様な民族が入り混じるいわば〝不純な〟フィールドの中から、各民族の〝純粋な〟姿を復元するための手がかりとなるものだった。

以上のように、鳥居のいう「人種性」・「民族性」は、単純性・純粋性・（遺伝的）連続性を特徴とする。坪井の場合は、他から明確に区別された人種の境界線を引くことなどそもそも不可能だったし、歴史的な起源をさかのぼって見いだされるのはただ種の同一性でしかなかった。それとは対照的に、鳥居の場合は、過去から純粋な姿のままで残っている人種性・民族性の抽出が少なくとも理想なのである。人種横断的な類似性は単なる「偶然」にすぎないが、人種内部的な類似性には「値打ち」があるとする鳥居の主張は、まさにその横断性と内部性とを隔てる分水嶺、すなわち人種の境界線を復元可能とする世界観を前提し、それによって支えられている。

ただし注意したいが、これは人類の異種混交性を坪井は強く自覚していたのに対して、鳥居はそれを看過したということではない。そうではなく、鳥居は化学的メタファー（「原素」）を導入することで、異種混交現象を各要素へと分解できる化合物として概念化したのであり、この認識論的フレームが、〝純粋な〟人種性・民族性を抽出できるとする方法論的還元の可能性を切り開いたのである。[18]

鳥居の方法論の第三の特色は、比較対象の範囲を人種内部的な諸集団（「東洋人種」）に絞り込むとともに、調査する側に対しても、西洋の人種・民族研究とは異なるアプローチを求めていることだ。これが最も明確に表れているのが、歴史学に対する鳥居の見解である。鳥居はそこで、人種学・民族学一般ではなく、東洋の人種学・民族学にかぎって歴史研究が必要だと主張している。

> 最もアフリカの一蛮人、太平洋洲の一蛮人を取り調べるには歴史というものはない、これは歴史の知識がなくつてもよろしい。けれども、東洋に於いて人種民族を研究するには、アフリカの蛮人や太平洋洲の蛮人等に於けるような調べと同一のメソツドを以てすると大変な間違いを生じます。であるから、吾々は西洋の人種学の本を読んで、引用して居ないが故に歴史を採用せずともよろしいとはいえないのである。殊に東洋に於いては最もその必要を感ずるのでありまして、御承知の如くシナには、シナを中心としてその附近のアボリジンスを記述したものが古くからある。……〔中略〕……吾々はこれらの文献を応用して、これらを材料として人種学上の研究をしたならば欧米の学者に出来ぬ所の面白い研究が出来る。又東洋の人種の研究は太平洋洲やアフリカと同一に取扱つてはならぬということがこれらによつて知り得るのであります。（鳥居 1910a: 476–477 強調引用者）

この歴史＝文献史料を重視する姿勢も、中国の「アボリジンス」に関する言及が示唆しているように、西南中国調査以降のものだ。鳥居はそこで、西南中国に暮らす少数民族について記載した大量の古文献の存在に気づき、その資料的価値を再認識することになる（大林 1980: 301; 田畑 1997: 49–51）。実際、苗族や猓玀族に関する鳥居の論考をみると、その体質、性格、言語、風俗習慣、地理的分布などの変遷をたどる際に、漢籍史料や地方史の類から欧米人の旅行記や報告書に至るまでの文献が手広く押さえられている（鳥居 1903b, 1903d, 1905a, 1926）。こうした方法論の確立こそが、鳥居をして、実地調査（人類学）と文献研究（歴史学）を統合した「東洋人種学」（鳥居 1913: 482）の構想へと導いていくのである。

上記の発言で注目したいのは、鳥居が「東洋」以外の人種・民族研究については文献研究の重要性を指摘していないことだ。つまり彼が批判したのは、西洋人類学の方法論一般ではなく、その方法論が「東洋の」人種・民族研究にまで普遍化されることだった。鳥居にとって、西洋の植民地にあたる「アフリカ」や「太平洋洲」の住民は、いわば〝歴史なき民族〟であり、東洋の〝歴史ある民族〟とは区別される。それゆえ、アフリカや太平洋地域の住民を対象にして形づくられた西洋人類学の方法論によっては、東洋の人種・民族の実状を十分捉えきれないというのである。

だがそれは裏を返せば、鳥居の方法論も、東洋以外の地域にまで普遍化することはできないことを意味している。実際鳥居は、アフリカや太平洋地域の住民を〝歴史なき民族〟とみなす西洋人類学のまなざしも、歴史を文字記録、すなわち書字（エクリチュール）の次元に還元する思考法も批判していない[19]。いやむしろこうした前提が崩れるとき、つまりその歴史性／非歴史性の境界線が揺らぐとき、「東洋の」人種学を新たにつくりだそうとする鳥居のプロジェクト自体が破綻してしまうだろう。この意味で、鳥居の狙いは、西洋型の人種・民族研究に代えて東洋型のそれを普及することではなく、西洋／東洋研究の棲み分けを確立することにあったといえよう。

以上のように、鳥居は日本の人類学界に、西洋人類学とは異なる調査対象と方法論をもった独自な研究領域を打ちたてようとした。しかし鳥居の主張は、何を、どのように調査すべきかという問題にとどまらなかった。鳥居はさらに、その調査は誰が行なうべきかという問題にも触れている。このフィールドの〝所有権〟をめぐる問題について（福間 2003: 151–153 も参照）、鳥居は一九〇五（明治三八）年の論説で、内田魯庵が提唱した「亜細亜図書館の建設」を支持して自説を述べている。「欧人はすでに東洋の研究に向かひてその区域に侵入なしつつあり」と鳥居は言う（鳥居 1905b: 395）。それに比べて、将来「一大戦勝国として東亜の上に立つ」はずの日本の研究者は、その多くが東洋に関する論文報告も現地調査もしていない。本当にこれでよいのだろうか、と。

この発言の裏には、当時フランスが仏領インドシナのハノイに図書館・博物館を完備した「東洋学院 L'école française d'extrême-orient」を建設し、そこを拠点にして東洋に関する文献資料を大量に収集していたことに対する、羨望をふくんだ危機感があった[20]。「東洋人が東洋の事物を研究するは正に勉むべきの義務なり」（鳥居 1905b: 395）。こう語る鳥居は、その対抗手段として、内田のいう「亜細亜図書館」の建設にくわえて、「東洋学会」の設立を掲げている[21]。

また同会の趣意について鳥居は、「東洋研究」の名のもとに各分野の研究者を結集させ、「その目的、志望を一にして、互ひに連絡、関係あるものとせんことを望む」と語っている（鳥居 1905b: 395）。学際的な連携を訴えるその姿勢は、なるほど坪井のそれと似ていなくもない。だが、「東洋」を研究することが「東洋人」の「義務」とまで語る言葉には、そうした「西洋／東洋」・「西洋人・東洋人」という人種・地域分類の人為性を主張する坪井にはみられなかった規範要請が含まれている。そこでは、研究者自身の「人種性」を横断するような調査よりも、人種内部的な調査が推奨される。つまり「東洋」という人種的＝地理的に限界付けられたフィールドの内部で——その内部でのみ——調査をおこなうことが、日本の人類学者が従うべき新たな調査規範として提示されたのである。

第四節　「人類」学から「東洋人種」学へ

一九一三（大正二）年一二月号の『人類学雑誌』は、同年五月に出張先のペテルブルクで病死した坪井への追悼号の体裁をとっている。そのなかに、弟子の一人である八木奘三郎が書いた「坪井博士の美点と欠点」と題する文章がある。そこで彼は、坪井の人類学のなかで「余等が遺憾と信ずる点」・「欠点と思はるるもの」として、以下の二点を挙げている。第一は、坪井がもっぱら土器や石器の研究に精力をそそぎ、人種の身体計測には熱心でなかったこと。(22)第二は、「邦人の立場としてはぜひとも努力して調ぶ可き必要」のある「東亜民族の研究に重きを置かず」、実際に自分たちが「東洋に於ける人種調査所」をつくろうとした際も坪井はついに賛同しなかったこと、である（八木 1913: 708–709）。

この二点は、本章で論じてきた明治末から大正期の人類学という学知の変容を如実に物語っているように思われる。たとえば八木は、「東亜民族の研究」を「邦人」である以上「調ぶ可き必要」がある重要な課題であるという。しかしこのような認識は、坪井にとって自明なものではなかった。本章で我々は、「東亜」・「東洋」を日本人研究者にとっての最重要のフィールドとする認識が、いかなる前提に支えられつつ成立したかを明らかにしてきた。

坪井が日本人類学の発展のために退けた西洋／東洋というフィールドの棲み分けは、皮肉にも彼を引き継いだ鳥居において、到達すべき目標として設定されることになる。確かに両者はともに、西洋人類学にいかに対抗すべきかという共通の課題を抱えていた。だが、その応答の仕方において、坪井と鳥居には大きな違いがみられる。要約すれば、それは「人類」から「東洋」への重心のシフトである。

「人類一般」を解明するという坪井の広大なプロジェクトは、人類及びそれを扱う人間科学の内部に立てられるいかなる境界線も、研究者による人為的な区分にすぎないと捉える立場を生みだし、それが西洋／東洋といった人種・地域分類やそれに基づく学問領域の実体化に対する批判を形づくっていた。坪井が日本の人類学者に求めたのは、個別の人種・地域研究に閉じこもることなく、「人類一般」の解明のために専門領域を越えた比較と連携をおこなうことだった。また、単一の種である人類を複数の「人種」・「地域」に分類する行為も、それが人為的な操作として――つまり「量的」・「部分的」な差をもつにすぎない集団同士を分析上切り分ける行為として――了解されているかぎり、ことさら分類の不可能性を主張する必要もない。

それとは対照的に、鳥居は坪井の人類学をその個性へと還元するなかで、人類研究とは区別される人種・民族研究へと関心を移し、また調査対象の捉え方も、鳥居の「人種性」・「民族性」概念はより自然化・実体化されている。さらに鳥居が西洋人類学に対抗する仕方は、坪井のように人種・地域分類の人為性をたえず意識化させるのではなく、人種間・地域間の質的差異を前提としたうえで、西洋／東洋の区分にそった学問領域の棲み分けにむかう。この場合、日本の人類学者がまずもって調査すべきは（調査者と同一の人種に属する）「東洋人種」とされ、そうした人種内部での比較こそが人類学的に価値のあるものとされた。

しかし、この「人類」から「東洋人種」へのフィールドの縮小は、人種間の差異を前提とする鳥居の人類学が、人類全体をひとつの家族（「系図」）として捉える坪井のそれよりも、差別的なまなざしを含んでいるという意味ではない。坪井が黄禍論を頑なに拒否したのは、それとは異なるが同じくヒエラルキー的な世界観を抱いていたからであり、また坪井と鳥居はともに、日本帝国による異民族支配を無批判に受け入れていた。日本帝国主義という共通の土台に支えられつつ、しかも西洋人類学にいかに対抗すべきかという共通の課題のもとで、坪井と鳥居という明治・大正期を代表する二人の人類学者の「比較」の手法に変化が訪れたことが重要なのである。

しかもこの変化は、坪井と鳥居という単なる個人の差にとどまらず、八木の発言も示唆するように、明治末から大正期にかけて起こったより広範な学知の変容を指し示しているように思われる[23]。実際、鳥居が人類学と歴史学とを統合した「東洋人種学」の構想を打ちだしていく頃、すでに歴史学の領域では、鳥居が当時頻繁に接触していた東京帝大教授の白鳥庫吉を中心に、日露戦争後の「満韓経営」と連動した「満鮮史」・「東洋史」研究の組織化が進められていた（旗田 1969; 寺内 2004; 中見 2006）。鳥居と同じく、白鳥もヨーロッパの東洋研究の進展に危機感をいだき、日露戦争での勝利を機として、関心を同じくする学者たちと「亜細亜学会」を結成（一九〇五年）、その後東洋協会（第五章で論じる台湾協会の後身）内部に「調査部」を置くと（一九〇七年）、翌一九〇八年には満鉄総裁の後藤新平に働きかけ、「満鮮歴史地理調査部」を設置するに至る。鳥居が「東洋学会」という学際的組織の設立を主張しえた背景には、以上のような日本の大陸政策と結びついた歴史学の動向が存在したのである。

最後に、鳥居の「東洋人種学」構想がその後の人類学界に与えた影響についても見ておこう。この点について清水明俊（2001: 243–247）は、以下の五点を挙げている[24]。①フィールド調査と理論的考察とが結びついた経験主義的な研究スタイルの確立、②フィールド調査（人類学）と文献研究（歴史学）を統合した民族誌の開拓、③後の「民族学」につながる社会文化的な関心の実質的な開拓者、④坪井時代の「趣味的」・「雑学的」な人類学研究、すなわち「総合人類学」の段階を脱し、人類学の専門分化を推し進めたこと、⑤戦前日本の植民地（特に北東アジア）調査の基礎を形づくり、実際鳥居が「東洋人種学」構想のなかで推奨した調査対象地は、「事実上の指導理念として戦中期まで有効に機能した」こと、である。

「人類」から「東洋人種」へのフィールドの縮小を論じてきた本章にとって、特に関連するのは④⑤である。なかでも④について清水が、「人類学が近代学術の一環として発展していくためには、研究関心と方法の専門化が不可欠であり、同時に、雑学的ないし総合的な人類学の専門分化が必要だった。日本の近代人類学史の前半期は、この専門化および専門分化を達成していく過程だったといえる」（清水 2001: 240）と述べている点には留保を付したい。というのも、鳥居が人類学の専門化を推し進めていく過程と、「東洋」というフィールドを独占化していく過程とは不可分の関係にあり、一方における人類学の近代科学化（④）と、他方における植民地調査の推進（⑤）とを個別に評価することは不可能だからである。帝国主義は学知形成のもっと内奥に食い込んでいる。鳥居の「東洋人種学」構想の根底にあるのは、「人種」の本質主義的理解であり、それに基づく調査対象・調査主体・調査方法の「人種的」分断化である。我々は日本人類学の「研究関心と方法の専門化」を支えた、こうした知の前提そのものを問い直すべきである(25)。

しかも、鳥居が日本人類学の近代科学化のために差し込んだ前提は、西洋／東洋という世界の分割にとどまらなかった。もうひとつ重要なのは、近代・文明／未開・野蛮という二元論的な世界認識であり、これは次章で明らかになるように、清水が鳥居の貢献として数え上げている①②の問題に関わる。日本人類学における「科学的な」フィールド調査と民族誌の確立は、この二元論的な世界認識のもとで可能になったのである(26)。

第三章　フィールドワークにおける「リスク」と「真正性」
——鳥居龍蔵の台湾・西南中国調査

はじめに

前章では、坪井と鳥居の比較論を手がかりに、明治末から大正期の人類学という学知の変容を読み解いてきた。この時期、日本人類学のフィールドが「人類」から「東洋」へと縮小した背景には、「人種」言説の変容があった。つまり人類の〝差異〟や〝多様性〟を程度の問題とみなし、質的な断絶を仮設することは不可能だとする坪井の道具的な「人種」理解は、鳥居のより実体化された「人種」理解の挑戦を受けることになる。鳥居が提唱した西洋／東洋研究の棲み分け、すなわち今日でいうリージョナル（エリア）・スタディーズの切り分けは、この人種言説の変容に基づいている。しかもこの調査対象の「人種的」切り分けは、調査する側にも「人種的」棲み分けを迫るものだった。つまり、「東洋人種」という人種的＝地理的に領域画定されたフィールドの内部で比較研究をおこなうことが、日本の人類学者が従うべき新たな調査規範として打ちだされたのである。かくして、日本人類学の「科学的な」フィールドは、ある局所化された〝閉域〟として概念化・規範化されることになった。

以上の点からも明らかなように、調査「対象」が歴史的にいかに構築されてきたかを問うことは、そうした独自な調査対象の開拓によって、他の学問との差別化（専門分化）をおこなってきた調査「主体」の構築のされ方を問うことでもある（Geertz 1983=1999: ch.1）。西洋／東洋という鳥居の二元論的な世界認識に、「人種」の実体主義が差し込まれているとすれば、その問題は、日本人類学の近代科学化の過程と切り離すことはできないのである。

近年の「文化」・「社会」概念の問い直しが、人文／社会科学の学知形成の問題へと波及するのはこのためである。たとえば社会科学のなかで伝統的に人類学とそれ以外の学問分野（政治学・経済学・社会学）を隔てる役割を果たしてきた調査「対象」の切り分け、すなわち西洋 the west／非西洋 the rest、近代（文明）／前近代（未開）といった二元論的な世界認識は（Wallerstein 1996=1996, 1999=2001）、ポスト・コロニアリズムや反オリエンタリズムの挑戦を受けて、その正当性を急速に失っている（Fanon 1961=1996; Said 1978=1993）。一九二〇年代以降、人類学の学問的制度化を根底で支えてきた「フィールド」科学としての自己規定でさえ、「ホーム」と「フィールド」（通常ホームから地理的・心理的に離れた場所）というウチとソトの区分がグローバルな時空間の圧縮とともに曖昧になるにつれ、調査の範囲や焦点を限定することの問題性が問われてきている。たとえばフィールドワークを、ある地理的に限定された「フィールド」内部での仕事（field-work）としてローカル化するとき、「民族誌的な遭遇がつねに、すでに編み込まれている間文化的な輸入—輸出という、より広いグローバルな世界」は背景に退いてしまう（Clifford 1997=2002: 34）。またウィマーとグリック・シラーによれば、草創期の西欧の人類学者は自らのフィールドを、西欧の国民国家を否定項にして定めた結果、「国家をもたない部族」や「ネイション以前のエスニック集団」に分析者の関心が集中したばかりではなく、「自らが研究している対象住民に植民地体制やネイション形成のアジェンダが及ぼす影響を体系的に『無視』してきた」という(1)（Wimmer and Glick Schiller 2002: 305）。

本章では、鳥居が「東洋人種学」の着想を得る途上でおこなった二つの調査（台湾先住民調査と西南中国調査）を対象に、具体的な調査の場面で、鳥居の〝閉域〟化されたフィールド理解がいかにして生みだされたかを考察する。ただし、以下での我々の問題関心は、鳥居がフィールドを取り巻く「間文化的な」移動・接触・混交現象や、日本帝国主義が調査地に及ぼす影響を、単純に「無視」したという点にあるのではない。というのも、鳥居のテクストには、これらの問題が――さまざまな程度と仕方において――書き残されているからである。したがって、鳥居のテクストを分析する際には、「無視」や「隠蔽」といった記述的／解釈的用語を用いることは不適切である。我々は、これらの問題が鳥居のテクストの中でどのような位置付けを与えられているかというテクスト構成のあり方や、現地の社会や文化がいかに語られ、どう書かれたかという叙述／記述スタイルの問題にまで踏み込む必要がある（Becker 1986; Clifford and Marcus（eds.）1986=1996; Clifford 1988=2002, 1997=2002; Geertz 1988=1996; Gupta and Ferguson（eds.）1997; Kuklick 1980, 1991, 1999; Platt 1983; Stocking 1992, 1995; Van Maanen 1988=1999）。

本章の問題関心を明確にするために、ここでグプタとファーガソンの議論を参照しておきたい。それによると、マリノフスキー以前の欧米のフィールドワーカーは、〝孤立した〟未開社会や〝純粋な〟原始文化を「直接観察した observe it directly」と主張することはほとんどなく、その多くは、「征服後の植民地化された世界という明らかに『不自然な unnatural』状況の下で暮らすネイティヴへの観察と質問を通じて、原始的で『自然な natural』状態を再構築 reconstruct しようとする自覚的 self-conscious 試みだった」（Gupta and Ferguson 1997: 6-7）とされる。この場合、植民地化の過程にともなう移動・接触・混交現象は、単純に「無視」されたわけではない。クリフォードの言葉に返れば、「静止と純粋性は、移動と混成という歴史的な諸力に抗することによって――創造的かつ暴力的に――主張される」。そこで問題となるのは、こうした「静止」と「純粋性」の主張が、どのような手法によって生みだされたのか、である。

前章で論じた鳥居の「元素」というメタファーは、そうした手法のひとつとして理解できるだろう。つまり、このメタファーを導入することで、鳥居は目の前で起こっている異種混交現象を、各要素へと分解できる化合物として概念化し、適切な方法論を用いれば――すなわち「体質」を手がかりにすれば――〝純粋な〟民族の姿を復元できると主張したのである。その他にも、鳥居はフィールドの現実を民族誌に書き込む際に、さまざまなメタファーやレトリックを動員している。本章は、鳥居がフィールドを取り巻く移動・接触・混交現象をいかなる仕方で記述したか、またその結果、どのような「フィールド」及び「フィールドワーカー」像が創出されたかを検討する。この作業を通じて、日本人類学のフィールド科学化の原点を改めて問い直してみたい。

第一節　リスクと真正性

人類学者のジョアン・パサロは、学生時代にニューヨークのホームレスを調査対象に選んだとき、周りの人類学者によく聞かれたのが、「路上で（何度）寝たことがあるか？」という質問だったと回想している。彼女の「フィールド」は自宅から地下鉄で通える距離にあり、路上で夜を明かした経験はなかった。だが、そう答えると、相手はきまって失望の表情をうかべたという。特に印象的だったのは、こうした体験を求められるのが、みな「若手」研究者だったことである。ポスト・コロニアル時代の人類学者が〈野蛮な原住民〉をロマン化することはもはやないにしても、「身体的な危険に身を置くこと」は、「いまだにフィールドワークの通過儀礼の一部」であり続けている。

> では、こうした見方が特権化しているのは、いかなる認識論なのか。エスノグラファーおよび／またはインフォーマントの身体的・社会的安全が危険にさらされるとき、いかなる権威への訴えがなされ、正統化されているのか。過大なリスクのもとで生産された／確保された知識が、「より良い」知識なのか。めったに表明されずとも根強くのこっている、こうした評価のスタンスは、遠くはなれた「原住民」から「秘密」をもぎとることが旅立ちのレゾン・デートルだった時代の……植民地的メンタリティーの名残りである。（Passaro 1997: 147）

ここでパサロが巻き込まれているインフォーマルな規範の問題は、人類学のフィールドワークをその他の隣接領域、たとえば社会学のそれから区別するために用いられてきた伝統的な境界線によって説明できるだろう。「人類学は比較的最近まで、（未開で、部族的で、田舎で、サバルタンで、とくに非西洋であり前近代であるという）調査『対象』

によって社会学との区別をおこなってきた。……つまり、歴史のある／なし、古代／近代、文字社会／無文字社会、遠距離／近距離といった例の一連の二元論にしたがって世界を分割していた」（Clifford 1997=2002: 397n.7）。西洋近代にとって見慣れぬもの（＝他者）を理解可能にするのが人類学者であるとするなら、社会学者は自明なものを見慣れないものにする（＝他者化）というわけだ。この遠くはなれた、半ば孤立した（秘密めいた）社会組織に焦点を絞ってきた人類学の伝統からすれば、大都市ニューヨークの自宅から地下鉄で通うようなパサロのフィールドワークは、やや「社会学的」すぎたといえるのかもしれない。

調査者がフィールドで直面する「リスク」が、そこで得られる知識の「真正性」を保証するという想定。この想定を日本人類学の伝統のなかに決定的に差し込んだ人物こそ、鳥居龍蔵である。鳥居の調査は、日本の人類学および民族社会学にマリノフスキーやラドクリフ＝ブラウンの「集中的な」調査方法が紹介される前の、ある独特なタイプのフィールドワークであった。それは「探検」と呼ばれる調査形態である。たとえば自らも「探検家」と称していた梅棹忠夫は、日本の海外フィールドワークの確立期を一九四〇年代前後に置き、それ以前の希少なパイオニアとして鳥居龍蔵と江上波夫の名前を挙げている（梅棹 1991: 608–609）。また江上波夫は、一九世紀末という世界的にみても早い時期に東アジア全土を次々と踏破していった鳥居の業績を評して、「わが国空前絶後の探検型学者」と呼んでいる（江上 1976→1986: 269）。

坪井を師事して徳島から上京し、一八九二（明治二六）年に東京帝国大学人類学教室・標本整理係となった鳥居は、遼東半島を皮切りに、ほぼ毎年のペースで、台湾、千島列島北部、西南中国、中国東北部（「満洲」）、モンゴル、朝鮮、そして東部シベリアをひろく旅した（表3–1を参照）。また一九三九（昭和一四）年に北京の燕京大学の客員教授に招聘されてから、敗戦をはさんだ約一二年間を彼は中国で過ごしている。それでもこれらは、鳥居の国内でのフィールドワークをのぞいた断片的な足跡にすぎない。

東アジア全土にひろがる鳥居の先駆的業績は、一九九〇年代以降、調査中に撮影された大量の乾板写真が発見・公開されたこともあり（東京大学総合研究資料館編 1991; 佐々木編 1993）、約百年前のアジアの自然や風俗を記録した貴重

表3－1　鳥居龍蔵の海外フィールド調査の軌跡

調査期間	調査地	派遣機関	備考
1895(明治28)年8-12月	遼東半島·満洲(第1回)	東京人類学会	同年4月、日清講和(下関)条約
1896(明治29)年夏	台湾(第1回：東海岸調査)、帰路沖縄へ	東京帝国大学	乾板写真機の初導入
1897(明治30)年10-12月	台湾(第2回：紅頭嶼調査)	東京帝国大学	同調査は東京地学協会の嘱託兼
1898(明治31)年7-12月	台湾(第3回：南部調査)	東京帝国大学	東京帝大理科大学助手になる
1899(明治32)年5-6月	千島列島北部	東京帝国大学	1899年、義和団の乱
1900(明治33)年1-8月	台湾(第4回：台湾中南部調査)	東京帝国大学	
1902(明治35)年7月 ～03(明治36)年3月	西南中国(苗《ミャオ》族·猓《ロ》玀《ロ》調査)	東京帝国大学	1901年、岐阜県白川村から石川県能登半島までの横断調査(徳川頼倫に同行)にて蝋管蓄音機を利用
1904(明治37)年6-7月	沖縄諸島(本島まで伊波普猷が同行)		同調査でも蝋管蓄音機を利用
1905(明治38)年9-11月	満州(第2回)	東京帝国大学	同年9月、日露講和条約／東京帝大理科大学講師になる
1906(明治39)年	蒙古(第1回)	蒙古喀喇沁王府	蒙古喀喇沁王府教育顧問·男子学堂教授になる
1907(明治40)年6月 ～08(明治41)年	蒙古(第2回)	蒙古喀喇沁王府	
1909(明治42)年3-5月	満州(第3回)	関東都督府	
1910(明治43)年夏	朝鮮半島(予備調査)	朝鮮総督府	同年8月、日韓併合条約
1911(明治44)年春·7月	朝鮮半島(第1回)·南樺太	朝鮮総督府·樺太庁	
1912(大正元)年春	朝鮮半島(第2回)	朝鮮総督府	
1913(大正2)年	朝鮮半島(第3回)	朝鮮総督府	同年5月、坪井が露都ペテルブルクで急死
1914(大正3)年	朝鮮半島(第4回)	朝鮮総督府	
1915(大正4)年	朝鮮半島(第5回)	朝鮮総督府	
1916(大正5)年	朝鮮半島(第6回)	朝鮮総督府	
1919(大正8)年6-12月	東部シベリア(第1回)	東京帝国大学	1918年8月、シベリア出兵
1921(大正10)年6-8月	東部シベリア(第2回)	東京帝国大学	1920年、仏パリ学士院からパルム·アカデミー賞授与 1920年、パリ万国聯盟人類学院の正会員·日本代表委員
1926(昭和元)年秋	中国山東省	鳥居人類学研究所	1922年、東京帝大助教授(第二代人類学教室主任)になる 1924年、東京帝大を辞職→同年、鳥居人類学研究所設立
1927(昭和2)年8-10月	満州(第4回)	鳥居人類学研究所	
1928(昭和3)年4-7月	東部シベリア(第3回) 満州(第5回)	鳥居人類学研究所	同年創立の東方文化学院東京研究所の評議員·研究員に
1930(昭和5)年8-12月	蒙古(第3回)	鳥居人類学研究所	
1931(昭和6)年	満州(第6回)	鳥居人類学研究所	
1932(昭和7)年7-8月	満州(第7回) 朝鮮半島(第7回)	鳥居人類学研究所	
1933(昭和8)年8-12月	蒙古(第4回)·満州(第8回)	東方文化学院	
1935(昭和10)年11-12月	満州(第9回)·華北	東方文化学院	
1937(昭和12)年4月 ～38(昭和13)年2月	ブラジル·ペルー·ボリビア	外務省	
1938(昭和13)年秋	華北		
1940(昭和15)年 ～41(昭和16)年	中国各地		1939年、北京·燕京大学(米国ミッション系)客座教授に就任(1951年12月、中国から帰国)

出典：田畑（1997: 4）を基礎とし、『鳥居龍蔵全集』（朝日新聞社）各巻より筆者作成。

な資料として再評価されている。だが他方では、まさにこの調査時期と調査対象の問題が、鳥居のフィールドワークが攻撃される大きな原因ともなってきた。

　たとえば寺田和夫（1981: 80）は、鳥居の海外調査は「日本の帝国主義的侵略と密接な関係がある」とする。それは遼東半島、台湾、満洲（第二回）、そして東部シベリアの調査時期が、それぞれ日清戦争、台湾領有、日露戦争、シベリア出兵の時期と大幅に重なっているためである[2]。また、フィールドの選択や調査支援の問題だけではなく、そこで組み立てられた鳥居の民族論そのものを「文化帝国主義」として批判的に読み解いていく作業も、ポスト・コロニアルな人類学史や知識社会学の領域で進められてきた（小熊 1995; 福間 2003; 坂野 2005b）。

　一方、集中的な「深い」調査を教え込まれた世代には、鳥居の調査は、その分析単位の大きさという点でも、滞在期間の短さという点でも、「浅い」ものとして映る。たとえば芹沢長介は、広大な領野を次から次へと横断していく鳥居の調査スタイルは、結局のところ「旅行者的な学問」であったという。「彼の調査は旅行であり、旅行が調査そのものであったともいえる。旅行者は一ヵ所にながく止まることなく、つぎの目的地にむかって旅立ってゆくのがつねである。したがって龍蔵の調査は、一ヵ所の遺跡に落ちついて、そこを深く掘りさげるという余裕をもたなかった」（芹沢 1963: 61–62）。鳥居の調査は「発掘」以前の表面的な「採集」に留まっているとされ、またそのことが、異なる文化圏をもっぱら空間的に位置づけ、時間的な先後関係（重層性）を問おうとしない平面的な文化論・民族論につながっているとも言われてきた（芹沢 1963: 64; 末成 1988: 59）。さらに、参与観察を重視する文化／社会人類学者は、鳥居のテクストに原住民やインフォーマントの具体的な描写が乏しく、現地の制度や組織に対する理解が不足している点に不満をもらしている（大林 1976: 628–629, 632; 末成 1988: 52, 62）。

　現在の地点から、鳥居の調査は日本帝国主義に庇護されたものであり、ひとつの土地に長く滞在しない観光旅行のような、表面的な観察にすぎなかったと批判することは容易である。しかしこれらの指摘は、鳥居の調査が当時から、この種の批判にさらされていたことを見逃している。つまり鳥居は、みずからの旅が帝国主義的／観光旅行的な旅として解釈されうることに、まったく無頓着だったわけではない。それどころか鳥居の独特な調査スタイルは、まさにそれ自体、みずからの旅を同時代の帝国主義的／観光旅行的な旅といかに差別化し、「科学的な」調査として権威付けるかという格闘の中で生まれてきたのである。そして、この科学的権威付けのプロセスにおいて特に重要な役割を果たしたのが、以下で詳述するように、調査者がフィールドで直面するリスクの問題だった。現時点の学問的尺度をもって鳥居の調査の政治性または非科学性を非難する前に、われわれはまず、鳥居の調査が立ち上げられてきた当時の学問的・社会的文脈について知識社会学的に考察すべきである。

以下では、鳥居の学問的転換点となる西南中国調査までの作品を対象に、調査中のリスクの問題がフィールドワークの科学的権威付けといかなる仕方で結びついていたかを分析する。なお本章で扱う明治期の海外調査は、既存の鳥居評価のなかで、帝国主義的／観光旅行的とする非難が特に集中している調査である。たとえば江上波夫は、鳥居の業績のうち「満蒙」（と朝鮮）調査を高く評価し（泉・江上 1970: 530; 江上 1970: 519, 1976 → 1986）、その他の地域は「単なる見聞に終始した場合が多い」（江上 1976 → 1986: 301）として解説自体を省いている。特に「蒙古」調査には、当時の日本の支配圏と大きく重ならないという点でも高い評価を与えている。これに対して本章では、遼東半島から西南中国までの作品を対象とし、鳥居の調査を帝国主義的／観光旅行的な旅の様式との抗争関係のなかで捉え返していく。

第二節　一九世紀後半の海外フィールドワークの社会的基盤

海外フィールドワークの熱心な推奨者として、鳥居は、明治二〇-三〇年代のマスメディアの発達と、物珍しい風物をもとめる大衆の欲望とを巧みに利用した。彼の最も初期の作品である「西比利亜の土人」（鳥居 1895a）は、ロシアの民族分布を記した地図と数点の現地写真入りで、当時最大の発行部数を誇っていた総合雑誌『太陽』（博文館）に投稿されている。また、初の海外調査となる遼東半島への四ヵ月の旅は、『太陽』の大橋新太郎や『国民新聞』（民友社）の徳富蘇峰のスポンサーを得て、帰国後『太陽』に連載された[3]（鳥居 1896a）。つづく台湾調査時代にも、鳥居は地元の『徳島日日新聞』や『太陽』の紙面を用い、実地調査の必要性をくり返し説いている（鳥居 1896c, 1897d, 1901d）。こうしたマスメディアとの連携は、実地調査の意義を訴えるべく大衆に働きかける鳥居の姿勢とともに、彼の報告を期待していた読者層の広がりも示している。本節ではまず、鳥居の調査を取り巻いていた同時代の社会的な〈場〉について整理したい。

当時鳥居が何度か接触していた『太陽』は、一部の専門家に限られない大衆誌として、幅広いトピックを「論説」・「史伝」・「小説」・「地理」等のジャンル分けで掲載していた。このうち鳥居が寄稿したのは、日本各地や世界各国の紀行文・探検記が集められた「地理」欄である。明治三〇年前後の「地理」への高い関心を、五井信（2000）は、学制の成立以降「地学」が重要な一教科とされ、アカデミズムでも「地学」を名乗る団体（東京地学協会、地学会）が結成されていく流れの中に位置づけている。彼によると、ここに芽生えた未知なる土地への知的好奇心が、明治二〇–三〇年代の国民のリテラシー向上、マスメディアの発達、鉄道交通網の整備（汽車旅行の普及）を通じて大衆へと拡がり、こうして見知らぬ土地の旅行記・探検記を求める読書空間が切り開かれていったという（五井 2000）。また同時期の写真・印刷技術の進歩により、風景・民族写真という読者の「視覚」に訴える表現手段が安価に利用できるようになった点も、この大衆化を促進した要因とされている（日比 1999）。

本節で第一に注目したいのは、鳥居と東京地学協会との関係である。同協会は、ロンドンの王立地理学協会（Royal Geographical Society）にならい、一八七九（明治一二）年に渡辺洪基、長岡護美、榎本武揚らを中心に設立された団体で、世界各地の地誌的情報を日本の経済開発や軍事政策に役立てるため、多くの海外調査を支援していた（山室 2006: 35–41）。鳥居の調査も、たとえば第二回台湾調査は東京地学協会の嘱託を兼ねており、榎本武揚によって調査中の便宜が図られている。また西南中国調査でも、長岡護美を通して現地での支援体制が整えられている。さらに鳥居は同協会の機関紙『地学雑誌』の常連寄稿者でもあり、特に台湾については調査ごとに報告を載せている(4)。そもそも鳥居が沖縄、台湾、朝鮮を調査しようとしたのも、彼自身の説明によると、当時の東京帝大総長・渡辺洪基の勧めが大きかったという（鳥居 1927: 462, 470）。

第二に、鳥居の調査は、当時日本に紹介された西欧の探検記・冒険記のエキゾティックなイメージに彩られている。なかでも第二回目の台湾調査にあたる紅頭嶼（現在の蘭嶼）への旅はそうである（図3-1を参照）。渡航先から坪井に宛てた手紙には、横浜港から基隆港（台北）に着くまでの間、ひたすらスタンリー（Stanley, Henry Morton）の探検記を読みふける鳥居の姿がある。その光景はさながら船上でのイメージ・トレーニングである。「小生等も最早四五日以後よりはスタンレー氏の如くバナナマニオック的旅行をいたす身と相成候」（鳥居 1897a）。台北から紅頭嶼にわたる直前にも、彼は坪井にこう書き送っている。「此六十日間は最愉快にロビンソンクルーソー的生活を為す覚悟にて朝にはカノーに乗りて遥けき海原に漕ぎ出で夕には椰子樹下に太平洋上の月を眺むる筈に御座候」（鳥居 1897b）。到着後、彼はすぐさまテント生活をはじめる。その生活は、同じ頃この地を訪れていた伊能嘉矩をして、「嘗てロビンソンの漂流記を読みたる当時を連想」させるものであったという（鳥居 1897c）。それはいまだ読書が、フィールドワークと融合している世界である。

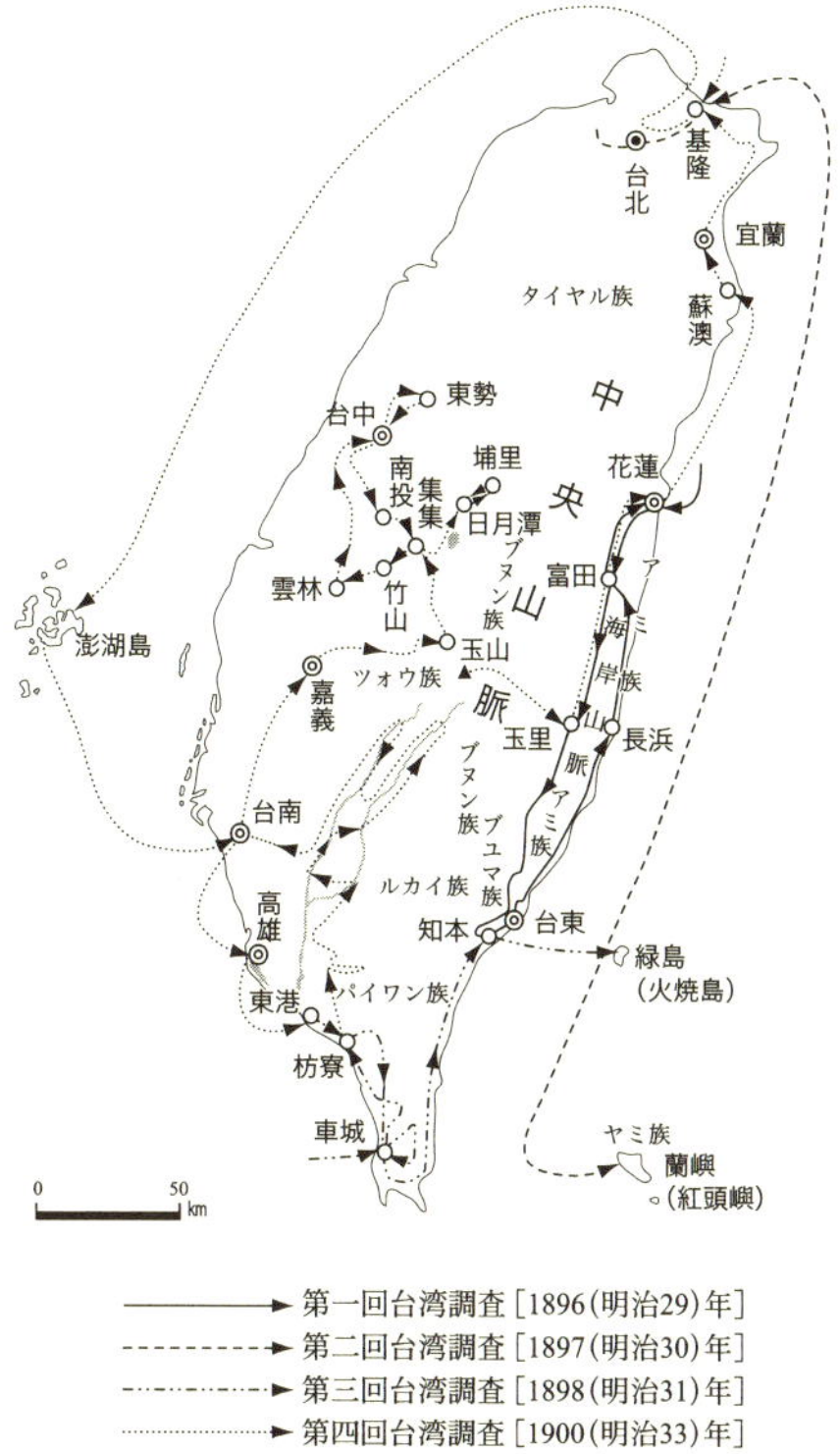

図3－1　鳥居龍蔵の台湾調査ルート（1896-1900年）

出典：佐々木編（1993: 50）より。

バナナとマニオック（キャッサバ）、カヌーとヤシの木によってシンボライズされるこの「南国の風景」（鳥居 1953: 191）としての台湾は、鳥居にとって、同時に「暗黒」の世界でもあった。齋藤一は、一八九三（明治二六）年に博文館から訳出されたスタンリー著（矢部新作訳）の『闇黒亜弗利加』（*In Darkest Africa*, 1890）が与えた影響について、その〈アフリカ＝闇黒〉という修辞が、日本の文脈では

〈台湾＝闇黒〉という修辞に転化していったと指摘する（齋藤 1999）。彼はその一例として、伊能嘉矩が『台湾志』（明治三五年、文学社）のなかで『闇黒亜弗利加』との連想から「闇黒台湾」と語っている箇所を引いているが、似たような連想は鳥居にもみられる。(5) 第三回台湾調査中の坪井への手紙のなかで、鳥居は調査をこう振り返っている。「抑も台湾の蕃界、殊に東部の蕃界は全く“Darkest Formosa”の名を得たるものなりしが、小生は幸にも幾多の危険を犯し、非常なる金銭をこれに費し、しかも三回の渡台を茲にし、聊か暗黒界裡たる東部台湾及び紅頭嶼に向て一点の燈火の光輝をあらはすを得候」（鳥居 1899: 198）。

ここでは「暗黒界裡」たる台湾のイメージとともに、それと対置される「光輝」たる自己イメージにも留意しておきたい。つまり〈暗黒＝未開〉たるフィールドを〈光＝文明〉によって照らしだすフィールドワーカーという構図である。さらに留意すべきは、「幾多の危険」と「一点の燈火」という修辞が喚起するもうひとつのイメージである。つまりフィールドワークとは、数多くの危険がとり巻く環境のなかでの孤独な作業だというイメージである。後者については次節で取り上げる。本節の残りでは、鳥居がこの暗黒世界に導入した文明の光、すなわち近代的な知覚装置の問題をみていく。

第三に、鳥居は当時最先端の知覚装置をフィールドワークに先駆的にとり入れた人物でもあった。(6) なかでも有名なのは（乾板）写真機の導入で、一八九六（明治二八）年の第一回台湾調査が最初とされる。後に『大日本地誌』（博文館）を出版することになる地理学者・佐藤伝蔵の代役として台湾に派遣された鳥居は、東京帝大から写真機を購入してもらうと、さっそく撮影法を自習しフィールドで利用した。鳥居によると、当時の人類学界では、研究書に写真を組み入れること自体が一般的ではなく、たとえ必要であっても専門の写真技師に依頼するのが普通だったという（鳥居 1936a: 48-49）。つまり、研究者自身の記録手段としては写真よりもスケッチが多く用いられており、その出来が学者の条件とすら考えられていたという。その意味でいうと、明治二〇年代の写真技術の進歩により、（撮影方法としても、器材の重量としても）より手軽な乾板写真が普及したことは、写真屋からの解放であったと同時に、職人的な学者気質からの解放であったともいえる。その後も鳥居はスケッチを適宜併用しているが、彼が写真機を、個人の能力に左右されない正確な記録手段と捉えていたことは、「自分はどうしても台湾の生蕃の顔か何かは絵で描けないので、写真の必要を感じ」た（鳥居 1936b: 413）と述べている点からも窺える。

これと関連するが、写真機は鳥居にとって、正確な記録を瞬間的に切り取ることを可能にする技術でもあった。これは鳥居の歩き方にもつながる。都合一日しか滞在が許されなかった与那国島での調査について触れるなかで鳥居は、「凡そ人類学上、かくの如き一日しか時間が与えられないうちに、斯学上の調査をするには、いかなる条件でこの地方全体の報告を作成すべきや」と自問している（鳥居 1953: 229–230）。それにはまず、島の村落や家屋や衣服を横断的に概観しつつ、それらを次々と撮影していく必要がある。村人から詳しい内容を聞きだし、言語や説話を集めたり貝塚を発掘したりするのは、その後である。つまり、鳥居にとって写真機とは、フィールドの見取図を短期間で収集できる装置でもあった。

こうした写真の有用性は、印刷技術の進歩によって写真網目版が利用可能になることで現実化する。それ以前は、たとえば写真を印刷時にふたたび筆写するという、実にまわりくどいやり方がとられていた。[7] 東京帝大に提出された報告書『人類学写真集台湾紅頭嶼之部』（明治三二年）や『苗族調査報告』（明治四〇年）は、大量の風景・民族写真とその解説文から構成されているが、こうした報告書の体裁自体が、当時の視覚・活字メディアの発達によって初めて可能になったのである。

ところで上記の報告書をみると、鳥居が写真機をいかなる問題関心から利用したかも推察される。そのうち最も多いのが、ある民族の全身もしくは上半身を、正面・側面・背面から撮影している写真で、これは飯沢耕太郎（1992: 100）も指摘するように、鳥居の形質（体質）人類学的な関心をよく表している。つまり個人の身体を、各要素に分解し、それらを計測し、別の個人と比較し、お互いの類似性や差異を確定・分類するための撮影方法である。実際、写真の解説文は読者に対して、正面と側面と背面とを「対照」したりその「比例」を見ることで全体像を把握すること、また子供と成人を「比較」することで容貌の変化を読み取ることを促している（鳥居 1907）。さらに注目されるのは、写真に映っている個々人の容貌が、その民族の「好標本」として提示されていることだ。つまり、これらの写真は、その民族の〈典型＝標準〉として展示されるのであり、読者はこうして一個人の容貌から民族全体の容貌まで想像するよう促される。この展示方法の問題は、鳥居の調査状況を再構成する第四節で立ち戻ることにしたい。本節ではひとまず、鳥居にとってカメラという記録装置が、正確な記録を短期間で収集できるという点でも、そうして集められた標本を一望に観察・比較できるという点でも、（スケッチ以上に）高い位置づけを与えられていたことを確認しておきたい。

> 人類学・考古学はカメラと離れることは出来ない。もとよりスケッチも必要であるが、殊にカメラはそれ以上に必要である。殊に現在の探査には活動写真を携帯せねばならない。カメラは決して贅沢品ではない。一般の人々の衣食住に次いで必要なものである。いわんや学者においてはこれがなければ何ら仕事することは出来ない。（鳥居 1936a: 51 強調引用者）

これは『満蒙其他の思ひ出』（昭和一一年）に収録された「考古学とカメラ」という副題をもつ文章の一節であるが、この時点までくると、人類学調査におけるカメラの効能は、もはや自明の域に入る。ちなみに「活動写真」が日本で初公開されるのは明治三〇年前後――キネトスコープ（明治二九年一一月）、シネマトグラフ（明治三〇年二月）、ヴァイタスコープ（明治三〇年二月）――であり、撮影機も明治三〇年頃には輸入販売されていた。その後、義和団事件や日露戦争の記録映画が興行的成功をおさめると、活動写真の大衆化が一気に進んでいく（田中 1980: ch.1–2）。すでに一九一〇（明治四三）年の白瀬矗中尉らによる南極探検隊には撮影班が同行していたことを踏まえれば、今日の調査には活動写真が不可欠だとする鳥居の主張も、それほど時代錯誤的でないことが分かるだろう。

以上みてきたように、鳥居の明治期の海外調査は、未知なる土地の情報を求める知的欲望と、近代的な知覚装置（写真・印刷技術）の発達と、西欧の探検記・冒険記に刺激されたエキゾティックな想像力とが合流する〈場〉において成立したものだった。これらの点は現在、鳥居の調査が帝国主義的まなざし、あるいは冒険主義的な欲望の産物として批判される原因にもなっている。しかしこの種の批判に対しては、ひとつ留意しておきたい点がある。それは鳥居が当時すでに、みずからの調査がそう非難されうることをかなり明確に意識していたことである。にもかかわらず、鳥居は同時に、みずからの調査の科学性も強く主張している。次節では、鳥居の調査の「暴力性」と「科学性」を両立させた論理とは何かを追究していく。この作業を通じて、鳥居の独特な調査スタイルが立ち上げられてきた当時の学問的状況にアプローチする。

第三節　孤独な観察者――学術探検と民族誌の創造

鳥居の海外調査の多くは、日本の領土拡張によって切り開かれた地政学的フィールドで、時期的にもその直後におこなわれている。おそらくこの親和性ゆえに、彼は当初から、帝国主義への典型的参加者としての役割から意識的に距離をとろうとしていた。たとえば遼東半島の調査目的について語る際、自分の研究関心が元来シベリアや満洲にあったことを強調しているのも、このためである。

> 余は遼東半島が新に日本の領地となりたるの故を以て好奇心にたけられ、同地に旅行せしに非ず。実にこれ等の地が余の研究なしつつある区域なればなり。かの学者と称せらるる人物にして、この地が再び清国に還附せらるるや直ちに遼東の研究は中止せられ、忽ち南方台湾の方面に研究点の向かふが如き、軽躁者流は余のもとより語る所に足らざるなり。いやしくも学問に従事する士は、其の目的地のたとひいづれの国に属するも、研究者自身に対しては毫も関係左右せらるる所に非ざるなり。（鳥居 1896a: 574 強調引用者）

その後の鳥居が、遼東研究を中断し、領有直後の台湾に向かうことを考えると、上記の発言も皮肉である。ただしここでの問題は、鳥居の発言はその後の行動と矛盾しているとか、鳥居でさえも時代の渦に巻き込まれざるを得なかったということではない。問題は、上記のような発言がなされなくてはならなかった当時の言論状況である。つまり鳥居の調査を、日本の領土拡張に便乗する、ただの「好奇心」に駆られた「軽躁者流」の旅行と非難する声の存在である[8]。この種の批判は、少なくとも本章の分析対象である蒙古調査の頃まで続いており、しかもその批判は、鳥居が「机上の書物漁り考証学者」と揶揄する、いわゆるアームチェア人類学者から投げかけられたようだ。

私の最初自分の研究上から蒙古に手をつけた際には、学者として誰もこの方面に行こうというものがなかつた。一体我が国の学者は東洋史や東洋地理などをやつている人々でも、今日においてすらそのほとんど総ては机上の書物漁り考証学者で、その専門に必要であるに拘らず、その専攻地方を探査する人が少ない。今日なお然りであるから、私の最初蒙古に手をつけた際には、その多くは私を評して探検家とか好奇心の男とかいつたくらいであつた。私が蒙古を探査するのは、単に探検家としているのでなく、学問上どうしても実際に往つて見なければ何もわからぬからである。（鳥居 1936a: 25 強調引用者）

鳥居が直面していた課題は、海外での実地調査が一般的ではなかった日本人類学界に、フィールドワークの科学的権威を確立することだった。そのための鳥居の戦略は、人類学における実地調査の必要性を訴える一方、それを単なる好奇心にもとづく旅の様式から区別することだった。彼が『太陽』に掲載された論考「台湾生蕃地探検者の最も要す可き智識」において、日本の台湾研究の現状を「実地に調査せざる空論」と喝破しつつ、その一方で「人類学的智識」を欠いた旅行を「益なきのみならず、反つて斯学の有害なるもの」と攻撃しているのも（鳥居 1897d: 409）、この文脈で理解される。

本章で重要なのは、鳥居がみずからの「科学的」調査をその他のアマチュアリズムから区別する際に、調査中の困難や危険といった「リスク」にくり返し言及していることだ。たとえば遼東半島からの通信のなかで、鳥居はフィールドワーカーの心構えについてこう語っている。

> 探験《ママ》旅行は、一寸外見よりせば頗る気楽なる様なれども、実に是程困難なるものは可無之と想像致候。其は第一、身体を健全に保たざる可からず。若し途中にて病を生ぜんか、これが為旅行に不都合を来すを以て、常に摂生に注意せざる可からず。第二、規則的の行ひを要する事。旅行中見聞の事どもを其日宿泊せし処にてかき改め、且つ其日の日記を付けざる可からず。猶起るも寝るにも厳然たる一定の時間を定め、荷物其外携帯の所持品は出立の際と、初て宿に着しときと、寝る時とに、能々整理なし置かざるを得ず。第三、勇気。外国を旅行するには此気性なくては決して深く進む能はず。場合によりては正当防衛上、人間に向て不得已非常手段をも行はざる可からざる事あり。（鳥居 1895b: 453 強調引用者）

末尾の「正当防衛上」「非常手段」を行使してもやむを得ないという発言は、具体的には武力的威嚇をさす。事実、遼東半島において鳥居は、一等軍医の大西秀治という人物から護身用として六連発のピストルを手渡されている。また台湾調査の際も、台北の円山貝塚を掘りおこしている彼の腰にはピストルが身に付けられていた。たとえ鳥居本人がそうした武器をもたなくても、彼の調査には大抵、現地の政府機関から派遣された付き添いの護衛たち——ときに数十人におよぶ——がとり巻いていたのである。

ただし、鳥居の調査の暴力性を明るみにだすことが、ここでの主な目的ではない。以下で考えたいのは、鳥居はこうした自らの調査をとり巻く暴力の問題を、帝国主義の便乗者として非難する声を意識していたにもかかわらず、どうして隠そうとはしなかったか、である。

たとえば山路勝彦（2004: 64-65, 77）は、鳥居のテクストにたびたび現れる冒険主義的なヒロイズムについて、そこには植民地政策に積極的にコミットした「帝国主義のイデオローグ」の姿はなく、そこからはみでた「無邪気な冒険野郎」・「一途の好事家」の姿であると、その非政治性を示唆している。しかしこれに対しては逆に、それは「無邪気」で済まされる問題ではなく、みずからの調査の暴力性（帝国主義）に無自覚な態度にほかならないと反論することもできよう。だが本章は、そのどちらとも違った解釈をとる。すなわち、鳥居は帝国主義の便乗者とする批判を回避するために、あえて調査の暴力的な部分を明るみにだしたのではないだろうか。言いかえれば、鳥居のテクストに充満している暴力性は、調査の科学的権威付けの問題と密接につながっていたのではないだろうか。

たとえば調査中にピストルを所持することは、鳥居にとって、調査の客観性と必ずしも対立するものではなかった。実際それは、「気楽なる」旅行とは区別される「困難なる」探検というイメージを喚起するうえで効果的なひとつの挿話＝物語として機能している。物語といっても、調査中の苦難についての語りが〈嘘＝非真実〉だという意味ではない。ここではそれを、「書く」という行為におけるひとつの「選択」という意味で用いる（Van Maanen 1988=1999: ch.1; Clifford and Marcus 1986; Cf. Barthes 1984=1987）。というのも、この点を伏せておくことも可能だからである。なるほど民族誌はフィールドワークの結果ではあるが、フィールドワークと民族誌が生産される現場はけっして連続的ではない。

> 民族誌が集中的な調査経験を通じて文化解釈を生産するというのならば、荒々しい経験がどのようにして権威的な記述説明に変換されるのだろうか。言い換えれば、権力関係や個人のそれぞれ異なる目的に貫かれ、饒舌で多元的に決定されている異文化間遭遇が、ひとりの書き手個人が作り上げた多かれ少なかれはっきりとした境界をもつ「他世界」の適正なヴァージョンとして、どのように領域化されるのだろうか。（Clifford 1988=2003: 39）

以下では、鳥居は調査中のリスクを押しだすことで、どのような「他世界」の姿を提示し、いかなる「文化解釈」を生産しようとしたのかについて考えていきたい。この点について、鳥居は『太陽』に連載された論考のなかで、自分のテクストから読者に何を感じとってほしいかを説明している。「余はあえて諸君に面白く本篇を読んでもらう事を望まぬのである。余はなるべく諸君が、世の学術探検家がその学術調査のため、いかに苦心なしつつあるかを知らしたいのである」（鳥居 1901b: 432）。では、調査中の「苦心」を前面に押しだすことで、一体どのような「学術探検家」と「学術調査」のイメージが喚起され創出されるのだろうか。

ここで再び、探検家の心構えに関する先の引用にもどろう。すると、鳥居が語っている「探験」が、単に文明化のなかで失われてゆく原初的風景を探し求める浪漫的な旅ではないことが分かる。むしろそれは、〈野蛮・未開な〉世界のなかで〈文明的・近代的な〉自我を維持する実践として語られている。すなわち、身体を管理し、規則的に行動し、心の平静を保ちつづける実践として。こうした語りによって喚起されるのは、肉体的にも心理的にも過酷な環境のなかで、自己を規律化する〈孤独な観察者〉のイメージである。それは本国の書斎で――もちろん孤独ではあるかもしれないが――作業する学者とも、気楽な観光旅行者とも区別される行為者モデルを創出している。

以上の解釈を裏付けるために、次に鳥居が日本の人類学のなかに確立しようとした書き方の問題にも触れておきたい。それが「旅行日記」――鳥居はそれを「民族誌」とも呼ぶ――という叙述スタイルである。

鳥居がフィールドでの体験を「旅行日記」として自覚的に出版し始めるのは、明治末から大正期にかけてである。そのうち調査時期としてもっとも早いのは[9]、西南中国に出発し帰国するまでの約八ヵ月間のフィールド日誌を、主篇と別篇をふくむ全一二四章にまとめあげた膨大な旅の記録『人類学上より見たる西南支那』（大正一五年、以下『西南支那』と略記する）である。以下では同書を中心に、鳥居における「旅行日記」の位置づけを確認していく。先取りすれば、アームチェア人類学者とアマチュア旅行家が「学術探検家」の否定項とされたのと連動して、ここでは論文報告と紀行文学が「旅行日記」（民族誌）の否定項に位置づけられる。

鳥居は『西南支那』のなかで一人称、つまり〝私〟の語りを中心にしたテクストの意義を擁護している。彼によれば、従来日本の学者が発表してきたのは、少数の専門家を対象とする難解な報告書ばかりであり、それだけが正統な学術書と見なされてきたという。だが今日欧米の学界では、論文報告の前に旅行記を出版するのが一般的で、これら二種類のテクストが同じく正統な評価を与えられていると語る[10]。そのうえで彼は、こうした欧米の慣行にならい、日本でもフィールド日誌を刊行する意義を次のように訴えていく。すなわち同書は、「余はその土地をいかに旅行したか、その土地の山・川・人情・風俗と我らとの交渉は如何というものを主にして」書かれた「飾らざる偽らざる、素直な日記文」であり、こうした記録は「直接人間に関係して居る」人類学にとって、「学術研究書」と同等の価値をもっと主張する（鳥居 1926: 518 強調引用者）。こうして〝私〟がフィールドをいかに見てまわり、そこで自然や現地の人びとといかに触れ合ったかという個性記述的な叙述スタイルが、「素直」な描写という直接的現前の修辞により、ある種の客観性を付与されることになる。(11)

ただし注意しておきたいが、鳥居がここで現地社会との「交渉」と述べていても、それは決して現地社会の内部者として語るということではない。少なくともこの時期の鳥居は、フィールドで得られたみずからの知見を権威づける際、自分が共同体の一員として認められたとか、現地の住民とある種の親密な関係（ラポール）をもったとか主張することはほとんどない。彼が再三強調しているのは、その調査がいかに苦難に満ちた孤独な営みであったか、である。またこの点が、彼の旅行記を、その他の旅行記から隔てるメルクマールとしても用いられている。つまり、鳥居の旅行は「普通の遊山的旅行」とも（文学者の）「単に趣味の紀行」とも異なる「探検的性質」を帯び、そこでの「天然・人為の危険・不便の余暇を利用して燈火の下で記したもの」が、彼のいう「旅行日記＝民族誌」なのである（鳥居 1926: 221, 517–518）。

だから従来論じられてきたように、鳥居の民族誌に冒険主義的なヒロイズムが滲みでており（山路勝彦）、また現地住民との具体的な人間関係の描写にも乏しい（末成道男）という指摘が全くその通りだとしても、これは単なる方法論的自覚の乏しさではなく、民族誌の科学的権威付けのヴァージョンのひとつとして捉えるべきだろう。そして、そのさい重要な役割を果たしているのが、「危険・不便」なフィールドを相手にしつつ「燈火の下」で日誌を書いているという、〈孤独な観察者〉としてのフィールドワーカーのイメージだったのである。

第四節　フィールドにおける「民族接触」と「異種混交性」――西南中国調査を中心に

第一項　危険な真実

前節では、フィールドでのリスク（「危険・不便」）が、鳥居の「学術探検」及び「民族誌」の科学的権威付けにとって不可欠の役割を果たしていたことを確認した。ただし、調査者がフィールドで直面する「リスク」それ自体が、そこで得られる知識の「真正性」を保証すると見なされていたと捉えるのは、やや一面的な理解である。この「リスク」と「真正性」とをつなぐもうひとつの重要な想定がある。それは、〈近代・文明〉からとり残された〈未開・野蛮な〉土地であるほど、その土地には外来文化の混入が少なく、それゆえ民族の〈純粋な〉姿が残されているはずだという想定である。この想定は、外部からの影響を極力排除したかたちで分析単位を設定すべきだという方法論的規範と結びついている。

大小ふたつの島々からなる紅頭嶼（ポテル・トバコ）は、この意味で、天然の実験室であった。

> この二つの島はヤミ族だけが占拠し、また随時出入しているのであるが、彼らは台湾のあらゆる種族の中でもっとも野蛮で未開な種族である。人類学上の見地からいえば、またいうまでもなくその見地からだけのことであるが、それはかえつて幸いなことである。なぜならば原始的な状態にある他のあらゆる種族に近づけば近づくほど、その気の毒な種族から引きだしうる資料がますます貴重なものとなり、ますます真実となるからである。[12]（鳥居 1910b: 5-6 強調引用者）

外部との接触交通が少なく「原始的な状態」にある「野蛮で未開な種族」であるほど、人類学には「貴重」な資料となり、「真実」の価値を帯びることになる。ここではフィールドのリスクが、〈野蛮・未開＝自然・純粋〉という想定を介して、そこで得られる資料の真正性を保証している。ただし、この因果連鎖は鳥居において可逆的ともなり得る。つまり、民族の〈純粋〉な姿を見るためには〈危険〉がともなうというだけではなく、調査者にとって〈危険〉な場所にこそ〈純粋〉な姿があるはずだという想定が生まれてくる。この場合、リスクは真正性の徴候となる。

この〝真実は危険な場所にある〟という想定は、島全体が「原始的な状態」と見なされていた紅頭嶼調査では表面化してこない。しかし、鳥居が台湾先住民（「生蕃」）との人種的類縁性を確かめるために訪れた西南中国の苗族・猓羅調査では、この想定が彼の調査ルートをたびたび左右している。たとえば雲南省から四川省にむかう旅路を選択する場面。「後者はマルコポロのとつた路であつて、旅行には最も安全であるが、前者はこれに反してはなはだ危険の虞れがある。けれども蛮族の調査をとげようとするには、むしろこの危険な路を選ばなければならないのである」（鳥居 1926: 353–354）。だから鳥居の調査が「危険」であったことをひとまず認めたとしても[13]、それは彼があえて選択した危険でもある。そしてより重要なのは、意識的に調査ルートを設定しなくてはならないほど、西南中国は彼にとって、（台湾に比べて）民族の純粋な姿が失われつつある空間と映ったということだ[14]。では、こうしたフィールドの不純性あるいは混交性の問題に対して、鳥居はいかなる姿勢で対峙したのか。

第二項　風景と民族性

鳥居にとって台湾が「南国の風景」であるとするなら、西南中国は「山水画」（鳥居 1902, 1926）であった。あるときは船で、あるときは馬で移動していくこの旅人の眼は、いたるところで大河と峡谷と曠原からなる長閑な景色に魅了されている。以下で重要なのは、鳥居のテクストのなかで、こうした風景の違いが、そこで暮らす住民たちの民族性の違いに対応しているかのように語られ、その相応関係が過度に一般化されていることだ[15]。それは、獰猛で野蛮な気質をもつ「生蕃」に比べて、非常に「温厚」かつ「陰鬱」な苗族の姿だった（鳥居 1926: 273, 289–291, 295–297, 302）。

温厚・陰鬱という苗族の性格描写は、『西南支那』にとどまらず、その他の論文や講演記録、さらに『苗族調査報告』でも一貫して主張されている。また『西南支那』ではもっぱら心理的なパーソナリティの次元で語られているが、別のところでは体質や芸術の次元にまで拡張される。たとえば西南中国の風景や民族を写した全八八枚の写真をふくむ『苗族調査報告』では、苗族の写真に形質学的説明を加えつつ、「陰鬱」な容貌だとしている（鳥居 1907: 276）。さらに苗族の民族芸術について、「ごく陰鬱な沈着な気質をよく現して居る」と畳み掛けるくだりは圧巻である。つまり、苗族は「銅鑼とか皮太鼓のようなごく喧しい物でなくして、静かな笙とか笛のようなもの」を好む。また、その音色も「ごく沈静な音」で、「梵鐘のような、至極サブライムの所がある」。そして「謡う所の歌も恋愛を主として、悲

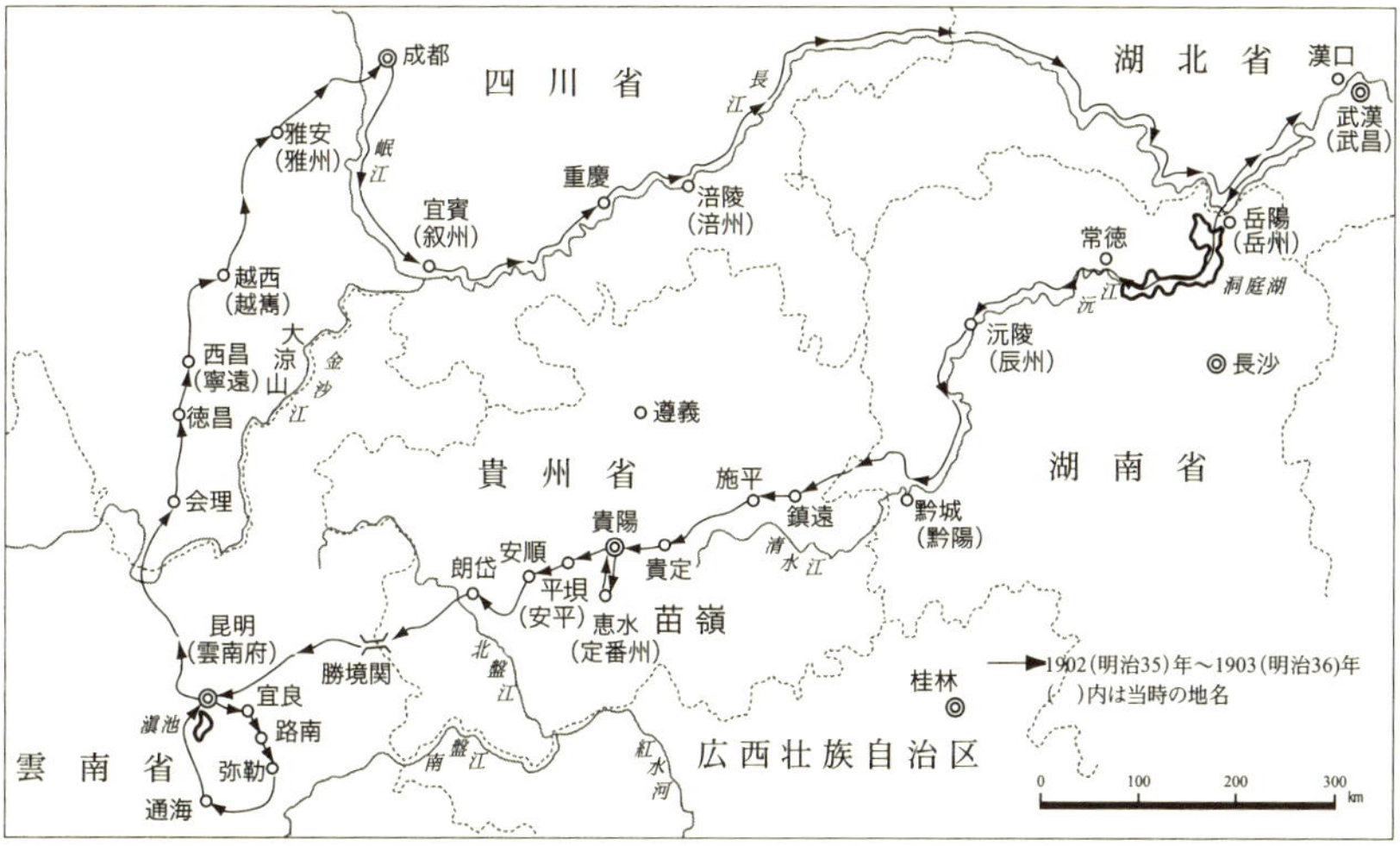

図3－2　鳥居龍蔵の西南中国調査ルート（1902-1903年） 出典：佐々木編（1993: 56）より。

哀な調子を謡うので、決して勇壮活撥というような歌はない」。さらにその踊りも、南洋諸島やその他の「野蛮人」のような「忙しい踊り」ではなく、「ごく静かに笙に合わせて踊つて居る」（鳥居 1905a: 389–390）。

以上のように獰猛・活発／温厚・陰鬱という二項対立によって捉えられる苗族であるが、この図式はさらに、その土地を訪れる旅人の危険／安全という対立軸を用意し、そこに連結されている。つまり、「現今の苗族」は「台湾の生蕃」ほど「乱暴」ではなく、それゆえ「台湾の生蕃地を旅行するつもりでシナの苗族地を歩けば、雑作なく歩けまして、ごく平気で、困難はない」とされる（鳥居 1903c: 376）。さらにこの図式は、未開・純粋／接触・絶滅の対立軸にも連動する。すなわち、今日の苗族は「自然的の生活」を離れ、次第に「シナ化」しつつあるため、もはや「未開なる野蛮人」とは呼べない。そのため、「今日苗族の調べは最も必要であつて、今日を過ぎ去つたならばよほど困難であろう」と語られている（鳥居 1903c: 377, 1905a: 389–391）。

こうした語りが喚起するのは、次のような一連の対立軸からなる二元論的な世界像である。すなわち、〈台湾・先住民／中国・苗族〉＝〈南国／山水画〉＝〈獰猛・活発／温厚・陰鬱〉＝〈危険／安全〉＝〈未開・純粋／接触・絶滅〉。さらに、こうした自然（風景）と民族性との結びつきは、台湾と西南中国の間だけではなく、苗族と「猓玀《ロロ》」[16]の対比として西南中国内部でも展開されていく（図3-2参照）。

鳥居によれば、「苗族の根拠地」とされる貴州省を抜けて昆明（雲南省）から四川省へと北上すると、そこは山岳奥地の「猓玀の巣窟」である。注目すべきは、この一帯に入るにつれ、鳥居がまるで「台湾の生蕃地」を歩いているかのように感じ、現地人と「台湾生蕃」との共通点を指摘する回数が圧倒的に多くなってくることだ（鳥居 1926: 322-435）。猓玀は「蛮風」を保ち、気質も「暴悪」、体質は「身体強健・気風勇壮」、さらに容貌も「猛悪」「悪相」と彼はいう。そしてこの「太古の如き原始的光景」を抜けると、ようやく漢民族の多く暮らす「人間界」に出る（鳥居 1926: 433）。

こうした描写を、蔑視的な用語はひとまず置いて、さまざまな民族の地理的分布を確定しようとする鳥居の研究関心の表れとして理解することは可能だ。またこの点で、自然環境と民族性とを相応的に把握しようとする鳥居の生態学的発想、また山脈や河川等の自然の分界線を境にして民族が地理的に分布しているという鳥居の観察眼は、従来高い評価を与えられてきた（大林 1980: 306）。それでもこの図式は、あまりにもまとまりすぎているように思われる。以下では、この一般化された図式のなかで見過ごされてしまう現象を俎上にのせる。

第三項　民族接触としての観察

まず鳥居の調査が、現地の住民から様々な抵抗をうけていたことを確認しておこう。たとえばカメラを向けると、彼らは家に逃げ込んだり、大声で叫んだり、身体を揺らして抵抗する（鳥居 1926: 236, 244, 332）。また、住んでいる村や民族名をたずねても答えてくれない。言葉を記録しようとしても怖がって逃げようとする。そもそも鳥居たちを見ただけで、村に駆け込み、戸をかたく閉じてしまう（ibid.: 269）。追いかけて運よく捕まえても、平伏して顔をあげない（ibid.: 295）。近づこうとすると、震えて一言も発しない（ibid.: 297）。かと思うと「日本人だ」と群がり通行を妨害する（ibid.: 248, 252-255）。先述したように、少なくとも旅行記に描かれている鳥居と現地住民との間には「ラポール」と呼べるような親密な関係は最後までなかった。彼は至るところで、よそ者かつ敵として扱われている。

図3－3　『苗族調査報告』掲載写真

出典：鳥居（1907: 227, 241）より。

＊右の写真（原書では図版 6 ）の説明には、「右方なるは、強ひて頭部の布を取り去られたるを以て、悲怨の情を表せり」（鳥居 1907: 268）と記されている。左の写真（図版20）の説明には、「中央の少女は頭髪の様を見んため、被れる黒布を取り除かんとするに際し、応ぜざる状態にして、忿怒の情、顔面及び態度の上に表れたり」（鳥居 1907: 272）と記されている。

ここで問題にしたいのは、こうした現地の人々の調査に対する不安や怖れを、鳥居が彼らの民族性に帰属させていることだ。たとえば苗族の性格描写（「臆病」「遅鈍」「怯懦」「幼稚」「懦弱」）が集中している箇所をみると（鳥居 1926: 295-302）、この描写が上でみたような調査に対する消極的抵抗をさしていることに気づかされる。この文脈でみると、『苗族調査報告』に載せられている写真の数々も意味深長になってくる。そこには「悲怨の情」・「忿怒の情」（鳥居 1907: 268, 272）でカメラを見つめている二人の少女が写っている（図3-3を参照）。それは彼女らの頭巾を、鳥居が頭部撮影のために引き剥がそうとしたからである。同書における男女の容貌はどれも苗族の「好標本」であるとする鳥居の解説文は、こうした撮影状況と照らしあわせて読む必要がある。つまり温厚・陰鬱たる苗族の姿は、ある程度、鳥居によって〈挑発された真実〉である。

鳥居が語ろうとしないのは、調査がひとつの〝民族接触〟であり、鳥居が苗族の「民族性」として取り出している特徴が、観察行為それ自体によって引き起こされている可能性だ。この問題は、たとえ鳥居が現在の苗族の性格を、（不変の本質ではなく）漢民族との接触によるものと捉えていたとしても、やはり見過ごせない。たとえば彼は義和団の乱（一八九九年）の暴力的鎮圧の影響を語っている。「彼らの性質は、清朝の初期における如き剽悍獰猛の風はすでに無くなって、極めて温順柔和である。けだしさきにシナ政府から大打撃を加えられた影響によるのであろう」（鳥居 1926: 275）と。だが鳥居のいうように、苗族の「温順柔和」な性格が中国人への恐怖心に由来するのだとしても、それはまた鳥居に対する恐怖でもあったことを忘れてはならない。というのも、常に中国人の護衛に囲まれていた彼のことを、現地の人びとが、完全に体制側の人間だと考えていたことは疑いないからだ。[17] 現在の苗族の性格を、それ以前の漢民族との接触に帰属させることは、この日本人の調査自体が、過去の暴力を背景にしつついまだ継続中の民族接触の一部なのだという事態をテクストから周辺化する効果をもつ。

たとえば現地で「東洋鬼」と罵倒された経験（鳥居 1926: 249, 306）について述べている以下の一文は、現地住民による調査の妨害を、ただただ不当な扱いと捉えている彼の態度がよく表れている。

> 小生は非常なる強硬手段を以て旅行いたし居候、小生に向って「東洋鬼」など呼ぶものあらば直ちに其地方官にかけ合ひ居候、すでに二日以前小生に向って「洋鬼」と呼びし男ありしかば、直ちに地方官に談判いたし候、地方官は忽ち彼を捕へ来り罪し申候、若し地方官にして外人に対し不都合なる取扱あらば遠慮なく談判すべし、仮令ば知県にして不都合あらば知府に談判すべし……〔中略〕……若し小生の荷物、其他のものにして途中なくなりたることありたりとせば、直ちに小生は地方官に談判いたす考へに候、されば旅店に宿るも少しも心配のこと無之候、旅行は兵卒の護送あり、又当日の宿所はすでに役所より尤も其地にてよろしき客桟（宿屋）をとりくれ居候、然して其入るに紅紙もて、「日本鳥居大人公館」とかきはりつけ、他の客を断り居候、宿につくや、其地の役人は必らず贈物有之候、日々羊、豚、鶏等を贈らるるを以て日々御馳走は有之候……。（鳥居 1903a: 170）

現地住民の抵抗を生みだしているのも、それでいて抵抗は消極的なものにとどまり、あくまで調査中の安全は保証されているのも、この鳥居の調査を支え、みずから積極的に利用しているところの不平等な権力構造に由来する。レナート・ロサルドが指摘するように、数々の〝苦難〟に直面しながらも奇跡的に調査を〝達成〟できたフィールドワーカーという物語は、そうした苦難（＝現地の抵抗）と達成（＝調査中の安全）を共に引き起こしている支配の文脈を周辺化する危険がある（Rosaldo 1986=1996: 161–172）。つまり苗族の消極的抵抗を、彼らの民族性もしくは漢民族との接触に帰属させるとき、彼らと差し向かいに立っているはずの観察者側の作用力は、テクストから閉めだされてしまうのだ。

この調査者が観察している立ち位置（ロケーション）の忘却は、自然の分界線を境にして各民族が分布しているという鳥居の観察にもあてはまる。ここで〝純粋な〟民族をもとめる鳥居の一貫した関心からみて[18]、奇妙にも興味ぶかい問題がある。それは、彼が調査の途上でたびたび、異なる民族が雑居しあう空間に留まり、そこを重要な研究拠点としていることだ。たとえば鳥居は、貴州省の「政治・軍事の中心地」かつ「最も繁華な都会」とされる貴陽府一帯を、苗族調査の重要な拠点と捉えている（鳥居 1926: 277–283）。また「貴州・広西・雲南・四川の四省を連絡する交通の中心点」に位置する朗岱付近も、「苗族調査において最も便利であるのみならず、苗族と猓玀と互いにあい衝突せる情況を研究する上においても、最も適当にかつ最も興味ある場処」と語っている（鳥居 1926: 298）。さらに四川省の「山中の一大府」とされる寧遠府（西昌）一帯も重視されているが、ここは鳥居によると、各種の猓玀族や「西蔵人」・「西蕃」（チベット族及びチベット系の諸集団をさす）が混住している地域である（鳥居 1926: 385–398）。

では、どうして鳥居は他との民族接触が少ない（と彼自身が思っている）場所ではなく、民族接触が最も激しい（と思う）場所を、みずからの研究拠点に選んでいるのだろうか。それは単にこの空間が、各民族の居住区域が分岐する地理的な境界になっているからではない。より重要なのは、この空間が、そこを訪れる旅人（＝鳥居）に対して、多様な民族を一望に観察・比較できる視座を与えてくれる点にある。彼の言葉を借りれば、そこは「居ながらにして各特色を調査することの出来る一種の群族展覧会場」、あるいは「人類学博物館」のような空間だったのである（鳥居 1926: 278–279, 298; 1903e: 253）。ここで語られている調査状況は、外部の影響から閉ざされた未開な土地において純粋な民族を直接観察しているフィールドワーカーの姿とは全く逆のイメージである[19]。それはむしろ「都会」で、そこに集う諸民族を一望に観察・比較することで民族間の差異を抽出し、その「特色」（＝固有性）を再構成しているフィールドワーカーの姿だ。これと似たような比較を読者に奨めている鳥居の姿を、われわれは彼の民族写真の展示法を論じた第二節でみてきた。

ただし、鳥居がここで「展覧会」・「博物館」と類比的に捉えている調査の現場は、写真集の世界とも実際の博物館とも大きく異なる。なぜならそこに集まっているのは、お互いに接触・交流しつつ、その「特色」を歴史的に変化させていく生きた人間だからだ。多様な民族を一望に観察・比較し、各民族の〝差異〟や〝固有性〟を析出可能にする場所が、同時に、そうした〝差異〟や〝固有性〟を融解させつつ、新たな混成文化を生みだしていく場所でもあるということは、少なくとも鳥居にとっては十分逆説的だったはずだ。だが、民族接触をつねに「土俗的絶滅 ethnographical extinct」（鳥居 1901c: 111）として、すなわち固有の民族性を〝破壊〟するものとして否定的に評価する鳥居[20]は、こうした混成的な場所に立つことではじめて民族の固有性なるものが〝再構成〟可能になる、という事態に言及することはなかった。

第五節 「探検」という遺産

本章では、鳥居の台湾・西南中国調査に関するテクスト群を中心に、草創期の日本人類学界にフィールドワークの科学的権威を確立すべく、鳥居がいかなる仕方でフィールドの社会的現実を民族誌に書き込んだのか考察した。その要点をまとめれば、以下の通りである。

第一に、海外調査の「リスク」を強調する鳥居の語りを、単純素朴に鳥居のフィールド体験の反映として捉えるのは不十分な理解であり、それは同時に、みずからの調査を同時代の帝国主義的／観光旅行的な旅と差別化し、その「科学性」を訴えるための言説戦略として捉える必要があること。これは鳥居の調査の「暴力性」や「冒険主義」の問題を指摘してきた先行研究の解釈と衝突するものではない。また少なくとも鳥居の民族誌を読むかぎり、彼が現地住民との間に「浅い」交流しか持たなかった／持てなかったことも確かであろう。我々の問題関心は、なぜ鳥居は〝帝国主義に便乗する軽躁者〟という非難を受けながらも、このような民族誌をあえて書いたのかにあり、本章では、まさにそうしたフィールドでの「危険性」や「孤独性」を強く押しだすことが、鳥居の調査の「科学性」やそこで得られた知識の「真正性」を読者に印象づける役割を果たしていたことを指摘した。

今日の日本人類学史のなかで、鳥居は経験主義的なフィールドワークと民族誌の開拓者として評価されている（清水 2001; 金丸 2010）。しかしこの経験主義の根底には、〈未開・野蛮な原住民〉という他者表象と、それと対になる〈孤独な観察者〉という自己表象が、素朴に経験主義的とは言いがたい仕方で差し込まれていた点を見逃すべきではない。我々は、日本人類学の「フィールド」科学化の原点において、フィールドのいかなる社会的現実が切り捨てられたかを問わなければならない。

そこで第二に、我々は〈未開・野蛮な原住民〉という――少なくとも台湾調査中は維持しえた――他者表象が西南中国でいかに修正を迫られたか、またその問題を鳥居が民族誌のなかでどのように処理したかを分析した。その結果、現地住民の「民族性」を周囲の自然環境と一対一の関係にあるものとして捉え、各民族の地理的分布を画定しようとする鳥居の問題関心が、現地社会で進行していた以下の二つの民族接触・異種混交現象をテクストから周辺化したことを示した。第一に、鳥居は現地住民の調査に対する不安や怖れを、彼／彼女らの「温厚」・「陰鬱」な民族性を表すものとして解釈し、そうした反応パターンが鳥居と現地住民との間のコロニアルな民族接触のなかで引き起こされているという事態を締めだした。第二に、鳥居は民族接触を民族固有の文化の「絶滅」として否定的に解釈し、そうした混成的な空間のなかではじめて多様な民族を一望に観察・比較することが可能になり、またそのなかで各民族の〝差異〟や〝固有性〟なるものが再構成可能になるという事態を締めだした。

ただし、こうしたフィールドにおける民族接触や異種混交性の周辺化は、ひとり鳥居だけに限られる問題ではなく、その後も長い伝統として日本の人類学者の研究姿勢に強い影響を及ぼしてきたように思われる。

鳥居が写真機を導入してからおよそ百年後、梅棹忠夫（1992）は人類学調査における写真、彼のいう「民族誌写真

ethnographic photography」のあり方について語っている。梅棹にとって海外フィールドワークの開拓者だった鳥居は、ここでも「先駆的な民族誌写真家」と評価されている。注目したいのは、そこで梅棹が、戦後カメラの大衆化が急速に進むにつれ、民族誌写真家（観察者）と被写体（調査対象）との関係も次第に「ハレ」から「ケ」へと変化していると語っていることだ。つまり、写真撮影が形式ばった儀式のようなものだった鳥居の時代とは異なり、今日では民族のリアルな日常が撮影しやすくなっているという。[21]

では、このカメラ大衆化時代の人類学者が撮影する〈民族のリアルな日常〉とは、いかなるものであったか。この点について梅棹は、一般の観光客とパック・ツアーに参加したとき、彼らが撮影する写真と、民族誌写真家としての自分のそれとの間に「重大なちがい」を発見したと語っている。

> 現地風俗をとる場合でも、旅行団のだれかがいっしょにうつりそうなときは、注意してフレームのそとにはずしているのである。そうでなければ、民族誌の材料にはならないのだ。現地語の録音をとる場合も、ネイティヴ・スピーカーの声だけを録音して、その他の音声が混入することを注意ぶかくさけるのとおなじである。ましてや、わたし自身が自分のカメラにおさまるということは、まずない。……わたしたちの目がとらえるのは、現地で生活している「民族」とその環境である。……写真は、外界の存在をうつしだすけれども、しばしばそれは、内面的な心象風景の外的投影であることがある。外なるものをうつしながら、じつは内なる心象風景をえがきだしているのである。わたしの民族誌写真には、そういうものはまったくない。現地に生活する人たちに、わたしたち自身の内的世界を投影してはならないのである。かれらは、つねに徹底的に客観的な存在であって、わたしとはなんの関係もないものとして、とらえなければならないのである。（梅棹 1992: 551–552 強調引用者）

梅棹はくり返し、写真家＝人類学者の主観的欲望を、被写体＝調査対象たる民族の世界に投影することを固く禁じている。というのも、そうして出来上がったフィルムに映しだされているのは、彼にとって「客観的な」民族の姿ではなく、人類学者の自画像にすぎないからである。しかし我々はここで、この「民族とその環境」をありのままに撮ろうとしている人類学者が同時に、その被写体の構図にどこまでも「注意ぶかく」こだわっている人物でもあることに気づく。おそらく彼は、自分のカメラの前を観光客が通りすぎるまではシャッターを押さないだろうし、あるいはフレームから外れるように別の角度から撮影するだろう。だが、そのとき閉めだされた被写体、つまり民族衣装を身につけた現地住民のすぐ近くをカメラをぶらさげて立っている観光客の存在、そしてこの団体客の一員でもある彼自身の存在は、果たして「民族とその環境」にとって「なんの関係もないもの」なのだろうか。

というのも、この観光地化の只中に「民族とその環境」がすでに決定的に巻き込まれていることを、実は梅棹自身があちこちで認めているからだ。たとえば彼は、カメラの普及とともに、調査対象たる民族の側にも「写真ずれ」が起きていると語る（梅棹 1992: 562–563）。また彼は、民族衣装を着た姿を撮らせて商売する「観光マサイ」の出現にも触れているが、これは先の写真家（観察者）と被写体（調査対象）との関係の日常化（「ケ」）を可能にしたものが、他ならぬ観光地化のプロセスであったことを示唆している。さらに彼は、あるヒマラヤ登山家がチベット人を撮影しようとしたところ、相手もカメラを持ちだしてきたという逸話を紹介しているが、その真偽はともかく、この撮る／撮られる関係の逆転も、単純だが重要な問題を語っている。つまり、見る側も見られており、見られる側も見ている、ということだ。写真家（観察者）と被写体（調査対象）は「なんの関係もないもの」どころか、観察行為はまさにこの対面的相互行為の場で起こっている。ミシェル・レリスの言葉をかりれば、「調査者が調べている社会の中に調査者が存在する」、ただそれだけのことが「当の相手に、別の光のもとで自分の習慣を眺めさせ、もろもろの地平を開いてしまう」（Leiris 1966=1971: 154）。つまり、観察行為もそれ自体、対象社会の現実の一部に組み込まれ、作用しているところの、ひとつの民族接触にほかならない。

調査対象たる民族の「客観的」現実が、観察者たる民族の存在から断ち切られていく場所。その場所がまさに双方を分かちがたく結び付けている民族接触の場であるという点で、鳥居と梅棹が示している問題系は、その歴史的時点を異にしながらも共鳴しあっている。これまで長い間、孤立した未開社会を観察してきたとされる旅人たちは、むしろそこで、混成的な、都市的な空間に立ち会っていたのではないだろうか。

鳥居が西南中国のフィールドを多様な民族が集う「群族展覧会場」、いわば〈博覧会〉のメタファーで記述したことは、この点で両義的である。なぜなら、それは鳥居の観察と比較が立脚していた場の混成性を指し示すと同時に、それがあくまで鳥居にとっては、多様な民族や文化が交じり合いながらもある種の〝まとまり〟を保った状態として認識されていたことを示しているからだ。さらに興味深いのは、鳥居が上のように語った一九〇三（明治三六）年が、日本の博覧会史上初の〈原住民展示〉がなされた年でもあったことである。生身の人間を展示するということの企画には、坪井を筆頭に東京帝大人類学教室の面々が多く関わっている。したがって、〈博覧会〉としてのフィールドで鳥居がいかなる認識を生みだしたかを確認した我々は、つぎに実際の博覧会場で何が起こっていたかに眼を転じることにしたい。これが次章以降のテーマである。

第四章　フィールドとしての博覧会
——明治・大正期日本の原住民展示と人類学者

第一節　移動する村

鳥居が西南中国のフィールドを〈博覧会〉のようだと語った一九〇三年は、第五回内国勧業博覧会（於：大阪）において日本初の植民地住民の展示がなされた年でもあった。これを学界側から推進したのが東京帝大人類学教室主任の坪井正五郎であり、この〈原住民展示〉は、その後日本政府が主催／出展した国内外の博覧会にくりかえし登場する代表的なパビリオンとなる。そこに暴力性を見ることは容易だ。本章の主題は、当時フィールドが〈博覧会〉のように見なされていたと同時に、博覧会の場が〈フィールド〉と化していたことである。フィールドと博覧会は、以下の二つの意味で互換的であった。第一に、当時日本の学者たちは博覧会に展示された諸民族を対象に、実際に言語や体質を調査した。第二は、これらの民族が開催期間中、現地の集落を模した「村」のセットに「居住」するよう求められていた点で（図4-1、図4-2を参照）、その演出方法と民族誌における現地社会の描き方との互換性である。

後者の点に関してジェイムズ・クリフォードは、『西太平洋の遠洋航海者』（Malinowski 1922）に掲載された一枚の写真――そこには調査対象であるオマラカナ村の族長の小屋と、それに併設された研究者のテントが写っている（図4-3）――をとりあげ、この村への居住＝調査というイメージこそが、マリノフスキー以後優勢となる「集中的な」フィールドワークの理想型として機能してきたと語る。

　ネイティヴが居住している村は、とりわけ人類学者が集中して訪れるのに適した、完結した場所です。村はこれまでずっと、共同体にとって居住できる中心、そしてはっきりと描くことができる中心として、またより広く、文化そ

図4－1　拓殖博覧会（1912年）写真

出典：東京大学総合研究資料館編（1991: 108-112）より転載。

＊東京・拓殖博覧会（1912年）で展示された「北海道アイヌの家」（上）と「樺太アイヌの家」（下）の写真（撮影者は鳥居龍蔵）。東京大学総合研究資料館編（1991）によれば、「北海道アイヌの家」の前に立っている右側の女性は「金田一の著作で有名な鍋沢コポアヌ媼」（ほか二名は不詳）、「樺太アイヌの家」の前に立っている四人は、左から「木村チカマ、坪沢テル、影山チウカランケ、坪沢六助」である。

図4－2　大正博覧会（1914年）写真

出典：『人類学雑誌』二九巻六号および二九巻八号より転載。

＊上の三枚の写真は、松村瞭が大正博覧会・第一会場内の「南洋館」に集められた諸民族を撮影したもので、『人類学雑誌』に関連論文（松村 1914a, 1914b）とともに掲載された。左・中央の写真は、「サカイ種族」の男性四名の全身・正面、右の写真は、「クリン」種族の女性の上半身・側面を撮影。

下の写真は、同じく松村が「南洋館」を訪れたときに撮影した集合写真である。写真左下の男性は、池田覚次郎という「マレー語に堪能」な通訳である。なお写真左上の広告には、「南洋」・「喰人種」と書かれている。この点について松村は論文中で、「サカイ種族」は「サカイの名よりも寧ろ食人種の名を以て有名」だが、「予は之に関し多少疑なき能はざる」と疑義を呈している（松村 1914a: 236）。

図4－3 『西太平洋の遠洋航海者』挿絵

出典：Malinowski（1922）の Plate Ⅱより転載。

＊マリノフスキーの解説によると、向かって右側の小屋の前に立っている人物が族長であり、左側のヤシの木の間に「民族誌家のテント」が置かれ、その前に「原住民」がしゃがみこんでいる。

のものとして機能してきました。マリノフスキー以降、ネイティヴのなかでおこなわれるフィールドワークは、ともに居住する実践として解釈される傾向にありました。それは旅の実践や、あるいは訪問の実践とさえもみなされなかったのです。……村はあつかいやすい単位だったのです。それは、調査の実践を集中させるための方法を提供し、また同時に、提喩、焦点、あるいはひとつの部分として機能しました。すなわち、それによってその文化全体を表象することができるといったものだったのです。（Clifford 1997=2002: 31-32）

クリフォードが問題にしているのは、ある地理的に限定された空間（＝村）内部での、ある特定の実践（＝居住・調査）によって得られたいわば〈部分的真実〉が、その「文化全体」を代表＝表象するものとして流通していく過程である。その結果、調査者の「旅」や「訪問」といった移動性は周辺化され、彼の「フィールド」への移動を可能にした交通ネットワークや植民地支配の問題とは切り離された自足的単位として「フィールド」は表象される。こうしてフィールドがある種の〝閉域〟のイメージで捉えられるとき、そこで周辺化される移動性は、単に調査者のそれにとどまらず、調査対象にも及ぶ。つまり、「ネイティヴ」は典型的には移動者（旅人・訪問者）としてではなく、ローカルな土地に根付いた居住者＝非移動者として表象される。彼はその一例として、当時パリやセントルイスといった欧米の博覧会で、ネイティヴの「文化」がしばしばネイティヴの「村」として、すなわち現地の集落を模したパビリオンの中に現地の人びとを実際に「居住」させる形で展示された例を挙げている。

クリフォードが引き合いにだしている原住民／村の展示は、そうした展示によって周辺化されるさまざまな移動性の問題を俎上に載せるうえで格好の素材を提供している。というのも、そもそも原住民／村の展示とは、それらを現地のローカルな文脈から切り離し、別の文脈に埋め込むことによって、つまりそれらを文字通り物理的に「移動」させることによって初めて可能となるものだからである。事実、第五回内国勧業博覧会では、諸民族の日常の暮らしを再現すべく、現地で集められた数々の収集品のほか、現地にあった実際の家屋を解体して運び込んでいる。また各地から招集された諸民族も、住みなれた土地を離れ、「移動」してやって来るのである。では、こうした原住民／村の移動性、あるいは〈移動する原住民／村〉の問題に対して、当時それに関わった人類学者はいかなる態度をとったか。博覧会が帝国期日本の人類学者にとって貴重な「フィールド」のひとつであったとするならば、その関わり方を検討することで、日本の人類学者のフィールドに対する「姿勢と言及の構造」（サイード）をより明確化することができるだろう。

次節ではまず、日本の〈原住民展示〉の原点とされる「人類館」について、先行研究に依りながら、その設置理由と開設に至るまでの経緯を整理することにしたい。

第二節　明治・大正期日本の原住民展示――人類館を中心に

一九〇三（明治三六）年、大阪・天王寺において第五回内国勧業博覧会（以下、第五回勧業博と略記する）が開催された。開催期間は三月一日から七月三一日までの計一五一日間、観客動員総数は約四三五万人に達し、これは一八九五年の第四回勧業博（於：京都・岡崎）の約四倍――第五回から始まった夜間入場分の約五四万五千人を除いても約三倍――の規模に及ぶ（図4-4を参照）。

第五回勧業博がそれ以前の博覧会とは異なる性質をもっていたことは、多くの先行研究が指摘している。たとえば國雄行（1993）は、一八七七（明治一〇）年から計五回開催された内国勧業博覧会について、明治政府が当時「万国」ではなく「内国」の限定を付した背景には、「外国品遮断による国内産業保護」と、外国人の内地旅行（内地通商）制限への考慮が働いていたと指摘している。彼によれば、こうした保護主義的姿勢を脱するのが、不平等条約改正（一八九九年）後の第五回勧業博であり、ここにおいて外国産品の出陳・販売がはじめて正式に認められることになったという。逆にいえば、それ以前は、外国産品の出陳は政府の購入品のみに限られており、外国政府はおろか民間日本人による出品さえ認められていなかった。

こうした外国産品の展示と並んで、第五回勧業博の特色とされてきたのが、欧米の博覧会を模した植民地の産品や現地住民の展示である。吉見俊哉（1992: 212-217）はそこに、西洋の帝国主義的「まなざし」を受容し、それを台湾や北海道（アイヌ）や琉球へと反転させていく日本の姿を読みとっている。それは彼によれば、日本および日本人が「まなざされる客体」から「まなざす主体」へと大きく転換するプロセスを表していた。

博覧会の展示対象に、世界各地のモノだけでなく、生身の人間も含めようとするこの企画は、第五回勧業博の場合、もともと博覧会の担当官庁たる農商務省の発案ではなく、大阪地方有志が発起したものであった[(1)]。そのことは、「人類館」と命名されたそのパビリオンが、会場内の政府公認パビリオンとしてではなく、民間主催の場外パビリオンとして開設されたことにも表れている。

では、なぜこのような施設が設置されなければならなかったのか。この点について、先の大阪地方有志による「人類館開設趣意書」（明治三六年一月一四日付）は、次のように説明している[(2)]。

第五回内国勧業博覧会の余興として各国異種の人類を招聘聚集して其生息の階級、程度、人情、風俗、等各固有の状体《ママ》を示すは人類生息に付学術上、商業上、工業上の参考に於て最も有要なるものにして博覧会に欠く可らざる設備なる可し。然して文明各国の博覧会を鑑《かん》察するに人類館の設備あらざるはなし。之れ至当の事と信ず。然るに今回の博覧会は萬国大博覧会之準備会とも称す可き我国未曾有の博覧会なるにも拘らず、公私共に人類館の設備を欠くは我輩等の甚だ遺憾とする所なり。爰《ここ》に於て有志の者相謀り内地に最近の異種人即ち北海道アイヌ、台湾の生蕃、琉球、朝鮮、支那、印度、爪哇、等の七種の土人を傭聘し其の最も固有なる生息の階級、程度、人情、風俗、等を示すこと

図4－4　第五回内国勧業博覧会写真（会場正面・俯瞰）

出典：高木（1903）より転載。

を目的とし各国の異なる住居所の模形、装束、器具、動作、遊芸、人類、等を観覧せしむる所以なり。(強調引用者)

人類館の設置は、以下の二つの理由によって正当化された。第一は、日本帝国とその周辺の諸民族――この時点では計七種を予定していたようだ――の固有の生活状態を知るうえで、人類館が「学術上、商業上、工業上」有益な資料になるという、いわば学問的・教育的理由である。この点を反映して、主催者側は館内の運営や展示方法について坪井正五郎に助言を求め、実際、坪井に率いられた人類学教室の面々がその準備に奔走した。欧米の博覧会で「原住民村 native village」の展示が公式に登場するのは一八八〇年代頃とされるが (Blanchard et al 2008: 31-32)、坪井はかつて留学中に訪れたパリ万博(一八八九年)でその展示を目撃していた(第二章を参照)。またパリ万博の陳列には厳しい評価を下していた坪井だが、こと原住民村には、「博覧会場中人類学上熟視の価値ある場所」(坪井 1889a: 524)と高い評価を与えている。その理由は次節で詳述する。ここではひとまず、坪井は原住民展示に学術的価値を見いだしており、だからこそ人類館計画にも積極的に参与したことを押さえておきたい。

第二は、人類館を設置することが、その博覧会が「文明各国の博覧会」であることを示す証=シンボルになるという理由である。[3] つまり人類館は、将来的に万国博覧会を主催しうるほどの国力を備えた〈文明国・日本〉の姿を国際的にアピールするために企画された。これに関連して、第五回勧業博はそれ以前の博覧会とは異なるもうひとつの特徴をもつ。それは、欧米各国や近隣アジア諸国からの観覧客誘致が初めて本格的に試みられたことである(松田 2003: 17, 48-49)。具体的には、博覧会事務局(農商務省)の用意した欧米各国と清・韓両国への招待状(それぞれ四三六五通、四四一〇通)が外務省を通じて各国の公使館・領事館に配られた(農商務省編 1904: 133-146)。なお最終的な観覧者数は、「欧米その他の外国人」が一万四四四三人、「清韓国人」は八六七七人で(農商務省編 1904: 95-112)、これは当時(一九〇三年度)の日本国内の在留外国人数(中国七四二三人+朝鮮二二二人=七六四五人、欧米その他が六〇六四人)を上回る数値である(『帝国統計年鑑』より)。この意味で、日本は第五回勧業博を機に、諸外国から一方的に「まなざされる客体」(吉見)から、自己の姿を対外的に「見せる主体」へと転換したとも言えるだろう。

ただし、以上のような学問的・政治的思惑が込められた人類館は、その後、展示民族に予定された側の大きな反発を招くことになる（海保 1992: ch.6; 坂元 1995; 松田 2003: ch.4; 伊藤 2005: 77–80; 二宮 2006: 83–85, 87–89; 千本 2008; Nanta 2008: 254–255）。松田（2003: 121–123）の整理に従い、その経過を簡単に振り返っておこう。

まず開催直前の二月上旬、人類館の展示対象に「支那人」が入っていることを知った清国留学生が神戸の領事館に抗議し、清国行使から外務省あてに展示の撤回を求める異議申立てがおこなわれた。清国との関係悪化を怖れた外務省は、すぐさま大阪府知事を介して人類館側に中止を要請、最終的に「支那人」を展示から外すことで決着をみる。そして博覧会開会に遅れること一〇日後の三月一〇日、人類館は無事開館された。ただし、その後も抗議の声は鳴りやまず、開館八日後の三月一八日、今度は朝鮮人来観者から大阪府警察あてに、さらに韓国公使から外務省あてに「朝鮮人」展示に対する抗議が寄せられた。ここでも外務省の対応は素早く、人類館は将来の重要な貿易相手国たる韓国との友好関係を傷つけるものとして大阪府知事に中止を要請、三月末までには朝鮮人も展示対象から外された。しかし抗議の波はこれでも終わらず、四月七日付の『琉球新報』の社説を皮切りにして、今度は「琉球人」展示に対する沖縄県側の抗議活動が展開され、五月七日を最後に「琉球人」の展示も中止に追い込まれた。

日本帝国とその周辺の諸民族を収集・展示するという人類館の計画は、展示される側の猛烈な抗議を受け、このように修正を余儀なくされたわけだが、注意したいのは、それがあくまで修正にとどまったことである。実際、当初予定された民族のうち開館直前に「支那」が、そして随時「朝鮮」・「琉球」の展示もとり止めになったが、最終的な展示民族をみると、新たに「台湾土人〔台湾漢族〕」・「台湾熟蕃〔平埔族とも呼ばれた〕」[4]・「マレー人」・「トルコ人」・「ザンジバル島人〔アフリカ〕」が追加され、数としては膨張している感がある（表4-1を参照）。

また批判をうけたことで人類館計画が萎縮したとも思えない。実際、人類館は四月一七日付で——当時は沖縄側の反論がなされていた最中である——博覧会協賛会の補助事業のひとつに加えられており（具体的には協賛会発行の徽章携帯者に入場料半額措置を実施）、一日の観覧者数は一〇〇〇人前後、多い日には三八〇〇人に及ぶほどの盛況を博したという[5]。その後の博覧会でも原住民展示はくりかえし実施されており、しかも第五回勧業博以降は、その対象

表4－1　明治・大正期日本の原住民展示

開催期間	名称（開催場所）	展示民族
1903（明治36）年 3月1日～7月31日	第五回内国勧業博覧会 （大阪・天王寺公園／人類館内）	・アイヌ7名（男5名、女2名） ・台湾土人2名（男・女） ・台湾生蕃タイヤル族1名（女） ・台湾熟蕃2名（男） ・マレー人2名（男） ・ジャワ人1名（男） ・インド人7名（男5名、女2） ・トルコ人1名（男） ・ザンジバル島人1名（男） ＊朝鮮人2名（女）・琉球人2名（女）は途中帰還
1904（明治37）年 4月30日～12月1日	セントルイス万国博覧会 （米国・セントルイス）	・北海道アイヌ9名
1910（明治43）年 5月14日～10月29日	日英博覧会 （英国・ロンドン）	・アイヌ10名（男6名、女4名） ・台湾生蕃24名
1912（大正元）年 10月1日～11月29日	拓殖博覧会 （東京・上野公園／観光館内）	・台湾台北土人2名 ・台湾屈尺蕃ウライ社蕃人5名 ・北海道日高アイヌ3名 ・樺太オタサムアイヌ4名 ・樺太ギリヤーク3名 ・樺太オロッコ1名
1913（大正2）年 4月15日～6月13日	拓殖博覧会 （大阪・天王寺公園／人種小屋）	・北海道アイヌ5名 ・台湾生蕃5名 ・樺太ギリヤーク4名（男2名・女2名） ・樺太オロッコ4名（男2名・女2名）
1914（大正3）年 3月20日～7月31日	東京大正博覧会 （東京・上野公園／南洋館内）	・ベンガリ族6名（男4名、女2名） ・クリン族3名（男2名、女1名） ・マレー族11名 ｛・シンガポール…男5名、女3名 　・マレー半島……男2名 　・スマトラ………男1名｝ ・ジャヴァ人1名（女） ・サカイ族4名（男）

出典：松村（1903,1914a: 234）、農商務省編（1912）、拓殖博覧会編（1913）、有信社編（1913）より作成。
＊各住民の名称は、上記の資料で使用されている呼称のママとした。

がアイヌや台湾漢族および先住民、樺太や南洋群島などの植民地住民に集中していくことが読み取れる（表4-1を参照）。

さらに付言すれば、表4-1は、人間の展示をはっきりと意図したものだけを掲載している。たとえば次章で扱う「台湾館」のような植民地パビリオンにおいて、現地の雰囲気を醸しだすために雇われた従業員も含めるなら、その範囲はもっと広がる。[6] 両者を同列に論じることは、それほど乱暴な話ではない。実際、これらの従業員が展示民族と同様の視線にさらされていたことは、坪井（1903c: 302-303）が「人類学上利益になる事」として、台湾料理店や台湾喫茶店の女性従業員に注意を促したり、台湾物産陳列所の「番人」を務めた「土人〔台湾漢族〕」について「是れ亦見逃すべからざるもの」と忠告している点に窺われる。また『東京人類学会雑誌』に掲載された博覧会紹介文でも、「此所〔台湾館〕には台湾在住諸種族に関する人類学上の事実を示す物が沢山有る。番人中には土人の男子も使つて有るし、喫茶店と料理店には土人の女子が働いて居る」と報じられている。[7]

人類館の話に戻ろう。どうして人類館は、数多くの批判にさらされながらも結局廃止されることなく、その後の博覧会へと引き継がれていったのだろうか。第一の理由は、多くの先行研究で指摘されているように、中国・朝鮮・沖縄側の反論もまた、人類を文明／野蛮に切り分ける進化論的ヒエラルキー自体は前提していた点に求められるだろう。つまり、その批判の矛先は、自分たちの同胞が台湾先住民（「生蕃」）やアイヌと同列に並べられ野蛮視されたこと――さらに沖縄の場合は〝同じ日本国民なのに〟という意識も加味していた――に向けられており、台湾先住民やアイヌを下等視する眼差しは共有していたのである（坂元 1995; 松田 2003; 千本 2008）。この意味で、人類館をめぐる論争を、本国／植民地、第一世界／第三世界、加害者／被害者といった二項対立図式で捉えるのは、問題を単純化してしまう（Nanta 2008: 254-255）。根底にはむしろ、これらの対立を越えて広く共有されていた人種偏見があり、そのなかで、抗議の声を上げることなく、結果として展示され続けたのが、台湾先住民やアイヌの人々だった。

第二の理由は、人類館側のクレーム処理の仕方に関わる。原住民展示が自分たちを野蛮視しているという批判に対し、人類館側は単に展示の仕方を変更することで応えようとした。抗議があがった民族（だけ）を展示対象から外すことはそうした応答のひとつであるが、もうひとつは原住民展示の学術的意義を強く打ちだすことであった。人類館から「学術人類館」への改称（三月八日付）は、その最も分かりやすい例である。また主催者側はその理由を、「人類学研究」のための資料提供という同館の目的が、「単に人類館とありては人間の観世物の如く思ふ人もあるべければとて、今回学術人類館と改称する事になり」と説明している[8]。

単に「学術」の二字を付けることで「観世物」化を防止できるとするこの楽観性は、展示する者と展示される者との間に横たわっている不平等な力関係を直視することなく、そうした政治的力学とは切り離して、純粋に学知のみを追求できるとする認識を表す。これもまた関係者に広く共有されていた態度で、たとえば『東京人類学会雑誌』は、「同館〔人類館〕の設備は其始めに於て見せ物の風の所が有つたので種々の非難を招いた所、其後識者の意見を容れ追々改良を施した為大に好評を博し〔た〕」と伝えているし[9]、協賛会も人類館を補助事業に加えた理由として、「最初之に賛同することを躊躇したるも、後同館の専ら学術的となりたるを認め〔た〕」為と説明している（第五回内国勧業博覧会協賛会編 1903: 199）。その後の博覧会でも、学問の名のもとに原住民展示を正当化する姿勢は貫かれており、たとえば翌一九〇四年のセントルイス万博（Louisiana Purchase Exposition）に出展されたアイヌ村の場合、それが「学問上教育上」の施設であることを示すために、単に入場料をとらない配慮をなしたにすぎなかった（農商務省編 1905: 265）。

第三節　原住民展示の「学術性」——視覚・比較・一望監視装置

では、日本の人類学者たちは、原住民展示にいかなる意味で学問的・教育的価値を見いだし、それをいかなる仕方で表現しようとしたのだろうか。この点を明らかにするために、本節では、人類館の設計に関わった坪井正五郎と、館内の案内役を務めた松村瞭（1880–1936）の解説を糸口にして、原住民展示の空間編成の特徴を整理・分析する[10]。

人類館は会場正門の真正面に位置し、大きく「人類館」と書かれた看板をかけ、ときおり爆竹を鳴らして通行人の注意をひいていた。観覧客は切符売場で普通入場券（一〇銭）か優待券（三〇銭）のいずれかを購入し、それぞれ二手に分かれて入場する。館内に入るとまず、大きく引き伸ばされた諸民族の写真が展示されている（普通入場者は手すりを隔てて見ることしかできないが、優待客は近づくことが許される）。その内容は、「アイヌ（九枚）」・「琉球人（四枚）」・「台湾生蕃（二枚）」・「アジア住民（三枚）」・「マレー諸島住民（三枚）」・「南洋諸島住民（五枚）」・「アウストラリア人（六枚）」・「アフリカ住民（一一枚）」だが、このうち「アイヌ」・「琉球人」・「台湾生蕃」以外は、いずれもハッチンソン（Hutchinson, Henry Neville）他による『現存の人種（*The Living Races of Mankind*）』から借用したものだった。

この写真展示室を抜けて奥にすすむと、次に坪数三〇〇弱のスペースがいくつかに区切られ、そこに各民族の暮らしが展示されている。これが人類館のなかで〈原住民展示〉にあたる部分である。当時その場を訪れた協賛会関係者は、室内の雰囲気を次のように伝えている。

> 館内は諸人種の風俗器具生活の模様等を実地に示すの趣向なれば、一人種毎に一室を劃し別に余興舞台を設けて各人種交替に其の人種特有の歌舞音曲を演ずることとしたるが、同所には北海道土人の酋長ホテネ事伏根安太郎のアイヌ服を着して慷慨談をなせるが見ること多かりき。……台湾の生蕃熟蕃印度キリシ〔＝マレー人〕爪哇《ジャワ》亜非利加〔＝ザンジバル島人〕土耳古等の人種は、各本土に於けるが如く構造されたる室内に日常生活の有様を示し、時々国音にて唱歌するを聞けり。（第五回内国勧業博覧会協賛会編 1903: 198–199）

つまり、各民族は「諸人種の風俗器具生活の模様等を実地に示す」ために、「各本土に於けるが如く構造されたる室内」を割り当てられ、そこで「日常生活の有様」を演じるよう求められた。たとえば台湾先住民（「生蕃」）の部屋には、檳榔樹《ビンロウジュ》や紅竹《コウチク》といった熱帯産の植物や首棚（首狩を暗示）が飾られ、そこで民族衣装を着た彼らが食事をしたり工芸品を作成したりする様子を、観覧客は見て廻るのだった。また特にアイヌの展示は、現地の生活により近づけるため、北海道にあった実際の家屋を解体して運び込んでいた。[11] さらにこの空間には別に「余興舞台」が設けられており、そこでは各民族が伝統的な楽曲や舞踊を披露することが期待されてもいた。

この展示室を抜けると、次に現れるのは、坪井正五郎立案・大野延太郎（雲外）作成による世界人種地図である。これは坪井によると、「縦一間半、横二間半の世界図を四十五度の傾斜の板に張り、丈六七寸の諸種族着色切り抜き人形を作つて、各々其の棲息地の位置に鉛直に取り付けたもの」である。人形は世界中から「主要なる」民族を計五〇種類選び[12]、人形には各自番号を付け、地図の下には名称一覧表を貼り付けていた。最後に、その大半が人類学教室から貸出された収集品からなる陳列室に入り、地方別に展示された「北海道（アイヌ）」・「朝鮮」・「台湾（生蕃）」・「ビルマ」・「印度」・「ペルシャ」・「マレー諸島」・「南洋諸島」・「アウストラリア」・「北アメリカ」の民族品を巡覧する。以上が人類館の観覧順路である。また人類館ではその他に、諸民族の写真販売なども行なわれていたという。

人類館の空間編成の第一の特徴は、写真・地図・人形、そして現地の民族品や住民を展示するなど、観覧者の「視覚」に訴える工夫がなされていることである。第二章で述べたように、坪井は人類学陳列室を「人類学大意を示す場所」と捉え、一般大衆にも分かりやすい展示をすることを心がけていた。それが、すでに見た坪井の観覧順序や陳列方法へのこだわりにつながるのだが、本節で注目したいのは、それがまた、標本の選定において実物や図像を重視する姿勢につながっていくことである。実際、第五回勧業博以前から坪井は、自らが理想とする陳列は、「成る可く文字を書かず、出来る丈解説を省いて、しかも多くの文字を列ね長い説明を添へたよりも理解し易く」することだと語り、「実物」・「模造」・「雛形」・「写真」・「図画」を最大限利用した陳列を提唱していた（坪井 1899a: 424-426）。

坪井が西欧の博覧会や博物館を訪れたとき、原住民村や実物模型にたびたび注目したのも、この事物教育・視覚教育を重んじる姿勢のなかで理解されねばならない。たとえばパリ万博（一八八九年）では、「誠の大さに造つて有」る「人類住居の発達を示す諸建築」や、「誠の野蛮未開人民が群集起居して居」る「野蛮未開人種の村落」を、「人類学上熟視の価値有る場所」と評価している（坪井 1889a: 524）。またロンドンのヴィクトリア・ギャラリーで開かれた「アフリカ物産展」（Stanley and African Exhibition, 1890）でも、坪井は「アフリカ土人部落の入り口と同様な木戸の形に作って有〔る〕」入場ゲートや、会場内の「土人生活を示す造り物（デュウラマ）」、そして「土人小屋の実大模様

〔模型?-〕」の前で「土人の男の子二人が遊戯して居る」様子に注目している（坪井 1890c: 333-335）。

こうした視線は、晩年の世界一周旅行でも変わらない。ロンドン滞在中、坪井はロンドン万博（一八五一年）会場跡のクリスタル・パレス（水晶宮）で開かれた「帝国博覧会」（Imperial Exhibition）と、日英博覧会（一九一〇年）会場跡のシェパーズ・ブッシュで開かれた「戴冠式博覧会」（Coronation Exhibition）を観覧しているが、いずれも原住民村に注目している。たとえば帝国博覧会の注目すべき施設として「帝国一周鉄道」（All-Red Route）――これは大英帝国を鉄道で旅するという趣向のパビリオンで、その線路脇には「マオリ村落」や「カファー村落」が設営されていた――を挙げ、「是等の作り物の間々には本統の人間も居て所々に応じた挙動をして居るので有るが諸地方の土人も交ざつて居るので有るから、見様に由ては一種の人種博覧会とも認められるので有る」（坪井 1912c: 156）と語っている。また戴冠式（戴冠記念）博覧会では、大英帝国全土から集められた総勢二〇〇名に及ぶ現地住民が植民地パビリオンで働く様子やそこに展示された人体模型、さらに余興パビリオン「山腹鉄道」の傍に設営された「ソマリ村」に触れ、「人類学研究上の材料すべき材料多々発見される」と評している（坪井 1912c: 151-153）。坪井が原住民展示に何の違和感も抱いていなかったことは、こうした記述からも明らかである。それどころか坪井にとって原住民展示は、観客の「視覚」に訴える非常に分かりやすい展示と見なされていたと思われる。

人類館の第二の特徴は、民族写真・人種地図・民族品、さらには原住民村を並置することで、観覧者を「比較」にいざなうことだ。観覧者はまず各民族の写真を廻覧し、その直後に、先に写真でみたばかりの諸民族が〈現地風〉に組み立てられたスペースで実際に生活している様子を目撃する。坪井は原住民展示の場を、「容貌体格の異同を比較するに於てのみならず、起居動作を観察するに於ても人類学に志し有る者を益する事が甚だ多い」と評しているが、人類館全体の中で捉えるならば、それは写真の「比較」によって喚起された各民族の「容貌体格の異同」を、その民族を直接「観察」することで反復学習させる空間として捉えられるだろう。こうして各民族は、他の民族も含むコレクション全体のなかでの差異と同一性（「比較」）によってその位置付けを与えられる[13]。

さらに写真と実物を観察・比較した後に、今度は巨大な人種地図が眼前にあらわれ、各民族が人類全体・世界全体のなかで占める位置がマッピングされる。特に民族衣装で色分け（「着色」）された人形がそれぞれの「棲息地」に配備されている点は巧妙である。これは松村によると、観覧客が「一度此れを見れば、世界の如何なる地方には如何なる種族分布するか、甲地と乙地との種族は容貌風俗等が如何に違ふか、将た人類には体質風俗の異る者が概ね幾通りあるか等の事を知り得」るようにするための工夫であった[14]。

宮武久夫は、原住民展示と人類学との関係を探究してきた既存の博覧会研究（吉見 1992; 松田 2003; 山路 2008）に対して、坪井が身体計測に熱心でなかったことや、人種間の差異や序列を前提とする社会的ダーウィニズムに否定的であったことを論拠にして（本書の第二章を参照）、坪井は人類を文明／野蛮に切り分ける原住民展示には「無関心」か、少なくとも消極的であったのではないかと推論している（宮武 2010: 47–50, 52n.4）。後述するように、坪井の人類学理論――特にその「人種」理解――と原住民展示の実践との間に乖離があることは確かである。しかしこの点を認めたからといって、坪井は人類館側の支援要請に「思慮することなく賛同してしまった」（宮武 2010: 50）というふうに、坪井の原住民展示へのコミットメントを、彼の人類学にとって外在的な出来事と見なすべきではない。むしろそれは、坪井の人類学理論と啓蒙活動との間の緊張、すなわち人類を「人種」に切り分けていく思考法への違和感と、人類学の意義を社会に分かりやすく伝えるために「視覚」に訴える展示、「比較」を促す展示を心掛けた姿勢との間の緊張と捉えるべきである。坪井は原住民展示に無関心でも消極的でもなかった。このことは、坪井がその後、明治期日本の領土発展を記念した拓殖博覧会（一九一二年、東京上野）の原住民展示に積極的に関与していく点からも明らかである。その経緯に関して坪井は、「此頃（明治三九年前後）からして何かの折りに帝国版図内の諸人種を一ヶ所に集める事が出来たら宜からうと思つて居つた」ので、「博覧会幹部の人からして帝国版図内諸人種招集の相談の有つた時私は賛成の意を表したのみならず、話しの進むに従つて喜んで此事に関する設計を引き受けた」と回想している（坪井 1914: 2）。

坪井にとって原住民展示とは、「諸人種を一ヶ所に集める事が出来」る絶好の機会にほかならなかった。原住民展示は、各民族を一望に観察・比較することを可能にする装置だった。そしてこれは、一般の見物客に人類の多様性を伝えるために重要だっただけではない。坪井のようには海外旅行をなし得なかった国内の人類学徒のためにも、原住民展示という「比較」の装置は重要だったのである。

ブランチャードらによれば、原住民展示――彼らの言葉でいえば、「人間動物園 human zoos」――という装置が西欧で生まれたとき、それは人類の差異や同一性を「比較研究」によって解明しようとした科学者たちの、経験主義的な欲求に応えるものであったという。

この目的を達成するために、科学者たちは人類学的・民族誌的な収集品を必要とした。しかしそれだけではなく、彼らはまた、見て、触れて、測定し、研究することのできる生きた人間も必要とした。この問題を解決できる方法は、次の二つしかなかった。すなわち、「フィールドに出かけていく」か――しかしこれは実質的な手段をもつひとにぎりの人物だけがなしえた、長く、苦しい、コストのかかる探険を意味した――さもなければ研究対象を科学者の前に連れてくるか、そのいずれかが必要であった。多様な「人種」を「収集」・「展示」しようとする一九世紀初頭の欲望は、こうした状況によって強められたのである。(Blanchard et al. 2008: 5)

原住民展示は、現地を訪れることのできない研究者にとって、フィールドの代替物として機能したとするこの指摘は、坪井の原住民展示へのコミットメントを理解するうえで、さらに前章でみた鳥居のフィールドへの眼差しを考えるうえで、示唆的である。つまり、鳥居が西南中国のフィールドを〈博覧会〉のような空間だと語ったとき、その発言は、単なる比喩ではなく、まさに同時代の博覧会という場の性格を見事に言い当てていたのではないだろうか。第五回勧業博の翌年、坪井は「博物館、図書館、動物園、植物園等」のように研究の材料を一ヵ所に集めた場所があると「比較」ができて便利だと述べたうえで、こう語っている。「人類研究の為めを謀れば人類園と云ふ様なものを作つて世界諸地方の住民を集めて置く事が出来れば結構で有る」(坪井 1904a: 289)と。この発言からも、坪井は原住民展示に「学術的意義を見いだせなかった」(宮武 2010: 52n.4)とする解釈は、誤った推論と言わざるを得ない。逆に、坪井は原住民展示の場を、世界の諸民族を一堂に集め、その生きた資料を直接観察・比較できる貴重な〈フィールド〉と捉えていた。そしてこの博覧会認識が、坪井一人に限られるものでなかったことは、当時そこに連れてこられた住民たちを、日本の人類学者が重要な調査対象とみなしていた点からも明らかである。(15)

第四節　「見世物」化する展示、問い直される「真正性」

前節で論じたように、原住民展示の視覚性と一望監視性は、人類学の意義を一般に分かりやすく伝えるうえで、さらにフィールドに赴くことなく「比較」研究を可能にしてくれる点で、坪井を筆頭とする日本の人類学者たちに高く評価されていた。ただしこうした教育的・学問的価値は、あくまで人類学者の視点から原住民展示を見た場合の話である。関係者が原住民展示の学術性をいくら主張したとしても、実際の見物客の多くはそれを「観世物」として楽しんでいたようだ。たとえば当時人類館を訪れたある記者は、場内の雰囲気を次のように伝えている。(16)

彼等は此中に在り或は火爐を囲みて喫煙し或は臥床に横はりて談笑す。奇観にして併せて知識を啓発せり。館員の語る所によれば此館の設立は元より私利の為めにあらず。是等未開人種の実状を世人に示すの学問的価値の極めて多大ならんと思惟せしを以てなり。然るに世人は此意を解せず鐘鼓相喧しき台湾劇や笛唄相騒ぐ琉球踊を以て耳目の娯楽とす。誠に遺憾なり。(17)

ここには関係者が主張する「学問的価値」が、観客には「娯楽」と受け取られてしまっている様子が、実にはっきりと描かれている。しかもこの記者でさえ、人類館を「知識を啓発」するものと捉えながら、その光景を「奇観」と評している点は注目される。これと似たような感想は当時多くみられたが、こうした反応を、関係者の意図をはきちがえた観客側の侵犯行為（「遺憾」）と見なすのは、一面的な理解である。というのも人類館は、「世界一周館」や

「動物園」などの娯楽施設と併設されていたし（第五回内国勧業博覧会協賛会編 1903: 205）、また坪井みずから人類学上観覧すべき場外パビリオンとして、「人類館」・「動物園」・「世界一周ジオラマ」をセットで薦めてもいたからだ（坪井 1903c: 303）。第五回勧業博の政府報告書でも、人類館は「余興的興行」の一種に位置づけられている（農商務省編 1904: 348）。

原住民展示を「観世物」扱いする傾向は、第五回勧業博以後もつづく。しかもその傾向は、日英博覧会（一九一〇年、以下日英博と略記する）のような国外の博覧会に出展する場合に、集客や財源確保のために強まることすらあった。

〔日英博では、〕出品物の選択に深く意を用ふると同時に大に余興の興行に力を致すに至れり。蓋し観覧人を誘致する上に就ても又余興場に課する敷地料及特許料等が博覧会の重要なる一財源をなす上に就ても余興を博覧会経営上の一大要素となすに由るものなるべし……勿論我出品物は其の規模計画上海外に於ける未曾有の一大呼物として英国公衆の観覧を誘致するものたりしと雖、各階級を通じ男女老幼の別なく出来得る丈多くの観覧人を吸引して本博覧会の盛況を期せむとするには出品物以外更に観覧人娯楽の為めに余興の設備を要するや明なり。（農商務省編 1912: 866 強調引用者）

ロザリンド・ウィリアムズによれば、一九世紀末から二〇世紀初頭の欧米の博覧会では、見物客に近代科学やテクノロジーの恩恵を教えこむという当初の目的から、次第に客を楽しませる方向へと重心の変化がおこったという（Williams 1982=1996: 55–68）。たとえば展示品には生産用の道具よりも消費用の商品がますます多くなり、展示品に値札をつけるという慣行も一般化していく。そこでは売ること、目立つことが重視され、なかでも一九〇〇年のパリ万博は、派手なイルミネーション、凝ったディスプレイ、興奮するアトラクション、エキゾチックで魅惑的なショーが氾濫する一大スペクタクル、様々な物的欲望を駆り立てる「消費者のドリームワールド」（Ibid.:66）と化す。また米国でも、フィラデルフィア博覧会（一八七六年）の頃にはメイン会場から——主催者側が強調する「進歩 progress」

図4－5　日英博覧会（1910年）に参加した台湾先住民一行
出典：『台湾日日新報』1910年9月21日より転載。

の理念に反するとして――締め出されていた大衆娯楽的な要素（会場近辺の「エルム街」に代表される）が、セントルイス万博（一九〇四年）の頃には、客を呼びこむ重要なアトラクションとして会場内に組み込まれていったという（Rydell 1984: 33–35,235–236）。さらにこの娯楽化の流れは、原住民展示の領域にも波及し（Corbey 1993: 357）、たとえば展示民族による「部族的な」戦闘シーンの上演や、「異常な」食習慣の実演――セントルイス万博でのイゴロット族（米植民地フィリピンの先住民）による犬の屠殺イベントのような（Maxwell 1999: 85）――が、見物客の前でたびたび行なわれたのである。

日英博は、博覧会の商業化・娯楽化が国際的に高まった時代の産物である。そこで日本側の「余興」施設として用意されたのが、「アイヌ村落」（約九〇〇坪）や「台湾蕃人の生活状態」（約一三〇〇坪）などの原住民展示だった（図4-5を参照）。また日英博の場合、これらの余興施設の運営は、博覧会事務局（農商務省）が「直接従事」するのではなく、日本側の経費負担の下、英国人からなる博覧会シンジケートと、日本人興行師・櫛引弓人《くしびきゆみんど》の手に委ねられていた（農商務省 1912: 869）。おそらくこの点もまた、原住民展示の商業化・娯楽化をいっそう推し進めたと考えられる。たとえば最終的に完成した台湾先住民の展示（「生蕃館」）は、次のようなものだったという。

　生蕃館内の面積は千坪もあろう。一寸《ちょっと》広い。四辺壁を以てめぐらし、処々に小高い異様の蕃屋が突つ立てて居る。「台湾生蕃監督事務所」を中心として其の周囲に蕃屋が一二戸、蕃人自身の建てたのは二戸ある。二四名は二人宛《ずつ》此中に配置され、各々盛装を凝らして午前一一時から午後の一〇時二〇分迄定まつた小屋に居る。一物が見えては不都合とあつて、男は猿又を穿き、中々ハイかつてる。入場料は六片《ペンス》で（会場内の興業物は残らず六片である）、人種学に趣味を有《も》つてる者や、又好奇心に駆られた者は続々見に来る。生蕃は此等の者に自分の写真を刷つた絵ハガキを売る。珍らしがつて買うて帰る者もある。入場者中厄介な者は、生蕃の生命より大切な鉄砲をひねくりまはすので、蕃公大に立腹する。又どういふ心でか、弾薬を持つて来て呉れた者がある。又弾丸になるべき鉛棒抔を与へる。監督者がやつと説諭して取り上げたさうである。（「日英博の生蕃館（上）」『台湾日日新報』明治四三年九月二九日）

この記者は、日英博の原住民展示を商売目的の「見世物に過ぎない」と片付けている。[18] 確かに、ここに描かれている先住民生活の展示は、主催者や観覧客の都合に合わせて、さまざまな仕方で管理されている。周囲を「壁」で仕切られた土地。「監督事務所」を中心に配置された「蕃屋」の数々。そこで二人一組になって、定められた時間だけ暮らすというルーティン。「盛装」は許されても、裸体は許されない。「鉄砲」は許されるが、「弾薬」は許されない。客は金を払って彼らの姿を見にやってくる。そこで彼らは自分の写真を金で売る。

ただし留意したいのは、こうした先住民の「見世物」化を、先の記者が必ずしも否定的には捉えていないことである。「然し生蕃は一日二志《シリング》（我一円）宛の日当で、旅費食料はシンジゲート持、外に絵ハガキ抔の収入もあり、倫敦まで見物が出来るのであるから大きに仕合であらう」と彼は言っている。[19] そしてこの評価は、彼が一方で、同じく日英博に〈日本人村〉が展示されたことに対して強い憤りを感じているのとは著しい対照をなす。

日英博をめぐる日本側の言説がそれ以前と異なるのは、そこで原住民展示の「真正性＝本物らしさ authenticity」の問題が大きく問い直されてくる点にある。その理由の一端は、日英博の高い商業性・娯楽性に求められるだろうが、より大きな理由は、日英博では台湾先住民やアイヌだけでなく、日本人自身が展示の対象とされたことにあったと考えられる。すなわち日英博の余興には、日本家屋のなかで日本の職人が工芸品の制作実演・販売を行なう「美的日本 Fair Japan」（約三九〇〇坪）と称する施設や、日本家屋と日本庭園を配した空間のなかで日本の〝原風景〟を体感させる「詩的日本 Poetic Japan」（約一二九〇坪）と称する施設が含まれていた（農商務省編 1912: 867, 873; 宮武 2010: 122）。そしてこれらのパビリオンを目撃した日本人の感想には、その展示の真正性を疑問視する声が数多くみいだされる。

その一例として、以下では朝日新聞の派遣記者として会場を訪れていた長谷川如是閑の報告をとりあげたい（朝日新聞記者編 1910）。その記述はまず、「日本に関する余興の興行物は一つとして日本の迷惑ならざるは無く、入場の日本人中少々大和魂の残存せるものは、何れも冷汗を流す次第に候」（ibid.: 551）と始まっている。そのうえで、「Fair Japan」について、「変手古な日本家屋の内にて余り標本的とは申し難き程の日本人が何れも迷惑相な顔をして居る工合は、日本人の目からは何う考へても今日の日本を代表したものとは見えず、さりとて前世紀の日本とも思はれず、要するに日英博覧会以外にコンナ日本は世界中に之無きものに候」（ibid.: 552 強調引用者）と酷評する。また彼によれば、こうした誤った演出がなされたのは、運営側が見物客のオリエンタリズム的な期待に迎合した結果であるという。すなわち、「元来日本といふ国を玩具のやうな国と思つたは西洋でも既に旧思想に属したる筈なるが多数の西洋人は未だ此の旧思想を脱せず、日本といへば小さい美しい国と心得居るもの多く、今回の日英博にも此の小さい日本を見んと欲して来るもの多数なるを予想して、会社側にては斯く旧日本を紹介して此の俗物の要求に応ぜんとするものに候」（ibid.: 553）と。

〈日本人村〉に向けられた如是閑の批判は、原住民展示一般の「真正性」の問題に我々の注意を向けさせる。[20] たとえば人類館に集められた台湾先住民は、首棚が配された部屋のなかで、伝統衣装を身にまとい、昔ながらの工芸品を作り、民族舞踊を披露した。しかしその姿は、「今日の」先住民をどの程度「代表」した「標本的」な姿だったと言えるのだろうか。

次節では、原住民展示が提示する「台湾蕃人の生活状態」と、先住民の植民地的現実との間の乖離を問題にする。それはまた、〈博覧会〉と〈フィールド〉を互換的に捉える当時の人類学的思考法を問い直すことにもなるだろう。

結論を先取りすれば、日本の人類学者は、原住民展示の「真正性」を根本的に批判することはなかった。しかしそれは彼らが、原住民展示のイメージをはみ出していくような動きに気づかなかったからではない。次節で論じるように、彼らのテクストのなかにも、展示の真正性を問いなおす契機は現れている。問題は、何がその契機を押しつぶしたのか、である。

第五節　原住民展示の「真正性」——〈博覧会〉と〈フィールド〉の裂け目へ

博覧会の商業化・娯楽化がすすむ一九世紀末から二〇世紀初頭は、原住民展示の「真正性」が国際的に疑問視され始めた時代でもあった（Blanchard et al. 2008: 17）。たとえば一九〇〇年のパリ万博について、フランスのジャーナリストであったモーリス・タルメール（Maurice Talmeyr, 1850–1933）は次のように批評している。

> なぜイギリスのインドでは、ヒョウやイノシシ、ヤマウズラ、ゾウ、サル、トキ、ヘビといった動物がすべてひとつの家の中に呈示され、こんな心を打つ共同体を形成しているのだろうか。要はこの寓話では集めること、何よりも集めることが問題になっているからだ。そしてなぜ、空腹にあえいでいるインドが、きれいに髪を整え、十分に栄養を取り、いい服を着たインド人によって体現されているのだろうか。なぜなら飢餓は万博のアトラクションではないし、決してそうはなりえないからだ。……そしてなぜムーア人時代のアンダルシアは、我々にムニエ・チョコレートを薦めるのだろうか。なぜなら本物のムーア人や本物のアンダルシアは、どう見ても広告には適さないからであり、博覧会というものは、これまでもまたこれからも、決して広告なしでは成り立たないからである。（Williams 1982=1996: 65より引用）

博覧会のディスプレイには何が飾られ、何が飾られないのか。その選定は、彼に従えば、観覧客が見たいもの（需要）と主催者が見せたいもの（供給）との関数によって決まる。またこう捉えれば、日英博で先住民村がなぜあのような形で展示されたかも納得がゆく。なぜ盛装は許され、裸体は禁止されたのか。なぜ鉄砲は所持してもよいのに、弾薬は取り上げられたのか。それはおそらく、〈未開なもの・野蛮なもの〉は人を惹きつけるが、〈未開すぎるもの・野蛮すぎるもの〉は、それを見たり楽しんだりするには適さないからだろう。つまり、博覧会場への入場を許されるのは、〈飼い慣らされた未開性・野蛮性〉に限られる。

これは決して些末な事柄ではなく、少なくとも欧米の博覧会では、原住民展示の学問的価値を掘り崩すほどの大問題であった。実際セントルイス万博では、フィリピン村のイゴロット族やネグリート族に「裸体」をどこまで認めるかをめぐって、彼らが将来的に「進歩」する可能性を印象づけたい主催者側と、展示の「真正性」にこだわる人類学者との間に熱い論争が交わされたのである（Rydell 1984: 172–174）。たとえば米国の人類学者フレドリック・スターは、この問題について次のように発言している。「〔原住民〕展示の科学的価値は疑いなく大きなものだ。しかしその価値は、これらの人々に不慣れな服を着せることによって完全に失われてしまうだろう」（Rydell 1984: 174より引用）と。

本節では、こうした原住民展示の真正性の問題に対して、日本の人類学者たちがどのような立場をとったかを見ていく。

最初の事例として、人類館の展示民族を調査した松村瞭の報告を取り上げたい。彼はそこで、人類館に集められた人々が、人類館が提示する人種カテゴリーには収まりきらない〝剰余〟を孕んでいることに触れている（Cf. Nanta 2008: 252–253）。たとえば彼は、「アフリカのサンヂバル島の者」にその出身を尋ねたところ、「アラビア人」という答えが返ってきたと述べている。また「マレー人」とされた人々の中には、「印度人、トルコ人等の通弁」を務め、「日、英、仏、スペイン、マレー、インド等の諸国語」を扱う多言語話者がいたと語り、彼もまた自分は「印度人」だと答えたという（松村 1903: 290–291）。

要するに、本人が語る「民族的自己認定 ethnic self-ascription」（Hulme 1986/1992=1995: 76）と、人類館が提示する人種分類とがズレているわけだが、興味ぶかいのは、松村がこの不一致を、彼らの身体に視線を集中することで埋め合わせようとしていくことだ。つまり松村はまず、彼らの皮膚や髪質や骨格は、彼らが「ニグロに類似して居る事」、「決して純粋の印度人でない」事を示す「蔽ふ事の出来ぬ証拠物」であるとし、「彼等の言ふ所を其儘信ずると、大なる誤を生ずる」と注意を促している。そのうえで、彼は最終的に、両者はそれぞれ「アラビア人」と「スアヒリ種族」の「雑種子〔混血児〕」、「マレー人」と「印度人」の「雑種子」と結論付けている〔松村 1903: 290-291〕。要するに、彼らが何者であるかを決めるのは、彼らが自分をどう見ているかではなく、研究者にどう見えるか――たとえば「彼の頭の最大長及び最大広を測定し、其の指示数を求めた所、七六、五を得た」〔松村 1903: 291〕という事実――なのである。かくして展示民族が語る「アラビア人」・「印度人」としてのアイデンティティは、人類館が提示する「アフリカ人」・「マレー人」という人種分類の枠内へと差し戻されていく(21)。

しかし我々は、人類館の人種分類からはみ出していく〝剰余〟についてもう少し考えてみたい。たとえば博覧会場に集められた展示民族のなかに日本語話者が多く含まれていたこと(22)。それは彼らの生活がすでに、日本との接触のなかで大きく変容しつつあることを示唆してはいないだろうか。また当時たびたび報告された、日本製品を身にまとい会場内をねり歩く展示民族の姿は、原住民展示の空間から締めだされた現地の社会的現実を露呈していたのではないだろうか。この点について、ある論者は大阪拓殖博の「人種小屋」に暮らす「台湾生蕃」〔台北庁獅子頭寮付近出身〕の姿を驚きをもって伝えている。

> 台湾の生蕃君等は勧業館の背後に居住し、時々下駄穿きのおひろいにて彼所此所を逍遥せるを見受けたり。此生蕃君等は吾人が想像し、且つ往年台湾にて見し山出しの生蕃君等に比すれば、名物の黄褐色の顔面も名残りなく失せ去りて、色艶も好く、布物なども随分ハイカツで男は日本製の綿チルの股引にシヤツ、加之日本の突掛け下駄と来ては其進化のほど驚かざるを得ず。又女も赤裸々の筈のものが仲々衣類などもハイカツ〔生蕃君としては〕で居る。之れでは我が討伐隊を苦しめた、否現に苦しめつつある生蕃君の代表者とは如何にしても受取れない、此諸君に対しては母国人の多くは存外お優しい御風貌の様に感ぜしならん。〔有信社編 1913: 152-153 強調引用者〕

しかしこの驚きは決して、いま目の前に現れている光景が、まさに先住民社会の現実の一部になりつつあるという認識には至らない。[23]「黄褐色の顔面」や「赤裸々」といった「生蕃」イメージを侵犯する彼／彼女らの姿は、あくまで例外的な事柄として、カテゴリー・ミステイクとして扱われている（上記の文章に漂っているある種のおかしさ・笑いのようなものも、この〈場違い性〉を表しているように思われる）。要するに、日本製品を着た彼／彼女らの姿は、論者が常日頃伝え聞いている〈異質・未開・野蛮な〉先住民の「代表者」の現実ではないのだ。

さらに忘れてはならないのは、原住民展示という実践自体が、新たな移動と接触の経験を現地社会に持ちこむことだ。冒頭で述べたように、原住民展示とは、現地住民をローカルな土地から切り離し、別の場所に移動させるという〈脱ローカル化〉の契機を不可避的に孕んでいる。また帝国各地から集められた諸民族と出会い、多くの日本人が取り囲むなかで日々の暮らしを再現することは、彼らの日常のルーティンから外れた新しい〈間文化的接触〉をもたらすだろう。そうした移動や接触の経験は、「当の相手に、別の光のもとで自分の習慣を眺めさせ、もろもろの地平を開いてしまう」（ミシェル・レリス）可能性がある。つまり、原住民展示の実践が、これまでなかった再帰的思考を現地住民のなかに喚起し、そのことが逆説的にも、原住民展示が表現する〈原住民生活〉と、現地社会（＝フィールド）との間の互換性を解体していく可能性がある。

この問題に対する日本の人類学者の対応を考えるうえで、その手がかりとなる——当時としては数少ない——議論を展開しているのが、坪井である。第一の脱ローカル化の問題に関して、坪井は先述した「人類園」構想（本章第三節を参照）について語った後で、次のような但し書きをしている。

人類研究の為めを謀れば人類園と云ふ様なものを作つて世界諸地方の住民を集めて置く事が出来れば結構で有るが、或る種族に限るとか或る時の間に限るとかなら格別、有らゆる種族を常に養つて置く抔と云ふ事は到底行はれない話しで有るし、仮りに夫れが出来るとした所で熱帯の者寒帯の者を一ヵ所に置いて、彼等の生活状態を故郷に於ての通りにすると云ふ事は出来やう筈が有りません。諸種族をして諸種族本来の有様通りにさせやうと云ふには其本来の地に置くより他に仕方が無い。帰する所諸地方人類の十分な観察は其地其地でするの他に適当な途が無いと云はなければ成りません。即ち事実に於て全世界を人類園と見做すの他良策は有りません。過去の状態を探るが如きに至つては尚更其地に於ての注意に依る事を要します。（坪井 1904a: 289-290 強調引用者）

世界の諸民族を一堂に収集・展示する「人類園」の構想は、「彼等の生活状態を故郷に於ての通りにする」ことを不可能にする。こうした認識を、原住民展示の主導者だった坪井自身が表明していることは注目に値する。「本来の有様通り」の民族を観察したいのなら、「人類園」（博覧会）ではなく「本来の地」、つまりフィールドに赴く必要がある[24]。

この部分だけ取り出すと、坪井はフィールドと博覧会を互換的に捉えるような発想を疑っていたように映る。しかし、坪井が上で挙げている理由をよくよく見れば、彼は原住民展示に伴う移動や接触の問題にはまったく関心がないことが分かる。つまり、坪井が「人類園」を不可能とする理由はどれも、展示の規模や期間、生活環境の維持といった管理運営上の問題にすぎない[25]。言いかえれば、坪井にとって原住民展示（博覧会）と現地社会（フィールド）との間に何らかのズレが生じるとすれば、それはすべて管理運営上の責任である。そこでは先述した、原住民展示に伴う移動や接触の経験が、「彼等の生活状態を故郷に於ての通りにする」ことを不可能にすること、すなわち、展示民族が単に運搬されるモノではなく、その過程である種の変容を被る行為主体であることは看過されている。彼が実地調査を推奨しているのも、うまく「集めて置く」ことができないから「本来の地に置く」という配置のこだわりに留まっている。その意味で、世界中の民族を一ヵ所に収集・展示したいという坪井の欲望は、少なくとも理想としては維持されているのである。

第二の間文化的接触の問題を考える際にも、坪井は興味深い存在である。なぜなら、彼自身が、博覧会を機に民族間の相互交流を促進しようとした張本人であったからだ。たとえば坪井は東京拓殖博に評議員として参与した際[26]（図4-6）、帝国内の諸民族が交流を深めるためのイベントを企画したり（「人種握手会」・「人種懇談会」[27]）、観覧客が展示民族とコミュニケーションをとれるよう、言語学者・金田一京助に依頼して各民族の単語・会話集（和訳付）を作成・配布したりしている（坪井正五郎序／金田一京助編『日本国内諸人種の言語』東京人類学会発行[28]）。

では、坪井はこうした交流の意義をどのように捉えていたのだろうか。この点について坪井は、「拓殖博覧会出場の諸種族」と題する論考のなかで、帝国内の諸民族が集う原住民展示の意義を次のように説明している。

> 今後どう云ふ事で接近地方の諸種族が日本国内中に加はるとしてもモウ斯様な殖え方は出来難いと云はなければ成らぬ。……即ち日本本土に接して居て日本国民中に加はり得べき主な種族は明治年間に悉く日本国民中に加はつたので有る。……此所に台湾蕃人、台湾土人、北海道アイヌ、オロッコ、ギリヤック、樺太アイヌの出場を見るを得たのは誠に喜ばしい事で有る。……何を措いても第一に云はなければ成らぬのは是等諸種族の人種的に相違する所の多いと云ふ事と、其人種的相違の多い者が互に懇親を結ぶ様に成つたと云ふ事で有る。（坪井 1912g: 591-592 強調引用者）

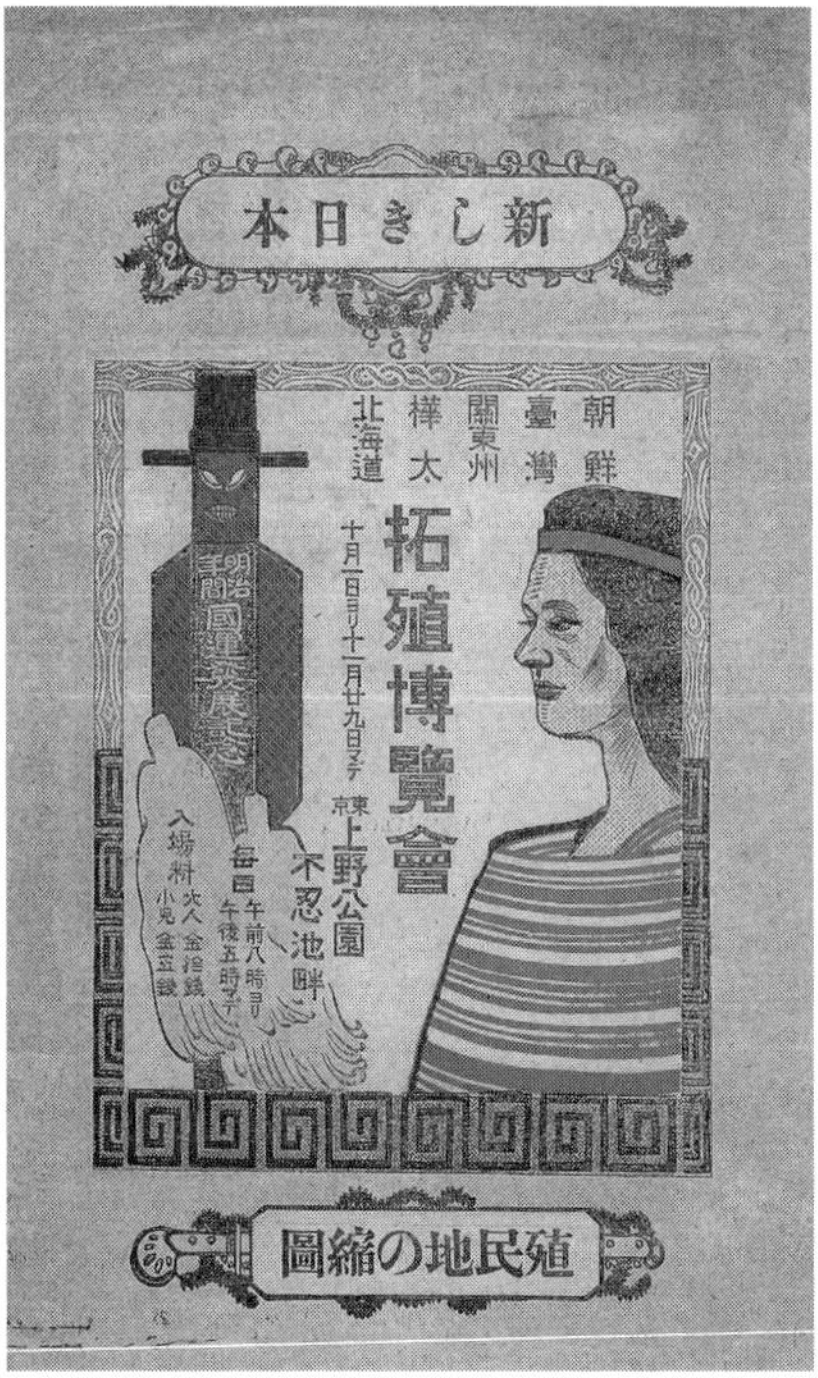

図4－6　拓殖博覧会（1912年）ポスター広告

出典：橋爪（2005: 60）より転載。

＊東京・拓殖博覧会開催にあたり日本政府は、「最も広く最も多くの観覧者を誘致」すべく、広告ポスターの考案を坪井正五郎に依頼した。完成したポスターは、日本各地の鉄道会社の協力のもと全国各駅に貼られ、さらに東京・横浜両市の銭湯・理髪店・飲食店の店頭に貼りだされたという（拓殖博覧会編 1913: 45-46）。

日本帝国の人種的多様性はすでに極限状態に達していると坪井は主張している(29)。この世界的な〈多人種国家〉としての日本の立場を主張することが、坪井の発言の核心にほかならない。それはまた主催者側の意図とも合致する。『拓殖博覧会事務報告』(一九一三年)は冒頭で、「最も多くの植民地を有する国家は世界に於ける最も強き国なり」というあるフランス人の言葉を引きつつ、こう宣言している。「今や多くの殖民地を有する国にあらざれば其富強を期する能はざるの実状を呈するに至れり」(拓殖博覧会編 1913: 1)と。

坪井が展示民族の相互交流を推進した理由も、この〈多人種国家・日本〉の主張とあわせて理解すべきである。つまり彼が、帝国内の諸民族が「互に懇親を結ぶ様に成つた」ことを高く評価するのは、そうした間文化的交流の意義を手放しに認めていたからではない。そうではなく、その交流が「異」人種間の、より重要なのは、「多」人種間の交流であるからこそ、その交流には価値があるのである(図4-7も参照)。

こう理解するならば、展示民族の接触・交流を促そうとした坪井の姿勢は、本節で検討してきたような、原住民展

図4-7　拓殖博覧会(1912年)写真

出典:東京大学総合研究資料館編(1991: 108-112)より転載。

＊東京大学総合資料館によれば、この三人の子供たちは、樺太アイヌの少女(左)・ニヴフ〔ギリヤーク〕の少年(中央)・北海道アイヌの少女(右)とされるが(撮影者は鳥居龍蔵)、同様の写真を掲載している『人類学雑誌』は、中央の子供を「生蕃の少女」としている(撮影者は石田収蔵)。なお、石田はこの写真を評して、「彼等は互にその風俗習慣を異にし、言語全く通じませんが、然し相互の表情によりて共に睦み合ふ様実に美はしく、吾々には異様に感ぜられたのであります」と述べている(『人類学雑誌』29巻1号: 39頁)。

示が提示する「人種」分類を頑なに固守する同時代の言説と何ら衝突しないことが分かる。むしろ衝突するのは、こうした原住民展示に対する坪井の姿勢と、坪井の「人種」理解との関係であろう。というのも、ここで彼が述べている〈多人種国家・日本〉の主張は、「人種的に相違する」という発言にも窺えるように、「人種」の同質性・異質性の識別を前提とするわけだが、第二章で論じたように、そうした人種分類の人為性に誰よりも気づいていたのは、坪井その人だからである。

松田（2003: 153-154）はそこに、坪井の人類学理論と展示実践との間の「矛盾」をみる。つまり、人種の〝差異〟や〝多様性〟を質的な断絶ではなく量的な連続量として捉える坪井の「人種」理解を展示に適用すれば、それは結局、どこかしら似ている（異なっている）個々人を一つの直線上に並べていくような展示にならざるをえない――がしかし、坪井が関与した原住民展示では、「ある同一性を持った集団を措定し、その境界線を明確に表すような表象」がおこなわれている――と。松田（2003: 153）によれば、坪井の量的な「人種」理解は、あらゆる分類・表象の不可能性に通じるものなのである。

しかしこれは坪井の「人種」理解の一面しかみていない、やや誇張された主張のように思われる。第二章で論じたように、坪井は「人種」分類の可能性自体は否定していないし、それを人類学にとって不可欠な作業と捉えていた。ただしこの場合の「人種」とは、せいぜい「人の群」程度の意味であり、そこで見いだされる〝同一性〟や〝差異〟は、研究者が調査対象の性質の一部に注目することで仮設した便宜的なまとまり（境界線）にすぎない。つまり、坪井はこのような意味での分析上のグルーピングさえも否定するような極端な立場をとっていないのだ。彼が問題視したのは、その分類を自然化・実体化することにあり、それがあくまで研究者側の問題関心に応じて立てられた人為的分類にすぎないという事実を消し去ることにあった。坪井の人類学理論と展示実践との間に「矛盾」があるとすれば、まさにここである。というのも、坪井は原住民展示の「人種」分類もまた、人為的に立てられた境界線にすぎないとは決して語らなかったからだ。こうして坪井は会場内の諸民族を「異」人種に分類し、かつその人為性を観客の前から消し去ることで、「多」人種国家たる日本帝国の表象を前景化させたのである。

同様の態度は、坪井以外の人類学者にも共有されていた。その一例として、『日本国内諸人種の言語』のなかで金田一が展開している言語分類を取り上げておこう。彼はまず、現在「世界言語の三大典型」として、①「曲折語」、②「孤立語」、③「膠着語」の三分類が認められているとし、その代表例として、①「欧米の白人種の言葉」、②「支那語及安南暹羅《シャム》緬甸《ビルマ》西藏《チベット》の諸国語」、③「亜細亜北部の言葉満洲蒙古土耳古其他シベリアのサモイェド、オスチャクなどの言葉」や「日本語朝鮮語など」を挙げる。そのうえで、ただしより細かく「抱合語」を含めた「四つの典型」をたてる場合もあるとし、ここには「エスキモーや亜米利加土蕃の言葉」、また「日本では、アイヌ人の言葉」が含まれるとする。さらに学者によっては、「南洋のマライ語」を含めて「五大典型」とする場合もあり、これも「日本の領土内に話されてゐて、現に台湾の生蕃の言葉がそれに属する」と指摘する。こうして言語分類を次々と増やしながら、金田一は最終的に次のような結論に達する。

> 日本は、どうやら世界のあらゆる言葉の見本を備へ付けた博物館の観があります。而も、此度の此博覧会の催しで此等の言葉が一堂の下に寄合つて生きた口から話されてゐます。……即ち吾々は為《い》ながらにして極北地方の種族の言葉から、熱帯地方の種族の言葉に至るまで、親しく見聞することが出来ます。言葉の研究には此程よい機会は求めても得られまいと思ひます。（金田一編 1912: 2 強調引用者）

金田一の解説は、「三大典型」から「四つの典型」、そして「五大典型」へと段階的に移行するため、このように言語分類を増やしていくことの狙いが、坪井よりも一層あからさまである。つまりそれは、「抱合語」・「マライ語」を増やすことで、日本帝国内で話されている言葉をすべて説明（包摂）できる点にあり、かつその二分類しか増やさないことで、「世界のあらゆる言葉の見本を備へ付けた博物館」としての日本の立場を、すなわち世界的な〈多言語国家〉としての日本の立場を主張できる点にある[30]。

見落としてはならないは、「人種」であれ「言語」であれ、こうした多様性の増大を評価する言説は、ある境界線を前提し、それを維持することで成り立っているということだ。そのひとつは、当該住民を「異なる」人種・言語集団に分類し、人種的・言語的な「多数性」を現出させる境界線であるが、単にそれだけではない。ガッサン・ハージが指摘するように、「文化的豊かさの増大」を巡る言説はもうひとつ、「豊かにされる文化と豊かにする文化の対立関係」を前提している（Hage 1998=2003: 207）。本章の文脈に引き寄せていえば、帝国内の諸民族の存在を、人種的・言語的な「豊かさの増大」と価値付けることは、その豊かさを運んでくる外部者（＝植民地住民）とそれを待ち受ける内部者（＝日本人）との間の中心／周辺関係、あるいは、その多様性を「豊かさ」と評価する者とそうした評価を受ける者との間の主体／客体関係を前提としている。たとえば坪井や金田一が日本帝国の多様性を肯定的に語るとき、その語りが一体誰に向かって発せられているかを考えてみてほしい。そこで想定されている聞き手とは、周囲の諸民族を次々と取り込み、いまや「為ながらにして」世界のあらゆる「見本」を観察・比較できる「吾々」（＝日本人）でしかありえない。

この点で、日本帝国の多様性を評価する当時の人類学者の姿勢は、大量の異質なるモノを「所有」したことを自慢するコレクターの姿勢と重なる(31)。そしてこう考えれば、日本の人類学者が原住民展示の「真正性」を根本的に問い直すことなく、展示民族の混成性や移動・接触経験がもたらす主体的な変化の可能性を、なぜ積極的に認めようとしなかったのかも納得がゆく。なぜならそれはコレクションの秩序を、その整理整頓された標本の分類や序列を破壊するものだからである。かくして「吾々＝日本人」は、日本帝国という「博物館」の中央にはじめから立ち、そしていつまでも、周囲の諸民族（「見本」）を見渡している一望監視的な主体として想像され続けるのである。

小括

前章では、鳥居が西南中国のフィールドを、「居ながらにして各特色を調査することの出来る」一種の博覧会のような空間として捉えていたことを確認した。この〈博覧会〉としてのフィールド認識は、本章で論じた〈フィールド〉としての博覧会認識と相互補完的な関係にある。日本の人類学者が博覧会を重要なフィールドと見なしたのは、フィールドを博覧会の空間イメージで捉える心性が広く共有されていたからであり、その意味で、原住民展示とは、まさに当時の人類学者が抱いていた理想的なフィールドの具現化であったと理解することができる。またこれら二つの認識は、以下の三つの事態を言説的に周辺化するという共通点をもっていた。すなわち、①研究者の人種分類をはみだす対象住民の雑種性、②〈異質な原住民〉イメージを侵犯する文化変容、③研究者の観察と比較が立脚している場（フィールド／博覧会）の民族接触・異種混交性である。こうして博覧会／フィールドは、さまざまな民族が入り交じりながらも互いの境界線をけっして踏み越えることのない「多」民族的な空間として表象される。そしてその空間の中央にはつねに、周囲の「異」民族を一望に観察・比較している日本の人類学者が立っている。

エドワード・サイードは、ヨーロッパ人と植民地との出会いを描いた帝国期の文学作品にたびたび登場する「姿勢と言及の構造 structure of attitude and reference」として、次のような物語構造を析出している。すなわち、「この構造はヨーロッパという権威ある主体に対しては、海外領土を保持する資格、海外領土から恩恵をひきだせる資格、また海外領土に依存できる資格を保証していながら、海外領土そのものに対しては自律した価値や独立性を認めるのを最終的に拒むのである」（Said 1993=2001: 6）と。またこの物語の中では、植民地の生活や文化はつねにヨーロッパ人入植者や研究者「のために」存在するのだ、と。

同様の構造は、原住民展示をめぐる人類学者の言説にも見出せるだろう。日本の人類学者にとって、原住民展示の場は、植民地の生活や文化に直接触れることのできる貴重な出会いの場を構成していた。しかしその出会いは、「吾々＝日本人」が研究するために、「吾々＝日本人」が豊かになるために存在し、その限りにおいて評価されたにすぎなかった。またこの物語の中では、こちら側が与えた境界線や上下関係の垣根を踏み越えてしまうような、展示民族の移動・接触・混交の物語（「自律性」・「独立性」）は、巧妙に管理され締めだされていった。

しかし我々はいまや、この支配的な物語には回収されない原住民の移動・接触・混交の物語を、おぼろげながら掴んでいる。それはたとえば、日本製品を着て会場内を闊歩していたあの先住民の姿であり、また遠く離れたロンドンで自らの写真を刷った絵葉書を観客に売りさばいていたあの先住民の姿である。そこに垣間見れる「異質な他者」像をはみ出していく動き、あるいは「異質な他者」像をみずから積極的に表象・演出していく動き。この種のズレを引き起こした要因とは一体何だったのか。

以下の章では、この問題を植民地台湾の事例を中心に考察する。次章ではまず、当時の「台湾」表象を取り巻いていた政治的な緊張関係を、第五回勧業博で設置された植民地パビリオン「台湾館」の事例を通して浮き彫りにする。

第五章　「台湾」表象をめぐる帝国の緊張

――第五回内国勧業博覧会における台湾館事業と内地観光事業

第一節　誤解の構造――植民地パビリオンの「文明／未開」図式を再考する

第五回勧業博には人類館と並んでもうひとつ、植民地帝国・日本の姿を象徴するパビリオンが存在した。日本の博覧会史上初の植民地パビリオン「台湾館」がそれである（図5-1を参照）。台湾館は、会場正門から遠く離れた裏門（「阿倍野門」）の横手に位置し、門外には飲食店や興業物が立ち並ぶきわめて娯楽色の強いゾーンに置かれていた。またその中国様式の外観は、周囲の西洋建築パビリオンの中でとりわけ異彩を放っていたという。[1] さらに当時の報告によると、台湾館は現地の姿をありのまま再現したミニチュア（「小台湾」）として、観覧者に「台湾を観察するには、親く台湾に至るに勝ると称するも不可なからむ」という逆立ちした感覚すら引き起こすほどであった（第五回内国勧業博覧会要覧編纂所編 1903: 268; 国光社編 1903: 690; 金港堂編 1903: 98）。

台湾館の最大の特色は、その展示方法にある。まず、日本の各府県の出品物が「第五回内国勧業博覧会規則」の出品分類目録に基づき一〇の公式陳列館――農業館・林業館・水産館・工業館・機械館・教育館・美術館・動物館・水

図5－1　台湾館

出典：「台湾館之図」『風俗画報』270号より。

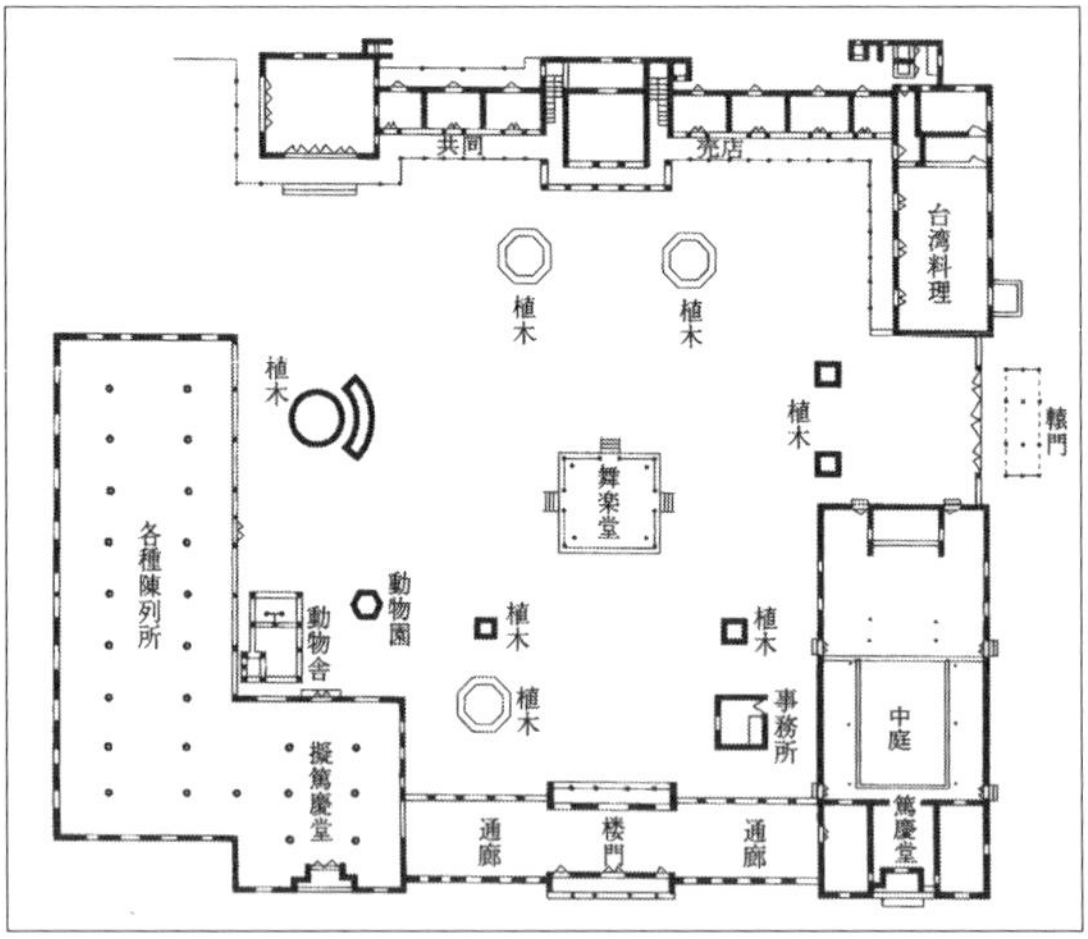

図5－2　台湾館の設計

出典：松田（2003: 59）より。

族館・通運館――に部類別に陳列されたのに対し、台湾館は地域名を冠する独立パビリオンとして、その内部に台湾の物産品や標本・資料群を一括陳列するという独自な展示方法をとっていた。また現地の雰囲気を再現するために、建物にも様々な意匠が凝らされた[2]（図5-2を参照）。たとえば「篤慶堂」は、台湾領有の際、近衛師団長として台湾に渡り、台南で病死したとされる北白川能久親王の「御遺跡所」に含まれていた所縁の建物で、今回「戦勝唯一の記念物」として台南から「原形のまま」移築され、陳列室として利用された。また「舞楽堂」は総督府に保存されていた清国時代の「戯台」、「雨傘亭」は新竹の庭園・北郭園にあった四阿で、横手の入口に建つ「台湾轅門」もまた総督府官邸裏に残置されていた清国時代の建物だった。さらに、これらの移築された建物にくわえて、台湾館には、「内地人の未だ目に触ざりし」草花を植えた「台湾式」庭園、山羊や水牛などの「奇禽異獣」を飼育した「動物園」、「纏足」姿の女性従業員が台湾の「一大特産」たる烏龍茶をふるまう台湾喫茶店「和楽境」や、「台湾風」料理を提供する台湾料理店「仙遊軒」など、日本とは異なる台湾の独自性を印象づける施設が随所に散りばめられていた。

以上のような台湾館の展示方法について、先行研究は、日本との異質性を強調するその空間編成が、〈日本＝文明／台湾＝未開・野蛮〉というステレオタイプを強化したと指摘する。たとえば松田（2003: ch.2）は、篤慶堂に込められた政治的意味や展示品の内容を細かく分析したうえで、台湾館は「『文明国』日本に征服された『他者』」、「日本『内地』とは異なる『文化』を持つ『遅れた他者』」としての台湾表象を形づくったと主張している（吉見1992も参照）。確かに、当時の台湾館をめぐる印象報告には、この点を裏付ける記述が数多く見いだされる。

第一に、台湾館は人類館と同じく、西欧列強と肩を並べた「帝国」の博覧会のシンボルと見なされていた。たとえば開幕初日にあたる一九〇三（明治三六）年三月一日付の『台湾日日新報』は、第五回勧業博の「一大特色」として台湾館の存在を挙げ、「恰も欧州諸国が其本国に殖民地博覧会を開設して本国人士に殖民地の情態を示すが如く我第五回博覧会中此台湾館あるは帝国の名誉にして亦博覧会の大面目にあらずや」と自負している。また館内の展示品についても、「壮麗端雅なる支那古代の建築を象れる台湾館内に陳列せらるる出品は実に台湾の真相を示すに足り、亦台湾が其賓庫資源たるの名に背かざるの実を顕はし、兼ねて如何に新領土の経営が成功しつつあるかを証明せり」と、日本の植民地経営の「成功」の証として高い評価を与えている[3]。

第二に、台湾館の最大の魅力は、館内のエキゾチックな雰囲気や、好奇心を駆り立てる台湾独特の風習にあると見なされていた。たとえば「建築より装飾陳列品に至るまで総て異様なるが為め頗る人目を惹き観覧者日々雑沓せり」といった台湾館の盛況を伝えた記事は、代表例のひとつである[4]。なかでも台湾喫茶店は、「非常の景気にて客は常に室内に溢るる許り、茶を酌み菓子を侑むる台湾少女の服装より頭髪纏足まで内地人には珍しく之を観んとて店前の軒下は人山を築き押し合ひひし合ひ往き来もならぬ有様」と報じられている[5]。具体的には、当初五万人の来客数を見込んでいた台湾喫茶店には、その二倍以上の約一一万人（他に優待無料客が約六八〇〇人）が訪れ、一日平均約八〇〇人の盛況を博したという[6]。

台湾館が多くの見物客に、日本とは「異なる」・「遅れた」台湾という印象を残したことは確かであろう。ただしこの結果が、台湾館事業を主導した総督府その他の関係者の思惑どおりだったかといえば、そこには一定の留保を付けなくてはならない。

以下で述べるように、そもそも台湾館事業の背景には、日本本国（内地）に浸透していた〈台湾＝異質・未開・野蛮〉というイメージを刷新する狙いがあった。台湾館の盛況をむしろ否定的に評価する台湾サイドの言説は、この点を示唆している。たとえば当時台湾で発行された日本語新聞で、総督府の「御用新聞」とも評される『台湾日日新報』（台湾日日新報社、一部中国語）で、台湾居住者と思しきある人物は、台湾館の盛況は、「全く其建築の異様なると新領土の出品と云へるのが観覧者の好奇心に投じたる次第に外ならず」、けっして台湾に関する正しい理解が増したわけではない、と読者に注意を促している[7]。以下でその主張を詳しく見てみよう。

まず内地の新聞報道をみると、台湾の農工業品に関する言及は少なく、そのほとんどは、漢族固有の衣装をまとった等身大人形（安本亀八作）、台湾喫茶店や台湾料理店で働く魅惑的な女性達、物珍しい中国式建築の話題に集中してしまっている。また見物客にとっても、「目に入るものは僅かに外形に顕はるる処の輪奐の美と風俗に模したる塑像との外は深く新領土台湾に就て感得したるものな［き］」状態である。事実、台湾館の印象を尋ねてみると、台湾料理店の女性従業員は美人であるとか、館内で監視員を務めていた台湾漢族を先住民と間違えていたりと、台湾の真相を深く理解しているとは到底思えない。ただしその責任の一端は、台湾館の展示の仕方にある。特に出品物の解説が不足し、「只台湾の物産を羅列した」にすぎないために、「内地人の耳目を集中するの用意を欠き既に誤解されたる台湾をして益誤解に陥らしめんとするやの感あり」という。結局のところ、「是等は確に観覧者の注意を引くの材料となりたるに相違なきも、台湾館の客たる是等の装飾が却て台湾館の主となり、台湾館は即ち是等の装飾なりとの概念を一般観覧者に与へたるの傾向あるは返す返すも遺憾至極」と述べ、「台湾館はいかに好評を博し候へども、其博し

得たるものは千日前の見世物と敢て撰ぶところ無之、寧ろ失敗を以て目にするの外無之候」という厳しい評価を下している。(8)

本章で重要なのは、台湾館がエキゾチックな「見世物」に成り果て、台湾に対する「誤解」を再生産していることを、この論者が痛烈に批判し、それを「失敗」と評価していることだ。同様の批判は、当時の『台湾日日新報』紙上に数多く掲載されている。(9) つまり、少なくとも現地の一部の人々にとっては、台湾館が結果的に〈台湾＝異質・未開・野蛮〉イメージを強化するに至ったことは、期待外れの結果と映っていたことになる。とすれば、台湾館の事業結果だけを捉えて、関係者には〈台湾＝異質・未開・野蛮〉イメージを植え付けたいという明確な意図があったとか、そこから台湾館の独特な展示方法が導き出されたのだといった目的論的な解釈は、ひとまず留保しなければならない。

この問題は、台湾館が助長したとされる本国の「誤解」が、その後も植民地サイドからくり返し問題視される「誤解」であることを踏まえた場合、一考に値する。たとえば第五回勧業博の翌年（一九〇四年）には、総督府から文部省宛に、日本の高等小学校用の教科書に記載された先住民に関する記述を訂正するよう照会がなされている。それは日本の台湾領有に抵抗した漢族系の抗日武装勢力（「土匪」）を「生蕃」と記述した箇所に訂正を求めたもので、「土匪と生蕃とは全く別種のものに属し彼此混同を許さず、其の他の記事に就いても頗る杜撰の嫌あるを免れず、台湾の真相に就ては往々内地に於て誤解を来すの虞ある。今日に於て斯の如き誤謬の記事を以て帝国国民教育の資料と為さるるは甚だ遺憾」と述べられている。(10)「台湾の真相」が本国に「誤解」されているというこの言説パターンは、第五回勧業博の前後にとどまらず、後々まで反復される一種の〈構造〉と呼べるものである。では、この構造化された言説パターンは、一体何を指し示しているのか。

本章は、この〈誤解の構造〉が、台湾の植民地政策に組み込まれた相対立する政策ベクトルの共存、その意味での「帝国の緊張」（Cooper and Stoler eds. 1997）に由来することを明らかにする。次節ではまず、台湾館事業の主な担い手となった台湾総督府と台湾協会を取り上げ、第五回勧業博当時、台湾の植民地経営に関していかなる問題認識が持たれていたかを確認する。

第二節　児玉・後藤統治時代の植民地経営の課題

第一項　台湾総督府の問題認識

日清戦争の結果、最初の植民地である台湾を手に入れた日本政府がまず着手したのが、「土匪」と呼ばれる抗日武装勢力の鎮圧だった。だが、初代総督の樺山資紀から桂太郎、そして乃木希典への施政者の交代をへても、島内の治安を十分に確保することはできなかった。これらの失政の後、第四代台湾総督（任期：一八九八・二―一九〇六・四）に任命された児玉源太郎は、当時台湾のアヘン問題に関する論考で注目を集めていた後藤新平（一八五七―一九二九）を民政局長（後の民政長官）に抜擢し、台湾経営の全権を彼に委ねた。こうして後藤が満鉄総裁に就任するまでの約八年間にわたる児玉・後藤統治時代が幕を開ける。

後藤の台湾統治策については、これまで多くの研究が積み重ねられてきた。なかでも彼の生物学・統計学に基礎をおく調査事業（土地調査、旧慣調査、後の国勢調査にあたる戸口調査[11]）と、科学技術を駆使した近代的なインフラ整備は、満鉄総裁時代まで引き継がれる後藤の植民地経営の特質として、今日でも注目を集めているイシューである[12]。本節ではまず、先行研究に拠りつつ、科学的調査や社会資本整備を重視する後藤の姿勢が、台湾の植民地経営をめぐるいかなる問題認識に支えられたものであったかを整理する。

領有直後の総督府の最優先課題は、治安の確保と財政基盤の確立にあり、後藤はその基礎固めのため土地調査事業をすすめた。小林英夫（2006: 29–35）によれば、それは土地所有権の確定によって親日派の懐柔と抗日勢力の経済的壊滅をはかると同時に、租税源を確保し財政収入を増やすという二重の目的を達成するものだった。ただし、当時土地所有権の確定は、台湾独自の「旧慣」によると規定されており（律令第九号）、その複雑に入り組んだ土地所有・財産相続の慣行を明らかにする必要があった。そこで結成されたのが、民政長官・後藤新平を会長とする臨時台湾旧慣調査会（一九〇一年一〇月、勅令第一九六号）であり、その第一部「公私法制に関する旧慣」の部長を務めた岡松参太郎（京都帝大教授）を中心に、島内の土地財産・親族相続に関する慣行調査が進められた（春山 2008: 262–268）。

さらに、こうした治安及び財源の確保を背景にして、それと並行的に進められたのが、鉄道敷設、港湾増築、郵便・電信網の整備から道路改修、上下水道の完備、病院・学校の開設にまで及ぶ、インフラストラクチャーの整備であった。なかでも基隆―打狗（高雄）間をつなぐ南北縦貫鉄道の開設と、内地―台湾、台湾―中国間の航路増設は、島内の在来流通ルート（河川交通等）を破壊するとともに、領有前には強固であった中国大陸沿岸との流通ネットワークを再編・掌握することで、台湾経済の統一化と日本経済圏への包摂を準備したとされる（高橋 1995; 小風 1995: 259–269）。

なお、こうした輸送交通網の整備は、単に商業的関心にとどまらず、「土匪」鎮圧のための軍備輸送、対岸からの武器供給の遮断という軍事面でも重視されており、さらに建築工員に帰順した「土匪」が利用されたように、それ自体が抵抗勢力の鎮圧の成果に支えられたものであった（高橋 1995: 22-25; 小風 1995: 262）。児玉・後藤統治時代の科学的調査と社会資本整備は、治安維持と財政確保という軍事面・経済面からすすめられ、その実現プロセスを通して資金的・人員的に可能となったのである。

後藤が台湾に導入した近代的・科学的手法は、戦前および戦後台湾の「植民地的近代 colonial modernity」が議論される際に、今日でもたびたび言及される重要な争点であり続けている。また後藤の政策は、日本の植民地政策の特質を、西洋列強との比較対照のなかで捉えかえす際にも鍵となる事例である。なぜなら後藤の政策は、同時代の他の植民地帝国に比べて、あまりにも行き過ぎたものという評価が可能だからである。この点について春山明哲の問題提起は実に示唆的である。

欧米列強の多様な植民地政策の現実からすれば、台湾において「最低限の統治」、たとえば最小限のコストによって治安の確保と伝統的な経済社会体制の維持さえ実行できれば良い、という政策の選択もありえたはずである。本国財政が逼迫し、内地資本が台湾に投資される条件も乏しい中で、大規模な投資を必要とするインフラストラクチャーの整備や経済開発を試みる必然性は日本本国にはむしろ無かったと考えるほうが自然、という見方もありうるのである。（春山 2008: 328 強調引用者）

実際、初期の台湾統治が現地住民の抵抗をうけ、いたずらに巨額の財政を浪費するなか、日本本国では（たとえばフランスに一億円で売却するという）台湾放棄論さえ出る始末であった（山根 1975: 50）。歴史家のマーク・ピーティも、日本帝国主義の成立および展開をマルクス主義的な解釈枠組にはめ込むことの問題点について触れるなかで、同様の論点を提出している。

ヨーロッパの「新帝国主義」についての経済的な説明では、資本家階級の利益の優先、国内産業での慢性的な資本過剰、その結果としての海外での新しい市場と投資機会が必要とされたことが強調される。しかし、日本の帝国主義は産業化以前の段階で始まり、一八九〇年代の日本の主要な経済問題は、資本の過剰ではなく不足であった。さらに、日本の領土拡張が明治の政治を「牛耳った」銀行家や商人のたくらみに基づくとか、植民地の取得がすでに成熟した経済的な利益を保護するためであるなどと言うこともできない。それどころか日本政府は、一九世紀のドイツと同様に、帝国主義の冒険に乗り出すに際して、国内の資本を植民地への投資へと誘導するのに大変な努力をしたのである。
（ピーティ 1996: 35 強調引用者）

莫大な資本投資を要する後藤の政策は、同時代の日本の経済状態からすれば〝過剰〟(13)なものであり、本国の経済的利害と衝突しさえする〝不合理〟なものだった。この過剰性または不合理性について、春山（2008）はそれを従来の説明のように、壮麗な近代的設備を見せつけることで島民を威圧する戦略と捉えるのは一面的であり、人間が共通にもつ基礎的欲求を満たすことで「生理的円満」を図るという後藤の生物学主義との関連に置くべきだと主張している。ただし、後藤によるインフラ開発の意味を、島民対策の観点から捉えるだけではいまだ不十分な理解にとどまる。

越沢明は、台湾・満洲・中国の都市計画を比較した論文で、この点に注意を促がしている。つまり、「後藤新平は現地に進出した一般の日本人に定住意識を持たせ、台湾の経営と開発に本格的に取り組む姿勢を、日本人と中国人の双方に対して社会資本整備という事実によって示そうとしていたと理解するのが妥当である」（越沢 1993: 185 強調引用者）と。敷衍すれば、近代的なインフラ開発には、本国から日本人を呼び込み定着させるというプル政策の意味合いがあった。このように後藤の植民地政策は、台湾島民と日本人移住者という二つの住民層に対する問題意識をふまえ、両面から検討される必要がある。

実際、後藤が台湾時代に書き残した論考をみると、彼が歴代の台湾経営が失敗してきた原因を、島民側の抵抗のみに帰責することなく、日本人自身の問題としても受けとめていたことが分かる。後藤は日本人が克服すべき弱点として、特に三つの問題を挙げている。彼の言葉を借りれば、それは①植民政策に適した宗教を欠くこと、②本国が良すぎること、そして③資本の不足である（後藤 1898 → 2001, 1916 → 2001: 142–144）。

まず①だが、後藤はヨーロッパの経験を参考に、植民地支配を円滑に進めるためには、民間レベルでの活発な情報収集や相互交流が不可欠だと考えていた。この点で、ヨーロッパの場合には、現地に入り込んだ宗教家の役割が重要であったという。

台湾を日本が占有したのは、世界列強が新版図占領の歴史とはその方法を異にして居る。凡そ世界の新版図なるものは、先づ予備の手段があつて、而して新版図を占領する。予備の手段には、種々の事がある。併し乍ら、通則して必ず有る事は、宣教師の先発である。其の宣教師が地方の土地人情を探り、地方人民を慰撫し、而して其の歓心を得る事を勉める間に、種々の政策が孕まれて居るといふことがあるのである。然れども帝国が台湾を占領したのは、斯の如き手段に拠りたのではない。（伊能編 1905: 5–6 強調引用者）

彼によると、宗教家はまた、「誠実に風俗人情歴史の変遷等」を考慮し、移住者に「拓殖的の精神」、つまり拓殖事業の苦難に耐えうる強い信念を植え付けるうえでも鍵となる役割を果たしたという。しかしそれに比べて、現在台湾で行なわれている日本人の布教活動（仏教、キリスト教）は不十分であり、それゆえ日本の植民地経営は、「宗教に頼らずして拓殖事業を成就する」という独自の道を歩まなくてはならないという。ここでのポイントは、後藤の狙いが宗教の「排斥」ではなく、それを別の手段で「補う」ことにある点で（後藤 1898 → 2001: 3）、これが科学技術を駆使した社会資本整備によって移住者に精神的支柱を与えるという発想を用意することになる。

また②③の弱点も、それぞれ観点は異なれど、「拓殖的の精神」の不足という同様の問題に収斂する。つまり、台湾が本国に比べて危険で、充分なインフラも整わず、新たな事業や昇進の見込みもない土地と思われていることが、ひるがえって定住意識をもたない、冒険主義的な日本人の流入を引き起こしていると後藤はいう（後藤 1898 → 2001, 1899 → 2001: 20-26, 1901 → 2001 Cf. 後藤 1916 → 2001: 142 も参照）。結局それは、「帝国が東洋に雄飛すると言ふて居りながら、雄飛する所以の道を講ぜざるに近い」（後藤 1902 → 2001: 53）からで、この点を改善し、「日本人の品位を台湾に於て高尚に保つ」ことができて初めて、「本国の人には到底殖民地の者が及ばぬ」という序列意識を島民に植え付けることもできるのだと後藤は語る。

この〝移住者の宗教〟としての科学技術の位置づけを、台湾の医療衛生施設に関する説明を例に見ておこう。後藤にとって医学とは、宗教と同じく、「精神的若くは肉体的の苦痛」という人間がもつ根本的な「弱点に乗じ、若くは弱点のある所を補ふて以て慰安の途を講ずる所のもの」であり、病院への設備投資はこの「生物学的原則」を基礎としている。単純にいえば、「台北の病院で療治をして貰へば是で死んでも差支えない」と思わせることができて初めて、「台湾統治の基礎が具はる」（後藤 1916 → 2001: 147–148）。同様の論点は、台湾の産業・衛生面の調査を目的に設立された台湾中央研究所に関しても指摘されている（後藤 1916 → 2001: 150–151）。要するに、後藤にとって意識改革と物質的改善はつねに不可分であり、その両輪をつなぐのが科学技術なのである。日本人に「拓殖的の精神」を植え付けるためには啓蒙では足りない。重要なのは、人間が社会生活を営むうえで不可欠な物質的欲求を満たすことであり、こうした近代的なインフラ整備がさらに島民の物質的欲求をも満たすとき、日本人に対する畏敬はおのずから生まれてくる――後藤はそう想定していた。

本項では、後藤の植民地経営の特質とされる科学技術を駆使した大規模なインフラ開発について、その過剰ともいえる資本投入が、島民支配を安定させるという治安維持の面だけでなく、本国から資本投資や優秀な人材を誘致するためのイメージ戦略の面でも重視されていたことを確認した。次項では、後者の点について総督府を強力にバックアップした民間団体・台湾協会の活動をみていく。

第二項　台湾協会の問題認識

台湾協会とは、台湾経営を民間レベルで支援すべく、一八九八（明治三一）年四月に設立された団体である[14]。その初代会長には第二代台湾総督を務めた桂太郎、幹事長には初代民政局長の水野遵が就任し、その他の会員には伊澤修二、岩崎彌之助、大倉喜八郎、金子堅太郎、河合弘民、阪屋芳郎、渋沢栄一、高橋是清、田口卯吉、益田孝、横山孫一郎など、台湾で官職経験のある人物や、当時の代表的な政財界人・有識者が多く参加していた。

台湾協会設立の背景には、植民地経営をめぐる官民の知識・経験が乏しいことへの危機感があり、この点を西欧に範をとることで補う狙いがあった。たとえば協会設立の中心人物とされる水野遵は、ヨーロッパの植民地経営の場合は、本国にあらかじめ「国民の準備即ちアスソ《ママ》シエーション社交的協会」が組織されているのが通例であり、そうした民間レベルでの情報収集、布教活動、経済的交流といった土台があるからこそ、政府による公式の統治も円滑にすすむのだと語る。それに比べて日本の台湾支配は、「殆ど武力を以て取つた様なもので」、「平和の成就」ではなく、「全く欧羅巴の先進国が植民地を得た〔の〕とは、順序を転倒して居」る。したがって、この準備不足を補うべく、台湾協会の設立が求められたのだと語る[15]。台湾協会規約（第二条）によれば、その事業内容は全一〇項目にわたる（表5-1を参照）。

上記の事業内容を関係者の説明によって補足しておこう[16]。第一に、日台相互の実情認識のための調査研究や情報交換が大きな柱となっており、これが視察員の派遣や関連資料の収集（①⑩）、会報（『台湾協会会報』）や講演会による

表5-1　台湾協会の事業内容

① 台湾の真相を開発する事、附視察員の派遣
② 台湾の産業品及び台湾人民の嗜好に適する本邦商品を蒐集する事
③ 台湾に移住し又台湾より上遊する者の為めに及ぶ限り便利を与ふる事
④ 台湾に関する実情上の調査、紹介等の依頼に応ずる事
⑤ 彼我言語練習の便を図る事
⑥ 台湾会館を設置する事
⑦ 会報
⑧ 講談会
⑨ 台湾留学生を監督補助する事
⑩ 台湾に関する左の書籍の蒐集（但海外植民地に関するものをも集む） 1）通信、2）新聞、3）雑誌、4）著述、5）旧記

出典：『台湾協会会報』一号：序v-vi頁

報告発表（⑦⑧）という形ですすめられる。第二に、特に経済的交流がうたわれている。[17] すなわち、日本と台湾で互いの嗜好にあった産品を紹介しあうこと（たとえば陳列所の設置）、台湾で事業を起こそうとする者には「実情上」の調査・照会に応じること、である（②④）。第三に、これと関連するのが、日台間を行き来する旅行者に対する支援である。その対象は、移住者・視察者・観光客に及ぶが（③）、特に台湾島民の日本旅行者には「台湾会館」という専用の宿泊施設――集会所のほか物産陳列所や図書館の役割も兼ねていた――を設けたり（⑥）、台湾人留学生の監督・学資援助（⑨）や日本語・台湾語の教育支援を行なうなど（⑤）、日台間で働く人材育成への関心が窺われる。その具体的成果のひとつが、現・拓殖大学の前身たる台湾協会学校の設立（一九〇〇年九月開校）である。同校は「台湾及南清地方に於て公私の業務に従事するに必要なる学術を授くる」ことを目標に掲げ（台湾協会学校規則第一条）、特に「台湾語」の学習を重視し、卒業生は総督府の下級官吏や通訳として活躍した（山根 1975: 59–65; 呉 1994: 215–221）。

このように台湾協会が日台間の情報交換や人材育成を重視したのは、台湾の実情が本国になかなか理解されず、植民地勤務が敬遠され、適当な人材（台湾語話者など）が集まらないことに危機感を感じていたからである。たとえば水野遵は、「台湾に参つて居るものは何か罪人か流罪にても遇うたやうな観念を起す、それは全く台湾の真相が内地に知れて居らぬから、遂に内地の諸君の同情を買ふことが出来ないからである」（強調引用者）と指摘する。[18] また大隈重信（台湾協会会頭）は、植民地経営の成否を左右する「大原因」を「国民の熱度如何」に求め、たとえば英国のインド支配に比べてフランスのアルジェリア支配が失敗しているのは、「政府は熱心に殖民をやるけれども、国民は甚だ冷淡である」こと、「殖民地には多少無頼の徒は行くか知らぬが、紳士と云ふものは少も行かない」（強調引用者）ことにあると主張している。そのうえで彼は、「日本国民も東京、大阪に居つて、台湾に往かないと云ふ感じが往々ある」と続けている[19]。さらに河合弘民（台湾協会学校幹事）は、「我内地人士の台湾を視ること動もすれば殊方異域の観を以てし自ら進で一生を其裡に投ずるもの甚だ稀」（強調引用者）とし、「台湾南清」で働く「人材養成」機関（＝台湾協会学校）の必要性を訴えている[20]。要するに、日本本国の「台湾＝異域」というステレオタイプをいかに払拭していくか、また、それによって定住志向のない「無頼の徒」を排し、植民地経営を支える優秀な人材をいかに誘致・育成していくか。これを台湾協会設立の背景にある問題意識としてとりだすことができる。

以上のように、台湾の植民地経営を民間から支援することを目指した台湾協会だが、その反響は即座に現れた。創立半年にして会員数は一一四〇名（普通会員一〇〇〇名＋賛助会員一四〇名）、原資金たる寄付は約五万三〇〇〇円の巨額に達し、大阪・神戸・京都・名古屋、さらに現地の台湾（台北）に次々と支部が開設されている[21]。なかでも台湾支部は、後藤新平を支部長として一八九九（明治三二）年二月に発足すると、すぐさま会員数を七〇〇余名に伸ばし[22]、さらに児玉源太郎から毎年五〇〇円の補助金を受けるなど、総督府の後ろ盾をうけて組織を拡大していった。こうしたなかで、台湾の現状を日本に伝えるための絶好の機会として現れたイベントこそ、第五回内国勧業博覧会だった。では、そこに総督府や台湾協会はいかに関与したか。それを追跡するのが次節の課題である。

第三節　視覚教育としての博覧会——台湾館事業と内地観光事業の狙い

第五回勧業博当時の総督府の課題は、台湾の植民地経営を治安・財政面で安定させるとともに、今後それを支えていく人材と資本を調達することにあった。また総督府と台湾協会はともに、現在の人材・資本不足の大きな原因が、〈台湾＝異質・未開・野蛮〉とする本国の旧い台湾イメージにあると考えていた。第五回勧業博にあたり、総督府と台湾協会はこの問題を解決すべく、大きく二つの事業に取り組んだ。そのひとつは、島内から博覧会への出品物を広く募集し、本国および海外の観覧客に紹介する「台湾館」事業であり、もうひとつが、島民を博覧会見学に連れだす「内地観光」事業である。

表5-2は、台湾協会が毎月発行していた『台湾協会会報』（一八九八年一〇月〜一九〇七年一月、全一〇〇号）に掲載された「内地観光」に関する記事と、日台間を移動する旅行者を対象とする総督府の政策動向をまとめたものである。なお『台湾協会会報』の発行期間は、児玉と後藤がコンビを組んだ一八九八年二月から一九〇六年一一月（児玉は四月、後藤は一一月に辞任）の時期と重なっており、台湾の植民地政策史上のいわゆる「整備期」の時代にあたる（上沼 1988: 52–53）。

表5-2 『台湾協会会報』掲載の「内地観光」関連記事

年	実施時期	掲載内容
1899	二月下旬	陳瑞星（台北茶商公会幹事）、呉文秀（同幹事）、松平亀次郎（同副会長）、大庭永成（同顧問）が堤林数衛（同通訳）を従えて内地視察
	四月下旬	陳瑞昌（台中県紳士）、呉大星（同上）、林嘉與（同上）、凍鴻謨（同上）が佐竹令信（台中県属）に引率され内地視察
	五月六日	総督府が帝国議会議員および商業会議所総代の台湾視察者を対象に、日本郵船・大阪商船の台湾航海定期船と基隆―新竹間の鉄道・軽便船の無料運賃化を命じる（民通一一五九号）
	一二月一二日	総督府が台湾島民のうち以下の条件を満たす内地観光者を対象に、日本郵船・大阪商船の台湾航海定期船の無料運賃化を命じる（「本島土人内地観光の為内地へ渡航する者無賃便乗の義に付会社へ命令」） 【無賃渡航者資格】 一．県参事の職にある者 一．弁務署参事の職にある者 一．街庄長の職にある者 一．紳章を所持する者 一．国税・地方税を合わせて年間三十円以上を納むる者

1900	不明（二〇号）	総督府が以下の新聞社から派遣された台湾視察者を対象に、無料運賃化を命じる 【無賃渡航対象新聞社】 東京日日新聞、時事新聞、中央新聞、報知新聞、毎日新聞、日本新聞、国民新聞、読売新聞、二六新聞、都新聞、中外商業新聞、人民新聞、京華新聞、大阪朝日新聞、大阪毎日新聞、大阪新報新聞、日の出新聞（京都）、京都新聞、神戸新聞（神戸）、新日報新聞
	不明（二一号）	台湾紳士二〇名が内地視察 【参加者】林望周（台北商業公会長・大稲埕保甲局長）、林錦堂、蔡子珊（北港弁務署参事）、楊不若（台北県区長）、張紹乾（北斗学校委員）、朱麗、蘇世珍、楊心郷、黄春帆（台中県区長）、楊梧峰（斗六学校教員）、陳以徳、陳哲章、呉銘元（南投弁務署参事）、李春盛（南投学校教員）、林拱辰、黄咸中、古金相、呉素蘭（女史）、蔡汝璧（澎湖庁参事）、謝賛（同上）
1901	三月	台北出身の張達源ほか七名が九州連合共進会見学のため来日、その後、大阪・京都・東京各地を見学
	不明（三二号）	宜蘭庁の江錦章（同庁人民総代・同庁参事）、陳掄《ママ》元（同参事）、盧廷翰（同嘱託）、林澤蔡（同雇員）が宜蘭庁長・西郷菊次郎に引率されて内地視察
	三‐五月（三三号）	台中出身の王加芳、寥景琛、黄清標、李聲州、陳徳馨、林天龍、張福立、葉引昌らが横田隆彦（台中県属）に引率され内地視察。その後、宜蘭庁の内地観光団と合流し、歓迎会に出席。 【出席者】西郷菊次郎（宜蘭庁長）、能勢靖一（同庁属）、玉井庫四郎（同庁属）、大江錦章（同庁紳士）、陳掄《ママ》元（同庁紳士）、盧廷翰（同庁紳士）、林澤蔡（同庁紳士）、横田隆彦（台中県属）、王加芳（同県紳士勲六等）、寥景琛、黄清標、李聲州、陳徳馨、林天龍、葉引昌、張福立、林拱辰（台湾協会学校講師）
	不明（三九号・五八号）	総督府が日本郵船・大阪商船および台湾鉄道に対して、布教目的で内地―台湾間を往復する、または台湾島内を巡回する神仏各官長に対する無料運賃化、さらに官長以外の布教家およびキリスト教布教者に対する運賃二割引措置を命じる。
1902	不明（四三号）	恒春庁管内の庄長五名が谷山愛太郎（恒春庁雇兼通訳）に引率され、「下級自治制度の組織」等を視察する目的で、京阪方面・東京各地を視察 【参加者】廖知母（恒春庁楓港庄長）、許連升（同車城庄長）、蕭光月（同保力庄長）、尤春風（同頭溝庄長）、楊国福（鵞鸞鼻庄長の次男）
	不明（四八号）	深坑庁の陳秋菊（紳士）、陳捷陞（紳士）、楊厚生（通訳）が深坑庁長・丹野に引率されて来日

1903	四 - 五月（五六号掲載分）	第五回内国勧業博覧会見学を目的とする内地観光団の氏名一覧（現時点） 【四月二一日】施範其（彰化庁参事）、黄瑤琨（総督府医学校第一回卒業生）、李振鵬（街庄長）、陳汝甘（街庄長）、謝園（街庄長）、呉汝祥（街庄長）、蕭紹賡（街庄長）、陳文章（街庄長）、許喬齡、張晏臣、楊煥彩、陳邦幾、洪其珠、揚偉修、頼紹堯、陳建生、阮酣、蕭賜福、蕭清通、揚炳煌、李崇禮、林厥修、李雅歆 【四月二七日】林彭壽（台北庁枋橋）、林宥壽、生沼永保（台北庁顧問） 【四月二八日】石豊年（基隆庁参事）、黄啓東（街庄長）、呂九（街庄長）、黄棟卿（街庄長）、陳華養（街庄長）、陳子青、顔雪年、許春招 【五月三日】呉朝宗（苗栗庁参事）、劉鴻光（同庁参事）、鄭文合（街庄長）、徐炳祥（街庄長）、葉仕添（街庄長）、鄒錦福、苑永秋、蔡汝修、徐増春、呉仕雲 【五月四日】呉輔卿（台北庁参事）、陳培濱（街庄長）、王生（街庄長）、王壽全（街庄長）、洪成枝（街庄長）、鄭捷化（街庄長）、虚宗文（街庄長）、陳養源（街庄長）、王国治、陳詠仁（保甲局長）、蔡学韜（保甲副長）、呉槐堂、劉孝純、呉建勳 【五月六日】黄茂盛（台中庁博覧会出品総代）、蔡翰雲（街庄長）、蔡恵如、林恵若、林石蘋、揚昭若、林春波、林君彩、蔡敏庭、葉清耀、張徳栄、廖西東、林春安 【五月七日】蘇雲梯（阿猴庁参事）、藍高川（同庁参事）、邱蓮石、蕭信棟、李幾法、韓哲卿、李崢嶸、蘇嘉謨
	（五七号掲載分）	【五月二一日】李盖發、蔡路、林瑞仁、邱梅芳、古望林、李盖泉、郭新智（以上、桃仔園庁） 【五月二二日】陳鴻鳴、陳和尚、呉道源、徐得福、廖乃琦、林英慶、謝石秋、王阿來、洪采恵、郭君盤（以上、台南庁）、黄春帆、曾国環、施学賢、黄景雲（以上、南投庁）、陳日成、宋守四（以上、蕃薯寮庁） 【五月二四日】范献延、張采香、蔡緝光、劉仁超、劉如棟、蔡不大、姜満堂、姜紹猷、李少霖、鄧福運、李延賢、黄栄、李雲盛（以上、新竹庁） 【六月三日】陳文遠ほか二四名（以上、鳳山庁）
	不明（五九号）	総督府が商業会議所その他の有力な商工業団体代表者の台湾視察者を対象に、日本郵船および大阪商船命令航路の無料運賃化（一回限り三名以内）を命じる。
1904	不明（七一号）	台南湾裡支庁下の楊深江、洪鴻玉が同支庁長・岩城警部に引率され、京都・東京・大阪視察
1906	不明（九五号）	台中庁阿罩霧の富豪・林澄堂が台北庁留学生二名をともなって内地視察

注：実施時期が不明の事業は『台湾協会会報』の掲載号を記す。

まず確認したいのは、内地観光は、第五回勧業博の期間だけ実施されたわけではなく、それ以前から総督府と台湾協会が連携で進めていた事業だったことだ。[23] 台湾協会・台湾支部は第一次総会時点（一八九九年八月）ですでに「本島内へ視察員を派遣する事」・「内地観光者の旅費を補助する事」を事業計画に組み込んでおり、[24] その後これらの計画は、日本から台湾を訪れる視察者には台湾支部が、台湾から日本を訪れる旅行者や留学生には日本の各支部が、それぞれ現地での便宜（宿泊手配・見学斡旋など）を図るという連携で進められていく。[25]

さらにこれを補完する形で、総督府による渡航費割引が実施された。そのターゲットは大きく三つ、すなわち①台湾島民の内地観光者、②日本人の台湾視察者、③台湾で布教活動を行なう宗教家であるが、いずれも社会的地位の高い、もしくは社会的影響力の大きい人物を対象としている点が特徴的である。さらに当時の内地観光事業の特徴をもうひとつ挙げると、それは対象者がいずれも台湾漢族であり、山地に暮らす先住民が含まれていない点である。これは、児玉・後藤時代の最優先課題が「土匪」の鎮圧、すなわち台湾北部・西部を中心とする漢民族居住区（「平地」）の軍事的制圧と治安維持に置かれていた点と対応している。

では、このように日台間の人の移動が促進されたのはなぜか。そこには、台湾に対する本国の誤解を取り除くためには、何よりもまず実際に現地を見せることが有効だという考慮が働いていた。たとえば『台湾日日新報』は、「母国人は動もすれば渡台者を評して台湾化したりと云ひ、渡台者は又母国人を目して迂遠と為す」と述べ、当時台湾の「未見者」と「実見者」との間に大きな認識の隔たりがあったことを伝えている。そのうえで、こうした齟齬を正すには、「成るべく母国人士の多数をして本島の事物を目撃せしむる」必要があり、これが現在、総督府が日本の代議士や新聞記者の渡台を奨励している理由であるという。[26] こうした主張はまた、「事物其物の前には何物と雖ども争ふこと能はず。随って事物其物は之を誇るに最上の師範たり」という事物教育を重視する発言とも結びつく。[27]

この現場主義または事物教育の重視は、さらに「視覚」教育を重視する立場にもつながっていく。たとえば木村匡（総督府民政部文書課長／台湾協会台湾支部幹事兼評議員）は、台湾協会本部の求めに応じて提出した意見書（一八九九年一一月付）のなかで、言葉が通じない「土人〔台湾漢族〕の感化」を成し遂げるためには、「彼我同文の便」を利用して「本会報の漢文欄を拡張し、内地文物の実況を網羅掲載し来て、之れを彼等の眼中に映せしむると、同時に彼等の有力者を交々内地に観光せしめ」ることが有効だと主張している[28]。いずれの提案も、口で伝えるのではなく目で見せる方法である点に注目したい。さらに木村は、東京の台湾協会本部に台湾産品を陳列したり、台湾でも博覧会や展覧会を開くことで、台湾の現状を日本人に「観覧」させるよう提案しているが、これもまた、日本人の台湾理解が「言語の相通ぜざるが為め、彼我分立」の状態にあるという問題認識からくるものだった。第五回勧業博における内地観光および台湾館事業は、以上のような、事物教育・視覚教育を重んじる台湾独自の文脈——それは言語による意志疎通が困難であった時代状況を反映している——のなかで理解されなくてはならない。

第五回勧業博の話題が『台湾協会会報』誌上にはじめて登場するのは、「第五博覧会に付き台湾協会に望む」と題された読売新聞（一九〇〇年四月五日付）の転載記事である。そこでは、先の台湾協会規約（表5-1）が引き合いにだされ、第五回勧業博を機に「土人の出品を督促し、観覧を勧誘する」ことが台湾協会の任務だと説かれている。さらにその理由として、領台初のこの博覧会は、「独り台湾の主要物産を内地人に紹介し、内地台湾間の貿易を進捗せしめる好機会たるのみならず、台湾土民をして、内地に於ける殖産工芸〔興業？〕進歩の実状を知らしめなば、直接には其知識を開発し、間接には内地に対する土民の心服心を誘ふ利益あるべし」と主張されている[29]。

上記の発言にみられるように、第五回勧業博は当初から、日本人に台湾の実状を伝えると同時に、台湾漢族に日本の実状を伝えるという二重の目的を達成するイベントと見なされていた。そこから第一に、台湾産品を本国の人々に〝見せる〟ことで台湾市場の将来性に目を開かせるという発想が出てくる。この点について、『台湾日日新報』には次のような主張が寄せられている。

母国人士が従来本島を誤解し想像して殆んど本島を厄介視したるの傾向ありしは争ふべからざるの事実にして、此時に当つて本島の実体を表明するは内外人士の一聚集する博覧会に於てするより好機会なるはなし。外国の例に照らすも各本国に於て毎度殖民地博覧会の設けあり。其博覧会には殖民地の物産は云ふに及ばず家屋住居の状況一切の風

> 俗を模擬し動植物の類に至る迄之れを移して以て母国人士に殖民地の智識を記せしむなど其用意の周到悉くせりと云ふべし(30)

台湾の「誤解」されたイメージを払拭するには、博覧会に集う日本人の目の前に、現地の姿を再現してやるのが一番である。こうした認識から、台湾の物産・建築・風俗習慣・動植物に至るまでのあらゆるものを展示する台湾館の構想が、欧米の博覧会をモデルに提唱される。台湾館の狙いが、〈台湾＝異質・未開・野蛮〉イメージの温存ではなく刷新にあったことは、こうした発言からも明らかである(31)。

第二に、第五回勧業博は、日本の産業の「進歩」を〝見せる〟ことで台湾漢族を殖産興業に駆り立てると同時に、台湾漢族に日本への「心服心」を植え付ける機会とも見なされていた。こうした認識が、博覧会見学を兼ねた内地観光事業に結びついていく。たとえば『台湾日日新報』は、すで内地観光した「本島人」（台湾漢族）が日本の文化や商工業の発達を賞賛していると述べたうえで、第五回勧業博は、「本島を内外人に紹介するの利益のみならず之れと同時に本島人をして内地観光の途に就き弘く帝国の文明を視せしめ以て本島人を啓発するの利益あるべし」と主張している(32)。同様の主張は、第五回勧業博を本国に「台湾の真相」を伝えると同時に、台湾島民に「母国の文華《ママ》に接触」させる絶好の機会とする台湾協会の見解や(33)、これを機に「成るべく台湾の出品を奨励し、内地人をして居ながら、台湾の真札を合点せしむると同時に、成るべく多数の台湾人を勧誘して、博覧会を見せしめ、大に彼等の智議啓発に資せん」（児玉源太郎）という総督府の見解（井上編 1903: 41）にも確認される。台湾協会会員の一人が述べているように、第五回勧業博は、日本人と台湾漢族の双方を植民地経営に動員するうえで、是非とも利用すべき恰好のイベントだったのである。

> 〔第五回勧業博の意義は〕内地の有力者をして新地経論の容易ならざる事、風俗習慣はいふに及ばず気候、地質、物産、其他工業、貿易天然人事の秘密に至るまで、之を知悉せしめ以て母国国民の責務を適当に尽さしむると同時に、

新地の憐むべき人民をして、母国の今日に至りし所以、現今及び将来の地位を知らしめ、進んで母国に対する無限の洪恩に報ふる所以をも知悉せしむるに在り。[34]

以上の検討から、台湾館事業と内地観光事業にはそれぞれ、①台湾の実状を本国の人々に伝えることで〈台湾＝異質・未開・野蛮〉イメージを刷新し、本国から植民地経営にとって必要な人材と資本を誘致するという意図と、②近代化された日本の姿を見せることで、台湾漢族を殖産興業に駆り立てると同時に、〈文明＝日本〉を頂点とする序列意識を植え付けるという意図が込められていたことが明らかになった。またどちらの場合も、こうした新たな日台関係を築くためには、言葉よりも実際に〝モノ〟を〝見せる〟という実物・視覚教育が有効だとする了解があった。

さらに以上の点を踏まえると、第五回勧業博を取り巻く植民地サイドの多種多様な思惑の混在とその緊張関係も浮き彫りになる。第一は、台湾イメージの刷新という台湾館事業に込められた政策意図と、日本との異質性を強調する台湾館の展示方法との間の緊張関係である。実際、独立パビリオンへの一括陳列は、計画段階から、「只単に台湾と称する奇《めづ》らしさに却つて其真相を窺はざるものあらん」と、台湾の「真相」を歪める危険性も指摘されていた。[35]にもかかわらず、台湾館が最終的に独立パビリオンとして設置されたのはなぜか。これが一つ目の問題である。

第二は、台湾館事業と内地観光事業が前提している台湾認識の違いである。というのも前者は、本国の〈台湾＝異質・未開・野蛮〉というイメージを「誤解」された台湾の姿と捉えているのに対して、後者は〈文明＝日本〉と対比された〈遅れた〉台湾の姿を、台湾漢族に自覚させるべき現実と捉えているからだ。では、この相反する二つの台湾認識は、実際の事業展開にいかなる影響を及ぼしたか。これが二つ目の問題である。これは一つ目の問題、つまり、台湾イメージの刷新を目指していたはずの台湾館事業が、それを裏切るような政策結果に流れ込んでいく理由を解明する手がかりともなるだろう。

次節では、台湾の博覧会事業の経過を詳しく追いながら、これら二つの問題を検討する。

第四節　台湾館の成立過程

第一項　計画中止と代替計画

先述したように、台湾館の特色は、日本の各府県とは別区画のスペースに現地の建物をそのまま運び込んだところにあった。なかでも陳列室として利用された台南の篤慶堂は、その中国風の建築様式と台湾領有にまつわる象徴的な意味合いから、台湾館の独自性を形づくる重要な要素と見なされていた。ただし注意したいのは、こうした台湾館の空間編成は、関係者が当初意図したものではなかったことだ。台湾館設置が正式に決まるのは一九〇二（明治三五）年一〇月一四日（農商務省告示第一八五号）だが、この決定に行き着くまでには幾多の紆余曲折があった（松下・石田 2010）。

まず確認したいのは、最初の台湾館計画は、建物の移築ではなく新築を想定していたことである。それを妨げた最大の要因は経費の問題だった。第五回勧業博に際して農商務省から「台湾館」という単独の陳列館を建設するよう打診された総督府は、これを承諾し、当初その出品費だけでも約七万円の費用を見積もっていた[36]。しかしこの計画は、「来年度に於ては更に急を要すべき事業あるを以て特に博覧会出品費にのみ多額の経費を投ずるを得ず」という理由で縮小を余儀なくされ、明治三五年度予算として帝国議会に請求されたのは、二万円の「第五回内国博覧会出品費」にすぎなかった[37]。

当時帝国議会では、衆議院予算委員会において明治三五年度の総督府予算が審議されていた。その結果、総督府予算は全体的に下方修正され、当時の報告によると、これを受けて台湾に住む日本人のなかには事業を縮小したり、本国に引揚げる者も多かったという[38]。また総督府の側も、限られた財源を博覧会事業に割くよりは、鉄道・港湾整備や土地調査事業にあてようとした[39]。結局、出品費二万円は、「出品運搬及び委員派遣費調査費参考品買入費等」にあてられることになり、台湾館の建築費用を捻出することは到底不可能となる。要するに、最初の台湾館計画は資金面で制約をうけ、中止に追い込まれたのである。[40] またそれにともない、台湾産品の一括陳列も難しくなり、一時は、各府県と同じく出品分類目録に沿って部類別に別館陳列するという案さえ浮上している。[41]

台湾館計画の中断は、「議会が新版図の経営開発に付て冷淡ならざる限りは遠からずして可決通過の報に接す」るだろうと予想していた台湾協会の期待を見事に裏切るものであった。[42] また『台湾日日新報』でも、出品費二万円というのは「極めて消極主義」、「博覧会に対する我が総督府の態度は余りに熱心ならざるが如し」と非難され、こんな微々たる出品費では、各府県の出品費には遠く及ばず、不十分な出品にならざるを得ないと危惧された。[43] この点は、台湾館事業に「最も積極的」に取り組んだのは総督府だとする松田（2003: 56–57）の見解に対し、留意しておきたい問題である。少なくとも当初、博覧会事業に対する総督府の姿勢は、民間の期待に反して、あまりにも消極的と映ったようだ。[44]

博覧会事業の進め方をめぐる官民のすれ違いは、「台湾出品協会」という民間団体の許可申請の経過にも現れている。同協会は、島内の民間出品者を支援する目的で、台北茶商公会の大庭永成と三好徳三郎を中心に計画され、協会の会則をもって総督府殖産局に許可申請を出すところまで事態はすすんでいた。しかし、当時それに対応した殖産局長代理の柳本通義は、「出品は官衙直接に出品者を勧誘して一般の出品事務を取扱ふものなれば販売品に向つて尽力ありたし」と答え、民間団体が独自に出品者を勧誘することには否定的な態度を示したという。[45]

当時総督府が申請を退けたのは、おそらく時期的にみて、ちょうど総督府内でも博覧会委員会（委員長は柳本）の設置準備が進んでいたためだと推測される。[46] 実際、その直後に総督府は民政部内に博覧会委員会を設置し（一九〇二年三月四日、訓令五二号）、政府出品物の選定や、各庁から任命された「庁委員」を通して独自に民間出品者の勧誘をおこなっていく。[47]

だが、こうした官主導の進め方に対して、島内では、それが民間への情報伝達を妨げ、出品準備を遅らせているという不満が起こる。たとえば「博覧会出品協会創設の必要奈何」と題する論説は、本国の台湾イメージの刷新こそが「本島在住内地人の義務」であり、その最も容易な手段は第五回勧業博で「あらゆる本島の物質を紹介する」ことだとしたうえで、そのためには官に一任するのではなく、内地と同じように「民間」との連携が不可欠だと語る。またこの認識に基づき、今回総督府が台湾出品協会の申請に対して、「出品手続は総督府自ら従事するを以て同協会は成るべく販売の事務を扱ふべきの意を示した」ことに疑義を呈している[48]。

以上のように、台湾館の資金調達や出品勧誘をめぐって問題点が浮上するなか、それを打開する役割を果たしたのが、実は台湾協会だった。そもそも篤慶堂の移築案は、台湾館の建設中止を「遺憾」とする台湾協会大阪支部が、移転費用の一部（七〇〇〇円）を負担するという条件付で、後藤新平に持ちかけた代替案であった。また『台湾日日新報』でも、この案なら「僅に運搬費のみにて事足り而かも台湾館の規模に準ずることを得る」ため一石二鳥であるし、農商務省が当初意図した「台湾館建築の主意」――つまり「台湾を知らざる人々をして台湾家屋の建築を知らしめ又台湾の出品は此家屋内に陳列し他の出品陳列場と独立して一見台湾館なるを設計する」――にも合致すると評価された[49]。結局、総督府はこの案を受け入れ、博覧会委員や台湾課長を派遣して台湾協会会長の桂太郎や開催地の大阪支部役員と調整を重ね、さらに博覧会事務局とも粘り強く用地交渉を行なった末、ようやく農商務省・総督府・台湾協会の費用分担によって篤慶堂を移築するという決定に至ったのである[50]。

新たな計画では、台湾館の建築は断念し、代わりに喫茶店・料理店・売店などの接待施設を備えた「台湾園遊地」（八〇〇坪）と称するパビリオンを設け、そこに篤慶堂が移築されることになった。また一括陳列のために必要なスペースも、追加の用地拡張（四〇〇坪）と、篤慶堂以外に新たに陳列館を増設することで確保された。さらに「純然たる台湾風」の空間を演出するために、舞楽堂や雨傘亭などの現地の建物も移築されることになり、新設する場合はなるべく「支那風」・「台湾風」になるよう工夫された。たとえば売店には「台湾を代表すべき異様の趣向」をこらし、陳列ケースも「内地と其様式を異に」した。また移築の際も、「職工は本邦人にては兎角支那風の建築に通ぜず折角の建物も日本化する虞ある」という懸念から、わざわざ台北在住の「支那職丁」が雇われている。さらに各施設のスタッフには「土人の内地語に習熟せるもの」、つまり「日本化せる台湾人」を雇い、台湾風でありかつ日本人見物客にも対応できる人物を用意した[51]。なお以上の計画において、台湾協会大阪支部は、先述したように篤慶堂の移転費用を肩代わりしたほか、大阪市有地を無料で借入れ、用地拡張の便宜を図ったり、支部長の住友吉左衛門を介して篤慶堂と舞楽堂を大阪支部に「無償下附」するよう総督府に働きかけるなど、計画遂行を強く後押しした(52)。要するに、最終的に形をとる台湾館の空間編成は、当初の計画が挫折するなか、台湾協会の熱心な働きかけによって実現したものだったのである。

台湾協会が博覧会事業全体のなかで演じた役割は、それだけにとどまらない。同協会は、会員から特別の専門委員を選んで台湾支部―大阪支部間の連絡体制を整え、台湾語の観光案内書を作成・配布したり、台湾人専用の宿泊施設「台湾会館」を開設するなど、観光客の受入準備をすすめた。また日本郵船や大阪商船、内地の鉄道会社と交渉し、台湾人渡航者への運賃割引を実現すると、観光客数を増やすべく大量の割引券を島内に配布した。さらに博覧会開幕にあわせて同協会の機関誌『台湾協会会報』の漢文欄に「観光引路」と題する日本の観光情報を随時掲載し、内地観光の機運を盛り上げていった(53)。

同様の役割を担った民間団体として、一九〇二（明治三五）年一〇月に内台人有志によって設立され、台湾協会大阪支部の補助も受けていた「台湾協賛会(54)」の活動にも触れておこう。台湾協会と同様に協賛会も、第五回勧業博を「新領土の真相を洽《あまね》く中外に紹介すべき絶好機会なり」と捉えていたが、その一方で「本島風気未だ開けず、産業未だ進まず、一般島民未だ博覧会の何物たるかを知らざる者」が多いことに危機感も抱いていた。そこで、この問題を解決すべく、出品者の奨励や経費補助、博覧会観覧者の勧誘、日本での宿泊・見学施設の斡旋、渡航費・宿泊費・観覧料の割引、台湾語の観光案内書の作成・配布、さらには娯楽施設の提供に至るまで、実に幅広く支援活動を展開した(55)。台湾の博覧会事業は、こうした民間団体の活動を抜きにしては考えられない。

博覧会も終わりに近づいた一九〇三（明治三六）年七月一一日の第五次総会において、台湾協会は明治三五年度の事業成果をこう振り返っている。すなわち、「台湾館全体の企画は固より総督府の専営する所なりと雖も我協会が篤慶堂建築の申請を為し協会に取りては少なからざる費用を支出したること、是れ博覧会場内に最も人の注目を惹きし新領土の活図を顕出するにいたりし一動機となりたるを信じて疑はず(56)」と。多少の自負が含まれるにせよ、確かに、台湾館の一種独特な空間編成は、台湾協会による支援の賜物だった。実際、台湾館計画をめぐる日本（農商務省・博覧会事務局）と台湾（総督府・博覧会委員会）の政府間交渉が経費調達や用地確保の面で暗礁に乗り上げるなか、新たな代替案を提示し実現へと導いたのは、著名な政財界人を会員にもち、巨額な資金源を有する台湾協会だった。またその過程で、元々は農商務省の発案だった台湾館事業の牽引役も、台湾協会ならびに総督府に移行していく。

しかし、なぜ台湾協会と総督府は、幾多の障害に直面しながらも、台湾産品を単独のパビリオンに一括陳列することに最後までこだわったのか。逆にいえば、日本の各府県と同じく、部類別に別館陳列されることをなぜ頑なに拒んだのか。これが次なる問いである。

第二項　なぜ単独のパビリオンにこだわったのか――〈異域〉としての台湾

台湾館の立案過程において印象的なのは、台湾協会と総督府が一貫して独立パビリオンの設置にこだわったことだ。このこだわりは、初期の台湾館建設案から篤慶堂移築案、その後の台湾園遊地の設置と陳列スペースの拡張に至るどの段階においても、計画を正当化する理由のなかに入り込んでいる。

それが関係者にとって、台湾を他から区別された一つのユニット（まとまり）として印象づける手法と見なされていたことは間違いない。たとえば林有造（農商務大臣／第五回内国勧業博覧会副総裁）が台湾館の建設を打診するために児玉源太郎に宛てた文書（一九〇一年四月二六日付）には、独立パビリオンを設置すべき理由として、「内地ノ出品ト共ニ之（＝台湾の物産）ヲ各館舎、各部類ニ陳列セハ、其物品ハ順々ニ点々介在シテ一目ノ下ニ台湾ノ産業ヲ睹《み》ルコト頗ル難ク、観覧人ヲシテ台湾ト云フ一ノ特別ナル感念ヲ惹起セシムルノ力ナキ〔…〕」（強調引用者）と述べられている[57]。またその後の博覧会委員会の協議報告でも、「台湾の特色を発揮する為」、「台湾なる特殊の観念を惹起せしむる」ために別区画の陳列スペースを要求すべきだという主張がくり返されている[58]。

では、どうして台湾を一つのまとまりとして展示・表象することがそれほどまでに重要だったのだろうか。その手がかりとして、以下では、総督府が第五回勧業博の前年に参加したハノイ博覧会に注目したい。

一九〇二（明治三五）年一一月一六日から一九〇三（明治三六）年一月二五日まで仏領インドシナのハノイで開催されたハノイ博覧会（以下、ハノイ博とする）は、フランスのインドシナ経営の実績を国際的にアピールするとともに、他のアジア地域に比べて停滞している（と見なされた）インドシナ住民を啓発することを目的にしていた。また『台湾日日新報』も、ハノイ博は「仏国人にして印度支那の地名のみを知りて未だ同地の国情を悉さざる者に向つて其の真価に対する信念を深からしめ又一方に土人をして仏本国の盛大富強なるを感得せしむる」イベントと報じ、台湾と類似した問題意識にたつ海外の博覧会として、「台湾に取りては参考とすべき事少なから」ぬものと高い関心を寄せていた。(59) なおハノイ博の会場は、①フランス本国及びフランス植民地、②仏領インドシナ、③極東地域の三つの陳列ゾーンに分かれていたが、そのうち③には中国・日本・朝鮮の出品物と並んで、総督府から茶・樟脳・阿片・食塩などが出品されていた。(60)

ここで考えたいのは、ハノイ博への参加経験が台湾館の展示方法に影響を与えた可能性である。この点について、同博覧会に視察員として派遣された柳本通義（総督府技師／台湾協会台湾支部評議員）は、報告書の中で、(61) 主催国のフランスが本国とインドシナの出品物をそれぞれ欧州式と東洋式のパビリオンに分けて展示し、「欧亜の差異を識別せしむる」趣向をこらしていた点に注目している。また、台湾産品の陳列をどう工夫したかについて、「日本館と終端支那館との境壁の在る処」に置くことで、「日本の出品物と混視せらるるの憂なからしめたり」とも報告している。(62) 総督府が第五回勧業博にあたって博覧会委員会を組織したとき、委員長を務めたのはこの柳本であり、ハノイ博の経験が台湾館に活かされた可能性は高い。これが正しいとすると、台湾館計画において別区画の陳列スペースが求められた理由のひとつは、日本と台湾を〝差異化〟することにあったと言えよう。そのうえで留意したいのは、台湾と日本との〝差異〟を押しだすことが一方でもつ対岸中国（「支那」）との関係である。

ここで参考となるのが、台湾館の展示方法を「異域主義」の文脈で解説している檜山（2001）の論考である。檜山（2001: 682）によれば、当時「台湾総督府は、新領土＝日本化＝同化という図式ではなく、新領土＝異国＝異民族という異域主義を統治の基本に据えていた」とし、そのため「同化主義や台湾人の日本化（皇民化）」を打ちだすよりも「総督府は却って、博覧会で異国風・異文化・異民族の地台湾というイメージを前面に打ち出すことによって、台湾をアピールしていた」という。つまり、台湾館の〈非日本的＝中国的〉な展示は、領台初期の「異域主義」の反映とするわけだが、この指摘は、後藤が性急な「同化」政策――文化的同質化・法的平等化の両方の意味での――には消極的な姿勢をとっていたという、別の文脈で指摘されている先行研究の知見とも一致する。

たとえば台湾総督に独自の委任立法権を与えた「台湾に執行すべき法令に関する法律」（一八九六年、法律第六三号）をめぐる論争、いわゆる「六三問題」をめぐる原敬と後藤新平の立場を比較した春山明哲は、両者の植民地政策論を「内地延長主義」（原）と「特別統治主義」（後藤）と整理したうえで、次のように述べている。すなわち原の場合、「植民地の問題は日本の国家制度それ自身の問題」であり、「制度を同一にすることが将来の結果として同化に至る」と考えていた彼にとって、明治憲法の植民地への拡大適用は不可欠であったのに対し、植民地問題を日本の国際的威信を高める「広い意味での外交政策の一環」と捉えていた後藤にとって、「台湾は中国というそれ自体巨大な文明のメイン・システムの一部であり、台湾がいかに『中国的』であろうと（『日本的』でなかろうと）日本国家のサブ・システムとして効率的に機能すれば充分であり、『憲法という恩沢』を与える必要はないと考えた」（春山 1993: 47-48 強調引用者）と。この中国文明・漢文化圏の一部としての台湾の位置づけは、『台湾協会会報』の掲載記事から「南進論」への高い関心――つまり華南方面への戦略拠点としての台湾の位置づけ――を析出している上沼（1988）の論考からも裏付けられる。

さらに後藤の同化論について興味深い指摘をしているのが、陳培豊である。陳によれば、後藤の立場は、人類の序列を不変とみなし植民地住民の進歩の可能性を否定する反同化思想とは異なるが、かといって「一視同仁」の理念から性急な同一化を求めるものでもなく、むしろ「台湾人と日本人との差異をそのまま優劣と劣等、進歩と未開の二極に位置づけると同時に、長い時間の幅で見ると、その優劣関係も不変な現象ではないとするものだった」と指摘する（陳 2001: 80 強調引用者）。つまりそれは、平等性の実現を日台間の差異が消滅する遠い未来に先送りしつつ、「現在進行形としての差別統治を正当化する」ものだったという。本節で重要なのは、こうした後藤のスタンスが、現在の差別統治を温存すべく台湾の異質性・停滞性を強調する姿勢につながったという陳の指摘である。

台湾人に対する平等化の実現は民度、文明の向上を条件とする以上、当然、差別的な制度を長期に維持するためには、台湾住民の民度、文明の停滞の状況をより深化させ、イメージ面において日・台両者の文明の差をできるだけ鮮明にする必要があった。……台湾を植民地として統治しようとする後藤の台湾の文明に対する評価及び『同化』の進展に対する考え方は、すべて差別統治の長期化を維持する方向に向いていた。（陳 2001: 81 強調引用者）

陳は、後藤がしばしば植民地フィリピンを例に挙げ、過度の教育の実施は植民地住民の民族意識を覚醒させ、反乱や独立運動を引き起こす弊害があると警告していたこと、また「六三法」の延長施行をめぐる議会答弁でも、台湾の飛躍的進歩を挙げて特別制度の廃止を迫る原敬（当時内務大臣）に対し、後藤はそれを台湾人の民度の向上を表わすものではなく、日本人官僚の経営努力の結果にすぎないと対応したことに注目している（陳 2001: 75-80）。この文脈でみれば、日本との差異を強調する台湾館の展示方法は、日台間の法的平等化・文化的同質化を求める対抗勢力への牽制としても理解できよう。

以上われわれは、台湾館が独立パビリオンとして設立された理由を、台湾の植民地政策における「特別統治主義」や「南進論」の観点から整理してきた。ただし日本との異質性を強調したといっても、それはあくまで日本帝国内の「サブ・システム」としての異質性であったことは留意すべきである。先にみたように、ハノイ博の台湾出品物は、「日本館」と「支那館」の狭間に置かれたが、これは柳本によれば、「支那館」寄りに配置することで日本の出品物との混同を避けるための工夫だった。しかし、第五回勧業博の翌年に開催されたセントルイス万博（一九〇四年）では逆に、「支那風」に陳列された台湾産品が「清国出品」と混同されないように「日章旗」が掲げられたという（檜山 2001: 684）。また第五回勧業博でも、当時の写真をみると、館内中央の舞楽堂には日章旗が掲げられている（図5-3を参照）[63]。

要するに、台湾館の展示方法には、以下の二つの政策ベクトルが同時に働いていたといえよう。すなわち、台湾と日本の文化的異質性――中国文明・漢文化圏の一部としての台湾の位置づけ――を維持・強調しようとするベクトルと、台湾を政治的には旧統治者たる中国から切り離し、日本の主権下に囲い込もうとするベクトルである。ここに我々は、山室信一（2003: 89）のいう植民地帝国に内包された緊張関係、すなわち「そこで獲得した空間を、自らとは異なる政治社会としてあくまで〝外部〟にとどめておきつつ、なお自らの主権領域として〝内部化〟していくという相反するベクトル」を認めることができる。

図5－3　第五回内国勧業博覧会写真（台湾館）

出典：高木（1903）より。

そしてまた、この台湾の位置づけをめぐる手綱の引き合い〈「帝国の緊張」〉こそが、台湾館事業と内地観光事業の政策意図の食い違いや台湾認識の衝突（第三節）を引き起こしている要因と考えられる。そこでは、台湾の植民地経営を支える人材・資本を誘致すべく本国の〈台湾＝異域〉イメージの刷新を求める一方で、「特別統治主義」や「南進論」を背景にして〈台湾＝異域〉イメージが維持・強調される。しかし〈台湾＝異域〉イメージに固執しながらも、一方では台湾漢族を伝統社会から切断し、〈日本＝文明〉を理想とする社会変革に導いていこうとする。だが、〈日本＝文明〉に近づくよう求められた台湾漢族には同時に、日台間の序列意識を一貫して保持することも要求される。第五回勧業博をめぐる台湾サイドの言説・政策実践から浮かび上がるのは、以上のような〈台湾＝異質・未開・野蛮〉表象を再生産するベクトルと、それを問い正し、打ち消そうとするベクトルがどちらか一方に解消されることなく共存している事態であり、これが〝台湾は常に誤解されている〟という構造化された言説パターンを生みだす。

付け加えておけば、この緊張状態は、個々の論者の見解の相違として現れるだけでなく、同一の論者の内部にも確認されるものである。すなわち、〈台湾＝異域〉イメージの刷新を台湾館の目的とする論者であっても、その議論には〈台湾＝異質・未開・野蛮〉という前提が無意識に入り込んでいる。

たとえば台湾出品協会の許可申請を退けた総督府の態度を批判した『台湾日日新報』の論説（第四節）を再度とりあげよう。先述したように、この論者が総督府を批判したのは、台湾イメージの刷新のためには官民連携で台湾館事業にあたることが不可欠と考えたからだった。しかし彼はまた、出品協会のような在台日本人団体の協力が必要な理由として、すでに商工業が発達し、国民の「公共的自治心」も高い日本に比べて、台湾出品物は「幼稚」・「未製品」で「珍奇人目を驚かすもの」もなく（「二三の工芸品と果物類に過ぎず」）、しかもその住民は「公共的観念に乏しくして本島人の大部分は博覧会其物の如何なるものなるかをも会得するもの少なし」状態だからだと述べている。さらに総督府との連携が必要な理由として、台湾の場合、出品者の多くは台湾漢族であるため、彼らが出品協会を信じて業務を委託したり、会員として会費を払うとは考えにくく、民間の力だけでは充分な成果を収められないからだとも述べている。だからこそ総督府は出品協会を支援し、出品をめぐる台湾漢族側の障壁を取り払う必要があるというのがこの論者の主張なのである(64)。要するに、幼稚・平凡な産物しかもたず、「公共的観念」や博覧会の知識に乏しい台湾漢族は、自力では満足ゆく出品などできないため、総督府や在台日本人が助けてやらねばならないとする見下した前提がここにはある。

この前提が突出すると、以下にみるような台湾館事業の意義を否定し、内地観光事業を優先する言説に行き着く。たとえば当時の台北庁長（菊地）は、島内には価値ある産品は少ないため、出品勧誘よりも台湾人有力者を一人でも多く内地観光に連れだす方に経費をさくべきだと主張している(65)。つまり、台湾産品を日本人に見せるくらいなら、日本産品を台湾人に見せた方が有意義だというのである。事実、台北庁ではその後、なるべく多くの地方有力者を博覧会見学に連れだすため、「貯金法」という法律を制定し、街庄長に対して毎月五円ずつの貯金奨励を行なっている(66)。

台湾館よりも内地観光を優先する言説は、博覧会開幕後もつづく。たとえば開幕初日にあたる一九〇三年三月一日の『台湾日日新報』の論説は、今回台湾が出品した狙いは、そもそも日本の出品物に勝つことではなく、逆に徹底的に打ちのめされることで、台湾の農工業者をさらなる改革に導く「最初の動機」を与えることにあったと語る。またこの観点から、博覧会見学は「本島人民の頭脳を啓発する」うえで「殊に捷径有効」と評価し、「本島人民を鼓舞誘導して参観の途に上らしむことを強制するも誰か其の非を咎めん」と主張している。[67] 同様の論点は、「更に本嶋人の博覧会観覧を奨励すべし」と題する記事で、より明確に打ちだされている。

今日の急務とする所は一は教育の方向より一は事物の実見より本島人の頭脳を開発して殖産興業の思念を発動せしむるに在り、是を以て吾儕は今回の博覧会に於て台湾館の勝利を占むるを望まず、寧ろ一大失敗に帰し之を目撃せる本島人をして一大奮発心を喚起せしめんことを要するなり、随て本島物品の陳列は第二の条件にして第一の要務は本島人をして実地に就き帝国の文物制度を見学せしむるに在り、是れ本島殖産興業上の最大急務なり[68]（強調引用者）。

台湾館の「失敗」を台湾漢族に「目撃」させることが「寧ろ」重要なのだというこの発言は、台湾館の「勝利」を通じて〈台湾＝異質・未開・野蛮〉イメージを正そうとした同時代の対抗言説を意識しつつ、それとの緊張関係の中で発せられている。他にも『台湾日日新報』には、台湾館が「全然失敗に終る処を本島人に観せて奮発心を喚起したい」とする発言や、事実台湾館は「吾済の予想の如く失敗らしく又本島の上遊者は之を見て頗る遺憾に感じて居るらしい」が、だからこそ「寧ろ博覧会に対して一層の熱情を注ぐ必要ある訳」だという発言が寄せられている。[69] 内地観光を優先するにせよ、台湾館の失敗を望むにせよ、これらはいずれも「遅れた」台湾の姿を台湾漢族に直視させるべき現実と捉えており、それを本国の「誤解」とみなす認識は大きく後退している。

ただし以上のような、博覧会事業を取り巻く相対立する政策ベクトルの共存は、当時正面から問題視されることはなかった。では、この「帝国の緊張」の忘却はいかに生じたか。これが最後に残された問題である。

第五節　「帝国の緊張」の忘却

台湾の博覧会事業の経過をたどると、台湾漢族の多くがこの事業に積極的に反応していない様子が浮かび上がる。この点は『台湾日日新報』でもくり返し報じられており、たとえば一九〇二（明治三五）年六月一〇日付の同紙は、本日締切りの出品販売申込に対して台湾漢族で申請したのは、台湾茶商公会だけだったと伝えている。[70] 先述した官民連携による数々の奨励策は、こうした台湾漢族の消極性への対応策でもあった。本節で特に注目したいのは、このように台湾漢族が期待どおりに反応してくれない場合に、その原因がたびたび、彼ら自身の「公共的観念」・「博覧会の観念」の未熟さに求められたことである。

同様の解釈は、内地観光事業に対する評価にも確認される。たとえば大阪商船の取締役（中橋徳五郎）は、すでに開幕前から、「台湾は新開の地であつて其の土民は甚だ未開であるから、博覧会と云ふて非常に御奨励ではありますけれども、是れから来ますする所の船客と云ふものは甚だ少数であらう」と述べ、大阪商船航路のうち増員が見込まれるのは、「内地各航路と云ふものに限るだろう」と懐疑的な予測を立てていた。[71] また開幕直前の『台湾日日新報』は、台北庁が貯金法を制定して博覧会見学を奨励した結果、当初多くの観覧客が見込まれたが、「今はの間際となりて断念するもの輩出する」状態と報じ、その「原因は多くは阿片の関係」と台湾漢族側の責任に帰している。[72]

ちなみに『台湾協会会報』によれば、最終的な台湾漢族の観覧者は約五〇〇名で、「概して中流以上の名望資産を有する者」が来日したとされる。[73] この結果を、総督府や台湾協会は事業の「成功」と捉えたが、[74] その一方で動員数五〇〇人という数字を「失敗」と評価する見方も存在した。たとえば開幕直後の『台湾日日新報』（一九〇三年三月一五日）は、「最も遺憾とする所」として、台湾漢族が博覧会に「冷淡」であり、内地観光に出かけようとする者がきわめて少ないことを挙げている。論者によれば、総督府や台湾協会の熱心な奨励策により、「本島人民をして風俗慣習上の苦痛を感ずる所なく博覧会を観覧せしめんとする設備は既に至れり」状態なのに、台湾漢族の関心は冷めきってしまっているという。たとえば当初一〇〇〇名を超えると予想された観覧客は、現在では五〇〇人以下と見積もるのが妥当な線だろうが、二七〇万の漢族系人口を抱える台湾において「僅々五百人の観覧者ありたりとて何の益する所かある」と批判する[75]。

この論者も言うように、台湾漢族を博覧会に動員すべく、専用宿泊施設の設置や汽船・鉄道運賃の特別割引といった手厚い奨励策がとられたことは、すでに見た通りである。たとえば運賃割引を例にとると、博覧会協賛会が各庁に配布した割引券の発行枚数は、一九〇三年二月時点で汽車券一二四六枚、汽船券二三六八枚に及び、当時はその乱発ぶりから、協賛会は割引券を「好餌」に会員募集をしているとか、汽船・鉄道会社は大層迷惑だろうと揶揄されるほどだった[76]。また汽船・鉄道会社や総督府の了解を得ずに運賃・宿泊費の割引を宣伝し、不当に客を集めようとした旅館が摘発されるなど[77]、博覧会奨励のムードに便乗する営業人も増えていたことが窺える。この動きは開幕後も続いたらしく、たとえば民間団体による割引券発行に対して汽船・鉄道会社から博覧会事務局に正式に苦情がなされ、それをうけて博覧会委員会から台湾協会に注意勧告もなされている[78]。しかし、これほど奨励をおこなっても、実際の観覧客は五〇〇人程度にしか達しなかった。また台湾会館も、当初は来客数一五〇〇人余りを見込んでいたが、実際の利用者は少なかったようである[79]。

本節で重要なのは、こうした台湾漢族の反応が当時どのように解釈・処理されたか、である。この点について『台湾日日新報』は、台湾漢族が内地観光に消極的な理由として、渡航費の高さの問題があるとする。ただし、これは富裕層が豪遊していた時代の内地観光のイメージを引きずっているために起こる誤解であり、現在台湾から日本へは安く行けるので、総督府はこの種の誤解を正し、さらなる観光奨励をおこなうべきだと主張している[80]。つまり観覧者の少なさは、台湾漢族側の誤解によるものとされ、それを払拭すれば自然と数も増えるはずだという楽観的な想定がここにはある。さらに同紙には、「数千の本島人をして実地に之〔博覧会〕を観覧せしめんには他の百の施設に勝るの効あるべきに本島人の性質として遠遊を好まざると習慣上の不便に堪へざるとに依り上遊者殊の外少き模様なるは誠に遺憾」との見解も述べられている[81]。ここでも観覧客の少なさは「本島人の性質」、すなわち台湾漢族の遠出嫌いや日台間の生活習慣の差に起因するものと解釈されている。

以上の解釈は、台湾側のハノイ博に対する評価と比べると、その恣意性が際立つ。なぜなら柳本は、先の報告書のなかで、ハノイ博の問題点を、主催者側の政治的思惑にはっきりと求めているからだ。すなわちハノイ博の狙いは、「仏国の殖民地経営の特長を鼓吹し且つ同時に東洋人種中最も頭脳の単純幼稚にして世界文明の大勢に後れたる安南人（＝ベトナム人）をして最近商工業発達の効果を教へ二〇世紀文明の何物たるを説示し以て母国恵沢の鴻大なるを敬嘆せしめんとするに在り」とし、こうした思惑ゆえに、フランスが大宣伝をしたにもかかわらず、諸外国の反応は芳しくなく、フランス以外のヨーロッパ諸国の出品物は皆無だったと報告している。(82) 柳本の解釈が正しいかはともかく、ここで重要なのは、総督府の博覧会事業もハノイ博と類似した狙いをもつにもかかわらず、その「失敗」の原因は一方的に台湾漢族側の責任に帰属されていることだ。そこには、台湾の博覧会事業を取り巻く政策的矛盾を問い直していく姿勢はない。その結果、「成功」と見なされる場合はもちろん、「失敗」と見なされる場合でさえ、台湾館ならびに内地観光事業は、台湾漢族の「遅れ」に対する処方箋として、その内部に緊張を抱えたまま、より強力に推進されることになる。

第五回勧業博から二年後の一九〇五（明治三八）年五月、台中・台南地方を視察した台湾協会幹事の門田正経は、第五回勧業博での内地観光の体験が現在台湾において新たな事業の勃興を促がしていると報告し、今後は同協会の事業範囲を台湾だけでなく他の植民地にも拡大すべきだと提唱している。(83) その後、一九〇六（明治三九）年末の臨時総会において、台湾協会は翌年から「東洋協会」と改称し、その事業範囲を「東洋」、つまり「台湾韓国及満洲」に拡大することを決定する。(84) こうして後藤の台湾から満鉄への移動と軌を一にして、彼の植民地経営を支えてきた台湾協会も、その組織体制を「満韓」方面へと拡げていくことになる。

第六章　「比較」という統治技術
――明治・大正期の先住民観光事業

はじめに

前章では、第五回内国勧業博覧会での台湾館事業と内地観光事業の政策過程を分析し、台湾の植民地政策に内包された「帝国の緊張」を取り出した。第一に、台湾館事業をめぐる関係者の思惑には、台湾経営を支える人材・資金を確保するために本国の〈台湾＝異域〉イメージを改善したいという願いと、特別統治主義や南進論に基づき〈台湾＝異域〉イメージを保持しようとする狙いが混在していた。第二に、最終的に完成した台湾館は、中国・漢文化の伝統を受け継ぐものとして台湾社会を展示したが、一方の内地観光事業は、台湾漢族に日本の近代化を見せつけ、伝統的な社会生活を変革することを目指していた。第三に、内地観光事業は台湾漢族を〈日本＝文明〉を理想する近代化へと駆り立てようとする狙いと、台湾漢族に自己の〈遅れ＝未開性〉を自覚させ、日台間の序列を維持しようとする狙いを併せ持っていた。しかし、以上のような政策ベクトルの食い違いは、関係者自身に直視されることなく、博覧会事業の「失敗」が論じられる場合でさえ、その原因はつねに、日本本国の「誤解」や台湾漢族の「遅れ」に求められた。

以下では、こうした「帝国の緊張」が被統治者側にどのような影響を及ぼしたかについて考察を進める。第六章と第七章では、領有直後から太平洋戦争直前まで台湾先住民を対象に実施された観光事業を事例に、〈原住民展示〉の舞台裏で起こっていた先住民の移動の実態と、それにともなう先住民の生活様式や社会関係の変容を描いていく。これはまた第四章で取り上げた原住民展示の「真正性」の問題、特にフィールドと博覧会を互換的に捉える人類学者の言説がはらむ問題点を、植民地サイドから浮き彫りにする作業にもなるだろう。

第一節　観光と先住民統治

観光を先住民対策に利用するという発想は、領有直後から確認される。一八九五（明治二八）年九月、当時「蕃地蕃人」[1]に関する事務を統括していた民政局殖産部は、台北県知事（田中綱常）と協力し、大嵙崁《かかん》方面の「蕃社」[2]（以下、括弧省略）からタイヤル族二二名を「蕃人綏撫」の目的で下山させ、酒食を交えて饗応した。その後、半数は帰社するも、残りは大嵙崁街を見学、そのうち五名はさらに台北観光にも赴き、初代総督・樺山資紀に謁見している。これが「蕃人観光」の嚆矢とされる[3]。

その二年後には、先住民の島外観光（内地観光）も開始された。すなわち一八九七（明治三〇）年八月に総督府は、「有力なる蕃人をして内地の文物を目睹《もくと》（目撃）せしむるは将来の蕃人化育上頗る有益」と認め、大嵙崁（台北県）・林圯埔（嘉義県）・埔里社（台中県）・蕃署寮（台南県）という四つの「撫墾署」[4]管内のタイヤル・ブヌン・ツォウ・ツァリセン族から、「頭目若くは之と対等の勢力ある者」一三名を選抜し、長崎・大阪・東京・横須賀等を見学させている[5]。

先住民を対象とする内地観光事業は、その後、いくつかの中断を挟みながらも太平洋戦争直前まで継続された。この点は、総督府警務局の行政文書、たとえば『理蕃誌稿』（全五編）[6]や『理蕃の友』（警務局理蕃課発行）等から確認できる。では、実際どれくらいの事業が実施されたのか。表6-1は、一八九七（明治三〇）年の第一回から一九二九

（昭和四）年の第九回までの事業年表を掲載している『蕃地調査書』[7]をベースに、各事業内容を『理蕃誌稿』で補正し、第一〇回以降の事業経過を『理蕃の友』各号から補充したものである。なお『蕃地調査書』・『理蕃の友』は、第四章で言及した日英博覧会（一九一〇年）出場を兼ねた英国観光（一九一〇年二月〜一九一一年六月、阿緱庁のパイワン族二四名）も一回とカウントしているが、これは内地観光ではないため本表では省略する。その結果、一八九七年から一九四一年までに計一七回の内地観光事業が実施されていたことが分かる（以下、断りがないかぎり第〇回と付しているのはすべて内地観光を指す）。なお、第一二回目にあたる一九三六年度と第一四回目にあたる一九三八年度の事業は、参加者が多数に及んだため、数回に分けて実施されている。また第一六回目にあたる一九四〇年度は、『理蕃の友』には掲載されていないが、実際には、皇紀二六〇〇年を記念して計四団体、総人員一三〇余名の内地観光がおこなわれたという（台湾総督府警務局編 1942 → 2010: 18）。さらに、上記の文書には未掲載の内地観光も多く存在し[8]、その全貌は残念ながら明らかではない。

一方、台北市街地の巡覧という形ではじまった島内観光も、その後、「蕃人に平地の文物を紹介し彼等の蒙昧を啓発するに簡捷なる手段」として定着していく。ただし、一九〇八（明治四一）年三月に警察本署長から関係各庁長に送られた通牒により、「台北観光は独り多大の経費を要するのみならず道途懸隔日数を費やす少なからず蕃人の程度に応じ之を難んずる事情」があるとされ、「将来台北観光は一箇年一二回最も選抜したる蕃人」に限定するよう求められた[9]。つまり、先住民を島内各地から台北市街地に連れて来ることの財政面・警備面の問題が指摘されたわけだが[10]、その代わりに同通牒では、所在地近辺の市街地を選んで、そこになるべく多くの先住民を連れだすという代替案が示され[11]、以後この二種類の観光スタイルが並行的に進められていく。

別表1（本章末尾を参照）は、『理蕃誌稿』に掲載された島内・島外観光に関する記事（一八九五-一九二六年）を整理したものである。内地観光と同じく島内観光も、その掲載内容は断片的で、正確な実施回数は把握困難である。とはいえ表をみるかぎり、①台北市街地と所在地近辺の市街地を訪れる観光が並行的に進められていたこと、②博覧会や展覧会、祭典や運動会といったイベントが観光の重要な目玉になっていたこと、③特に大正期にかけて参加人数が

表6－1　台湾先住民に対する内地観光事業（1897-1941年）

事業回数	期間(2)	管轄	種族	人員
第1回	1897（明治30）年8月3日～8月31日	大嵙崁、林圮埔、埔里社、蕃薯寮の4撫墾署	タイヤル、ブヌン、ツォウ	13
第2回	1911（明治44）年4月1日～4月27日	桃園・台北・嘉義・阿緱・台東の5庁(3)	タイヤル、ツォウ、パイワン、アミ	10
第3回	1911（明治44）年8月15日～9月23日	桃園・新竹・南投・嘉義・宜蘭・台東・花蓮港の7庁	タイヤルほか6種族(4)	43
第4回	1912（明治45）年4月23日～5月27日	台北・宜蘭・桃園・新竹・台中・南投の6庁	タイヤル(5)	53
第5回	1912（大正元）年10月1日～10月31日	台中・南投・桃園・宜蘭・新竹の5庁	タイヤル	50（43）(7)
第6回	1918（大正7）年4月19日～5月31日	各庁	タイヤル、ブヌン、ツォウ、パイワン	60
第7回	1925（大正14）年7月3日～7月30日	花蓮港庁	アミ	15
第8回	1928（昭和3）年4月	花蓮港庁	アミ（or タイヤル）(6)	46
第9回	1929（昭和4）年4月	新竹州	タイヤル	23（22）(8)
第10回	1934（昭和9）年9月22日～10月13日	高雄州、台東庁	パイワン	20
第11回	1935（昭和10）年4月20日～5月11日	花蓮港庁	タイヤル、ブヌン	30
第12回(1)	1936（昭和11）年3月20日～5月18日	台東庁	アミ	10
	1936（昭和11）年4月8日～4月30日	台中州	タイヤル、ブヌン	42
	1936（昭和11）年4月8日～5月2日	高雄州	パイワン	20
第13回	1937（昭和12）年4月2日～4月23日	台北州	—	28
第14回(1)	1938（昭和13）年5月1日～5月23日	新竹州	—	30
	1938（昭和13）年9月7日～9月28日	台東庁	—	20
第15回	1939（昭和14）年4月15日～5月6日	高雄州	パイワン、ブヌン、ツォウ	29
第16回(1)	1940（昭和15）年5月3日～5月22日	台北州、台南州	—	57
	1940（昭和15）年9月下旬～10月中旬	新竹州、花蓮港庁	—	約60（予定）
第17回	1941（昭和16）年4月18日～5月9日	台中州	—	30

出典：第9回までは『蕃地調査書』（山辺編 1971: 454-455）を基礎とし、各内容を『理蕃誌稿』各編で補正。第10回以降は『理蕃の友』各号より作成。

注(1) 1934年以降、内地観光事業は毎年実施される。1936年度・1940年度は、対象者が多数に及んだため数回のグループに分けて実施したという（『理蕃の友』より）。1938年度の2つの観光団も、同様の理由によるものとみなし、事業回数は1回としてカウントした。

注(2)『理蕃誌稿』・『理蕃の友』を参考に、できるかぎり詳細な期間を記載した。

注(3)『蕃地調査書』では「桃園庁ほか5庁」と記載されているが、『理蕃誌稿』の記述を優先した。

注(4) 斎田悟「蕃人観光の沿革と其の実績」（『理蕃の友』昭和9年10月：3頁。以下、斎田論考と略記）には、「アミ族を除く」とある。

注(5)『蕃地調査書』および『理蕃の友』（斎田論考）では「タイヤル、ブヌン」と記載されているが、『理蕃誌稿』の記述を優先した。

注(6)『蕃地調査書』では「アミ」と記載。『理蕃の友』（斎田論考）では「タイヤル」と記載。

注(7)『蕃地調査書』・『理蕃誌稿』・『理蕃の友』（斎田論考）では「50名」。ただし内地の新聞各紙では「43名」という記述が多い。

注(8)『蕃地調査書』では「23名」、『理蕃の友』（斎田論考）では「22名」と記載。

表6－2　島内観光（修学旅行含む）人員（1931-1940年）

年次	種別	男	女	計
1931	児童	597	790	1,387
	その他	1,378	695	2,073
	計	1,975	1,485	3,460
1932	児童	814	548	1,362
	その他	1,071	251	1,322
	計	1,885	799	2,684
1933	児童	1,473	738	2,211
	その他	3,407	935	4,342
	計	4,880	1,673	6,553
1934	児童	1,380	1,048	2,428
	その他	2,783	965	3,748
	計	4,163	2,013	6,176
1936	児童	1,268	943	2,211
	その他	5,763	2,156	7,919
	計	7,031	3,099	10,130
1937	児童	1,475	1,172	2,647
	その他	2,820	945	3,765
	計	4,295	2,117	6,412
1938	児童	946	812	1,758
	その他	2,183	903	3,086
	計	3,129	1,715	4,844
1939	児童	1,321	1,207	2,528
	その他	7,437	2,371	9,808
	計	8,758	3,578	12,336
1940	児童	1,549	1,484	3,033
	その他	4,287	2,105	6,392
	計	5,836	3,589	9,425

出典：台湾総督府警務局編（1935 → 2010: 55-56, 1942 → 2010: 65）より作成。
*「児童」は「教育所児童、農業講習所生、蕃地内公学校児童」、「その他」は「一般蕃人」を指す。

増加することが確認できる。このうち③の参加人数の増加は、一九三一年〜一九四〇年の島内観光者数の推移（表6-2）からも確認でき、たとえば一九一七（大正六）年度には年間一五〇〇人程度であった観光者数は、[12] 一九三九（昭和一四）年度のピーク時には約八倍の一万二〇〇〇人に達している。また一九三一年〜一九四〇年（一九三五年度はデータ未掲載）の島内観光者延数は約六万二〇〇〇人で、これは当時（一九三五年度）の「蕃地」先住民人口が約九万人であったことを考えると、[13] 驚くべき数値である。

以上のように、観光は日本統治期を通じて先住民統治の手段として利用され、最終的には先住民社会の大部分を巻き込むまでに成長・拡大していった。では、その狙いとは一体何だったのか。次節ではこの点を、明治・大正期の内地観光事業の実態を踏まえつつ明らかにする。

第二節　明治・大正期の内地観光事業

第一項　権力を飼い馴らす——政策意図・参加者・目的地

先住民を対象とする観光事業は、戦前最大の先住民蜂起とされる霧社事件（一九三〇年）を転機として、大きく二つの時期（以下、前期／後期観光事業とする）に分けることができる。本節では、第一回内地観光事業を出発点にして、前期観光事業の政策意図とその歴史的背景について整理する。

第一回内地観光事業では、観光団が日本へと向かう前に、総督代理の立見軍務局参謀長から、特にどのような点に注意して観光すべきかに関して、以下の五点の訓示がなされている。

①（基隆から日本上陸までに）「如何に上陸上船の便利を設けるや」
②「内地を巡覧するに当り村落を通過する場合には其の耕農の状況如何」
③「商業地に至らば其の商業繁昌の実況如何」
④「諸工場を見物せば其の機械及び運搬利用の方法如何」
⑤「軍隊を見るには其の規律の整然たることに注意」すること

また以上五点について、「総て其の見聞せし所を以て台湾の山中も将来斯くありたしとの感覚を惹起せねばならぬ」とされ、「汝等も天理人道に順《したがひ》て刻苦勉励せば汝等の居住せる山場をして遂に我が内地と同様に繁昌せしむるを得べし」と語られている。(14)

この発言から、当時総督府が内地観光にいかなる効果を期待していたかを窺うことができる。つまり内地観光事業とは、日本の交通網の発達（①）、商工業の発展（③④）、軍隊の優秀性（⑤）、農業の発達（②）を見せつけることで、先住民を〈文明＝日本〉を理想とする社会変革に駆り立てることを狙いとしていたのである。

頭目その他の有力者をターゲットに選んでいるのも、以上の効果を観光者本人だけでなく、既存の権力関係を利用して観光者以外にまで波及させるためだった。この点について、第一回観光団の引率者を務めた藤根吉春（民政局技師）は、帰台後の復命書（『蕃人観光日誌』一八九七年一〇月）の中で、今後の方針として「副頭目以上」の選出を挙げ、その理由を「帰台後観光の所感を伝ふるに信用を以て受けらるればなり」と説明している。また彼が挙げているその他の提案も、「多く内山〔山岳奥地〕の者をして観光せしむる」こと（理由：「内山の蕃人に凶行者多きを以て之をして心機を一転せしむるに必要なり」）、「一たび観光したる蕃人の部落と地域の遠隔せる者」を選別すること（理由：「接近蕃社に於ては容易に伝聞するの便あれども遠隔蕃社に於ては此利なければばなり」）など、いずれも観光の効果をより広く台湾全土に拡大していく姿勢を示している。[15]

事後経過をたどると、蕃社内で影響力の大きい人物を選別すべきだという藤根の提案が、実行に移されたことが分かる。たとえば第二回観光団（一九一一年）では、「内地語に諳熟する巡査補雇教員又は他日蕃語教習の助手たらしむべき見込ある者並内地語に熟達し若は之を解せざるも日本的精神を蕃社内に普及せしめ得べき実力ある者」が選ばれ、[16]第三回観光団（一九一一年）ではいずれも「頭目」——父親に同伴した子供を除く——が選ばれている。[17]さらに翌年の第四回観光団の参加者はすべて、タイヤル族の頭目やその親族または勢力者から構成されている（本章末尾の別表2を参照）。

ただし、事業効果を高めるために関係各庁が配慮したのは、対象者の選別だけではなかった。さらに観光者を送り出した州庁は、帰台後、他の住民にも日本の現状を伝えるために講演会を主催した。こうした場は、観光の効果を測定し、今後の事業のあり方を定めるための貴重な情報源にもなった。たとえば第四回観光団（一九一二年春）に関して桃園庁から総督府に送られた報告には、昨年度の第三回観光団では、桃園庁の参加者が帰台後、日本の現状を説いてまわっても「半信半疑」の者が多く、しかも参加者がそもそも少なかったため（四名）、周囲の意見に押されてなかなか反論できなかったこと、しかし今回は参加者も多く（一二名）、しかも個別にではなく一緒に「団体演説」させたので、聴衆のなかにも体験談を信じる者が多かった、と伝えられている。またこの点を踏まえて、「今後の観光は毎年少数の観光をせしむるより一度に多数を観光せしむる」方が「効果大」と主張されている。さらに先住民社会では特に女性の発言権が強いので、今後は「必ず少数の蕃婦にも観光せしむる必要あり」とされ、女性を入れることはまた、「同性相親むの習にて蕃婦は蕃婦に普及する効果もあり」とも指摘されている[18]。

前者の参加者の増員に関しては、内地観光の場合、それほど明確な増加傾向が読み取れるわけではない（表6-1を参照）。当時は台北観光さえ、経費・警備面の負担が問題視されていた時代であり、おそらく大人数の内地観光団を組織することには様々な制約があったと推察される。ただし先の桃園庁の報告にもみられるように、少なくとも事業関係者の間で、観光人数を増やすことが、他の先住民の意見を丸め込むうえで有効だと認識されていたことは確かである。第五回観光団（一九一二年秋）に関する宜蘭庁の報告にも、「従来は観光蕃人の熱心なる諸説も徒らに聴衆蕃人にして疑念を起さしめ笑評悪罵の声裡に葬り去られる場合も少なからざりしが、観光其度を重ね既に観光蕃人の数を増加するに従ひ、新観光蕃人の講話に対し既観光蕃人は聴衆中より其講話の事実なることを証明する」ようになり、聴衆も講演を静粛に聞くようになったと報告されている[19]。

一方、女性の参加は、第四回の時点では、わずかに一名の同行者――ただし「通訳」である――にとどまっていたが、つづく第五回には四名の女性――いずれも頭目・勢力者の妻や娘――が参加している。この増員は、「女房は家庭ではかなり勢力がある、殊に首狩りに出掛ける矢先、女房が止めると縁起でないとして止す習慣であるから、女に日本の事情を見せて早く服従する手引をさせたいが為め夫婦者を交ぜたのである」（第五回引率者・丸井圭次郎の発言）と述べられているように、先の桃園庁と同様の問題認識からくるものだった[20]。さらに第六回（一九一八年）には、女性の参加者は一〇名に達した[21]。

以上の考察から、前期観光事業は、蕃社内の既存の権力関係やジェンダー関係を考慮しつつ、それを利用する形で慎重に進められたことが分かる。と同時にこの点は、当時総督府が先住民社会に対して積極的に介入することができなかったことも示している。

明治・大正期の観光事業の特徴として最後に触れておきたいのは、目的地の問題である。先述したように、当初から内地観光の目的地には、都市、工場、軍隊、そして農村が挙げられていた。しかし、内地観光事業の沿革を整理した斎田悟（総督府警務局）によると、第六回（一九一八年）までは「母国に於ける都市観光と軍事施設の見学が其の主要目的」で、「都市及び農村の諸施設の見学を主要目的」（強調引用者）とするのは第八回（一九二八年）以降であるという。[22] 実際、当時の旅程からも、前期観光事業では、農村や農業関連施設よりも工場や軍隊の見学に重点が置かれていたことが読み取れる（本章末尾の別表3を参照）。

では、なぜ農村観光よりも都市観光や軍事施設の見学が優先されたのか。この点を理解するには、観光事業だけでなく、より広く同時期の植民地行政全体の流れを押さえておく必要がある。

第二項　観光と農耕民化政策

第一回観光団に農業視察が求められた背景には、先住民の農耕民化を進めようとする総督府の思惑があった。台湾の植民地政策において先住民の農耕民化が明確に打ちだされるのは、第三代総督・乃木希典の時代（任期：一八九六・一〇－一八九八・二）である。たしかにそれ以前にも、総督府は一八九五年に先住民が暮らす山林野の無主地国有化を宣言し（「官有林野取締規則」）、翌年には山地出入者の入山規制（府令第三〇号）を実施しているが、これらは主に台湾漢族の山地からの締めだしと日本人移住者による山地富源の開発利用を狙ったもので、先住民の集団移住や農耕民化を明確に意図したものではなかったとされる（中村 2003：323-324）。

だが、一八九六年一〇月に総督が乃木に代わると、以上の日本人入植策とならんで先住民の集団移住も主張されるようになる。同年一一月に各撫墾署長に送られた通牒では、「蕃人の撫育授産に関する意見」として、「農具種子を給与し蕃社を成るべく一地方に団結せしめ共同開墾地を設置する」という農耕民化・集村化の方針が示され、「農耕の実況（耕作の方法、農具の種類、耕作物の種類、飼育の動物等）」に関する調査が求められた。実際の調査は先住民の抵抗をうけ、山地と平地の境界付近に限られたものの、漢化が進んでいた「熟蕃（平埔族）」[23]の集団移住は、早く

図6－1　佐久間総督期の観光事業（写真タイトル「佐久間総督台北の官邸に於て観光蕃人引見の状況」）

出典：藤崎（1931: 巻頭頁）より転載。
＊藤崎によれば、写真後方でイスに腰かけている人物（1）が佐久間総督である。

も一九〇二年頃には着手されている。小島によれば、「この集居化は、高山族〔先住民〕の生産の側面からは農耕民化、人夫化、既存の焼畑、狩猟地の放棄であり、当局者にとっては、放棄地の取得と治安上の管理体制確立」を意味したという（小島 1981: 73）。さらにその一方で、総督府は製脳業を主要財源にあてるべく樟脳専売制を開始（一八九九年）、翌一九〇〇年の「蕃地占有に関する法令」（律令七号）によって「蕃人にあらざる者」（台湾漢族）の「蕃地」の占有と使用を禁止し、山地資源の開発独占を推し進めていく（中村 2003: 327–330）。第一回観光団の農業視察は、以上のような、先住民の生産様式を伝統的な狩猟・焼畑（輪耕）農法から水稲作・定地農法に転換しようとする政策意図の表れだった。

内地観光事業が第一回以降しばしば中断した理由も（表6-1を参照）[24]、同時期の政策動向を踏まえれば、おのずと明らかになる。つまり、この空白期間は歴代の「土匪」鎮圧の失敗をうけて児玉・後藤の台湾統治が展開された時代にあたり、そこでの最重要課題が台湾漢族の居住する「平地」の軍事的制圧と治安維持に置かれていた点と関係している。ただし、この期間に観光を統治手段として利用するという発想が行政サイドから消えたわけではなく、児玉・後藤統治期には台湾漢族を対象とする内地観光事業が精力的に進められたことは、前章で見たとおりである。先住民の内地観光が復活し、しかも立て続きに実施される一九一〇（明治四三）年以降は、「土匪」鎮圧がひとまず終了し、かわって先住民への武力弾圧が本格化する佐久間左馬太総督（任期：一九〇六・四－一九一五・四）の理蕃五ヵ年計画期（一九一〇－一九一四年）と一致している（図6－1を参照）。

台湾統治史上「武断統治期」と呼ばれる佐久間総督時代には、これまで抵抗が激しく入山困難であった山岳奥地への武力侵攻が開始され、それとともに先住民の集団移住・農耕民化も本格化していく。小島（1981: 62–75）は、その過程を大きく二段階に分けている。すなわち、①隘勇線――山地／平地居住区の境界付近に切り開かれた歩哨線で、「蕃害」に備えるための塹壕、電流鉄条網、地雷などが設置された（図6-2を参照）――の押し上げによって先住民占有区域を包囲・縮小し、それを普通行政区域に編入していく段階と、②降伏した先住民から銃器や土地をとりあげた後、定地農耕に導くために山地から平地の農耕適地（保留地）に強制移住させていく段階である。この過程で「蕃地」総面積の約一六-一七％が隘勇線で囲い込まれ（一九〇八年時点）、抵抗と生産の手段であった銃器と土地を奪われた先住民は――一九一四年の銃器押収量は約一万四〇〇〇丁に及ぶ（山辺編 1971: 410）――理蕃警察官の監督・指導のもと、不慣れな土地において水稲栽培や牧畜を伝授されていった(25)。

　前期観光事業の目的地に工場・軍事施設が多く入っているのは、こうした明治末から大正期の武断統治の表れであった。たとえば第三回観光団の引率者・谷山愛太郎（総督府警部）は、内地の新聞記者に対して、今回の渡航理由をこう説明している。すなわち、昨年「彼等の誤解を解く為日本人の武備と好意とを見せる積」で実施した内地観光が「好結果」を得たので、今回も「滞在中兵営や造兵所やの怖い処を見物させて日本にはとても戦争では叶わぬ事を好く呑み込ませた上退京する」予定であると(26)。また翌年の第四回観光団を組織するにあたって、民政長官・内田嘉吉は海軍次官・財部彪に次のような依頼文書を送っている（一九一二年四月一九日付）。すなわち、「蕃人感化の目的」で「各師団兵横須賀鎮守府及砲兵工廠等観光せしめ〔た〕」第三回観光団は、「御配慮の結果〔おそらく軍事施設の見学にあたって軍部の了解を得たことを指

図6－2　隘勇線（獅頭山頂の監督分遣所）

出典：日本順益台湾原住民研究会編（1999: 219）より転載。

す〕軍隊艦船の夥多にして軍器の精鋭なるに驚き彼等帰社後の成績頗る良好にして理蕃上顕著なる効果ありたるを認められ〔た〕」ので、本年度も協力を願いたいと。[27] つづく第五回観光団（一九一二年）についても、「特に、タイヤル族のみをして観光せしめたるは太田山方面事変の勃発〔キナジー蕃、マリコワン蕃の反乱を指す〕に因り該種族一般に多少動揺の兆あり乃ち間接に之を脅威して自ら戒むる所あらしめんが為なり」と説明されている。[28] 最後に、第六回観光団（一九一八年）の引率を務めた池田警視は、今回の渡航目的について次のように語っている。

一行はタイヤル、ツォウ、ブヌン、パイワンの各族で、台湾各州の頭目（村長）又は勢力家達である。彼等の胸一つで蕃人の帰順も反抗も出来る位の有力者であるから、観光上の待遇などもなかなか苦心がいる……〔中略〕……今度の観光の目的は蕃人の知識の開発といふことが主ではあるが、一面には威圧するといふことも含んでゐる。彼等は今帰順してゐるから外形的の威圧を加へる必要はないが、精神的の威圧を加へておく必要がある。蕃人達は自己が標準であつて、自分の強さを知つて他人の力を知らない。それで内地の兵営や学校の多数は人のゐる所を見せたり器械や電気の力なぞを見せたら、きつと反抗心が真に失せると思ふ。少なくとも日本人には如何にしても打勝ことが出来ないといふ観念を深く刻みこませればいいのであるから、努めて威力のあるものを見せる。そしてこれを機会にして教化すれば、善良なる農民となることが出来るかも知れない。（「台湾の珍客来る」『読売新聞』大正七年四月二六日）

上記の発言から、頭目・勢力者から観光団を組織し、商工業・軍事施設を目的地に設定するという前期観光事業の二つの方針が、関係者の間でどのように連関していたかが理解される。つまり、現地の有力者たちに商工業・軍事施設ばかりを見学させたのは、日本の高い軍事力や技術力を見せつけることで彼らの自己中心的な世界観を破壊し、日本への「反抗心」を抑え込むためだった。さらに、こうして「精神的の威圧」を加えられた先住民は、将来的に「善良なる農民」になることも期待されていた。

では、以上のような思惑のもとで実施された観光事業に対して、先住民はいかに反応したのか。次節では、内地観光団に関する事業報告や新聞記事を手がかりに、先住民の様々な反応形態とその意味について考えていきたい。

第三節　内地観光の衝撃

前期観光事業の目的は、第一に、商工業・軍事施設の見学を通して先住民を精神的に威圧することにあり、そのうえで第二段階として、農業視察を実施し、先住民の定地農耕化を進めようとした。では、これらの意図は実のところ、どの程度の効果を収めたのだろうか。本節では、この点を確かめるために、当時の行政文書と新聞記事を利用する。

ただし、これらの資料を用いる際にはいくつか留意すべき点がある。第一に、当時の行政文書・新聞記事には、先住民の口から語られたとされる発言が多数載せられているが、その多くは引率した日本人警察官や通訳の「翻訳」を媒介としている。第二に、総督府が観光事業を実施したのは、先住民に日本・日本人の強さや素晴らしさを理解させるためであり、そうである以上、各庁の活動報告のなかで、先住民の発言内容が事業の「成功」を印象づける形で編集されている可能性もあり得る。[29] もちろん「書く」という行為は、ある種の「選択」を含んでおり、「編集」の可能性から逃れることはできない。しかし松田も注意しているように、「『固有の文字』をもたなかった台湾原住民にとって、基本的には文字史料に重きをおく歴史学的な手法そのものが、歴史主体としての彼ら・彼女らの立ち現れを困難にしているという可能性」（松田 2008: 106）は心に留めておくべきだろう。

以上の留保が必要とはいえ、それでもなお本節では、主に日本人サイドが編集した文字資料を利用する。それは単に、それ以外に手がかりとなる資料が残されていないという消極的な理由ばかりではない。これらの記録が重要なのは、そこに事業の成功を裏付けるような先住民の発言・行動だけでなく、事業目的から外れた――ときに鋭く対立するような――先住民の反応も書き込まれているためである。

例をあげよう。第一回観光団の報告書には、対象者の選定に関して、「最も有力な者を出すのが化蕃上有益なりとし、各撫墾署管内に於ける頭目、若くは之と対等の勢力ある者を勧誘することとし、督府は撫墾署長をして之が予選をなさしめたのであつたが、種々なる感情に制せられて応ずる者がなく」、ようやく集められた人員だったと記されている。[30] この「種々なる感情」が具体的に何を意味するのかは不明だが、少なくとも上記の説明からは、一八九七年時点の観光事業に対する先住民の抵抗と、政府の募集に少なくとも「応じた」者が選ばれたという受容の両面を読み取ることができる。さらに以下で詳しくみていくが、募集に「応じた」といっても、その動機が総督府の思惑とはズレている場合や、観光を通じてむしろ日本への不満が高まるといった事態も当時の文書には記録されている。以下では、こうした部分に照準を合わせることで、「支配と抵抗」、「抵抗と受容」といった二者択一的な理解を離れ、「受容しながら抵抗したり、抵抗しながら受容する」という統治者と被統治者の複雑な駆け引きの様相（陳培豊）や、観光事業が先住民内部に引き起こした多様な反応パターンの輪郭を描きだしてみたい。

第一項　脅威としての日本

日本を訪れた先住民の反応にはひとつの共通点がある。それは日本・日本人に対する〈驚き〉である。先住民たちは日本の軍事力、人の多さ、そして意外にも日本人が親切であることに驚いている。

まず軍事力への驚きから見ていこう。たとえば第三回観光団の報告には、「日本に軍隊の多きことは予て聞き及びたるも是は自分等を警怖せしむる為誇大の話をされたるものならんと疑ひ居りたるに豈図らんや軍隊到る処に配置され其数到底自分等の計算し得る所にあらず」という先住民の声や、名古屋で見学した大砲発射訓練を怖れて、「向後決して官命に背かざるを以て軍隊の観光だけ除かれたし」と嘆願する者さえいたと記録されている。[31]

この種の記録を扱う際に気を付けるべきは、これらの記録を、政策実態と関連づけて評価することである。政策実態との整合性を探ることなく、記録の信憑性を端から否定すること――〝結局それは事業の成功を印象づけるために統治者側がでっちあげた言説にすぎない〟というような――は、これらの言説が生産された場――植民地状況――に対するステレオタイプ化されたイメージを分析以前に持ち込んでいるにすぎない。我々はむしろ、安易な信憑性批判に向かう前に、日本の至る所に軍隊が配置されているというこの印象が、観光ルートが軍事関連施設に集中していたために起こる、かなりの程度まで〈つくられた印象〉だったことに留意しておきたい[32]。また軍隊への過剰な恐怖心も、見学先でセッティングされた露骨な演出とともに理解されねばならない。たとえば第三回観光団が東京の第一師団歩兵連隊を訪れた際、先住民は横一列に整列させられ、わざわざ彼らの目の前まで吶喊する訓練がおこなわれている[33]。また第五回観光事業でも先住民一行は、青山練兵場や名古屋において吶喊訓練を、所沢飛行場や赤羽工兵隊では爆弾投下訓練を見せられており、しかも引率者から、もし反抗したら蕃社に爆弾を落とすと威嚇されている。同様の脅しは、東京や大阪の砲兵工廠において武器・弾薬の製造現場を見学した際にもおこなわれた[34]。

なかでも飛行機は、日本の高い軍事力と技術力を示すシンボルとして、帰台後の報告会で最も熱心に語られ、かつ聴衆の関心を最も惹きつけた話題であったという。この点について『理蕃誌稿』には、第五回観光事業において実際に飛行機に同乗した「ワタン・アモイ」と亀山警視総長との間で交わされた、次のような対話が掲載されている。

総長：……今試みに問ひたいのは目下キナジー、マリコワン、の両蕃は大胆にも反抗したので隘勇線を進めて居るか一同か内地にて見た所の飛行機や機関銃を取寄せ彼等兇蕃を討伐したら如何の結果になるてあらうと想像するか。

ワタン・アモイ（桃園庁エヘン社勢力者）：飛行機や機関銃を持て来らるるにも及ひません。兵隊さんか来らるるたけても、キナジー、マリコワン等は閉口することと思はれます。

総長：一同の者は日本人か何故彼の飛行機や機関銃を沢山取寄せて、彼等反抗蕃を討伐せない理由を知て居るか。

ワタン・マライ（馬武督社頭目）：私か考へます所では日本は成るへく私共の様に多くの蕃人を内地に観光させ、其の者が帰社した後、見て来た事を汎く説明させて日本の強く且大きなことを知らせ、其れても尚頑固のことを言張つて政府の命令に服従せぬ者か多い場合は其の時初て彼の怖ろしい飛行機や機関銃を持て来て懲罰さるることと察して居ります[35]。

おそらくこれが総督府の望んだ模範回答だろう。内地の新聞によると、ワタン・アモイはまた、「兎に角驚いた、外国と戦争をしても上から爆裂弾を投げると何でも目茶目茶になる、山の後に隠れて居ても山を越して来て、蕃社の上へ投げられると其れ限りだ、帰つたら其の恐ろしさを皆んなに話さう」とも語ったという。[36] もちろん、当時軍事施設を見学した先住民のすべてが、このような期待どおりの反応を示したわけではないし、そのことは後に問題にするつもりである。しかし、当時の観光ルートや見学の中身を踏まえた場合、このような反応が起こり得なかったと想定する方がむしろ不自然である。

総督府がその後、飛行機を先住民対策に本格的に導入したのも、実際にそれが威圧の手段として効果的だったからだろう。たとえば一九一七（大正六）年七月に陸軍飛行班が台湾まで耐熱飛行を試みた際、総督府は陸軍省の同意を得て、台北・桃園・新竹・台中・南投・阿緱方面に「威嚇飛行」を実施し、「殊に爆弾を投下したる阿緱庁のマンタウラン蕃の如きは、其猛烈なる炸裂を実見し、所有銃器を提供して帰順を哀願するに至つた」という（藤崎 1931: 640）。またこの経験を踏まえて、総督府は「兇蕃制圧のため、蕃地に飛行機を使用するの有効なるを認め」、一九一九（大正八）年には警務局内に飛行班を設置した（藤崎 1931: 640–641）。大正期の島内観光に飛行機訓練の見学が入ってくるはこのためである（別表1を参照）。その後、先住民がとくに恐れた飛行機からの爆弾投下は、霧社事件で現実となる。

第二項　観光団という見世物

前項では、日本人の恐ろしさについて語る先住民の感想記録を、前期観光事業の政策実態と関連づけて分析した。ただし当時の報告には、日本人の恐ろしさとともに、日本人が意外にも親切であったという対照的な語りも記録されている。ここでも我々は、こうした印象が形作られた理由について考察を加えたい。

まず確認したいのは、蕃社の有力者をターゲットに選ぶという戦略の両義性である。第一に、彼らの影響力や指導力は、観光の効果をより広範囲に拡大するために利用できる反面、対応を一歩間違えれば、反乱を組織する力ともなり得るものだった。第二節で引用した「彼等の胸一つで蕃人の帰順も反抗も出来る位の有力者であるから、観光上の待遇などもなかなか苦心がいる」という発言（第六回観光団の引率者・池田警視）は、この両義性への認識を表す。第二に、そもそも有力者を日本に連れていくこと自体が、残された人々にとっては強い猜疑心を呼び起こすものだった。たとえば第四回観光団に関する台中庁の報告は、代表者が観光に出かけた後の蕃社の状況について、「勢力者のみを日本に連れ行き、若し帰社せしめさるに非さるやと疑心を起さるものあり。最も猜疑心深き者は勢力者なき後に於て、日本は又何等かの難問題を持ち掛くるに非らすやと窃に心痛し居りたる者もあり」と伝えている(37)。また第三回観光団の引率者は、内地の新聞記者に対して、観光中とくに注意している点として参加者の病気をあげ、その理由を「帰順させる支障になるから、病死をおそれてゐる。病気で死んでも『毒を盛て殺したのだ』と曲解するからである」と語っている(38)。こうした現地の状況ゆえに、参加者が無事に帰ってくること、そして帰台後、日本の好印象を語ってくれるよう仕向けることは、関係者にとって最重要の課題だったのである。

観光中たびたびなされた歓迎会や土産物の提供は、この文脈で理解されよう。たとえば第三回観光団の報告には、日本人の親切さの一例として、次のような先住民の証言が記録されている。「自分等は自社を出づる一歩なれば、四囲皆敵なり。若し途中異種族に出会せんか、飢渇に苦しむるを見るも、水一杯を与ふる者なし。之に反し日本人は到処自分等一行を歓迎優待し、物品を恵与し、途中一人の罵言する者なく、其の親切には実に感謝するの外なし。殊に軍人は戦争を業とし人を殺すを務とするものと思ひ居りたるに、何処の軍隊に行くも非常の厚遇を受け、其の親切なる言語の尽す所にあらず」(39)と。また第五回観光団の報告にも、観光中さまざまな日本人に出会ったが、「蕃人に対し一人として危害を加へんとするものなく……親戚の如くに取り扱われ且親切にして土産品等を与へられたり」との感想が寄せられている(40)。特に広島では大量の土産物をもらったようで、第四回・第五回のいずれの事業報告も、広島での歓待が先住民に大好評を博したと伝えている(41)。

さらに注目したいのは、この日本人の〈親切さ〉を語る発言がたびたび、日本人の〈多さ〉を語る発言とセットになって出てくる点だ。つまり、この日本人の〈多さ〉こそが、先住民たちに、圧倒的な人口量をもつ日本人への〈脅威〉と、にもかかわらず誰も攻撃してこなかったという日本人の〈親切さ〉を印象づける文脈となっているのである。

図6－3　第４回内地観光団（1912年）の入京

出典：張監修／戴編訳（2000: 109）より転載。

では、なぜ先住民は日本人がそれほど〈多い〉と感じたのか。これは馬鹿げた質問ではない。この問題を真摯に取り上げるとき、当時の内地観光事業を取り巻くあるひとつの社会的現実が浮かび上がる。それは、内地観光団が日本本国においてある種の見世物と化していたことだ。

当時の内地観光事業の意味をより広く理解するためには、われわれは、総督府が観光団に「見る」だけではなく、「見られる」ことも期待していた点を押さえておく必要がある。海を越えてやって来るかれら先住民の姿は、海外旅行がいまだ一般的ではなかった明治・大正期にあって、国内に居ながらにして体験できるエキゾチックな「見世物」でもあった（図6-3を参照）。ここにおいて本章の議論は、第四章で論じた原住民展示の問題に合流する。たとえば第三回観光団が東京の近衛連隊や士官学校を見学したときの様子を、内地の新聞は次のように伝えている。

> 沿道は、今日こそ生蕃の顔を穴のあくほど見てやらうといふ人の山、そら来たと子供の伝令に、町の家ごと総出の有様だ……同連隊の門を出る頃には時刻を見計らつて押し掛けた見物が門前にうざうざと居る。其の中を押し開いて堀端を九段下へ出ると何様かのお通りのやうに人集りは殖えるばかり。御苦労にも後をついて来る者さへ少からず。（「女と見られる生蕃」『都新聞』明治四四年九月二日）

その後の三越・上野動物園・浅草見学においても、観光団は多くの群集に取り囲まれ、警護なくしては通行不可能な状態に陥ったという。(42) また東京滞在最終日には多くの見物客が新橋駅につめかけ、その人員整理のために配られた入場券は約一二〇〇枚に及んだ(43)。さらに、行く先々での先住民の様子が逐一報道されたことは、大衆の好奇心にいっそう拍車をかけたように思われる(図6-4を参照)(44)。

先住民が日本人の〈多さ〉に驚いたのは、以上のような、彼ら自身が見世物になっていた現実とともに理解されねばならない。そして先住民が日本人の〈親切さ〉を感じ取った理由のひとつも、まさにこの混雑時の日本人の対応にあったのである。たとえば第三回観光団の報告には、多くの群集が詰めかけたが「警察官の保護の下に一人の負傷者も出たるを見ず」、この点について先住民は帰台後、「多数の警察官なかりせば或は自分等は負傷したるやも測られずと皆其保護の厚きを感謝せり」と報告されている(45)。また第四回観光団の報告にも、「警察の保護に依らざれば歩行する能はず。内地巡査は我等の歩行を容易ならしむる為め、人を押し分け道を作りて親切に保護を与へられたるは引率警官と同様なりし。且つ群集せるものにして危害を加ふるものなし」という先住民の感謝の言葉が載せられている(46)。しかも第三回の報告には興味深いことに、「自分等の行先に内地人の群集するは自分等が異様の服装をなし或は顔に刺墨をなし居るを見物せしが為めなりしが如し」(強調引用者)という先住民自身の解釈も記録されている(47)。

ただし、先住民の「異様の」風俗に群がる群集と、先住民を危険から守ってくれた警察官という状況理解は、この先住民の「見世物化」がそもそも事業関係者によって仕組まれたものであったことを見逃している。

たとえば観光団員の服装の問題。第三回観光団に参加した「チヨバイ」と呼ばれる先住民について内地の新聞は、「此の人は早く台湾の学校に上り教育も受け日本語も上手で彼の地に居る時は詰襟の洋服を着て居るさうだが、今度はわざわざ生蕃の服装を見せる為め」(強調引用者)伝統的な衣装を着てきたと報じている(48)。これと似たような演出は、第四回観光団にも確認される。たとえば同観光団について内地の新聞は、参加者の服装と入墨は前回と同じだが、今回はさらに「人斬りに使った二尺ばかりの蕃刀を背負って来たものが多い」と報じている(49)。しかし実はこれは、「前二回の観光団とは趣を変え、蕃人に内地の模様を知らしむると同時に内地人にも彼等の風俗を知らしめんとする趣旨より蕃地に在る儘の服装携帯品等を許した」(50)(強調引用者)という記事からも窺えるように、関係者が意図的にそう仕向けたものだった。先住民の服装や「蕃刀」が、見物客の好奇心を駆り立てる道具として関係者に意識されていた

「蕃女練兵を観る：10日午後２時代々木練兵場に於て」（1912年10月11日）

「蕃君の東京見物：昨日上野動物園白熊を見る」（1918年４月27日）

「本日入京する生蕃観光団：59名の男女一行、23日神戸入港の備後丸甲板上にて」（1918年４月25日）

図6－4　内地観光団に関する報道写真

出典：『東京朝日新聞』より転載。

ことは、第一回観光団では逆に、「蕃衣を着して東都を歩くは風俗を害すとか見苦しとか、見せ物の様なりとか種々議論でたる故、着京早々注文したる単衣」に着替えさせたことからも明らかである[51]（図6-5を参照）。

要するに、日本人の〈強さ〉・〈多さ〉・〈親切さ〉について語る先住民の声を、記録の信憑性の点で切り捨てることは、そうした印象を形づくった当時の観光事業の実態を無視することに等しく、さらに観光団の見世物化という社会的現実を見落とすことになりかねない。前期観光事業が実施された明治・大正期は、日本国内の博覧会で原住民展示が花開いた時代にあたる（第四章参照）。こうした時代状況のなかで、観光団と展示民族との差は限りなく小さくなっていた（日英博覧会出場を兼ねた英国観光はこの点で象徴的である）。しかも、そうした収斂が生じたのは、単に事業関係者や一般の見物客の意識においてばかりではなく、研究者の場合もそうであった。実際、東京帝大人類学教室及び東京人類学会に所属していた人類学者・石田収蔵は、東京拓殖博と同時期に来日した第五回観光団に対して身体計測を実施している[52]。つまり帝国期日本において、観光・博覧会・フィールドワークという三つの領域は、単に比喩的な意味ではなく、実質的に重なっていたのである。

図6－5　観光団の服装（年代不明）

出典：張監修／戴編訳（2000: 108）より転載。

＊同書には写真説明として「観光一行中、パイワン族、タイヤル族、ブヌン族、ツォウ族あり」と記されている。

第三項　不平等の知覚

本節ではここまで、先住民の感想記録のうち日本の高い軍事力、膨大な人口量、そして親切心など、いずれも内地観光事業の「成功」を裏付けるような発言ばかりに注目してきた。以下では続いて、当時の報告から読み取れる、観光事業の意図せざる帰結について論じていく。

特に観光による〈比較〉の契機が、日台間の差別的状況を浮き彫りにし、先住民の不満や反発を引き起こすという逆説的事態に注目する。

こうした観光の両義性は、第一回観光団に関する言説群のなかにすでに確認される。一方で、同観光団の引率者を務めた藤根吉春の『蕃人観光日誌』は、先住民が帰台後、「帝国の富強を称揚し、汽車の利便、米作の改良、機業の伝習を得んことを希ひ、遠近の蕃人之を聞き婦女子に至るまで此度上京せざりしを憾《うら》めり」と、事業の成功を伝えている[53]。また内地の新聞にも、参加者の一人である大嵙崁ギヘン社の頭目「タイモ・ミセル」の談話がたびたび掲載されており、ミセルが日本家屋や日本米への生活改善を支持し、台湾漢族の森林伐採を非難し、日本人の優秀性や天皇を褒め称えている部分などが傍点や拡大文字を使って強調されている[54]。

しかし他方で別の報告には、政策意図とは合致しないミセルの言動も記録されている。たとえばミセルは内地の新聞記者に対して、観光団に参加した動機を次のように語ったという。やや長くなるが引用しておきたい。

> 日本人は自から農業に巧みなりと常に誇り居るを聞きしに、之を土人〔台湾漢族〕に就いて聞けば日本人は無能力にして只強盗を渡世とするのみと、吾大いに其の真偽に惑ふ。依て之れを糾さんが為め嘗て台北に出でたることあるも、本島には日本人の農業を営なむ者なければ、遂ひに一度は日本本国に渡航し其の真否を知らんと欲するや久し。然るに先日突然観光の命あり、是れ其の素志を達せんとするもの、吾何ぞ猶予せん、乃ち断然此行に加はる事となりしなり。去れば此の機会に於て吾が初一念を貫徹せるは勿論、猶ほ吾は我同胞の為め、嘗て禁止せられたる弾薬銃器の発売を解かれんことを併せて哀願せんとす。抑も弾薬銃器は我等一日も欠くべからざるものなるに、之を禁止せられたるは、我等が殺人するを禁ぜんが為めならんも、是れ大なる謬見なり。我等豈に故無くして殺人せんや、若し今の儘にして遂に許されずんば、他の社の如く土人の密売者より購ふの外なしと雖も、我等は之を敢てせざるべし。土人は我等を誘惑せんとして曰く、此度の行に加はらざれば金五百円を与へ然して弾薬等を与へんと、去れど吾は之を受けざりき。斯く我社は銃器弾薬の欠乏を訴ふるも、密売者より之を購ふこを欲せず。而して今や日本のタウキー〔頭家：最上位者を表す〕に面会し其状を具せんとするなり。〔「観光の生蕃人」『読売新聞』一八九七年八月一八日、強

調引用者）

ここではまず、ミセルが日本の農業技術の実態を確かめるという明確な目的をもって観光団に参加したことが記されている。この目的はなるほど、当時の総督府の意向とも合致する。しかし、それはミセルが総督府の意図に全面的に同意していたことを必ずしも意味しない。実際ミセルは別のところで、定められた観光ルートのうち市街地に関しては、「繁華の土地なれば我れは行くことを欲せず。何となれば我等は内地の農芸を見るに切にして他に求むる所なければばなり」と疑義を呈したとされており[55]、むしろここには、来日の機会をみずからの目的のために有意義に活用しようとするミセルの主体性が垣間見れる（宇野 1981: 93–94 も参照）。この点は、ミセルが別の参加動機として、総督府による銃器・弾薬没収への異議申立てを挙げている点により明確に現れている。しかもこの目的は、来日前に抱いていた日本人の農業技術への疑いが、少なくとも記録上は、最終的に日本米の支持や日本人の賛美へと変容していくのとは異なり、日本滞在中には何ら果たされることなく終わってしまっている。

たとえば大阪砲兵工廠で大砲鋳造現場を見学した際、ミセルは銃器弾薬の話題に触れようとしたが、引率者に制せられて聞き入れられず、寄宿先で通訳（緒方正規）に次のような不満をぶつけたという[56]。

吾々出発の時総督府に於て頭家〔総督代理の立見軍務局参謀長を指す〕は告て曰く、汝等首狩を止めよ日本も初めは汝等の如くなりしも中途其の悪きを感じ互に交通して睦ましくせるを以て此頃は家屋と云い道路と云い諸事万端完全せり。汝等も早く首狩を止めて日本と同様になすことを勉めねばならぬ云々。然るに日本に来て見れば成程道路家屋甚だ美なり。然れども小銃に比し大砲弾薬等の製造盛なり。安寧の当時諸所にて兵器製造に急はしきは何故なるか、又清国より分捕せる大砲を示され、之は何と左も勇ましく云はるるが、自分は如何にも日本人が武器を製造することを盛にして己の部下にのみ分配し、自分等には売買を許されざるは如何なるかを疑ふ（強調引用者）

先述したように、前期観光事業において軍事施設の見学とは、先住民に日本の軍事力や軍隊の規律を見せることで自己の〈無力さ〉や〈遅れ〉を意識させ、精神的な威圧を加えるためのものだった。しかしミセルの発言は、そうした自他の「比較」がかえって、日本社会と先住民社会との間の矛盾や不平等を顕在化させてしまう可能性を示唆している。

この文脈でみると、第一回観光団の後日談としてこう記されているのも、意味深長になってくる。すなわち、「内地観光で有名になつたタイモミセルは、当時の新聞紙上に、其の性行、経歴やら功績などを書きたて大層褒められたが、彼は観光後数年ならずして兇暴を働らき死没した」と。[57] また別の報告には、「領有後官命に服し従順であつた大嵙崁前山蕃人等は、蕃地事業者の専横行為に反感を抱き、脳寮を襲撃した」とも記されている。[58] これらの記録では、先住民の帰順を引きだすために日本に送られたはずの有力者が、後に蜂起事件をひき起こしている。

第一回観光団の報告から浮かびあがるこれら二つの反応パターンのうち、その後の事業報告の中で多数を占めるのは、観光を通じて〈日本＝文明〉を羨望・希求してゆく先住民の姿である。そうでなければ、観光事業があれほど長期間にわたり先住民対策に組み込まれることもなかっただろう。さらに、昭和初期までの観光事業の沿革をまとめた斎田悟（警務局）の報告でも、観光は先住民の帰順につながるという因果関係が主張されている。たとえば一九三三年四月に「理蕃史上最後の未帰順蕃」として知られる高雄州旗山郡タマホ社の住民（ブヌン族）が頭目タケシタラン・ラホアレを筆頭に下山し、帰順式を挙げたことについて、斎田はそれが同年三月中旬の高雄・台北観光——ただし参加したのは、ラホアレ本人でなく、次男のタケシタラン・シダだが[59]——の効果とする。すなわち、「頑強を誇つた彼等の中心勢力二〇余名が台北、基隆等に於ける燦然たる文化施設に只々驚嘆之を久うして帰社した事が、軈《やが》て心からなる恭順を宣誓せしめる上に与つて力があつた事は疑ひ得ぬ事実である」と。[60] また、この出来事を扱った別の報告は、「観光は帰順式の前奏曲」であったと評している[61]（図6‐6を参照）。さらに斎田は、阿緱庁リキリキ社の先住民が銃器押収に反発して警察官とその家族を殺害した「南蕃事件」（一九一四年）[62]の際、日本側に協力したスボン社頭目カロワン・ワジュイが英国観光団の一員だったことにも触れている。[63]

ただし、数としては少ないものの、観光と反乱との結びつきは、第一回以降も事業報告から完全に消失したわけではない。たとえば先の「南蕃事件」の経緯について別の報告は、計画を事前に察知した阿緱庁が大量の捜査員を派遣し、これを機に「沢山の蕃人有力者を出して官の威力の大なるを観光せしめて半ば脅かして其の行を容易ならしめ様」としたところ、かえってそれが集められた先住民の間に「反抗の結束」を高めてしまったと記している(64)。つまり、先住民の威圧を狙って実施されたはずの観光が、逆に反乱のきっかけとなることもあり得たわけだ。さらに象徴的なのは、後に霧社事件（一九三〇年）の主導者となるモーナ・ルダオ（南投庁埔里支庁管内霧社マヘボ社頭目）が、第三回観光団に参加していたことだ（山辺編 1971: 586）。しかもこの観光は、その直前（一九一一年七月）に霧社で企てられた組織的反抗を事前に察知した政府当局が、霧社の主力部落であるパーラン社、ホーゴー社、マヘボ社の住民への威圧・懐柔策として実施したものだった（宇野 1981: 91-92）(65)。それ以前から霧社に対しては一九一〇年末から翌年三月にかけて南投庁が庁長以下一〇〇〇余名の討伐隊を組織して砲撃をしかけており、その結果、「蕃屋」は焼失、死傷者は多数に及び、銃器一二〇〇挺が押収されたばかりだった。つまり、第三回観光団の背景となる霧社の反乱計画は、徹底的な武力弾圧の直後に起こっており、その計画もつぶされた後に日本に連れて来られた霧社の住民にとって、この観光が〝日本の偉大さを感得する〟という総督府が思い描いたような単純なものではなかったことは想像に難くない(66)。

図6－6　先住民観光写真

出典：林編（1995: 111）より転載。

＊台北鉄道工場を見学したときのブヌン族の青年たち（年代不詳）

戦後、日本統治期を生きた先住民の回想録が数多く発表されるにつれ、当時観光団に参加した先住民の反応は一枚岩ではなく、多様なヴァリエーションがあり得たことが明らかになっている（大田・中川 1969: 中村1981, 2000; 許編1985; ピホ1988; 林編1998等）。なかでも注目したいのは、観光による「比較」の契機が、観光事業の政策意図を裏切るような政策結果を引き起こす可能性である。たとえば霧社事件で蜂起した先住民の息子であるアウイ・ヘッパハ（中国名：高愛徳）は、内地観光がモーナ・ルダオに与えた衝撃についてこう証言している。

一九一一（明治四四）年、モーナ・ルダオは内地観光に行きましてね。当局としては、手をやいている彼に、日本を見せれば気も折れるだろうと思ったんだね。しかし結果は反対でしたよ。四ヵ月間、日本女性を同伴させて、日本側は実にていねいな扱いをしたそうですよ。特に行く先々の内地警官の態度がやさしいのにすっかり感動したんです。それにひきかえ、山地警官は横暴をきわめている。もしも内地の警官も山地と大差なかったら、彼は絶望して、「ああ、内地も山地もみな同じだ」と思って、あきらめたでしょう。ところがモーナは、この日本観光によって、これではいけない、悪いのは山地警察だ、そして山に一番悪いのをもってくる制度なんだ。これを倒さなければいけないと決心したんですよ。（大田・中川1969: 247）

日本の高い軍事力を見せることが逆に、日本政府による暴力独占の不平等性を意識させたように、旅行先での内地警察官の「やさしい」態度は逆に、理蕃警察官の「横暴」な態度を照らしだす鏡の役割を果たす。観光による威圧という戦略は、ここにきて大きなジレンマに直面する。その原因は、「比較」によって喚起される日台間の〝差異〟の意識が、必ずしも日台間の〝序列〟の理解へと流れ込んでいかないことに由来する。では、観光による「比較」の契機を、どうすれば〈日本＝文明〉を頂点とする自他認識へと水路付けていくことができるか。これが後期観光事業の課題となる。

別表1『理蕃誌稿』に掲載された先住民の観光関連記事（一八九五年～一九二六年）

	実施年・月・日	掲載内容
1895	九月八日～九日	橋口（民政局殖産部長）と田中綱常（台北県知事）が大嵙崁のタイヤル族二二名（カッパンソアン社：男一〇名、女七名、シナジー社：男三名、女二名）を「招徠」。その後、半数は帰社、半数は大嵙崁街に赴き、宿泊。後者のうち五名（カッパンソアン社：男二名、女一名、シナジー社：男二名）はさらに台北に赴き、総督に謁見。帰社時に牛一頭を与える（「最初の蕃人接見」第一編：四-五頁）。
1897	八月三日～三一日	大嵙崁、林圯埔、埔里社、蕃署寮の四撫墾署管内のタイヤル族、ブヌン族、ツォウ族、「ツァリセン族」のうち「頭目若くは之と対等の勢力ある者」計一三名が、藤根吉春（民政局技手）に引率され、長崎・大阪・東京・横須賀等を見学（「蕃人の内地観光」第一編：五三-五五頁）。
1905	一〇月下旬	「蕃人観光」のため台北を訪れていた台東庁管内の「蕃学生」二名の筆跡（日本語）が、後藤新平を通じて皇后に閲覧される（「蕃学生の筆蹟皇后陛下の御覧に入る」第二編：四一六-四一七頁）。
1908	三月一六日	警察本署長より蕃地関係各庁長に対して「蕃人観光」に関する通牒が出される。 【内容】従来「蕃人に平地の文物を紹介し彼等の蒙昧を啓発するに簡捷なる手段」として「台北観光」を実施してきたが、「台北観光は独り多大の経費を要するのみならず道途懸隔日数を費やす少なからず蕃人の程度に応じ之を難んずる事情」がある。そのため、「将来台北観光は一箇年一二回最も選抜したる蕃人」限定し、その代わりに、所在地近辺の市街地を選んで、なるべく多くの観光を実施する（「蕃人観光に関する通牒」第二編：五九一-五九二頁）。
1909	一〇月一三日～三〇日	台湾神社の祭典に合わせて、台東庁璞石閣支庁ターフン社のブヌン族一三名が巡査・吉岡琢治ほか数名に引率され中央山脈を横断し、台北を観光。台東庁先住民による台北観光の「嚆矢」とされる（「璞石閣支庁員ブヌン蕃人を率ゐ中央山脈を横断来北す」第三編上巻：二五頁）。
1910	一月二八日	南投庁霧社蕃バーラン社の女児二名が池田警部に引率されて淡水を訪問。同地のキリスト教女学堂長である米国人女性セーフトンに教育が託される。 【経緯】明治四二年一〇月に先住民の台北観光を実施した際、セーフトンが先住民女児二名を女学堂に入学させたいと蕃務本署に依頼。費用は女学堂が全額負担するが、「蕃婦の土語を解する者一人」を通訳として同伴させること、また女児の「智能譾劣にして成業を望み難ければ」中途退学もあるというのが条件（「霧社蕃女二名の教養を外人に托す」第三編上巻：五一頁）。

年	月日	事項
1910（続）	一〇月二七日	蕃務本署長から「観光蕃人引率者心得」が関係各庁長に通達される。 【観光蕃人引率者心得】（全文ママ） 一、旅行中は静粛を旨とし特に汽車の昇降等の際は過失を生せしめさる様十分注意すへし 二、気候の変化飲食物に注意し村落に於ては生水を飲用せしめさるを要す 三、蕃人の健康状態に注意し疾病の徴ありと認むるときは直に医師の診断を受けしむへし 四、台北に到着したるときは左記様式の名簿（＊）を蕃務本署帳に提出し指揮を受くへし 五、引率者は蕃人と同宿し宿舎毎に若干の日直を置き夜間は交代を以て不寝番を為すへし 六、観光に対する蕃人の感想に注意し其の見聞したる事項は口頭又は書面を以て蕃務本署長に報告し帰庁の上は更に洩れなく庁長に報告すへし ＊「観光蕃人及引率者名簿」は、（1）所属支庁名、（2）蕃社名、（3）頭目・副頭目その他の区別、（4）氏名、（5）推定年齢、（6）引率者の官職および氏名を記す書式になっている（「観光蕃人引率者心得」第三編上巻：一三八―一三九頁）。
1911	六月	日英博覧会に出場した阿緱庁恒春・枋山支庁管内の高士仏社ほか七社の先住民二四名が帰台し、佐久間総督に謁見。その他、日英博覧会出場の際の契約書などが掲載（「日英博覧会に出場したる、パイワン蕃還る」第三編：一四八―一五二頁）。
	四月一日～二七日	島内の七種族より「内地語に諳熟する巡査補雇教員又は他日蕃語教習の助手たらしむべき見込ある者並内地語に熟達し若は之を解せざるも日本的精神を蕃社内に普及せしめ得べき実力ある者」一〇名を選抜、長谷川照雄（桃園庁警部）・安倍道溟（教化事務嘱託）の引率のもと、神戸・京都・姫路・大阪・小倉・枝光を見学。帰台後は講演会を主催（「第一回内地観光蕃人の帰台」第三編上巻：一九五―一九八頁）。＊表6―1の「第二回」内地観光事業
	八月一五日～九月二三日	桃園・新竹・南投・嘉義・宜蘭・台東・花蓮港七庁の先住民四三名が、谷山愛太郎（蕃務本署警部）ほか関係各庁の「蕃語」に通ずる巡査に引率されて内地観光（「蕃人の内地観光（第二回）」第三編上巻：二五一―二五三頁）。＊表6―1の「第三回」内地観光事業
1912	四月二八日～五月三日	叭哩沙支庁管内の濁水蕃童教育所の生徒一三名および父母八名、花岡道求（教育事務嘱託）・大道諦観（巡査）に引率され、宜蘭に修学旅行（「宜蘭蕃童教育所生徒の修学旅行」第三編上巻：二九〇頁）。
	四月二三日～五月二七日	前回の内地観光の効果を受け、タイヤル族の頭目・副頭目・勢力者五三名（台北庁より三名、宜蘭庁より一

1912（続）		〇名、桃園庁より一三名、新竹庁より一二名、台中庁より五名、南投庁より一〇名）を選抜し、丸井圭次郎（蕃務本署嘱託）・飯島幹太郎（同警部）・渡邊栄次郎（同嘱託）および各庁巡査（桃園・新竹は二名、他は一名）に引率され、内地を観光（「蕃人の内地観光（第三回）」第三編上巻：二九一頁）。＊表6-1の「第四回」内地観光事業
	五月一〇日~六月四日	英国人ウィリアム・プライスが動植物採集のため阿緱・台東・花蓮港庁を訪問した際、日英博に出場した阿緱庁内の先住民が歓待を申し出る（「阿緱庁パイワン蕃の英国人歓待」第三編上巻：二九一-二九二頁）。
	七月二八日~八月一日	阿緱庁六亀里支庁管内の蕃童教育所生徒が蕃薯寮街に就学旅行（「阿緱庁蕃童教育所生徒修学旅行」第三編上巻：三一〇-三一二頁）。
	一〇月二七日~台湾神社祭典	台湾神社祭典を機に、総勢一五五名（南投庁ブヌン族丹大蕃カネトワン社頭目およびタイヤル族マレッパ蕃マカジーヘン社頭目ほか一八名、嘉義庁ツォウ族達邦社頭目ほか一九名、阿緱庁ブヌン族施武郡蕃雁爾渓頭社頭目ほか三四名、台東庁パイワン族太麻里蕃サイヤサイ社頭目ほか二九名、花蓮港庁アミ族薄々社頭目ほか二九名）が台北を観光（「蕃人の台北観光」第三編上巻：三二八頁）。
	一〇月一日~三一日	（「太田山方面事変の勃発」により動揺がみられた）タイヤル族の頭目・勢力者五〇名（桃園庁一〇名、新竹庁八名、台中庁五名、宜蘭庁一二名、南投庁一五名）、飯島幹太郎（蕃務本署警部）・渡邊栄次郎（通訳）および巡査・巡査補七名に引率され、内地観光（「蕃人の内地観光（第四回）」第三編上巻：三三一-三三六頁）。＊表6-1の「第五回」内地観光事業
1915	二月四日~九日	花蓮港庁璞石閣支庁管内の二三社（ターフン駐在所部内は「蕃情動揺」のため下山せず）の頭目一一四名が、花蓮港付近及び新城方面を観光（「タロコ蕃」の討伐後の様子を見せることで治安の安定を図るため）（「花蓮港庁高山蕃の平地観光」第四編：七頁）。
	三月八日~一一日	花蓮港庁管内「コロバイシ」社「バトラン蕃」の頭目以下四七名が、花蓮港の市街地および新城付近を観光（討伐後の「タロコ蕃」の状況を見せるため）（「『バトラン』蕃の平地観光」第四編：六三頁）。
1916	一月九日~一二日	宜蘭庁叭哩沙支庁管内「渓頭蕃」二六三名が銃器押収後の発展を認められ、かつ近年の流行病に対する憶測を払拭すべく下山を命じられる。宜蘭市街小公学校等を見学（「渓頭蕃の下山と観光」第四編：一五九-一六〇頁）。
		台湾勧業共進会を機として、台北ほか八庁から各社の有力者六〇〇名を選別し、台北付近を観光。さらに各種族の代表者二〇〇名は閑院宮殿下に謁見（「各庁下の蕃人台北観光」第四編：一九六-一九九頁）。

1917	一月一一日～一二日	宜蘭庁管内の「南澳蕃」頭目一三名、「渓頭蕃」頭目七名、その他の勢力者・「蕃婦」など総勢二四〇名が下山し、宜蘭各地を観光（「南澳渓頭両部族蕃人の宜蘭観光」第四編：三〇三頁）。
		本年度の「蕃人観光」計七回、総勢一三〇五名。【第一回】桃園・新竹・台中から八五名、【第二回】南投庁「丹大蕃」一八名、【第三回】阿緱庁より一〇〇名、【第四回】台東庁より一〇二名、花蓮港より三〇名、【第五回】花蓮港より四〇〇名、【第六回】新竹・南投・台中より一七〇名、【第七回】全島より四〇〇名（「蕃人観光」第四編：三九六-三九七頁）
1918	四月一九日～五月三一日	全島の各種族より頭目・勢力者六〇名が、警視一名・警部以下一三名に引率され、内地各地を観光（「各種族蕃人の内地観光（第五回）」第四編：四三四-四三五頁）。＊表6-1の「第六回」内地観光事業
1921		高雄州潮州郡パイワン族タナシウ社の頭目アルサガルほか一八名が屏東・高雄の市街地観光（内地観光経験者の頭目アルサガルも参加）（「『パイワン』族蕃人の観光」第五編：一六六-一六七頁）。
	七月一二日より三日間	台北州文山郡タイヤル族屈尺蕃ウライ社の頭目セツトノミンほか一一名が、台北市街地を観光（「屈尺蕃の観光」第五編：一六七頁）。
	一〇月	新竹州のタイヤル族一七〇名が新竹州開催の展覧会観覧を兼ねて観光（「新竹州下各部族蕃の観光」第五編：一六七-一六八頁）。
	一一月二三日	台中州能高郡タイヤル族霧社蕃の児童五〇名が能高郡埔里小学校の運動会見学。その感想には、同小学校に通う「霧社蕃ホーゴー社蕃童二名が内地人児童と何等変りなく国語を以て話しさも愉快そうなる態度を見て羨ましく思へり」と記されている（「霧社蕃童の観光」第五編：一六八-一六九頁）。
	一二月六日	高雄州潮州郡パイワン族スボン社の頭目トジヤランチグルほか七〇名が、枋寮沖に停泊中の軍艦「利根」を見学（「『スボン』蕃の観光」第五編：一六九頁）。
1922	一〇月一五日	台北州羅東小学校の運動会を機として、羅東郡のボンボン蕃童教育所児童三〇名が羅東街に就学旅行（「羅東郡下蕃童教育所児童の修学旅行」第五編：三六五-三六六頁）。
	五月六日より三日間	台中州能高郡バイバラ蕃の頭目以下男女三九名と南阿冷社の先住民二六名が、埔里街や過坑蕃人教育所を見学（「『バイバラ』蕃其他の観光」第五編：三七一-三七二頁）。
	五月末	高雄州屏東郡の陸軍飛行演習を機に、「奥地蕃族中未だ帰服の明かならざる蕃人を誘出して観覧せしめ今後の制御上効果を収めん」ため、屏東郡の七社（バリサン、ライブアン、ブタイ、ガニケイトウ、マンタウラ

1922（続）		ン、トナ、マガ）の先住民一五〇名と潮州郡の二社（牡丹路、草埔後）の先住民二〇名を下山させ、飛行訓練を見学（「『バリサン』外七社蕃人の観光」第五編：三七二-三七四頁）。
	九月一〇日より二週間	阿里山蕃（砂米箕社・頂笨仔社）が台南州嘉義街で開催中の「衛生及警察宣伝展覧会」を見学（「阿里山蕃の観光」第五編：三七四-三七五頁）。
	一〇月五日より三日間	高雄州旗山郡簡子霧蕃三石際社の先住民二〇名が旗山街を自費観光（「三石際社蕃人の観光」第五編：三七五頁）。
	一一月二九日～一二月二七日	花蓮港庁研海支庁・花蓮港支庁のタロコ蕃七二三名が花蓮港街を観光（「『タロコ』蕃の観光」第五編：三七五-三七七頁）。
1923	四月一六日～二三日	皇太子行啓を機に、全島の先住民（教育所児童含む）計五〇〇名（引率警官八三名）を台北に招致、アミ族男女五〇名に舞踏を演じさせる。その後、台北観光（基隆港・台湾神社等）。帰社後、各地にて講話会を主催（「皇太子殿下行啓、蕃人奉拝」第五編：四四三-四四九頁）。
	一月、六月、八月、一一月、一二月	一月：台北州蘇澳郡の頭目・勢力者七〇名が蘇澳観光。六月：蘇澳郡の先住民四三名と児童九六名が蘇澳港竣工式を見学。八月：羅東郡の先住民二四名が台北観光。一一月：文山郡ウライ教育所生徒二四名が新店小学校運動会および教育状況視察。一二月：蘇澳郡寒渓・東澳の教育所生徒八〇名が蘇澳に修学旅行（「台北州蕃人観光」第五編：五八七-五八八頁）。
		米国の世界一周観光団四五〇名が基隆港に寄港したおり、台北州文山郡の先住民九名を台北観光に招き、米国観光団と接見（「文山郡下蕃人と米国観光団」第五編：五八八頁）。
1924	一月五日、二八日	一月五日：台北州蘇澳郡寒渓ほか二一社の頭目・勢力者六〇名が、蘇澳郡役所や小学校学芸会などを見学。一月二八日：蘇澳郡寒渓・東澳の蕃童教育所児童三〇名と寒渓・古魯・四方林・東澳各社の先住民三〇名が、蘇澳港に入港した軍艦「大井」を見学（「南澳蕃人の観光」第五編：七五五頁）。
	二月一日～五日	台南州嘉義郡「阿里山蕃」五八名と同蕃童教育所児童三三名が台南・高雄・屏東を見学（「阿里山蕃人の観光」第五編：七五五頁）。
	二月五日～一六日	台東庁里壠支庁内本鹿社の先住民が台東・高雄・台北各地を見学（「内本鹿社蕃人の観光」第五編：七五五-七五七頁）。
	三月二三日	高雄州の先住民および「阿里山蕃人」一〇〇余名が下山し、高雄港に入港した軍艦「長門」を見学し、市街地を観光（「高雄州下蕃人及阿里山蕃人の観光」第五編：七五七頁）。

年	月日	事項
1924（続）	一〇月二六日～一一月三日	花蓮港庁アミ族男女五〇名が、頭目三名・付添巡査二名・蕃人公学校訓導に引率され、台北市内を観光。滞在中、愛国婦人会台湾支部に招かれ、総督府官邸にて舞踏を演じる（「『アミ』族蕃人の観光」第五編：七五七頁）。
	一〇月二七日～三一日	台中州新高郡の先住民のうち警手奉職者一七名が巡査二名に引率され自費で台北観光（「新高郡蕃人の観光」第五編：七五七頁）。
	一〇月二四日・二五日	新竹州大渓郡キナジー蕃一五名が石田警部ほか一名に引率され、台中州東勢郡を視察（「奥蕃に前山蕃社の進化を見せしむ」第五編：七五七―七五八頁）。
1925	三月九日～一五日の七日間	台中州新高郡の先住民二〇名が自費で台中観光（「内地観光外七件」第五編：九一四―九一七頁）。
	三月一四日より五日間	台北州・文山郡の先住民一四名、蘇澳郡六〇名、羅東郡五六名が台北市内を観光（同上）。
	五月一日	警察航空班の東部飛行を機に、玉里支庁ターフン社・タルナス社・マシサン社の先住民八〇名が観光（同上）。
	七月三日～三〇日	花蓮港庁の農業補習学校生徒（アミ族）一四名が、柱（総督府警部）・坂本（花蓮港農業補習学校校長）らに引率され、野球対戦を兼ねて内地観光（同上）。
	一一月	台中州の蕃童教育所児童（東勢郡四〇名、新高郡一〇〇名、能高郡一三〇名）が台中市を観光（同上）。
	一一月	台南州「阿里山蕃人」二〇名と同蕃童教育所児童三〇名が台南・高雄・屏東方面を観光（同上）。
	一一月	台東庁里壠支庁・大武支庁の先住民のうち「有力者並に最も頑迷固陋なる者」一〇名を選抜し、台湾西部方面を観光（同上）。
1926	一月二三日～二八日	台東庁大武支庁・蕃童教育所の上級者三八名が、台東街開催の農産品評会の観覧を兼ねて台東方面に修学旅行（「大武支庁蕃童教育所児童の修学旅行」第五編：一〇九〇頁）。
	一月二四日・二五日	台東街開催の第一回農産品評会見学を兼ね、台東庁先住民が台東街を見学（「台東庁下蕃人観光」第五編：一一〇五―一一〇六頁）。
	二月六日～一一日	台南州嘉義郡「阿里山蕃人」二〇名および蕃童教育所児童三〇名が、駐在所員に引率され、台南・高雄・屏東各地を見学（「阿里山蕃人観光」第五編：一一〇六頁）。
	二月一三日・一四日	台東庁里壠支庁のボクラブ蕃童教育所児童一九名が、教務担任巡査に引率され、台東街に修学旅行（「『ボクラブ』蕃童教育所児童の修学旅行」第五編：一〇九〇頁）。

1926（続）	
二月二〇日より	花蓮港庁研海支庁ブスリン社の先住民七〇名が、駐在所員に引率され、塩水港製糖会社工場を見学（「『ブスリン』社方面蕃人観光」第五編：一一〇六頁）。
三月五日～一五日	台東庁里壠支庁内本鹿社の先住民一〇名と大武支庁太麻里の先住民一〇名が、警部補一名・巡査部長一名に引率され、台東・台北・嘉義・台南を観光（「内本鹿及太麻里蕃人観光」第五編：一一〇六頁）。
三月から四月まで計三回	中部台湾共進会開催を機に、計三回にわたり共進会および台中市を観光。 【第一回】三月二七日～三〇日：先住民二四〇名＋教育所児童二〇〇名 【第二回】三月三一日～四月三日、先住民一六〇名＋教育所児童一五〇名 【第三回】四月四日～七日、先住民七四名＋教育所児童一五〇名 ＊引率警察官三二名（「台中州下蕃人観光」第五編：一一〇六頁）
四月九日より三日間	高松宮殿下来台と第一艦隊高雄入港を機に、高雄州の先住民七〇名と蕃童教育所児童六〇名が、屏東・高雄各所と第一艦隊を見学（「高雄州下蕃人観光」第五編：一一〇七頁）。
六月二九日より三日間	東勢郡新社方面での台中軍の戦闘訓練見学のため、白毛・久良栖・埋伏坪「ローブゴー」各教育所児童四〇名が修学旅行（「東勢郡蕃童教育所児童修学旅行」第五編：一〇九二－一〇九三頁）。
七月一五日より四日間	花蓮港庁玉里支庁の先住民五六名（ターフン社二六名、タルナス社一四名、ナナトク社四名、マシサン社五名、イホホル社四名、アポラン社二名、タロム社一名）が、玉里支庁管内の太平・三笠・玉里・清水・馬里旺方面を観光。目的は、「ターフン方面蕃人は永く奥地に住み進化の度低く勤労を厭ふの嫌あるを以て特に山脚方面在住蕃人の生活状態を視察せしむるの必要を認め」た為（「『ターフン』社蕃人観光」第五編：一一〇七頁）。
一〇月一二日～一四日	「定住耕作の奨励及集団移住指導の為」、花蓮港庁花蓮支庁ムクムゲ社・ムキイボ社・ムキドヨン社の先住民四四名が、研海支庁・北埔およびブスリン方面の水田状況や集団移住状況を視察（「『ムクムゲ』外二社蕃人観光」第五編：一一〇七頁）。
一一月三日	台東庁台東小学校での連合運動会を機に、大南蕃童教育所の全児童一六名が、教務担任者に引率され、運動会見学を兼ねて台東街に修学旅行（「大南蕃童教育所児童の修学旅行」第五編：一〇九五頁）。
一二月一一日より三日間	台東庁里壠支庁ハイトトワン蕃童教育所児童一一名が、教務担当巡査に引率され、花蓮港庁玉里支庁に修学旅行（軍事施設などを見学）（「『ハイトトワン』蕃童教育所児童修学旅行」第五編：一〇九六頁）。

出典：『理蕃誌稿』（全五編）より作成。

別表2　第2回・第4回内地観光団の参加者

管轄	蕃社	氏名	備考
桃園庁	角板山社	イバン・プルナ	蕃童教育所雇教員
同上	同上	タイモ・ワタン	頭目
同上	テーリツク社（ガオガン蕃）	ユーミン・ロツクン	頭目
台北庁	ウライ社	ユーカン・セツ	頭目の子、農業
嘉義庁	チヨポウウ社	ヤシユグ・ボーユ	巡査補
阿緱庁	外マリツパ社	ルトグサン・クリウ	恒春種畜所傭員
同上	同上	ラパラブ・ラガラン	萃芒公学校雇教員
同上	ブリイツ社	ルシババン・プリピジ	巡査補
台東庁	卑南社	カストル	巡査補
同上	サイアサイ社	レギル	巡査補

出典：『理蕃誌稿』第3巻上巻：196頁より作成。

（1/2）

所在地	蕃社名（不明）	氏名	年齢	備考（地位）
台北庁（3名）		ユーカンライサ	23	勢力者
同上		イバンソモイ	41	頭目
同上		バツトパイホ	45	頭目
宜蘭庁（10名）		ユーミンハヨン	40	頭目の弟
同上		テイホアウイ	50	頭目
同上		ハヨンパフ	30	頭目
同上		ガウイトラス	28	頭目の弟
同上		ハヨンヤパイ	30	頭目の弟
同上		ヤポノミン	50	頭目
同上		ウイランノッケ	55	勢力者
同上		カウイリノミン	23	頭目の弟
同上		ユーミンワタン	25	勢力者
同上		ワサンワマナイ	25	勢力者
桃園庁（13名）(1)		ユーカンボート	39	頭目
同上		ウーマオナグイ	38	勢力者
同上		ユーミンマライ	46	頭目の子
同上		イパンノカン	45	頭目
同上		タナハユン	45	勢力者
同上		ワタンノミン	50	勢力者
同上		タヤブナ	27	勢力者
同上		ワタンスイ	30	勢力者
同上		バオケナバイ	38	勢力者
同上		イバンツハツト	31	勢力者
同上		ヤウエタツパン	48	勢力者
同上		ユーミンボハイ	28	勢力者
新竹庁（12名）		イワンヤユツト	40	勢力者
同上		マライトツプス	42	勢力者

(2/2)

同上		タイモピナン	45	勢力者
同上		カベンナユバン	40	副頭目
同上		ワシエハユン	30	頭目
同上		ユーバイマライ	37	頭目の弟
同上		ワタンタロ	35	勢力者
同上		イハンタイモ	35	勢力者
同上		ヤボノーカン	30	頭目の長男
同上		ユーカンタイモ	30	頭目
同上		イーバンノーミン	40	頭目
同上		タンワタン	49	勢力者
台中庁（5名）		ワサオバーラン	27	勢力者
同上		ルパツクバーラン	34	勢力者
同上		ブヨンビール	43	勢力者
同上		ピハウブタ	31	勢力者
同上		ユウミンナウイ	35	勢力者
南投庁（10名）		タイモチーライ	42	領目（頭目？）
同上		ウカンタナハ	42	勢力者
同上		ワタンワツサウ	28	頭目
同上		タンクンカサ	34	頭目
同上		ターヤヒツクル	40	頭目
同上		ウミンチルン	51	勢力者
同上		セホダウ	37	勢力者
同上		ウリスタナー	35	頭目
同上		ラウンノーガイ	38	勢力者
同上		トツキリワタン	36	勢力者

出典：『人類学雑誌』（明治45年5月）28巻5号：299-300頁に掲載された『東京日日新聞』（明治45年4月30日付）の転載記事より作成。

注(1) 人数は「13名」と記されているが、名前は12名分しか記されていない。

別表3　内地観光団（第1回、第3回～第5回、第7回）の旅程表

第1回　1897年8月3日～8月31日

日程	発着地	スケジュール
8月1日	台北着	
8月2日		砲騎歩工兵隊、兵器修理所を見学 総督府「舞楽堂」にて饗応をうけた後、立見軍務局長訓示
8月3日	基隆発	「釜山丸」にて出航
8月7日	門司着	
8月8日	宇品着	
8月9日	神戸着	川崎造船所、湊川神社を見学
8月10日	名古屋着	愛知物産織物工場、色染工場を見学
8月11日	新橋着	車で移動中、田畑や米作状況を視察
8月13日		帝国ホテルで乃木旧総督と面会 二条橋前で整列敬礼 帰途、愛宕山から東京を眺望
		不明
8月16日		上野博物館、上野動物園、浅草の玉乗り、平壌戦争パノラマ館、 鐘紡紡績会社、浅草凌雲閣、江崎写真舗、靖国神社などを見学
8月17日		青山練兵場で歩兵隊の発火演習、砲兵工廠を見学 後楽園にて火薬爆破の実演を見る
8月18日		芝赤羽造船所を見学
8月19日	横浜発	青山練兵隊にて発火演習を見学、麻布小学校を見学後、機関車で横浜港へ
8月20日	彦根着	
8月23日	中部都督着	大坂城址、造幣局、大坂砲兵工廠を見学
8月24日	神戸着	天王寺、朝日新聞社を見学後、神戸へ 「依姫丸」にて宇品へ
8月25日	宇品着	
8月27日	門司着	
8月28日	長崎発	
8月31日	基隆着	

出典：桂長平「昔の観光（上）」『理蕃の友』昭和11年7月：6－9頁および「生蕃の東京見物」『都新聞』明治30年8月17日をもとに作成。

第3回　1911年8月15日～9月23日

日程	発着地	スケジュール
8月15日	基隆発	
8月19日		神戸市、楠公神社
8月20日		島田硝子製造所、大阪製氷会社、新田新革所、四天王寺
8月21日		砲兵工廠、兵器支廠、騎兵連隊
8月22日		妙心寺
8月23日		伏見師団、大津疏水および発電所、物産陳列場、動物園
8月24日		大谷派本願寺、枳殻邸、智恩院、小学校・幼稚園
8月25日		名古屋市
8月26日		熱田神宮、師団司令部、熱田車輌会社
8月27日		安城農林学校、商品陳列所
8月28日	新橋着	
8月29日		休養（「断髪、入浴及衣類の洗濯等を為さしむ」）
8月30日		歩兵第一連隊・第三連隊、砲兵工廠
8月31日		板橋兵器倉庫、工兵大隊
9月1日		近衛歩兵連隊、騎兵連隊、士官学校、幼年学校
9月2日		糧秣廠、三越呉服店
9月3日		上野動物園、博物館、上野納涼博覧会、浅草公園、山田式飛行船
9月4日		横須賀鎮守府および軍艦「丹後」
9月5日		新橋演芸館
9月6日		拓殖局
9月7日	京都着	
9月8日		休養
9月9日	岡山着	
9月10日		工業学校、公園および商品陳列場
9月11日		師団、山下尋常高等小学校
9月12日	広島着	
9月13日		重砲兵連隊、マッチ製造会社
9月14日		呉鎮守府
9月15日		厳島
9月16日		小倉師団および北方練兵場
9月17日		小倉製紙会社
9月18日		八幡製鉄所
9月19日		休養（出発準備の為）
9月20日		「讃岐丸」乗船
9月23日	帰台	

出典：「蕃人の内地観光（第２回）」『理蕃誌稿』第３編上巻：251–253頁より作成。

第4回　1912年4月23日～5月27日

日程	発着地	スケジュール（予定）
4月23日	基隆発	「亜米利加丸」乗船
4月24日		船中
4月25日		船中
4月26日	門司着	
4月27日	神戸着	
4月28日		
4月29日	東京着	
4月30日		第一師団
5月1日		砲兵工廠、帝国大学
5月2日		近衛師団、士官学校、中央幼年学校
5月3日		赤羽工兵隊
5月4日		板橋倉庫、験査所、小銃弾製造所
5月5日		糧抹本廠
5月6日		横須賀鎮守府
5月7日		休息
5月8日	名古屋着	
5月9日		第三師団、物産陳列場
5月10日	京都着	
5月11日		伏見第17師団
5月12日		奈良遊覧
5月13日		大津疏水、本派本願寺、妙心寺
5月14日	大阪着	
5月15日		砲兵工廠
5月16日		第四師団
5月17日	広島着	
5月18日		第五師団、地方幼年学校
5月19日		呉鎮守府
5月20日	小倉着	
5月21日		枝光製鉄所
5月22日		製紙場
5月23日		第13師団
5月24日		「笠戸丸」乗船

出典：「台湾蕃人内地観光に関する件（1）」JACAR: C08020225500（第8～10画像目）、明治45年～大正1年　公文備考　巻167　雑件3（防衛省防衛研究所）より作成。

第5回　1912年10月1日～10月31日

日程	発着地	スケジュール
9月29日	台北着	
9月30日		台北滞在
10月1日	台北発 基隆発	「笠戸丸」乗船
10月5日	神戸着 京都着	
10月6日		大津町、三井寺、疏水下航、京都動物園、花園、妙心寺 帰途、電車にて京都市内を一周し、夜景を観覧
10月7日		第16師団、桃山御陵参拝、西本願寺
10月8日	東京着	
10月9日		砲兵工廠、十条小銃弾製造所、板橋兵器倉庫
10月10日		近衛第三連隊、代々木練兵場（近衛歩兵第四及び騎兵連隊演習）
10月11日		赤羽近衛工兵大隊、世田谷練兵場（野砲兵連隊演習）
10月12日		二重橋、市中観覧、拓殖博覧会、上野動物園（白木屋呉服店）
10月13日		浅草公園（十二階、大勝館、闘技館）
10月14日		所沢飛行機演習、陸軍幼年学校、陸軍士官学校
10月15日		陸軍糧秣廠、陸軍被服廠、拓殖局
10月16日		休養
10月17日	名古屋着	
10月18日		第三師団、市中観覧（新愛知社物産組伊藤店）
10月19日	大阪着	
10月20日		堺水族館、市中観覧（四天王寺、ルナパーク）
10月21日		第四師団、兵器支廠、砲兵工廠
10月22日	広島着	
10月23日		重砲兵連隊、大本営跡
10月24日		呉市、呉鎮守府、造船所
10月25日	小倉着	
10月26日		第12師団、市中観覧（製紙会社）
10月27日		休養
10月28日		製鉄所 門司にて「備後丸」乗船
10月31日	基隆着 台北着	
11月1日		台北滞在
11月2日	台北発	帰社

出典：「雑（3）」JACAR: C08020372800（第2～6画像目）、大正2年　公文備考　巻116　雑件4止（防衛省防衛研究所）より作成。

第7回　1925年7月3日～7月30日

日程	発着地	スケジュール
7月3日	基隆発	
7月7日	神戸着 奈良着	電車にて大阪を経由し、奈良へ 公園などを観覧
7月8日		皇大神宮、徴古館・農業館、倭姫神社など観覧
7月9日	東京着	府庁・市役所・新聞社に挨拶、東宮御所、明治神宮参観、青山師範学校で野球練習
7月10日		三越・松屋・銀座通りを見学
7月11日		愛宕神社、増上寺を観覧、立教大学グラウンドにて早稲田中学と野球対戦
7月12日		上野・浅草方面を観覧、帝国館で活動写真をみる
7月13日		新宿御苑、貴衆両院、泉岳寺、靖国神社 夜は晩餐会、東京夜景見学
7月14日	東京発	横浜記念館、正金銀行を見学、山下グラウンドにて神奈川一中と野球対戦 夜は台湾新聞社主催の講演会出席
7月15日	名古屋着	熱田神社を参拝
7月16日		離宮拝観、日本陶器製造会社を観覧、愛知一中と野球対戦
7月17日	京都着	島津製作所、平安神社、博物館を観覧 夜、祇園祭を観覧
7月18日		京都府立師範学校と野球対戦 夜、京都商業実習学校で講演
7月19日	京都発 大阪着	東山方面を観覧、桃山御陵、乃木神社参拝 新聞社訪問
7月20日		甲子園グラウンドにて八尾中学と野球対戦、大阪城および市街観覧
7月21日		甲子園グラウンドにて天王寺中学と野球対戦、住吉神社、堺水族館を観覧
7月22日	大阪発 神戸着	造幣局および市街観覧
7月23日		東遊園地にて新港商業と野球対戦、港川神社を参拝
7月24日	広島着	
7月25日		観音グラウンドにて広陵中学と野球対戦 夜、大手町小学校で講演
7月26日	広島発 門司着	厳島を観覧
7月27日	門司発	八幡製鉄所観覧 「笠戸丸」にて帰台
7月30日	基隆着	

出典：「内地観光外七件」『理蕃誌稿』第 5 編：914–917頁より作成。

第七章　「比較」を管理する
――霧社事件以後の先住民観光事業

第一節　観光と比較

前章で論じたように、観光は、領有直後から先住民対策に利用された主要な統治技術だった。特に明治・大正期の観光事業は、①頭目その他の有力者（女性含む）をターゲットに選んでいる点、②商工業・軍事施設の見学を重視している点に特徴がある。その理由は、先住民の武力抵抗がいまだ激しい段階にあって、彼らの帰順をスムーズに取り付けるには、単に暴力に訴えるのではなく、蕃社を統率している有力者を取り込むことが有効と考えられていたからである。日本の軍事力や技術力を見せつけたり盛大な歓待でもてなすことで、帰台後、指導者本人の口から日本の偉大さ、素晴らしさを語らせる。それによって先住民全体を〈日本＝文明〉を理想とする社会変革――特に農耕民化――に駆り立てていくことが、この事業の最終目標だった。

先住民に自己変革を促すうえで観光が有効とされたのは、第一に、それが先住民に自己を〈相対化〉する視点を与えると見なされていたからである。たとえば大正末に書かれた『理蕃の概況』（警務局理蕃課、一九二四年）は、これまでの観光（及び活動写真）事業を次のように総括している。

> 山間孤独の境に在つて社会の形勢に暗く世事を解せない彼等は自己の勢力は絶大なりと信じて居る。故に彼等に対しては実物的指導に依り事物の比較対照を為し其の利害得失を教へ之が採長補短の概念を与ふることが緊急であるので、従来主として観光の方法を採つたが、諸種の事情の為多数者に及ばぬので大正一一年から警務局理蕃課に活動写真班を置いて蕃人撫育に適切であるフィルムをつくり、之を各州庁の映写機で観光不及の地に巡回観覧せしめ観光と相俟つて之が実績を上ぐることに努力して居るのである。（山辺編 1971: 544 強調引用者）

他から隔絶した社会で暮らし、自己を相対化する機会をもたない先住民に、異なる社会を観察させることで「比較対照」を促し、「利害得失」・「採長補短」の感覚を与えることが観光の目的とされる。また「実物的指導」という言葉にも窺えるように、観光は第二に、一種の実物・視覚教育として、言葉による意思疎通が困難な時代の植民地行政において、効果的な教育方法と見なされていた[1]。大正末に観光と並んで「活動写真」という方法が提唱されたのも、「視覚」教育の一環と捉えることでよりよく理解されるだろう。

上記の報告でもうひとつ注目したいのは、従来の観光事業の限界が語られている点だ。ここでは対象人数の少なさが指摘されているが、別の報告書で補足すると、活動写真事業の背景にはさらに、観光者本人の見聞がその他の先住民にうまく伝わっていないという問題意識が存在した[2]。

こうした観光事業の効果に対する疑いは、大正末から昭和期の行政文書のなかで次第に目立ってくる傾向である。しかもその矛先は、単に事業効果が広範囲に拡大しないという点にとどまらず、後述するように、そもそも観光者本人にとってさえ意味があるのかという点にまで及ぶ。しかし同時に重要なことは、こうした疑いにも関わらず、それでもなお、観光事業が太平洋戦争直前まで持続したことだ。では、それはなぜか。

この問題を解く鍵となるのが、昭和期の観光事業の政策転換である。霧社事件後、台湾では従来の先住民行政のあり方が大きく問い直され、さまざまな政策転換が図られていく。そのなかで、観光事業にもメスが入るが、以下でみるように、その後の経過は、観光事業の効果を否定する方向ではなく、観光事業に対する「管理 management」を徹底化する方向に進んでいく。本章ではこの過程を、事件後に先住民行政の統一を図るべく各地の警察官に配られた『理蕃の友』(警務局理蕃課)の記載を中心に追う。この作業を通じて、前章で論じた観光または比較の両義性が、事業関係者にどのような問題として認識され、いかなる解決が図られ、その結果、先住民社会にどのような反響を呼び起こしたかを明らかにする。

第二節　観光地の選別——都市観光から農村観光へ

第一項　比較への無関心

昭和期の観光事業ではそれ以前とは異なり、先住民の「進化」の程度に応じて目的地を選別する、という発想が現れる。明治・大正期の観光事業では、先住民に日本や台北などの「文明」社会を見せ、自他の「比較」を促せば、先住民は自己の「遅れ＝未開性」を自覚・反省するようになるだろうと安易に想定されていた。しかし大正末から昭和期に入ると、そうした楽観的想定に代えて、どの先住民に、いかなる場所を見学させるべきかという、観光を「管理」する視点が登場する。

たとえば一九二四(大正一三)年に新竹州大渓郡の「キナジー蕃」一五名が台中州東勢郡の蕃社を視察した経緯について、『理蕃誌稿』は次のように説明している。「蕃人の都会地観光に依りて受くる処の感化と相併んで行ふべきは、頑迷なる奥蕃をして前山地帯に在る同一種族の進化せる蕃社の実況を参観せしむることなり。即ち後者は彼等の対照比較容易にして採長補短の理解早く感化上得る処大なるものあり[3]」と。つまり、「頑迷なる奥蕃」には「同一種族の進化せる蕃社」を見学させた方が、「対照比較」が「容易」であり、自己の欠点を自覚しやすいというのである。

ここでいう「進化せる蕃社」とは、隘勇線の前進により銃器や土地を奪われた後、移住先の保留地にて水稲栽培や

図7－1　台北州の改良衣服

出典：藤崎（1931: 235）より転載。

＊タイトル「タイヤル族屈尺蕃男女の改良服」

牧畜技術を伝授された「改良蕃社」を指す。この農耕民化の過程は、先住民の軍事的制圧が一段落する佐久間総督期以後、「林野整理事業」（一九一五年から一〇ヵ年）や「蕃人開発調査」（一九三〇年から八ヵ年）において本格化した（近藤 1992: 45–50; 中村 2003: 335–364）。しかもその際、先住民を「真正正銘な日本人」・「ほんとうの日本人」に仕立て上げるために、米食への食生活の切替えのほか、「蕃屋」から内地式平屋建築への改築、「蕃装」から「内地百姓」風への衣服改良なども進められた（図7−1を参照）(4)。大正期の島内観光事業には、蜂起事件を起こした蕃社や、近隣蕃社の動揺によって将来反乱が見込まれそうな蕃社を懐柔すべく、蕃社の有力者を「改良蕃社」見学に連れだすという観光形態が現れてくるが（第六章の別表1を参照）、これを可能にしたのは、先住民の集団移住・農耕民化プロセスの進展であった。

改良蕃社の視察は、先の『理蕃誌稿』の時点では、いまだ「都会地観光」と並列的に提示されるにとどまっていた。しかし昭和期に入るにつれ、こうした発想は次第に、先住民の「進化」の程度に応じて都市観光／農村観光を振り分けるという発想を生みだす。以下では、そのいくつかをピックアップしてみよう。

【1】「……観光箇所の選定は観光蕃人の進化の程度に順応し取捨し、其の自己の環境以外の社会状態を見聞したる事なき蕃人に対し、一足飛に彼等の実生活に直接影響なき高度の精神的方面又は物質的方面の文化的施設を見聞せしむるは、勿論必要にして効果なきに非らざるも、夫れよりも、寧ろ第一に彼等の実生活に即し直接卑近なる実例を

見聞せしむるを最も有効なりと信ずるものである。即ち同族先進蕃社の集団移住地又は水田耕作等に依り安定せる生活状態を見聞せしめ、出来得れば一泊し座談的に同族をして其の生活状態を説かしむるが如きは、最も有効なりと信ず。」(「蕃人の観光に就て」『理蕃の友』昭和八年四月：八-九頁)

【2】「……未だ全く平地を知らざる蕃人を一足飛に台北の如き都市に観光せしむるは、大に考慮を要する問題にして、観光には其蕃人の進化の程度に鑑みて、其の観光せしむべき地方の選定及観光の時期に付いて深甚の注意を払ふべき必要がある……」(「台東庁蕃人の社会教化」同上、昭和八年一〇月：七頁)

【3】「過去に於ては奥地蕃人啓蒙の目的で軍備の威力や機械文明の粋、市街の輪奐美等を視察せしむることが必要条件であつたらうが、今日相当向上せる蕃人に対しては第一に彼等の生活に即した見学をなさしむることを第一主眼とせねばならぬ。先般パイワン族が内地観光中〔第一一回観光団を指す〕(5)最も印象深くし、有効であつたのは静岡県杉山村の傾斜地の利用、杉の造林、農家の生活状態であつたと彼等自身が告白してゐる。……島内観光に於ても直ちに彼等の生活に採り容れて応用し得る方面、或は農業上参考資料となる施設の見学に重点を於いて日程を編成すべきものである。……更に先覚蕃社の見学はより以上に有効なものと信ずる。之れは何も遥々遠くまで出掛けるまでもなく、州庁内同族の優良蕃社を観て直ちに自家蕃社と比較検討させれば改善上実際的に役立ち効果も顕著なるものと思はれる。」(「蕃人観光と北部に於ける其の適地」同上、昭和一〇年五月：三-四頁)

【4】「従来の観光地は多く都会地であつた。都会の観光も強ち悪い事はないが、大体彼等は山村の民である。グロ味たつぷりな異様な服装をして、都会の人に彼等を見せるのが目的ならいざ知らず、現在の様な観光目的であるとしたなら、日数と費用とに限りもあることだから、都会と田舎を五分五分位の割合にするのが適当ではないかと思ふ。都会の文化は殆んど驚異的のものばかりで、直に彼等の生活に取り入るべきものは殆どないといつてよい。然るに田舎に行けば、衣食住に、農耕に、年中行事に、直に模倣すべき幾多の資料が、何れの所にもゴロゴロしてゐる。」

（横尾広輔「高砂族の内地観光に付て」同上、昭和一一年六月：一一二頁）

【5】「都市観光と農村観光は、高砂族進化の状態により其の効果に多大の差が生じて来ると思ふ。私自身の経験よりすれば、未開の者に都市の文化施設を見せると、只奇声を発して驚き、内地人は如何なる事でもする、我々には到底出来ないとか、之はまことに不思議だ神の様だとか驚きと脅威を感ずるだけが多く、内面深くつき進んで自己の生活上に資するといふやうな感じは極めて薄い様である。……之に反して、農村観光は極未開の者には其の得る処が極めて大きく、帰社後実行進化の途に就いたものが驚く程多かつた。」（「先進蕃社観光の効果」同上、昭和一二年六月：九頁）

上記の発言に見られるように、観光地を選別するという発想は、台北などの都市部を主な目的地とする前期観光事業の効果が疑問視されはじめた時代状況を映しだしていた。確かに、これまでも台北観光にはいくつかの問題点が指摘されてきたが（第六章第一節を参照）、それらは主に財政面・警備面の問題であって、都市観光の有効性自体を問い正すものではなかった。たとえば引用【5】にみられるような、都市観光は日本人に対する脅威／驚異や神格化を呼び起こす「だけ」だという発言は、それらを「精神的威圧」の成功と捉えてきた前期観光事業とは著しい対照をなす。つまり従来は、先住民に近代的な商工業・軍事施設を見学させれば、それとの対比のなかで、自己の生活の遅れを「内面深くつき進んで」見直すようになるはずだと想定されていたのに対し、昭和期に入ると、そうした〝差異〟の強調はかえって、先住民が当該社会を模範対象とすることを困難にするという問題認識が現れてくる。

ここで問題になっている事態を、社会学の概念を用いて整理すれば、それは都市社会が先住民にとっての「準拠集団 reference group」として認知されていない状態、もしくは両者の間に「比較」のベースとなるある共通の地平——いわゆる「比較の第三項 tertium comparationis」、またはアンダーソンのいう「比較の地平 a comparative field」（第一章）——が認知されていない状態と言いかえられるだろう。「個人の占める地位の属性と準拠集団のそれとの間に或る類似性が認知され、想像されなければ、そもそも比較は行なわれないのである。最小限この類似性が得られて後に、状況に関連のあるその他の類似点や差異点が、評価を形成するための脈路を提供する」（Merton 1957＝1969: 174）。つまり、自己の生活と都市生活との〝差異〟は、たとえばそれがまったく別世界の事柄と認知されるのなら、自己反省や上昇志向を生みだす〝遅れ〟の感情を呼び起こしはしない。同様に、単に権力をもたないことや資源が不足していることも、それだけでは「劣等」感情や「恥」の意識を引き起こすものではない（Neckel 1991＝1999: ch.8）。観光対象との間にいかなる「類似性」も認知されず、自己の立場を評価する「準拠集団」の役割を果たしていない状態――このような状態にある先住民の反応形態を、本章では「無関心 indifference」と呼ぶことにしたい。

こう整理すると、昭和期の政策転換の意味がいっそう明確になる。第一に、当時問題視されたこの「無関心」という反応形態は、（前章のタイモ・ミセルやモーナ・ルダオのような）日台間の不平等性に対する不満よりも、観光事業の政策意図に対する根源的な外部性を示している。なぜなら不平等性の認知は、少なくともその背後に平等性への期待、すなわち、ある共通の価値に対する志向性を前提としているからである。ネッケルも指摘するように、「無力なだけではなく、劣等だとも感じている人は、相手がもっていたり、もつことができたりする、より高い価値をすでに暗黙のうちに承認しているのだ」（Neckel 1991＝1999: 215–216）。

第二に、都市ではなく（同一種族の）農村を見学させるという方針は、先住民に観光対象との「類似性」を認知させ、自他の「比較」を促すための戦略と捉えることができる。つまりこの方針の背景には、「未開な」先住民には日本人の「文明的な」都市生活よりも同一種族の・農村生活の方が、進化の階梯において〝近接〟しているがゆえに、お互いの類似性を認知しやすいという問題含みの想定が入り込んでいる。その問題点については次節で詳しく検討したい。ここではひとまず、後期観光事業は、事業の根幹を揺るがす「無関心」という反応形態に対して、異なる社会を比較させることの有効性自体は否定することなく（＝観光事業の意義自体は否定することなく）、観光者と観光対象との間の〈進化論的な距離〉を縮小することで対応したという点を確認しておきたい。こうした問題解決のあり方が、事業効果をめぐって疑いが生じたにもかかわらず、観光がその後も植民地政策に利用され続けた理由のひとつで

図7－2　先住民観光写真（霧社公学校の修学旅行、1933年、台北神社前）

出典：林編（1995: 107）より転載。

ある。

最後に、後期観光事業における都市観光から農村観光への重心変化を、内地観光団の見学ルートから跡付けておこう（本章末尾の別表1を参照）。前章で一部触れた点ではあるが、齋田悟（警務局）の整理によると、第六回（一九一八年）までは「母国に於ける都市観光と軍事施設の見学を其の主要目的としてゐた」観光団は、第八回（一九二八年）以降、「都市及び農村の諸施設の見学を主要目的」とするようになり、特に第九回（一九二九年）と第一〇回（一九三四年）は、「尊王愛国の大精神の涵養と、母国模範農村の文化施設見学に主力を注いでゐる点」が従来とは大きく異なるという[6]。ちなみに「尊王愛国の大精神の涵養」を目指す観光とは、別表1（本章末尾を参照）から分かるように、具体的には、皇居（宮城）参拝や伊勢神宮・明治神宮・靖国神社・伏見桃山陵等の皇室関連の神社参詣を指す[7]（図7－2を参照）。

第二項　行き過ぎた文明化

後期観光事業において農村観光の比重が高まったことは、観光ルートの実態からも明らかである。ただし、この政策転換を支えている想定には注意を要する。それは、ここで先住民社会と進化論的に〝近接〟しているとされた社会、すなわち「彼等の実生活」に即しているとされた社会が（引用【1】【3】）、伝統的な先住民生活には〝疎遠〟であるはずの定地農耕社会に設定されていることだ。つまりこの想定は、歴史的に自明なものでは全くなく、それ自体が、農村観光を通じて理蕃警察官が新たに作りだそうとした先住民社会の理想像を投影している。われわれは、先住民には農村生活（の観光）が適しているという指摘を文字通り受け取ることはできない。同じことは、都市生活だけをことさら「彼等の実生活に直接影響なき」ものと見なす認識（引用【1】）にも当てはまる。

こう考えていくと、都市観光から農村観光への政策転換をうながしたもうひとつの別の文脈が浮かびあがる。それは市街地を見学した先住民が、都市生活を自らの準拠集団に設定しないという先の「無関心」とは逆の問題、つまり先住民があまりにも都市生活を志向してしまうことへの危惧である。実際『理蕃の友』を読むと、霧社事件後の先住民政策には、先住民をいわば〈行き過ぎた文明化〉から引き戻すというバックラッシュ的な側面があったことが分かる。たとえば『理蕃の友』には、今後の先住民教育の注意点として、次のような発言が寄せられている。

蕃人を導くに、特に気をつけ度いことは、只形を整へて、開化を急がせることは考へものと思つてゐる。一歩一歩陋習を脱却させて行けばよい。蕃人をして心から、その悪い習慣を改めて行く気に仕向けることが第一義であらう。別して蕃婦が無暗と、ハイカラな真似をすることは考へものと思ふ。蕃人のやうな原始的な習俗、文化の程度にあるものが、一躍、今日の文明の社会生活に接する時、其処には余程注意を払ふべき点が沢山あると思ふ。（森田俊介「寒渓を訪ねて」『理蕃の友』昭和七年三月：四頁）

特に観光に関していえば、都市観光は、先住民のなかに農業からの離反者を生みだす点でも問題視されていた。たとえばある論者は、都市観光によって農業以外の職業希望者が増えたこと、とりわけ教育所の成績優良者のなかに農業忌避の傾向がみられることを指摘し、こうした「文明中毒」を戒め、「善良なる農民」に回帰させる必要性を説いている。(8) また先住民自身の証言として、「現在我等仲間に、とても高い理想の生活を望んで居るものがありますが、大いに熟考して、進化に応じて適当な授産と教育を施し、以て健全なる国民を養成せられんことを望む」との発言も寄せられている。(9) なお、ここでいう「とても高い理想の生活」とは、その他の記述から推察すると、将来警察官として働くことを望んだり、日本人の生活を〈過度に〉模倣しようとする者を指していたようだ。

表7－1　蕃地配置巡査警手種族別現在員（1930年10月1日現在）

	巡査部長			甲種巡査			乙種巡査			小計				警手			
	内地人	本島人	蕃人	内地人	本島人	蕃人	内地人	本島人	蕃人	内地人	本島人	蕃人	計	内地人	本島人	蕃人	計
台北	21			63			112	4	3	196	4	3	203	34	280	53	367
新竹	33			187	1	2	118	23	13	338	24	15	377	63	589	104	756
台中	28			97			134	8	7	259	8	7	274	138	225	127	490
台南	2			8		1	13		4	23	0	5	28	1		22	23
高雄	83			211			64	10	15	358	10	15	383	34	207	119	360
台東	13			120			57	5	22	190	5	22	217	39	52	252	343
花蓮港	22			130			123		3	275	0	3	278	47	46	403	496
計	202	0	0	816	1	3	621	50	67	1,639	51	70	1,760	356	1,399	1,080	2,835

出典：山辺編（1971: 567）より。
＊本表のほかに警部24名、警部補67名（いずれも内地人）が存在する。

彼等の精神的方面即ち身を粉にして働く真面目性に欠くる所が出来、勤労農民たらんとするよりも警手或は巡査となつて華美な生活をしたいといふ欲求が多く働いて居る様に見受けられる。現在私の知る警手の多くの家庭は衣食住は勿論子供の玩具に至る迄悉く内地風を真似ざれば止まぬ態の同化振を示し同族憧憬の的となつて居る。そして恰も内地の小農家庭などの到底及ばざる風装などを為して先覚者たるの体面を保たんことに腐心して居る様にも見受けられる。……彼等の所謂同化なるものは動もすれば外面的同化が先行し、精神的方面の甚だしく遅るる傾向がある。（「先覚者指導上の所見」『理蕃の友』昭和一〇年一月：一〇頁　強調引用者）

上の発言は、こうした先住民の〈模倣〉を可能にした政策状況を踏まえて解読しなければならない。それは総督府が先住民に対して、警手や巡査への就職機会を——たとえ部分的であれ——開いていたことだ。たとえば霧社事件当時の『台湾の蕃族』（初版一九三〇年、増補版一九三一年）を見ると、蕃童教育所や公学校および中等以上の学校卒業者の就職先として、巡査・警手への就職が実際に多く存在したことが分かる（官立医院医務嘱託一名、公医二名、教員六四名、巡査八四名、警手九七八名）（藤崎 1931: 870）。また事件後まとめられた「蕃地警備に関する調査」（石塚英蔵秘書官山本光雄保管文書、謄写四一枚）には、「蕃地配置巡査警手種族別現在員」（一九三〇年一〇月一日現在）のデータが掲載されている（表7-1を参照）。これによると、先住民の就職先として開かれていたのは主に警手であり、巡査の場合はもっぱら乙種に限られていたことも分かる。なお当時の規程では、「警手は内地人本島人蕃人中より採用」し、「警手にして満三年以上勤続し成績優秀なる者及特殊技能を有する者、軍隊教育を受けたる者は之を乙種巡査に採用し、昇進の途を開〔く〕」とされていた（山辺編 1971: 567）。またこうした政策の背後には、先住民の抵抗が激しく、日本人側にも多数の死傷者を出した明治・大正期に、警備の一部を先住民自身に肩代わりさせようとした総督府の思惑があった。つまり、昭和期に〈行き過ぎた文明化〉として批判された警手・巡査希望者の増加は、それ自体、従来の先住民行政の帰結なのだ。

先住民に相応しい職業は（警察官などではなく）農業だとされるとき、当時その論拠としてよく持ち出されたのが、先住民の〈未開性〉の問題だった。なかでも昭和期に頻出するのは、労働市場における競争力の低さという言説である。

蕃人は悉く農業者と見做してよい、一部の者は公医、教員、警察官等の職務についてゐる者もあるが、若し彼等が其の俸給生活から離れた時には、農業に帰つて行くより外に途はないのである。現に此等の先覚者は何れも農業を兼営し、或はその準備を進めてゐる。故に蕃人は百パーセント農業者である、換言すれば山の百姓である。……若し山を棄てて一般文化人と生存競争をするとせば、一たまりもなく敗北し悲惨な境遇に陥り、滅亡の途を辿るより外はない。さればどうしても彼等は山の農業者として落付け勤務せしむるに限るのである。（「教育と授産」『理蕃の友』昭和一一年三月：五頁）

かくして農業の推奨は、〈未開な〉先住民を「一般文化人」との「生存競争」から守り、先住民の「滅亡」を防ぐための措置ともみなされた。つまり、それは警察官の「善意」によるものなのであり、たとえ先住民の意志に反する「無理」をしても推進すべき目標とされた[10]。たとえばある論者は、現在先住民の若者たちが職を求め、山地から平地へと流出する現象が起こっているが、それは「優勝劣敗の理法」によって先住民の「滅亡」を招く恐れがあるという。それゆえ、「彼等の希望通りどしどし平地へ、都会地へ出す」のではなく、「彼等の将来にとつて真の幸福であるか」を考え、「先祖伝来の土地」への愛着をもつ「真の農業人を錬成する」べきだと主張している。[11] 明治・大正期の理蕃事業が、先住民から「先祖伝来の土地」を収奪していく過程であったことを踏まえれば、この発言がどれほど多くの論点のすり替えをおこなっているかがよく分かる。[12]

以上の検討から、昭和期に農村観光が推奨された背景として、以下の二つの政策ベクトルが働いていたことが明らかになる。すなわち、先住民を日本化・近代化された生活への「無関心」から引き離そうとする動きと、「過度の」日本化・近代化から引き離そうとする動きである。しかしこの相反する二つの政策ベクトルの根底には、あるひとつの共通の前提がある。それは、先住民が〈文明的な〉都市生活を望むのは時期尚早だという前提、なぜなら先住民はいまなお〈未開〉だからという前提である。この点について『理蕃の友』には、次のような象徴的な発言が寄せられている。

　然し平地蕃人はよく開発されたと言ふてもそれは程度の問題で精神的にも物質的にも内地人や本島人とは到底同等に考へる譯にはいかぬ、警察から言はるる労力供出も永い間指導訓練を受けた手前余儀なくされて居る様なもので心からは之れを喜ばないものも少くない。彼等の血には祖先からの因襲が未だこびり付いて居る。経済生活に這入つて漸く之れに目覚めつつある彼等の今日としては実にその過渡期に立つてゐるものと思ふ。(「東台湾の労力問題と警察」『理蕃の友』昭和八年二月：一一二頁)

霧社事件後の理蕃警察官の認識をよく表した一節である。「よく開発された」と言われた先住民も、その程度は内地人には遠く及ばない。警察官への協力も、実は「余儀なくされ」たもので、多くは「心から」のものではなかった。「彼等の血には祖先からの因襲が未だこびり付いて居る」。この意味で、昭和期の政策転換は、先住民のなかに消去不可能な〈未開性〉の刻印を再発見していく試みであったといえよう。それはまた、先住民を〈伝統〉と〈近代〉の狭間（「過渡期」）の位置に囲い込もうとする戦略でもあった。

この時期、日本的な生活様式の先住民社会への浸透が「外面的同化」として非難されたのも、先住民のなかに消去しえない〈未開性〉を見いだし、日本人と先住民との間の境界線を再構築する動きとして捉えることができる。またそれにともない、「同化」の判定基準も、外見や行動において観察できる客観的なものから、「心から」の日本人かという精神的なもの、理蕃関係者の一存によって決められる主観的なものへと移行する。たとえば当時「視学官」として先住民教育の監督・指導を任されていた横尾広輔（警務局）は、日本の同化政策の鍵概念である「一視同仁」の中身について、「蕃人をして現在の内地人と全く同様にまたは将来あるべき内地に於ける内地人と全く同様にする事が所謂一視同仁の聖徳に浴せしむる所以か？　また斯様の事が果たして可能の事か？　更に斯くする事が蕃人としても母国人としても有利有益な事か？」と疑問を投げかけたうえで、次のように述べている。

本島住民をして、内地に於ける内地人と全く同様に仕様としてもそれは不可能にして且意義をなさない。従つて単に国語を喋り又は日本建の家に住み、和服を着、ビールを飲み、刺身を食つても本当の意義に於ける新しい日本人といふ事は出来ない。新しい日本人とは、国語を常用し我国民の精神文化を体得し常に我国民意識に燃へてゐる者であれば其の生活様式などは敢へて絶対的の条件とはならない。（横尾広輔「蕃人教化に対する一考察（三）」『理蕃の友』昭和八年六月：一一–一二頁）

想起すべきは、この発言が、先住民の農耕民化や衣食住の〈日本化〉が進展していくのと同時期になされている点だ（第二節）。かくして昭和期の理蕃行政は、先住民を「本当の日本人」に変えるべく生活様式の〈日本化〉を推し進める一方で、他方ではそれをあくまで「外面的同化」と退けることで、いつまでたっても「本当の日本人」にはなれない〈未開な〉先住民の姿を、くり返し見いだしていくことになる。この二重性が先住民にいかなる屈折した心理を生みだしたかについては、第四節で検討する。

第三節　観光者の選別――老蕃から青年団へ

昭和期の観光事業の第二の特徴は、対象者の選別の仕方である。たとえば第一二回観光団（一九三六年）の引率を務めた横尾広輔――彼は当時「観光係の主任」も兼ねていた――は、帰台後の『理蕃の友』で、今後の事業方針として、「都会」よりも「田舎」を優先することに加え、「従来よりも一層団員選定の標準を高め」るために日本語能力を重視することを主張している(13)。

近年高砂族の生活向上の結果、自費観光の風馴致せられ、金銭さへあれば何時何処へでも連れて行つて貰へるといふ様な傾向が見えて来た。観光が、昔の様に之を操縦の具に供せられ、唯彼等に驚異の感を懐かしめる程度の時代なら兎に角、今や内地の文化を吸収して、直に彼等の生活を改善し、国民精神の培養に資しやうとする時代に於て、国語の解不解が、如何に重大なる関係を持つかは別に贅言を要しない。前二回今回とも、国語の充分でなかつた者が、如何に自ら苦しみ、恥しがつたか、他所の見る目も気の毒な程であつた。実に国語理解の程度と観光の効果とは殆ど正比例すると謂つてよい。斯の国語理解の程度を省みないで、総てを金銭で片付け様とする傾向を馴致する事は寧ろ怖るべき事である。……〔中略〕……蕃地で勢力のある者でなければといふ考方から、従来兎角頭目や勢力者が選ばれてゐたが、近年実施の成績を見るに、国語の解らぬ老蕃などに顧慮する必要は全然ない様に思はれる。今こそ若輩で何等為すなき無名の青年も、軈《やが》ては其の蕃社を動かす中堅人物となるに於て、今更老蕃連の御機嫌など伺ふ必要は全然ないと思ふ。今後は少なくとも三十才を超えざる男女の青年でなければならないと主張したい。（横尾広輔「高砂族の内地観光に付て」『理蕃の友』昭和一一年六月　強調引用者）

まず横尾の主張の前提となっている「自費観光」の問題に触れておこう。前期観光事業は基本的に官費（「観光費」）によって負担されていた。しかし大正末以降、内地観光・島内観光のいずれの場合も、参加者による自費負担が増えてくる。『蕃人教育概況』によると、第六回（一九一八年）までは「官費」で負担していた内地観光は、第七回（一九二五年）以降、「凡て蕃人の自費」でまかなわれたという（台湾総督府警務局編 1935 → 2010: 18）。また『理蕃誌稿』を見るかぎり（第六章の別表1を参照）、島内の自費観光もやはり大正末頃から始まっており[14]、横尾の発言がなされた一九三六年時点では、島内観光の旅費その他消費額に占める自費の割合は、全体の約七割に達していた（表7

表7－2　島内観光の資金源（1931年～1940年）

単位：円

年次	種別	自費	官費その他補助	計	自費の割合
1931	児童	904.24	4133.4	5037.64	18%
	その他	772.95	466.96	1239.91	62%
	計	1677.19	4600.36	6277.55	27%
1932	児童	2023.21	3069.82	5093.03	40%
	その他	490.15	2429.86	2920.01	17%
	計	2513.36	5499.68	8013.04	31%
1933	児童	2256.79	3205.66	5462.45	41%
	その他	3483.6	3109.17	6592.77	53%
	計	5740.39	6314.83	12055.22	48%
1934	児童	3138.14	2895.16	6033.3	52%
	その他	3619.61	3732.49	7352.1	49%
	計	6757.75	6627.65	13385.4	50%
1936	児童	2703.62	1583.77	4287.39	63%
	その他	14760.1	4398.14	19158.21	77%
	計	17463.7	5981.91	23445.6	74%
1937	児童	4639.27	2488.2	7127.47	65%
	その他	10034.5	2411.84	12446.32	81%
	計	14673.8	4900.04	19573.79	75%
1938	児童	3962.38	2438.56	6400.94	62%
	その他	18093.7	4548.73	22642.45	80%
	計	22056.1	6987.29	29043.39	76%
1939	児童	6658.04	7169.57	13827.61	48%
	その他	17196.8	2279.74	19476.53	88%
	計	23854.8	9449.31	33304.14	72%
1940	児童	9049.7	2538.77	11588.47	78%
	その他	39114.7	17943.3	57057.96	69%
	計	48164.4	20482.07	68646.43	70%

出典：台湾総督府警務局編（1935 → 2010: 56, 1942 → 2010: 65）より作成。

＊1931～34年の数値は、実数を掲載している『蕃人教育概況』（台湾総督府警務局編 1935 → 2010）に基づく。ただし『高砂族の教育』には、「旅費その他消費全額に対する官費補助額の割合」として、「昭和6年及同7年の5割4分、同8年4割、同9年3割7分、同10年1割7分、同11年2割5分、同12年3割3分、13年2割4分、14年2割9分、15年2割9分」と記されており（台湾総督府警務局編 1942 → 2010: 19）、1931年から1934年までの比率は、『蕃人教育概況』から算出された比率と大きく異なっている。

＊1935（昭和10）年度の実数は、『蕃人教育概況』・『高砂族の教育』のどちらにも未掲載である。

-2を参照)。当初は経費の制約から台北観光すらままならなかった島内観光が、昭和期に対象人数を飛躍的に拡大したのは（第六章第一節）、先住民自身が経費を肩代わりするようになったことが大きい[15]。さらに自費観光の増加は、長年の懸案だった経費問題を解決するだけでなく、先住民の自立性の芽生えとしても評価された。その一方で、これまで先住民の懐柔策によく用いられてきた饗応や土産物を与える戦術は（第六章第三節を参照）、先住民の「依存性」を助長するものとして批判され始める[16]。

以上を踏まえて横尾の発言に戻ると、彼の論点は、自費観光そのものへの批判ではなく、むしろ自費負担の増加をうけて膨張した観光事業が、先住民を生活改善へと導いていく形で適切に管理されていないことへの批判と捉えることができる。横尾によれば、先住民に「驚異」を与える手段として観光を利用する時代はすでに過ぎ去り、いまや旧慣改善と日本精神の涵養こそが中心的課題になっている。それゆえ事業関係者にも、経費さえ調達できれば、いつでも・どこでも・だれでも連れて行くという態度を改め、観光地および観光者の厳正な選別・管理が求められるのである。

その具体的方策として横尾が提案するのが、観光事業のターゲットを頭目・勢力者などの有力者（「老蕃」）から日本語能力を有する若者世代へと変更することである。第一に、この権力の有無よりも日本語能力を重視する姿勢は、蕃社内の権力関係を利用して事業効果の拡大を図ろうとした前期観光事業とは対照的である。また第二に、参加者の日本語能力が事業効果を左右するという認識は、観光が有効な統治技術とみなされた当初の文脈からは逸脱している。なぜなら観光は、言語による意思疎通を前提としない「視覚教育」の一環として先住民政策に組み込まれたものだからである。

横尾の提案は、幼少時から蕃童教育所や農業講習所で日本語教育を受け、現在青年団に所属する先住民第二世代の選抜という形で実現していく。たとえば第一三回観光団（一九三七年）では、「実力ある一粒撰りの青年のみ」を選抜し、台北州の青年団長・青年団指導員二八名を伊勢参詣・皇居拝観・農村視察に連れだした[17]。つづく第一四回観光団（一九三八年）では新竹州の「青年団員」三〇名を選抜[18]、第一五回観光団（一九三九年）では高雄州の「中堅青年」二九名が選抜された。このうち第一五回観光団の報告には、参加者の平均年齢・職業・学歴・青年団での地位が掲載されている。それによると、参加者の平均年齢は二五歳（最高三六歳／最低一九歳）、職業は農業一三名・警手一六名、学歴は農業講習所修了者六名・蕃童教育所卒業者二一名・不就学者二名で、全員青年団（団長四名・副団長七名・班長六名・団員一名・幹事一名）に所属している。[19] なお試みに、参加者の年齢構成が把握できる第一〇回から第一三回までの観光団の平均年齢を算出すると、第一〇回（一九三四年）は平均三〇・九歳（最高四二歳／最低二三歳）、第一一回（一九三五年）は平均二六・五歳（最高四七歳／最低一六歳）、第一二回（一九三六年）は平均二七・〇歳（最高五二歳／最低一八歳）、第一三回（一九三七年）は平均二四・八歳（最高三八歳／最低一七歳）となり、「三〇歳を超えざる男女」という横尾の提案と一致している（本章末尾の別表2を参照）。

では、以上のように観光事業のターゲットが若者世代へと移行したのはなぜか。横尾の発言が示唆するのは、先住民政策の目標が〈威圧〉から〈農耕民化〉へと移行するにつれ、警察官が求めるパートナーの面でもある種の世代交代が進められていたことだ。近藤によれば、「『蕃社』では発言力がない年少者は、学校で学んだものをなかなか実行できなかったという。それを拒んでいたのは、『蕃社』の旧慣秩序だった。こうしたときも駐在所の警察官、とりわけ授産担当警察官が『蕃社』の農園指導をとりしきり、そうした圧力のもとで、新しい農業技術を学んだ青年層が水稲作や定地耕を実践していった。こうして、『蕃社』の伝統的な農業技術に転換がもたらされ、それにともない『蕃社』のなかの力関係にも影響をもたらしていく」（近藤 1992: 49）。つまり、明治・大正期には先住民社会に広範な影響力を及ぼすために利用された蕃社内の「旧慣秩序」は、昭和期の農耕民化政策では次第に邪魔なものと映るようになる。一方、それに代えて政策遂行の新たな担い手として注目されたのが、幼少時から旧慣改善の重要性を叩き込まれてきた先住民第二世代の人々だった。[20] こうした政策方針の変化が、観光者の選別の仕方にも反映されたと言えるだろう。

最後に、横尾の発言でもうひとつ注目しておきたい点がある。それは、日本語を話せない者が「恥」を感じているという発言である。というのも横尾はここで、先住民自身が苦しみ、恥ずかしがっていると述べることで、観光事業のターゲットを変更する理由を、「気の毒な」先住民を救うためという温情主義的なものに変えているからだ。では、先住民が旅先で感じた「恥」とは、具体的にはいかなる事態を指すのか。次節では、『理蕃の友』に掲載された先住民の観光報告を手がかりに、この問題を考察する。

第四節　恥辱の埋め込み

本節では、以上述べてきた観光事業の政策転換が先住民社会にどのようなインパクトをもたらしたかを検討する。

第一は、蕃社内の世代対立の先鋭化である。『理蕃の友』には一方で、見学地たる農村との比較を通じて自社の〈遅れ〉を自覚し、帰社後さまざまな旧慣改善を主導していく若者たちの姿が描かれている。たとえば第一六回観光団（「高砂族青年内地視察団」）の一員で日本名を「矢多一生」と名乗る人物（台南州ツォウ族）は、岡山県の高陽村を見学した感想として、「矢張り山に育つた私共は、〔大阪・東京の都市よりも〕私達の生活に最も近い農村の見学に興味を覚えます」、「我が阿里山地方も、皆の者が心を協せて一生懸命働けば、此の〔高陽村の〕半分位の優良村になれるのではないかと思ひます」、「高陽村のキビキビした農村生活を見て、一層此処で生活し度いと思ひ、又アノ山へ帰るのかと思ふとウンザリした」と模範的な回答を寄せている。[21] また別の報告では、同観光団に参加した嘉義郡ララチ社の青年団員「向野太郎」ほか四名が、帰社後率先して「農事改良」（定地耕の励行・家畜飼育の利用・土質の改良）に努めたとも報告されている。[22]

しかし『理蕃の友』には他方で、頭目・勢力者の根強い抵抗によって旧慣改善が遅々として進まない現状や、その他の住民から日本官憲への協力を咎められ、蕃社内で孤立する青年団員の苦悩も寄せられている。この点について、後述する台湾博覧会（一九三五年）見学後に開かれた青年団幹部懇談会（於：台北市警察会館）の記録から、特徴的な発言をピックアップしてみよう。[23]

日野三郎（三七歳、新竹州タイヤル族）「私は同僚と共に、此の銃器を押収すべき事を提言し、これさへ無くなればタイヤルは温順しくなり、幸福な道に這入る事が出来る事を唱へましたところ、之に憤慨した同族から、『学校を出たら大いに我等の味方となつて呉れるものと思つてゐたのに、却つて日本贔屓になつて同族を苛めるとは何たる事か。お前が若し日本人であつたら、直ちに首を取つてやるのだ。』と威嚇され、迫害された事は幾度であつたか知れません。」

古家良保（二五歳、台東庁パイワン族）「私が大南社に参つた頃は、教育などといふ事に耳を傾ける者は一人もありませんでした。子供が折角勉強しやうとしても、生意気だといふ、夜勉強でもしやうものなら、石油が要るとて非常なおこり方であります。大南社には蕃人集会所がありますが、一一－二歳で教育所を卒業すれば、皆此の集会所に入ります、ここに入ると夜学などに一向興味を持たない、今迄に習つて来た事は何も彼も忘れてしまふといふ有様なので、これ等青年男女に暇を与へない様に毎夜国語普及会を開催して彼等を呼び集め、更に女といわず老蕃と言はず誰でも社内の一定場所に集めて国語の講習を始めました。初めはそんな事をやつては困るとて大いに反対してゐましたが、今では舌の廻らない口調で旅行届をかいて呉れといつて頼みに来たり、国語で挨拶する子供や青年を段々多く見受ける様になつて来ました。複雑なことは兎も角、簡単な命令伝達はすべて国語を以て為される様になりました。何といつても同族の指導啓発は国語の普及だと信じてゐます。」

村野一夫（三二歳、台中州ブヌン族）「私等が教育所に入る頃は全く人間でない様に悪く言はれました。然るに最近は卒業者が多くなつて教育所をおへた者でなければ肩身が狭いとまで感じ出して来ました。」

矢多一生（二八歳、台南州ツォウ族）「私の蕃社では現在麻竹栽培が重要な問題となつてゐます。始め同族は、之を植えると老若は問はず死んでしまふ、とて誰一人植え様とはしませんでした。……〔屋内埋葬について〕之が廃止を説いたのですが、社衆はそんな事をすれば村全体が死滅してしまふ、と言つてテンデ聞き入れません。恰度昭和七年に或勢力者が死んだので共同墓地へ埋葬しようとしたところ、遺族は窃に屋内に埋葬してしまつた。此の儘に放つておいては何時迄経つても改善は出来ないと思つて、青年達を連れて行つたが、家族が泣いて阻止するので已むを得ず、其の翌朝家人の留守を見計らつて、臭気鼻を衝く屍体を掘り起して共同墓地へ埋葬してしまひました。……次に獣骨堂の廃止も老人達から色々と反対がありましたが、最近数名の者を説き伏せて之を取り壊させました、若し彼等の心配してゐる様に、死人が続出しない限り、漸次取り毀される事と思ひます。」

松本和郎（二五歳、花蓮港庁ブヌン族）「ブヌンは昔から国語が大嫌ひであります。松尾支庁長はブヌンで勉強したい者は公学校に入れてやると言はれて私を玉里第二公学校に入学させて下さいました。蕃社の者は『内地人の悪い所を真似て我々を苛める様になるだらう』と悪口を言つてゐました。」

原藤太郎（三七歳、新竹州タイヤル族）「教育所入学の動機は決して今日此の様な多数会合の場所へ出てお話する身になる為めではありませんでした。討伐後帰順した者の家から必ず一名の入学者を出せとの官の厳命でありましたから大変な騒ぎでありました。同族は勉強させたらキット内地に連れて行かれる位にしか考へてゐないのですから非常にそれを嫌ひました。それに本島人が、『内地人は二枚舌を使ふから信用が出来ぬ』と悪宣伝するから、元来二枚舌を使ふ台湾人が『二枚舌を使ふのだ』と云ふから恐らく日本人は三枚舌を使ふのだらうと、誰も日本官憲の言を聞き入れない。然し是非学校に入学させろ、させねば塩もやらねば鉄砲も貸さぬ、といふので已むを得ず出すには出したが、皆申合せて、馬鹿とか唖とかを買つて来て出したものであります。私の家ではその馬鹿を買ふべき金がない為め私を教育所へ出したので私の兄は塩が欲しくなり鉄砲が借りたくなると私を教育所へ連れて行く、鉄砲を返すと私を家に連れて帰つたもので、今思ふと誠にお恥しい次第であります。……当時一般社衆は精神的には決して日本に心服してゐませんでした。……機会ある毎に同族に説き、日本の温い情を聞かせたが、同族は之に耳を傾けず、私共を毛虫の様に嫌つてゐました。」

安井猛（二七歳、台南州ツォウ族）「我がツォウ族では昔から女は六尺から八尺位の黒布を頭に巻く習慣があります。之は頭髪が不潔になるし、体裁が悪いので家長会や国語普及会の席上で廃止方を申合せたが、いざ実行となると容易に止められない。そこで私達は見つけ次第片つ端から強制的に之を取り去つてしまひました。そして平地の女の様に髪を結ふ事を奨めますので、今では此の黒布の頭巻をして居るのも老人計りになつてしまひました。……〔銃器提出は〕半ば強制的に先づ頭目の息子から提出させましたところ、官では各人に幾らか宛の補償金を与へられました。これは昭和八年の事であります。凡そ此の頭目の長男から取り上げた時位困難した事はありませんでした。始めは憤慨して、私を打殺してしまふ、と言つて大変な鼻息でありましたが、手を変へ品を代へて指導警察官と協力してやつたものですから遂に我を折つたのですが、銃器引揚げ後は勢ひ農耕に精を出す様になつて参りました。」

竹内修一（二五歳、台東庁パイワン族）「何とかして屋内埋葬を改めようと色々その良くない事を話しても、社衆は屋外に埋葬すると作物ができないうえに病人が続出するなどと言つて承知しません。あるとき山豚と間違へられて射たれた者がありました。死人の家では変死者だからとて葬式をしようとしません。そこで私はこれを自分の家に連れてきて葬式をやり、そして之を屋外の墓地に埋葬しました。その後も機会ある毎に屋外埋葬を奨めて来ました。当時は皆大反対でありましたが、警察官の非常な努力で今では完全に此の悪習慣が改められました。」（強調引用者）

この会に出席したのは、教育所を卒業し、現在青年団の一員として、自社において銃器提出・屋外埋葬・衣服改良・国語習得・農事改良等を主導していた若者たちだった。また全三一名の参加者の平均年齢は二六・六歳（最高三七歳／最低一八歳）で、大半は日本名を有し（二三名）、過去もしくは将来の内地観光経験者が多く含まれていた（本章末尾の別表3を参照）。

これらの報告から読み取れるのは、近藤のいう蕃社内の勢力変化の具体的様相である。なかでも明治・大正期と異なるのは、蕃社内の対立関係が、観光者とその他の先住民との対立にとどまらず、日本的教育を受けた若者世代とそれ以外の世代対立として明確な形をとってくることだ。さらに、当初は多数を占めていた旧慣改善への抵抗が、理蕃警察官の後ろ盾を受けた青年団を中心に、事実上「強制的」に抑え込まれていった様子が浮かび上がる。つまり昭和期の社会変革は、抵抗勢力の「同意」を得たものというよりは、むしろ既成事実を強引に積み上げることによって進展したのである。またそれにともない、伝統的な社会規範にも変化が訪れていく。たとえば引用でも触れられている屋内埋葬の風習は、廃止しても病気や死や収穫不良などの「祟り」が起こらないことが分かると、その正当性を急速に失っていったという(24)。また別の報告では、若者主導の銃器回収に対する「老蕃」の声として、「蕃地では昔は銃器を所持して居ない者が恥だつた。今になると今度は銃器を持つてゐる者が恥といふことになつた（マリブル社頭目リガイ)」、「銃器は先祖伝来のもので手放すことはどうにも淋しくてならなかつた。第一子孫に対しても済まないと思つたのだが、伝へようとする子供に、却つて提出方を奨められて出したやうな譯だつた(トロコワイ社サリデヨ)」との感慨が載せられている。ただし同報告をまとめた論者は、こうした「旧慣墨守者」の「挽歌」は、「新蕃社建設者達」にとっては「進軍の歌」であると続けている。(25)

しかも、これらの青年たちと対立したのは、伝統的慣習を頑な固守しようとする勢力だけではなかった。蕃社内にはさらに、日本人を真似して警察官などの俸給生活に憧れる人たちがいた。この点について、青年団長として懇談会に出席した日野三郎――新竹州タイヤル族の一青年で、台北医専(旧台北帝国大学の前身)卒業後は公医として働いていた――は、現在自社において農民青年団の育成を進めているが、「今迄の卒業生の理想たる俸給生活でなければ日本人でなく先覚者でないと云ふ思想と衝突し少なからざる非難を受け甚しきは排斥を受ける事があります。官の方針としては立派な農民を作る為の教育が主眼であると思ひます。故に何時迄も操縦の目的で教育所卒業者を奉職させた時代と今日と時代が違ひます」と述べている。(26)先住民を〈過度の文明化〉から引き戻すという政策転換(第二節)は、先住民の間に「日本人であること」をめぐる意味の衝突を引き起こすものだった。

後期観光事業の第二のインパクトは、蕃社「間」の競争心の高まりである。その一例は、第一二回観光団に参加した台中州新高郡トンボ社の青年四名が頭目を説得して銃器提出をおこなったところ、同じく観光団の一員だった新高郡ロロナ社・ナイフンボ社の青年五名も、遅れたら「自社の恥」として立て続けに銃器提出に至ったという報告にみられる。(27)ここには、他の蕃社との比較のなかで自社の〈遅れ〉を意識し、それを打ち消すべく生活改善に自発的にコミットしていく青年達の姿がある。似たような報告は、島内の「先覚蕃社」を視察した際の先住民の感想にもみられる。

では、どうして蕃社間の競争心が高められたのか。この場合、同じ種族の方が「類似性」を認知しやすい――それゆえ比較されやすい――という第二節でみたような理蕃関係者の価値評価を含んだ説明は、問題を先送りするものにすぎない。なぜなら、そもそも先住民が自分たちを「同じ」種族と考えているという想定自体がまったく自明ではないからだ。したがってマートンも注意しているように、我々は、こうした「類似性」の認知を水路付ける制度的布置の問題にこそ目を向けるべきである。

> 準拠集団行動は地位の類似というこの最小限の条件を前提としているが、これが系統的な研究を要するものであることは明らかである。もちろん、何らかの地位の類似はどんな場合にもあるだろう。それは地位部類の広さに関係するだけであるから。「人間だ」という最も一般的な社会的資格だけなら、誰とでも比較できる。……この点で、理論的な問題でもあり、また調査を必要とする問題は、社会的状況のもつ一定の構造が、どうして特定の地位類似だけをこのような比較の基盤にして、それ以外の類似は「無関係なもの」として無視させるか、ということである。（Merton 1957 = 1969: 182n.15 強調引用者）

この問題を考えるうえで参考になるのは、西欧の植民地体制がいかにしてアジア・アフリカ地域に「エスニックな比較 ethnic comparison」を生みだしたかを論じたドナルド・ホロヴィッツの議論である。彼はまず、社会心理学の「社会的アイデンティティ理論 social identity theory」の成果を踏まえ、比較（とそれにともなう競争や対立）がいかなる集団間で発生するかは、各集団の文化的属性とは必ずしも関係しないこと、したがって分析の焦点はむしろ、カテゴリー化や境界設定を促す環境要件の方に置かれるべきだと指摘する。(28)

> 集団が自らと比較するのは、何らかの重要な点で「比較可能 comparable」と見なされている集団に限られるというのは、確かにその通りである。しかしこれは、比較が発生する場 the field を、わずかな違い〔をもつ集団間〕に限定するものではない。〔集団間に〕大きな違いがあっても——対極に位置する場合でさえ——比較の土台を形づくることはある。そうした比較が、権威的な声 authoritative voice によってくり返し正当なものとされている場合には特にそうである。（Horowitz 1985 → 2000: 182-183）

そのうえで彼は、植民地化の過程が旧来の政治システムを解体し、ヨーロッパ的な価値観に基づく共通の尺度のもとで多種多様な集団を並置し、「文明的な」集団と「野蛮な」集団を序列化し、地位や資源を不均等に配分する新たなシステムを創設したことに注目する。彼によれば、この「ある共通の環境のもとでの集団の並置」という状況が、「エスニックな比較」を促す（Ibid.: 148–151）。さらに彼は、被統治者（特にエリート層）が新たな西欧的価値観を内面化するにつれ、彼らの中には理想に近づくために植民者を「模倣」したり、自らの「遅れた」・「劣った」立場を自己責任化したり、「野蛮な」同胞を「文明化」する役割を率先して担う者が増えていったとも述べている（Ibid.: 160–175）。

以上の議論を踏まえて、横尾が述べていた先住民の「恥」の問題に立ち返ってみたい。彼らは一体、いかなる状況で「恥」を感じたのだろうか。『理蕃の友』に寄せられた記事から、先住民が「恥」について語っている箇所を拾っていくと、くり返し言及されるある共通の文脈があることに気づかされる。それは、同じ観光団に参加した他の先住民が「国語」で互いにコミュニケーションできているのに対して、自分だけが取り残されているという意味での「恥」である。[29] この心理は、日本語での発表が義務付けられていた青年団幹部懇談会の感想報告にも確認できる。[30] つまり、観光団や懇談会に参加し、島内各地の多種多様な種族と時間と場所を共にするなかで、日本語が唯一のコミュニケーション・ツールとして意識されていく状況があった。[31] それはまた、日本語能力という共通の尺度のもとで各人の能力が測られ、序列化される状況でもあった。しかも常に通訳が介在していた明治・大正期の観光事業とは異なり、参加者のなかに実際にも日本語話者が多く含まれていたことは、[32] この〃取り残されている〃という〈遅れ＝恥〉の意識をいっそう高めたと考えられる。

これと関連して注目したいのは、一九三〇年代に導入された数々の報奨制度である。たとえば一九三二（昭和七）年に総督府は、「理蕃善行章授与規程」（訓令第八三号）・「頭目章授与規程」（訓令第八四号）を定め、翌年から毎年天長節（四月二九日）に旧慣改善に貢献した者を表彰し、「理蕃善行章／頭目章メダル」と表彰状、さらに金一封を贈呈する施策を開始した。また一九三三年五月には「自助団体助成内規」を制定し、毎年始政記念日（六月一七日）に旧慣改善に努めている優良教化団体や国語普及会に助成金を交付することにした。これは、従来の先住民教育が児童教育に特化し、その結果、蕃童教育所や公学校の卒業生が周囲の環境に影響されて「昔の蕃人生活に逆転する」ことを危惧して制定されたもので、主に成人教育の強化を目的とし、特に青年団には「青年団幹部養成費」が支給された[33]。さらに日本語が一定水準に達した者に「国語章」を授与する政策も開始された。その先鞭は花蓮港庁（一九三三年）で、翌三四年には台北州と台南州、三五年には台中州でも導入された。なお一九三七（昭和一二）年時点の国語章受賞者は総勢一六五三名（台北州：五三五名、台中州：四二八名、台南州：一四一名、花蓮港庁：五四九名）で、その後、一九三八（昭和一三）年には台東庁もこれに加わった（受賞者二八名[34]）。

これらの制度が注目に値するのは、それが蕃社間に社会的威信をめぐる競争関係を持ち込んだからである[35]。実際、受賞者の感想を読むと、報奨制度が先住民の名誉心を刺激するものであったことが窺われる[36]。さらに報奨制度は、ある共通の尺度の下で、もらえる者／もらえない者という蕃社間の〝差異〟を可視化する装置でもあり、他の蕃社との対比のなかで自社の〈遅れ＝恥〉の意識させるものだった[37]。

以上の検討から、先住民の「恥」をめぐる言説の意味について、次の二点が明らかになる。第一に、横尾はそれを日本語話者を選別すべき〈理由＝原因〉として挙げているが、こうした「恥」の感情が高まったのは、日本語使用や旧慣改善を理想とする新たな価値尺度のなかで先住民を序列化し、地位や資源を不均等に配分した昭和期の先住民政策の〈効果＝結果〉なのだ。しかし、こうした制度的布置の問題は一切触れられておらず、それはあくまで先住民の意識・感情の問題として〈心理化〉されている。また第二に、先住民の「恥」をめぐる言説は、この恥の意識を駆り立てる新たな政治システムを支え、加速させる役割を果たす。なぜなら先住民自身が自らの国語能力や親世代の生活に「恥」を感じているとする語りは、国語教育や農耕民化政策の源泉を、若者世代の内発的感情に求めることで、これらの政策は理蕃警察官の押し付けではなく、先住民の想いを汲み取った「善意」によるものだという正当化につながるからだ。

昭和期の政策転換の根底には、こうした帰属化のメカニズムがある。それが、当時観光の効果が疑問視されながらも、その後も長く持続しえた理由である。つまり、観光事業がいまだ十分な効果を上げていないのは、観光者本人の生活水準や国語能力の低さにあると言い張ることで、その責任はすべて先住民の〈未開性〉に求められることになる。その結果、観光事業の意義そのものは否定されることなく、問題の解決策は、あまりに「文明的な」観光地を避け（＝観光地の選別）、あまりに「未開な」観光者は外す（＝観光者の選別）という方向で議論されることになる。この意味で、「恥」を感じる先住民という形象は、それを問題視した横尾の発言とは裏腹に、むしろ昭和期の観光事業を「支えた」最も理想的な反応だったといえよう。[38] そしてまた、先住民に生活様式の〈日本化〉を求めつつも〈過度の日本化〉は戒めるという一見矛盾する二つの政策ベクトルは、彼らに絶えず〈遅れ＝恥〉を見出すよう駆り立てていく点で、植民地体制の維持に貢献するものだったともいえるだろう。

第五節　「日本化」と「未開化」のダブルバインド――台湾博覧会の展示に注目して

一九三五（昭和一〇）年一〇月、始政四十周年を祝う台湾博覧会（以下、台湾博と略記する）が台北市で開かれた。台湾博は、約二八〇万の観客を動員した日本統治期最大のイベントであると同時に、先住民の〈日本化・文明化〉と〈異質化・未開化〉という二つの政策ベクトルが凝縮された空間でもあった。これまでの議論をまとめるにあたり、以下ではこの点を、台湾博で先住民がいかに展示されたかという問題から見ていきたい。

台湾博は四つの会場に分かれており、そのうち「理蕃関係」の出品物は、第二会場（台北市公園内、二万四〇〇〇坪）の「第二文化施設館」（二〇〇坪）に展示された（図7-3を参照）。[39] その内容は、館内の約三分の一のスペースを三部屋に分け、第一室「昔の理蕃」では、「隘勇線時代」の蕃社の様子をパノラマ式に展示した。具体的には、「蕃布」で飾られた室内に、「蕃山の風景」をバックにして「隘勇線」・「隘勇監督所」・「電流鉄条網」などの当時を偲ばせる施設や、隘勇線外に散在する「蕃屋」、鉄条網越しに対峙する警察官と先住民の模型が陳列された。第二室「高砂族の生活」では、陳列スペースを「蕃布」を飾り、各種族の等身大人形と衣服・装身具・武具・彫刻品等の生活品が陳列された。最後の第三室「今の理蕃」は再びパノラマ式の展示で、ここでは「各種の模型によって新しき理蕃の各施設機関を配置し、駐在所を中心として平和な蕃社を点在」させた。その内容は、「蕃山の風景」を背景にしている点は第一室と同じだが、いまや蕃社を取り巻いているのは、「教育所」・「農業講習所」・「産業指導所」・「神社」・「水田」等である（台湾博覧会編 1939→2012: 348–349）。以上の展示方法と観覧順序から分かるように、ここで主催者側が観客に印象づけようとしたのは、「隘勇線時代」の〈兇暴・野蛮〉な先住民がいまや「平和な蕃社」へと変貌しつつある姿だった。

図7－3　第二文化施設館（第二会場内）

出典：台湾博覧会編（1936→2012）より転載。

ただし第二会場には、こうした〈文明化・日本化〉された先住民生活とは相異なる展示も存在していた。それが警務局理蕃課の出品となる「蕃屋」（六〇坪）である（図7-4を参照）。これは「高砂族の日常生活状態を示す為」、台北州蘇澳郡寒渓社の「ハヨンタツクン」と称する人物（タイヤル族）が実際に所有していた家屋を買収し、同社の先住民一〇名の手によって移築させたものである。材料は「蕃地産の物のみ」を用い、「蕃刀のみ」で作られたこの「代表的」な蕃屋には、「高砂族の使用する家具一切」が陳列され、蕃屋の前庭では「各種族の高砂族を次々に招致して、粟搗、餅搗及機織等の実演を為さしめ、以て彼等の生活状態を見せた」という。さらにこの一画にはタイヤル族の穀倉や望楼も併せて展示されており、周囲には「蕃地を偲ばしむる為に」台湾固有の植物（檳榔樹やバナナ等）を植え、「真の蕃産品」を販売する売店も設置された（台湾博覧会編 1939→2012: 355）。当時この施設は、先住民の「生活の実状その儘を観覧せしめ」るものと評された[40]が、我々はここに、〈異質・未開な〉先住民生活の演出と、そ

左：第二文化施設館附設・蕃屋、右：蕃屋の穀倉
出典：台湾博覧会編（1939 → 2012）より転載。

蕃屋前における蕃婦の機織
出典：台湾博覧会編（1939 → 2012）および『理蕃の友』昭和10年11月号より転載。

図7－4　蕃屋

れが一種の見世物と化していた現実、そして、第二文化施設館に展示された〈文明化・日本化〉された先住民生活との緊張状態を見る。

先住民生活の展示は、第二会場内で「一般観覧者に吾が高砂族（旧名蕃人）文化の紹介を為すべく」催された舞踊公演（「蕃人踊」）にもみられる（図7-5を参照）[41]。この展示で注目されるのは、その出演者のなかに、見学を兼ねて博覧会を訪れた青年団員が多く含まれていたことだ。また演目も、粟祭の踊、粟搗唄、鼻笛・口琴の演奏といった伝統的なものから、「新舞踏」と呼ばれる日本的な踊り（楠公民謡、佐渡甚句、花蓮港音頭など）や、おそらく日本語で歌ったであろう「青年団歌」まで実に異種混淆的で、「其の国語の流暢なること、其の演技の見事なること、都人士の好奇の眼を惹き、毎夜観衆は一万乃至一万五千あり、盛況を極めた」という（台湾博覧会編 1939 →

2012: 662)。

当時「高砂族文化」の紹介者の役割を演じたこれらの先住民が、自社では旧慣打破に取り組んでいた青年男女でもあったこと。この点は、出演者の一人である花蓮港庁鳳林支庁タガハン社の女子青年団長「タロンサツカイ」(タイヤル族タロコ蕃)から送られた、次の礼状からも確認できる。

この前台北博覧会のときはいろいろと御せわになりました。今も夜学のときは皆んな集まつてうわさをいたしてゐます、もう私共が台北のあんなきれいなとことではねたりおどつたりすることは死ぬまでないでせう。かへりました

上:パイワン族舞踊(夜・第二会場蕃屋前)
中:中瀬事務総長高砂族アミ族へ挨拶(第一会場儀式大会場前)
下:同アミ族を「饗応」
出典:台湾博覧会編(1939 → 2012)より転載。

図7－5　先住民の舞踊公演

表7－3　台湾博覧会（1935年）の先住民観覧者数

州庁別	先住民人口（1935年10月末）			博覧会観覧者数			人口に対する観覧者の割合
	男	女	計	男	女	計	
台北州	3,274	3,333	6,607	828	473	1,301	19.7%
新竹州	6,851	6,876	13,727	1,428	316	1,744	12.7%
台中州	7,122	6,954	14,076	669	194	863	6.1%
台南州	903	791	1,694	77	25	102	6.0%
高雄州	15,848	15,372	31,220	926	148	1,074	3.4%
台東庁	5,614	5,565	11,179	191	25	216	1.9%
花蓮港庁	6,640	6,725	13,365	951	289	1,240	9.3%
計	46,252	45,616	91,868	5,070	1,470	6,540	7.1%

出典：『理蕃の友』（昭和11年3月）12頁より。

らほかのお友達からうらやましがられました。これもみんな横尾先生〔警務局理蕃課視学官の横尾広輔〕や斎藤先生〔警務局理蕃課警部の斎藤康彦〕のおかげでございます。……〔中略〕……今は毎ばん夜学があります。私共のところから学校までは四キロメートルもございますが一ばんも欠席せずに皆んなねつしんに勉強してゐます。先生から国語を知らない人は日本人のしかくがないと聞きまして、九〇人ぐらいの夜学生がそれはそれは一生けんめいです。一二月二三日に鳳林支庁下の国語演習会でも教育所の生徒も国語普及会員もタガハンが一等でございました。来年の一月の末ごろには花蓮港庁下のがあるそうで生徒も会員もひまさへあれば国語のおけいこをしてゐます。（台湾博覧会編 1939 → 2012: 663）

台湾博が我々に示してくれるのは、明治・大正期の原住民展示の場ではうっすらと垣間見ることしかできなかった、舞台上／舞台裏の二つの現実である。「蕃屋」の暮らしを先住民の「生活の実状その儘」とする解説から省かれているのは、その舞台裏で進行している〈日本化〉の現実と、まさにその舞台を可能ならしめている先住民文化の〈商品化＝観光化〉の現実、そしてこの二つの現実をともに生きている先住民の姿である。

さらに台湾博が注目に値するのは、そこに展示された伝統的な先住民生活を、多くの青年団員が観客としても目撃したことだ。実際、台湾博では、「文明の恵沢に浴すること乏しき彼等に躍進台湾の現状を目の辺りに見せ、以て啓蒙に資し、向上発展を期せん」とする思惑から、一般客とは区別された特別観覧枠を設け、島内各地の先住民を積極的に博覧会見学に連れだそうとした。具体的には、①「高砂族観光団」(教育所児童、農業講習生、その他の「一般蕃人」からなる)には無料入場券を、②「高砂族青年団」には半額入場券を交付し、[42]「之等の手続を経て観覧せしめた者」(台湾博覧会編 1939→2012: 557)は総勢約六五〇〇人にのぼったという(表7-3を参照)[43]。これは当時(一九三五年一〇月末現在)の「蕃地高砂族の総人口」(約九万人)との比率でみると——地方ごとに台北州一九・七%から台東庁一・九%まで幅があるものの——約七%に及び、「一般本島人の観覧率を凌駕する」数値とされる。[44]また観覧者の内訳をみると、全体の約半数(四六・五%)を半額割引の青年団員が占め、以下「高砂族観光団」にあたる一般蕃人(二七・七%)、教育所児童(二四・一%)、農業講習生(一・七%)がつづく。最後に、その経費がどこから捻出されたかを見てみると、経費総額の六六・二%が観覧者本人の「自費」であり、その割合は「共同貯金その他」(一八・八%)と合算すると八五%に達し、「官費その他補助」は一五%ほどにすぎない。以上のように、台湾博は多くの先住民、なかでも将来の蕃社建設を担う青年団員を大規模に動員したイベントであり、関係者にも理蕃政策の成功の証として高く評価されていた。[45]

では、これらの青年たちの眼に、台湾博は一体どのように映ったのだろうか。青年団幹部懇談会での報告を見るかぎり、それは羨望と恥辱の入り混じった体験だったようだ。たとえば、「(交通館を見て)交通、通信等の急激な進歩、いろいろな機械力による産業の発達等には只々驚くばかりで一々感想は記し尽されない。それにつけても世の中の進歩からすつかり置き去りにされてゐる我がパイワンの昔ながらの生活が恥しい。一日も早く我々青年の力で山の開発を図らねばならぬと思つた」(高雄州)、「(産業館を見て)科学力に依る産業の実際を観て、原始的な我々同族の農耕法などの幼稚さをなさけなく思つた」(台中州)、「蕃地に於ける各族の生活状態の模型も見たが各種族を一目に眺めて懐かしい気がして今更吾が家のことを旅先で思い出した、一面又恥しい気分も起つた」(花蓮港庁)、「文化施設館及び国産発明館、交通特設館を観て現代科学の力が如何程に偉大であるかと云ふことも略々想像が付き、未開で自然其の儘な自分達の蕃社も一日でも早く科学の力を応用して開発向上すべきだと熟々感じた」(台中州)など。[46]

この近代的な産業・科学・技術への憧れと、それと対置された「我々同族」への恥の意識は、台湾博の空間編成のあり方と関連づけて理解されねばならない。つまり、後期観光事業が先住民を〈伝統〉と〈近代〉の〝狭間〟に閉じ込める戦略だったのと同様に（第二節）、台湾博は〈文明＝日本〉と〈未開＝先住民〉が対比的に配置された空間の中に、観客たる青年達を文字通り〝挟み込んだ〟のである。この両サイドからの挟み込みが意味するのは、彼らを一方に展示された〈文明＝日本〉という理想に引き寄せながら、しかも他方に展示された〈未開＝先住民〉と心理的にずっと縛りつけておくことにある。では、こうしたダブルバインド状況が生みだすのは、一体何であろうか。アーヴィング・ゴフマンが同じく「スティグマ」を抱えた者たちについて語ったところによれば、それは恥である。

自分の同類と深く連帯するか否かに関係なく、障害者は、自分の同類がステレオタイプに従い、同類に帰属されているネガティブな属性を派手に、あるいはみじめったらしく演じているところを、まざまざと見せつけられるときに、自己のアイデンティティに両価的感情を示すことがある。結局のところ障害者は社会一般の規範を支持しているので、目撃した光景を不愉快に感ずるかもしれない。しかし彼がこれらの不愉快な連中と社会的にも心理的にもアイデンティティを同じくしているという事実が、彼が反感を覚えるものに自分をつなぎとめるのである。すなわち障害者の反感は恥ずかしさに変わり、さらに恥じたこと自体も彼が何かしら後ろめたく感ずるものに変わるのである。端的に言い方をすれば、彼は自分の仲間を受け容れることも、無関心に過ごすこともできなくなるのだ。（Goffman 1963＝2003: 182–183）

〈日本化〉された先住民の前で／を用いて〈未開な〉先住民生活を彼らの「日常」として上演する。この矛盾した事態に対して、当時関係者の間に疑問や批判がなかったわけではない。たとえば舞踊公演の盛況を伝えた『理蕃の友』の記事は、記念事業として「是れ以上の催はあるまい」としながらも、「高砂族の舞踊を単なる見世物として公開することは素より大いに考慮を要するところではある」と一定の危惧を述べている(47)。その後、この見世物化の問題は、日中戦争期に「皇民化」（日本化）政策が加速するにつれ、政策遂行を妨害するものとして批判の対象になっていく。特に辛らつなものとして、ここでは東海林好友（新竹州理蕃課）の「心無き台湾宣伝方法の是正を提唱す」（『理蕃の友』昭和一五年四月）と題する論考をみてみよう。

東海林によれば、今日の先住民はどの地方でも「昔其の儘の蕃装を為す者はあまりない」。にも関わらず、いまだに「あまり喜ばぬ者にまで蕃装を為さしめ、カメラに納めて、これを世に流布せらるる状態」が続いている、その結果、「高砂族を画材とせる絵画、写真、絵葉書或は新聞雑誌のカット等に表はれてゐる多くは昔の姿其の儘」になっている。同じことは、博覧会場で「蕃装」姿の先住民に民族舞踊を実演させたり、かれらを観光地で「見世物」化する演出にも当てはまる。先住民古来の装飾具や武器類は、やれ「学界の参考品」・「室内装飾品」・「内地土産」だのといって十分な説明もないまま展示され、台湾を「未開の土地」とするステレオタイプを垂れ流している。また蕃社付近の市街地では、「生蕃屋」・「蕃産品販売所」と称して、「グロテスク」に加工された「色とりどりの蕃産品」が山積みされ、「今日では蕃社ですら見ることの出来ないやうな過去の遺物を販売し、これが現在の高砂族の生活である」と吹聴している。さらに世間一般の購買欲を煽るために、先住民にことさら「蕃風化」された工芸品をわざわざ作らせている教育所さえある。

以上のような先住民を〈未開視〉する、あるいは〈未開〉と演出することへの批判の登場は、台湾の植民地政策に組み込まれてきた二重の政策ベクトル――内部化（文明化・日本化）しつつ外部化（異質化・未開化）する（第五章）――が、その亀裂を露呈したものと捉えることができる。明治・大正期の博覧会場でたびたび目撃された〈日本化〉された先住民の姿を、日本国内の人々なら例外化できたのかもしれない（第四章第三節）。だが、〈原住民／村〉の展示の舞台裏で進行していた先住民社会の〈日本風農民／農村〉への暴力的転換は、日中戦争期に入ると、〈未開な〉先住民の姿をむしろ技巧的なものと捉える視線を生みだしていく。とはいえ、上記のような批判が出てくること自体、逆にいえば、一九四〇年の時点でも、いまだに先住民を〈未開化〉する演出・表象が常態化していたことも示している。〝台湾は誤解されている〟という第五章でみた言説パターンは、延々と続くのである。

実際、一九三〇-四〇年代には、台湾にとどまらず日本帝国各地で、植民地の自然・文化・民族を〈商品化＝観光

図7－6　台湾博覧会の宣伝広告

出典：台湾博覧会編（1939→2012）より転載。

化〉する方向へと政治的な舵が切られていく。すなわち、日本初の観光行政機関である「国際観光局」の設置（一九三〇年）とそれにともなう観光事業の国策化である。詳しくは次章に譲るが、台湾博自体が、台湾への観光客誘致を目指すイベントでもあったことは指摘しておくべきだろう（図7-6を参照）。たとえば台湾博の趣意書には、台湾が日本帝国内で重大な位置を占める理由として、南支・南洋方面への発展の基地という「産業上」・「貿易上」・「国防上」の重要性と並んで[48]、新高山・大屯山彙・阿里山・タロコ峡谷・日月潭などの「国際観光地」を有することが謳われている（台湾博覧会編 1939→2012: 2）。また会場の一つであった草山分館（八〇〇坪）の設立目的は、付近の草山温泉・北投温泉・大屯山彙の観光PRにあり、場内に設置された「観光館」（三六〇坪）では、日本や台湾の代表的な観光スポットが紹介されていた（台湾博覧会編 1939→2012: 67, 76, 368-371）[49]。さらに主催者側は、博覧会見学者を島内旅行に連れだすため、汽船・鉄道会社と交渉して運賃割引や臨時便の増発をおこなったり、『台湾の旅』・『台湾の観光と博覧会』と題する観光案内書を島内および日本・朝鮮・関東州・「満洲国」に配布したり、島内の旅館組合と連携して宿泊料の割引、茶代の廃止、宿泊施設の拡充・改善を進めたりもした（台湾博覧会編 1939→2012:

429–437, 588–593, 612–616)。また博覧会協賛会も、台湾鉄道部運輸課職員を協賛会の旅館係事務に、島内の各駅長を協賛会の地方委員に抜擢し、観光客の旅行・宿泊斡旋に素早く対応できる体制を整えた（台湾博覧会協賛会編 1939→2012: 148–149)。さらに博覧会期間中には、台北市内の観光バス・タクシー・人力車の数も増加し、たとえば草山方面に定期バスをもつ巴では、バス台数を一〇台から一五台に増やし、巴と観光館の間を一日一〇〇往復（八分毎）したという（台湾博覧会協賛会編 1939→2012: 158–161)。

以上のように台湾博は、島内外の観覧客に四〇年間におよぶ日本の植民地経営の実績を示し、南支・南洋方面へのさらなる発展を約束するとともに、台湾固有の観光スポットを宣伝するためのイベントだった(50)。また曽山が当時の観光案内書から詳細に跡付けているように、一九三〇年代にはすでに阿里山・日月潭などの代表的観光地では、自然景観だけでなく、そこに暮らす先住民生活も重要な観光資源になっていた（曽山 2003: 216–223, 246–251)。この文脈でみれば、会場内の〈異質・未開な〉先住民の演出は、先住民文化を観光資源として利用しようとする政策意図の表れだったともいえるだろう。そしてこの〈観光化〉のベクトルは、日中戦争期の皇民化政策のなかでも消え去ることなく、政府内部に意見の相違や対立を生みだしていくことになる（第九章参照）。

要するに、台湾の植民地政策に内包された二重の政策ベクトルは、日本統治期を通して緊張を孕みながらも共存し続けたのである。とすれば我々はこの二重性を、単なる体制の「矛盾」と済ますのではなく、植民地体制を根底で「支えた」統治構造として据え直すべきではないだろうか。これは単に、植民地帝国にはつねに政策的緊張がつきまとうという問題ではない。そうではなく、先住民を〈日本化〉と〈未開化〉のダブルバインド状況に置き続けることが――関係者がそれを明確に意識していたかとは別に――先住民に絶えず〈恥辱〉の感情を植え付け、植民地体制を心理的に支える機能を果たしていたのではないかと主張したいのである。

別表1　内地観光団（第10回～第14回）の旅程表

第10回　1934年9月22日～10月13日

日程	発着地	スケジュール
9月22日	基隆発	「朝日丸」にて出航
9月23日		船中
9月24日	門司着	門司・下関市見学
9月25日	神戸着	湊川神社参拝、市内見学
9月26日	三ノ宮発 京都着 京都発	桃山御陵参拝、京都市内見学、叡山インクライン見学
9月27日	東京着	宮城参拝
9月28日		拓務省、総督出張所に挨拶
9月29日		市内見学
9月30日		市内および横須賀等見学
10月1日	東京発 静岡着	
10月2日	静岡発 安城着	模範農村見学
10月3日		
10月4日	安城発 名古屋着 名古屋発 山田着	織物工場見学 伊勢神宮参拝、二見ヶ浦見学
10月5日	山田発 奈良着	旧都見学
10月6日	奈良発 大阪着	市内見学
10月7日	大阪発 高松着	岡山経由
10月8日	高松発	屋島、高松、琴平見学
10月9日	別府着 別府発 門司着 門司発 博多着	福博近郊を見学
10月10日		農事試験場を見学
10月11日	博多発 門司着 門司発	「高千穂丸」にて出航
10月12日		船中
10月13日	基隆着	

出典：「パイワン族先覚者内地に観光」『理蕃の友』昭和9年10月：12頁より作成。

第11回（1935年4月20日～5月11日）

日程	発着地	スケジュール
4月20日	基隆発	
4月21日		船中
4月22日	門司着	市内見学
4月23日	神戸着 三ノ宮発 京都着	圓山公園、清水寺等見学、新京極の夜景見物
4月24日	京都発	桃山御陵、大津、琵琶湖、比叡山 その後、京都にもどり市内見学
4月25日	東京着	宮城参拝、拓務省、総督府出張所に挨拶、東京朝日新聞社見学
4月26日		明治神宮、靖国神社、遊就館見学
4月27日	浅草雷門発 日光着	浅草雷門—新鹿沼—板荷—日光—中宮祠にて、菊沢村、千渡農村、帝国製麻会社、板荷村、板荷農村、古河精銅所を視察（時間あるときは鹿沼農商学校見学）
4月28日	日光発 上野着	東照宮参拝 東京市内見物
4月29日		天長節観兵式拝観、上野動物園、地下鉄、浅草、三越本店、銀座夜景等を観覧
4月30日	東京発 小田原着 小田原発 静岡着	電車にて箱根往復
5月1日		自動車にて久能山観覧、清水および杉山村の模範農村見学
5月2日	静岡発 名古屋着	陶器工場、軍隊見学
5月3日	名古屋発 山田着	外宮・内宮参拝、朝熊山に宿泊
5月4日	二見発 亀山着 亀山発 奈良着	朝熊山より電車にて二見を見学 奈良公園見学
5月5日	奈良発 湊町着	大阪城、大阪毎日新聞社見学後、別府へ
5月6日	別府着	温泉地見学
5月7日	別府発 博多着	小倉経由 福博名勝および朝日足袋工場見学
5月8日		
5月9日	博多発 門司着	「瑞穂丸」にて出航
5月10日		
5月11日	基隆着	

出典：「第11回内地観光団出発」『理蕃の友』昭和10年5月：12頁より作成。

第12回（台中班）1936年4月8日～4月30日

日程	発着地	スケジュール
4月8日	基隆発	「大和丸」にて出航
4月9日		船中
4月10日	門司着	市内見学
4月11日	神戸着 三ノ宮発 大阪着 天王寺発 奈良着	大阪城見学
4月12日	奈良発 朝熊山着	奈良公園見学 二見ヶ浦経由
4月13日	朝熊山発	電車にて朝熊山—宇治—山田—明野を移動し、内宮・外宮参拝、明野陸軍飛行学校を見学
4月14日	東京着	宮城参拝、拓務省・総督府出張所に挨拶
4月15日		明治神宮、靖国神社、遊就館その他
4月16日		上野、浅草、地下鉄、銀座、三越など
4月17日	上野発 日光着 日光発 高崎着	東照宮参拝
4月18日		農村視察
4月19日	高崎発 上野着	
4月20日	東京発 蒲郡着	
4月21日	蒲郡発 名古屋着 名古屋発 京都着	陸軍造兵廠・名古屋工廠・陶器工場など見学
4月22日		京都市内見学、桃山御陵参拝、叡山参詣、琵琶湖
4月23日	京都発 大阪着	航路にて別府へ
4月24日	別府着	
4月25日	別府発 熊本着	電車にて阿蘇山往復
4月26日	熊本発 博多着	熊本連隊（日曜で見学不可能の時は農村見学)、織物工場等を見学
4月27日		博覧会および博多名所見学
4月28日	博多発 門司着	「蓬莱丸」にて出航
4月29日		船中
4月30日	基隆着	

出典：「続々行はるる高砂族の内地観光」『理蕃の友』昭和11年4月：2頁より作成。

第13回　1937年4月2日～4月23日

日程	発着地	スケジュール
4月2日	基隆発	「朝日丸」にて出航
4月3日		船中
4月4日	門司着	下関市内見学
4月5日	神戸着 三ノ宮発 大阪着 奈良着	大阪城見学
4月6日	奈良発 二見ヶ浦着	奈良公園見学 二見ヶ浦見学後、朝熊山へ
4月7日	朝熊山発 名古屋着	朝熊山—宇治—山田にて内宮・外宮参拝名古屋へ 名古屋市内見学
4月8日	名古屋発 東京着	宮城参拝、拓務省、総督府出張所に挨拶
4月9日		東京市内見学
4月10日		東京市内見学
4月11日	上野発 日光着 日光発 上野着	日光見学
4月12日		東京滞在
4月13日	東京発 京都着	
4月14日		京都市内、比叡山、琵琶湖見学
4月15日	京都発 桃山着 桃山発 神戸着	桃山御陵参拝 桃山—京都—三ノ宮経由で神戸港へ 大阪商船航路にて別府へ
4月16日	別府着	温泉地見学
4月17日	別府発 熊本着	別府—大分—坊中—熊本へ 途中、登山バスを利用して阿蘇山往復
4月18日		熊本師団見学後、付近の農村に宿泊
4月19日		
4月20日	熊本発 八幡着 八幡発 門司着	八幡製鉄所見学
4月21日	門司発	門司市内見学 「朝日丸」にて出航
4月22日		船中
4月23日	基隆着	

出典：「桜咲く母国の春を訪ねて」『理蕃の友』昭和12年4月：12頁より作成。

第14回（新竹班）1938年5月1日～5月23日

日程	発着地	スケジュール
5月1日	基隆発	台湾神社参拝
5月2日		船中
5月3日	門司着	門司市内見学
5月4日	神戸着 神戸発 大阪着 湊町発 奈良着	湊川神社参拝 西ノ宮にて聖戦博覧会見学
5月5日	奈良発 二見ヶ浦着	奈良公園見学
5月6日	二見ヶ浦発	二見ヶ浦―朝熊岳―内宮前―山田―名古屋を経て東京へ 途中、内宮・外宮参拝
5月7日	東京着	宮城参拝、拓務省、総督府出張所に挨拶
5月8日		東京滞在
5月9日		東京滞在
5月10日	上野発 日光着 日光発 友部着	東照宮参拝 日光―小山―友部へ
5月11日		友部滞在
5月12日	友部発 上野着	
5月13日	東京発 京都着	
5月14日	京都発 神戸着 神戸発	桃山参拝、京都市内見学 大阪商船航路にて別府へ
5月15日	別府着	
5月16日		別府付近の農村視察
5月17日	亀川発 熊本着	亀川―大分―坊中―阿蘇山を経て熊本へ
5月18日	熊本発 博多着	福岡市内見学、朝日足袋工場見学
5月19日		博多滞在
5月20日	博多発 門司着	「富士丸」にて帰台
5月21日		船中
5月22日	基隆着	台湾神社参拝、報告座談会

出典：『理蕃の友』昭和13年5月：9頁より作成。
＊上の予定とは異なり、実際の帰台は23日だった（「神国日本の感銘（一）」『理蕃の友』昭和13年6月：8頁）。

別表2　第10回～第13回の内地観光団名簿

第10回内地観光団（1934年9月22日～10月13日）

【観光団員一覧】

所在	蕃社	氏名	年齢	備考
高雄州潮州郡	シタウ社	内藤　八郎	32	第1班（班長）
同上	ライ社	アパラヤン・アブンチ	23	第1班
同上	スボン社	リヤジヤリ・チエコン	42	第1班
同上	外マリツパ社	スヂヤコツプ・チユヂコイ	35	第1班
同上	ボンブラン社	ドスマラン・ラバル	32	第1班
同上	ボンブラン社	チイム・ツジユイ	27	第1班
高雄州恒春郡	クスクス社	バクブト・ツジユイ	29	第1班
同上	クスクス社	バサブタ・ジユブ	27	第1班
台東庁大武支庁	カクブラン社	鳥井　健一	36	第1班
同上	タブクツ社	パラナク	31	第1班
高雄州旗山郡	タカヌワ社	伊豫　保	37	第2班（班長）
高雄州潮州郡	スボン社	トジヤラン・チグル	37	第2班
同上	スボン社	チヨバルバル・ジヤコワン	35	第2班
同上	内文社	ロバニヤオ・ボラク	29	第2班
同上	カビヤン社	ツオロク・クパン	23	第2班
同上	リキリキ社	カジヤギザン・ペヤ	41	第2班
同上	ボンガリ社	ヨルポラバン・ツヤマ	24	第2班
同上	ボンガリ社	シチチ・イリタ	24	第2班
同上	アマワン社	タリガサン・タナン	29	第2班
同上	竹坑社	パリシバン・ポゴ	24	第2班

出典：「パイワン族先覚者内地に観光」『理蕃の友』昭和9年10月：11-12頁より作成。

第11回内地観光団（1935年4月20日～5月11日）

【観光団員一覧】

所在	蕃社	氏名	年齢	備考
花蓮港庁研海支庁	コロ社	山本　新一	23	第1班（班長）
同上	同上	ロチン・ウイラン	34	第1班
同上	同上	ウミン・ロシン	24	第1班
同上	同上	トモン・アワイ	34	第1班
同上	同上	ワタン・ウイラン	32	第1班
同上	同上	ロシン・ウマオ	47	第1班
同上	プスリン社	ロケン・ボイン	33	第1班
同上	同上	ワリス・ウミン	23	第1班
同上	同上	ロケン・トビル	18	第1班
同上	同上	タイン・モーナ	29	第1班
同上	コロ社	シバル・タロ	25	第2班（班長）
同上	プスリン社	ロケン・ウマオ	25	第2班
同上	同上	ユーダオ・カラオ	16	第2班
同上	ダオラシ社	ロケン・ガオワン	26	第2班
同上	同上	ウイラン・ルバク	23	第2班
同上	同上	イヤン・タロ	22	第2班
同上	同上	パイダン・ヤツカオ	25	第2班
同上	キネボー社	カワス・ラウタン	20	第2班
同上	同上	タウスン・ワタン	22	第2班
同上	同上	ユーダオ・ラハン	31	第2班
花蓮港庁花蓮港支庁	ムクムゲ社	タイロン・ウライ	21	第3班（班長）
同上	同上	ワツチ・ハラシ	35	第3班
同上	ムキイボ社	カラオ・ワツチ	23	第3班
同上	同上	パイダン・シュルン	32	第3班
花蓮港庁鳳林支庁	平林社	タホス・タイコン	26	第3班
同上	同上	タツサオ・ワツチ	21	第3班
同上	同上	シバル・アペス	23	第3班
同上	タガハン社	ピホ・ワリス	34	第3班
花蓮港庁玉里支庁	イソガン社	古下　清次	27	第3班
同上	タツケイ社	タレ・タケシタイバン	20	第3班

出典：「第11回内地観光団出発」『理蕃の友』昭和10年5月：11-12頁より作成。

＊引率者：竹澤誠一郎（台湾総督府警部）、三枝東海男（花蓮港庁警部補）、小川耕造（写真係）、高木春吉（会計係）

第12回内地観光団・台中班（1936年4月8日～4月30日）

【観光団員一覧】

（1/2）

所在	蕃社	氏名	年齢	備考
台中州東勢郡	南勢社	白井　三郎	31	団長、タイヤル
台中州新高郡	パラサゴン社	村野　一夫	33	副団長、ブヌン
台中州東勢郡	久良栖社	石田　一夫	35	第1班（班長、以下タイヤル13名）
同上	サマラオ社	佐々　充	24	第1班
同上	シカヤウ社	和田　倬漢	24	第1班
同上	雪山坑社	パーヤン・ヤボ	29	第1班
同上	佳陽社	ヤボ・ルバック	25	第1班
同上	ロープゴー社	カイノ・ボーナイ	28	第1班
同上	ロープゴー社	竹谷　太郎	21	第1班
同上	埋伏坪社	澤井　藤内	23	第1班
同上	同上	安川　栄一	23	第1班
同上	同上	倉田　武吉	30	第1班
同上	同上	野口　二郎	26	第1班
同上	同上	ハユン・ラワイ	32	第1班
同上	同上	タイモ・シユーヤン	31	第1班
台中州新高郡	丹大社	丹村　豊	32	第2班（班長、以下ブヌン8名）(1)
同上	トンボ社	カウト・タケシバウラン	19	第2班
同上	同上	アルリ・タケシリヤネン	34	第2班
同上	同上	バツケ・タケシリヤネン	24	第2班
同上	同上	ハイスル・タケシカウタン	27	第2班
同上	ロロナ社	イビ・タケルルン	28	第2班
同上	同上	ホンレブ・タケシチバナン	26	第2班
台中州新高郡	イシガン社	加東　信一	25	第3班（班長、以下ブヌン8名）
同上	ピシテボアン社	奥村　太郎	20	第3班
同上	カネトワン社	タロム・マンラワン	52	第3班
同上	同上	タロム・マンラワン(2)	29	第3班
同上	タマロワン社	コソン・タシヌナン	47	第3班
同上	同上	アベシ・マトラヤン	31	第3班
同上	ナイフンボ社	アンノ・アリムシヤン	45	第3班

（2/2）

同上	同上	ナツトク・タケシリライナン	24	第３班
台中州能高郡	タウツア社	アウイ・タイモ	44	第４班 （班長、以下タイヤル５名、ブヌン４名）
同上	川中島社	中山　清	23	第４班
同上	同上	タツコン・バカハ	29	第４班
同上	マシトバオン社	トサン・ナツカオ	29	第４班
同上	バンダイ社	ルルン・ピーフ	28	第４班
同上	武界社	タマラシヤン・アベシ	25	第４班
同上	カト社	カラバンガン・アベシ	25	第４班
同上	カンタバン社	パキシヤン・バラン	33	第４班
同上	ラク社	トコラン・バウ	28	第４班

出典：『理蕃の友』昭和11年５月：11頁より作成。
＊台中団引率者：横尾広輔（視学官）、鈴木章（警部補）、城開蔵（巡査）、高橋春信（巡査）
注(1)：資料には７名しか記されていないが、副団長の村野一夫を含めた人数である可能性がある。

注(2)：上記の人物と同姓同名であるのか、誤植であるかは不明。

第12回内地観光団・高雄班（1936年4月8日～5月2日）

【観光団員一覧（パイワン族）】

所在	蕃社	氏名	年齢	備考
高雄州屏東郡	トア社	ラルグアン・プルン	26	第１班 （班長、以下男子10名）
高雄州潮州郡	クナナウ社	マボルボル・テンセン	25	第１班
同上	クナナウ社	サリバラウ・カボン	22	第１班
同上	ライ社	ロバニヤウ・アルツアガル	32	第１班
同上	ボンガリ社	チヨビサイ・バリ	18	第１班
同上	アブダン社	カタカラン・タヌバク	23	第１班
同上	スボン社	トジヤラン・クリウ	25	第１班
同上	クワルス社	ペオブル・レガイ	24	第１班
高雄州屏東郡	カバラヤン社	パラバイ・タイデル	24	第１班
同上	タラマカウ社	ルラデン・ラウツ	22	第１班
高雄州潮州郡	ライ社	アルド・オマラ	21	第２班 （班長、以下女子10名）
同上	同上	チヤラス・サウニヤウ	19	第２班
同上	同上	スリジヤオ・チングス	23	第２班
同上	同上	パリジヤン・サンゴ	23	第２班
同上	同上	チヤマジヤ・パオルス	23	第２班
同上	同上	トアヨ・アドブス	21	第２班
同上	ドブドブス社	タキトピ・モアカイ	19	第２班
同上	ボンガリ社	トブチユル・サウニヤウ	19	第２班
同上	同上	パツコサン・カドブス	19	第２班
同上	スボン社	トジヤラン・チヨ子	19	第２班

出典：『理蕃の友』昭和11年５月：11頁より作成。

＊高雄団引率者：中村文治（府警部）、高橋竹三郎（巡査部長）、粟田順三（巡査部長）

第13回内地観光団（1937年4月2日～4月23日）

【観光団員一覧】

所在	蕃社	氏名	年齢	備考
台北州文山郡	タンピヤ社	志良　三郎	30	団長
台北州羅東郡	ピヤナン社	岸本　巌	38	副団長
台北州蘇澳郡	リヨヘン社	原　勇八	26	第1班（班長）
同上	同上	ウイラン・トーレ	23	第1班
同上	タンオウ社	ペイホ・ワタン	19	第1班
同上	南澳社	ハイタイ・ラトン	20	第1班
台北州文山郡	ウライ社	パヤス・ワタン	21	第1班
同上	同上	山川　勇	26	第1班
同上	ラハウ社	タナ・タイモ	21	第1班
同上	リモガン社	ユミン・ロシン	19	第1班
同上	タンピヤ社	バット・ノミン	26	第1班
台北州羅東郡	バヌン社	ヤツカ・オモナ	23	第2班（班長）
同上	崙埤子社	ロシン・ワタン	20	第2班
同上	シヨウラ社	ユーカン・タイガン	30	第2班
同上	ボンボン社	セツタ・ツクン	26	第2班
同上	トールイ社	ペホ・ナボ	33	第2班
同上	ルモアン社	ヘイタイ・タツクン	25	第2班
同上	シキクン社	ポータイ・マライ	17	第2班
同上	同上	バット・モナ	22	第2班
台北州蘇澳郡	ブター社	井上　一郎	24	第3班（班長）
同上	ロツボエ社	ユーカン・タケ	25	第3班
同上	南奥社	ヤウイ・バット	24	第3班
同上	同上	平田　只男	25	第3班
同上	カンケイ社	バット・ハヨン	27	第3班
同上	同上	ハヨン・バット	31	第3班
同上	ダイゲン社	レイサン・イカン	24	第3班
同上	シホウリン社	トーレ・ナブン	24	第3班
同上	コロ社	バット・ノミン	24	第3班

出典：『理蕃の友』昭和12年5月：12頁より作成。

別表3　高砂族青年団幹部懇談会（1935年10月29日）の参加者名簿

【出席者一覧（計32名）】

州庁	蕃社	氏名	年齢	種族
台北州羅東郡	シヨウラ社	ユーカン・タイガン	28	タイヤル
台北州蘇澳郡	ブター社	井上　一郎	21	タイヤル
台北州文山郡	ウライ社	山川　勇	24	タイヤル
新竹州大渓郡	角板山	日野　三郎	37	タイヤル
新竹州大渓郡	ガオガン	宇都木　一郎	36	タイヤル
新竹州大渓郡	角板山	原　藤太郎	37	タイヤル
新竹州竹東郡	パスコワラン社	宇内　直記	37	タイヤル
新竹州大湖郡	タバライ社	馬場　武	30	タイヤル
新竹州竹東郡	シパジー社	伊波　仁太郎	28	サイセット
台中州東勢郡	埋伏坪	倉田　武吉	29	タイヤル
台中州東勢郡	シカヤウ社	澤井　藤内	22	タイヤル
台中州新高郡	パラサゴン社	村野　一夫	32	ブヌン
台中州新高郡	イシガン社	加東　信一	24	ブヌン
台中州能高郡	川中島社	中山　清	22	タイヤル
台南州嘉義郡	タッパン社	矢多　一生	28	ツォウ
台南州嘉義郡	ニヤウチナ社	安井　猛	27	ツォウ
高雄州旗山郡	ビラン社	石田　良民	33	ブヌン
高雄州旗山郡	ビビュウ社	瀬戸　新進	31	ブヌン
高雄州旗山郡	タカヌワ社	タチユブガナパウ	28	ツォウ
高雄州屏東郡	上パイワン社	カリガサンタガイ	24	パイワン
高雄州潮州郡	マカザヤザヤ社	ラウリヤンチヤマリ	18	パイワン
高雄州恒春郡	クスクス社	石田　健二	26	パイワン
台東庁台東支庁	大南社	古家　良保	25	パイワン
台東庁大武支庁	タリリク社	竹内　修一	25	パイワン
台東庁里壠支庁	ハイトトワン社	タケルルン・ニヤン	26	ブヌン
台東庁里壠支庁	ナイホンロク社	タケンルルン・ビシャド	18	ブヌン
台東庁紅頭嶼	イマウルツル社	シヤマンカリヤル	23	ヤミ
花蓮港庁研海支庁	コロ社	山本　新一	22	タイヤル
花蓮港庁花蓮支庁	銅文蘭〔タモナン〕社	ユーダオカラウ	21	タイヤル
花蓮港庁鳳林支庁	タガハン社	坂元　進	20	タイヤル
花蓮港庁玉里支庁	タツケイ社	松本　和郎	25	ブヌン
花蓮港庁玉里支庁	イソガン社	リライシタラカン	23	ブヌン

出典：「理蕃史上光輝ある一頁を飾る　高砂族青年団幹部懇談会」『理蕃の友』昭和10年11月：2－9頁より作成。

第八章　フィールドワークとしての観光、メディアとしての民族

――小山栄三の観光宣伝論と日本帝国の国際観光政策

はじめに

第五章から第七章では、植民地台湾の観光・博覧会政策を対象に、一方では台湾漢族・先住民を〈日本＝文明〉を理想とする社会変革に駆り立てながらも、他方では彼らを〈異質・未開な〉原住民という範疇に延々と差し戻すという二重の政策ベクトルを析出し、その二重性そのものを日本の植民地支配を支えた統治構造として位置付けた。この〈日本化・文明化〉と〈異質化・未開化〉のベクトルは日本統治期を通じて一貫して作動していたが、特に一九三〇年代は、両者の緊張が比類なく高まった時代と捉えることができる。たとえば霧社事件後の理蕃行政では、在台日本人と同じような職業や生活に憧れ、それを模倣する先住民の動きに対して、その〈行き過ぎた〉日本化に歯止めをかけ、日本人と先住民との間の差異や序列を再構築しようとする反動が生じた。また総督府は、日本語教育を受けた若者世代と連携し、先住民社会の生活改善と農耕民化を強力に推し進める一方、先住民文化を重要な観光資源として位置付け、〈日本化〉された先住民に「昔ながらの生活」を演じさせることで〈異質・未開な〉先住民イメージを生

産・流布しつづけた。さらに日中戦争期に突入すると、そこに「皇民化」政策の動きが重なってくる。日本人と同じような生活を目指すべきなのか、それとも諦めるべきなのか。祖先の伝統を捨て去るべきなのか、それとも守るべきなのか。選択はもはや二者択一ではなく、それぞれの要求にどの程度答えるべきかも、理蕃警察官の主観に左右される曖昧なものだった。相反する二つの要求に挟まれ、しかもどちらか一方も選択できず、ジレンマを解決できない状態――まさにダブルバインドである。

こうした台湾先住民を取り巻く政策動向は、より広く同時代の国際情勢の中で捉えることができる。一九三〇年代は、第一次世界大戦後の「民族自決権」（ウィルソン）提唱や、植民地帝国内部での民族運動や自治要求の高まり――日本では朝鮮の三・一運動（一九一九年）、台湾の議会設置請願運動（一九二一–三四年）、霧社事件（一九三〇年）など――にともない、宗主国／植民地間の人種的ヒエラルキーが大きな挑戦を受けた時代にあたる（Füredi 1998）。またこの時期には、戦争で疲弊したヨーロッパ各国を筆頭に、外貨獲得を目的とする観光事業の国策化が進展した。日本でも鉄道省外局の国際観光局（一九三〇年創設）を中心に、「外客誘致」を目指した観光PRや宿泊施設の整備がなされ、さらに国立公園法（一九三一年）や史跡名勝天然記念物保存法（一九一九年）が内地だけでなく植民地にも拡大適用されるなど、帝国各地で自然・文化資源を保全する動きが活発化した。先住民の〈異質化・未開化〉の背景には、以上のような、同時代の植民地帝国に共通する帝国秩序崩壊への不安と、観光立国化の動きが存在した。一九三〇–四〇年代の日本の植民地政策は、〈皇民化＝日本化〉のベクトルに単純に還元されるものではない。

第八章・第九章では、これらの政策動向に対する研究者側の対応として、対照的な二つの事例を検討する。本章では、社会学者・小山栄三（一八九九–一九八三）の観光宣伝論を取り上げ、観光を利用して宗主国／植民地間の序列を再建するという政策的思考を追う。次章では、人類学者・金関丈夫（一八九七–一九八三）と日本民藝協会の柳宗悦（一八八九–一九六一）の台湾民藝保存運動を事例に、同時代の文化保存政策を足掛かりにして、宗主国／植民地間の序列を解体する運動が展開されたことを示す。

第一節　帝国と移動する人々――移民・観光・フィールドワーク

日本帝国を移動する人の流れは、一九三〇年代に頂点を迎えた。たとえば一九二〇‐三〇年代は、「わが国で官民ともに最も移住に力こぶを入れた」時代とされ、一九三二年までに太平洋域の委任統治領や「満洲国」に約八〇万、台湾・朝鮮・樺太には総勢一〇〇万人以上の日本人が海外移住をおこなったという（モーリス＝スズキ 2002）。また高岡（1993）によれば、ファシズム・総力戦体制期の日本では、国鉄及びジャパン・ツーリスト・ビューローの団体客募集・斡旋によって、「体位向上」を旗印とするハイキング・海水浴・スキー等のリクリエーション（厚生）旅行や、伊勢神宮・橿原神宮・高千穂神社等を巡る「建国聖地」巡拝旅行が組織され、一大観光ブームの観を呈していたという(1)。同じくルオフも、一般に大衆消費や娯楽が抑圧された「暗い谷間の時代」と見なされてきたこの時代に、愛国的な旅行関連グッズが大量販売され、「ナショナリズム消費」とでも呼ぶべき現象が起こったことに注目している（ルオフ 2010）。こうした観光産業とナショナリズムとの融合について、一九三〇年代末に出版されたある観光雑誌には、次のような言葉が載せられている。

> 国際観光事業は、この二つの場合とも――戦争の場合も、恐慌の場合も――共に萎縮し停滞すると云ふのが、一般的な現象である。国内観光に限り戦争の場合は条件によつて、却つて繁栄する。今日日本に現はれてゐる旅行全盛の現象はそれである。（横山四郎「国際観光事業の過去と現在：変動要素としての戦争及恐慌」『国際観光』（昭和一四年）第七巻四号：一四‐一九頁）

ただしこの「旅行全盛の現象」は、「国内観光」の分野に限られるものではなかった。事実、日本を訪れる外国人旅行者数は、一九三五‐三七年または皇紀二六〇〇年にあたる一九四〇年度に戦前最大のピークを迎えている（表8

-1、8-2を参照)。また訪日外国人の観光消費額も、一九三六(昭和一一)年度には大台の一億円を超え、綿織物(四億八三〇〇万)・生糸(三億九二〇〇万)・人絹織物(一億四九〇〇万)に次ぐ第四位の外貨獲得手段に上り詰めている(国際観光局編 1940: 50)[2]。一方、日本の各植民地を巡る「帝国観光」も一九三〇年代は拡大期に入り(Young 1998 = 2001: ch.5; 高 2002; 曽山 2003)、たとえば一九三一年九月に発売された内地・満洲・中国を巡るクーポン切符「東亜遊覧券」——一九三九年には台湾も併せて「東亜観光券」と改称される——の売上高は、一九三一年度(半年分)の約一万二〇〇〇円から一九四〇年度の約一五四万五〇〇〇円へと急激に膨れ上がっている(日本交通公社編 1962: 161-162)。

さらにより広く「旅」を捉えるなら(Clifford 1997 = 2002)、一九三〇-四〇年代の海外フィールドワークの高まり(梅棹 1991; 坂野 2005b)も見逃すことはできない。要するに、日本がファシズム・総力戦体制へと突入していく時代、それはますます多くの旅人たちがトランス・ナショナルに移動し、異なる民族や文化との接触・衝突をくり返した、異種混交的な時代だったのである。

本章は、移民・観光・フィールドワークという三つの移動/旅の形態を、「民族接触」という共通の主題のもとで捉え、そこから独自の民族論・民族政策を組み立てた社会学者・小山栄三(一八九九-一九八三)の一九三〇-四〇年代の論考を検討する。なかでも小山の「観光宣伝」論に焦点をあて、それを同時代の観光政策の実態と重ね合わせつつ読解することで、日本帝国末期における観光政策と民族政策との連関構造を明らかにする。

小山の戦前期の経歴をたどると、大きく二つの顔がある。第一は、人種・民族問題や人口問題の研究者の顔で、一九二五年に東京帝国大学文学部社会学科を卒業後、厚生省・人口問題研究所(一九三九年創設)や文部省・民族研究所(一九四三年創設)の研究員時代まで多くの論考を書き残している[3]。第二は、東京帝国大学文学部新聞研究室の研究員となる一九二九年以降の新聞・広告・宣伝(プロパガンダ)研究者の顔で、これは占領期の内閣情報局(世論調査課)参与をへて、戦後の調査方法論やマスコミ研究へと引き継がれていく(三浦・岩井 1997; 吉見 1999; Morris-Suzuki 2000; 佐藤 2005)。

表8－1　訪日外国人数（1910-1941年）およびJTB斡旋客数（1912-1937年）の推移

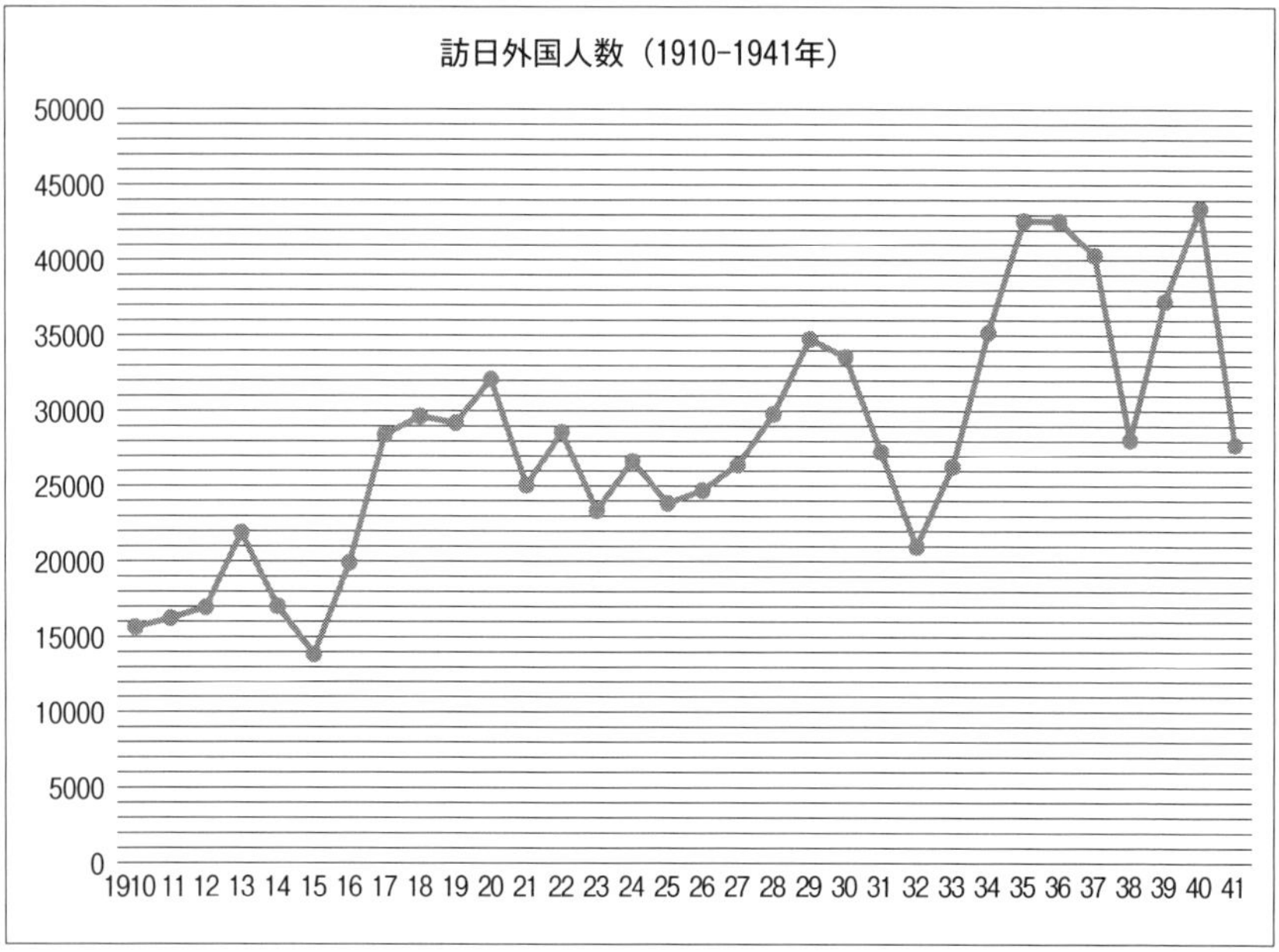

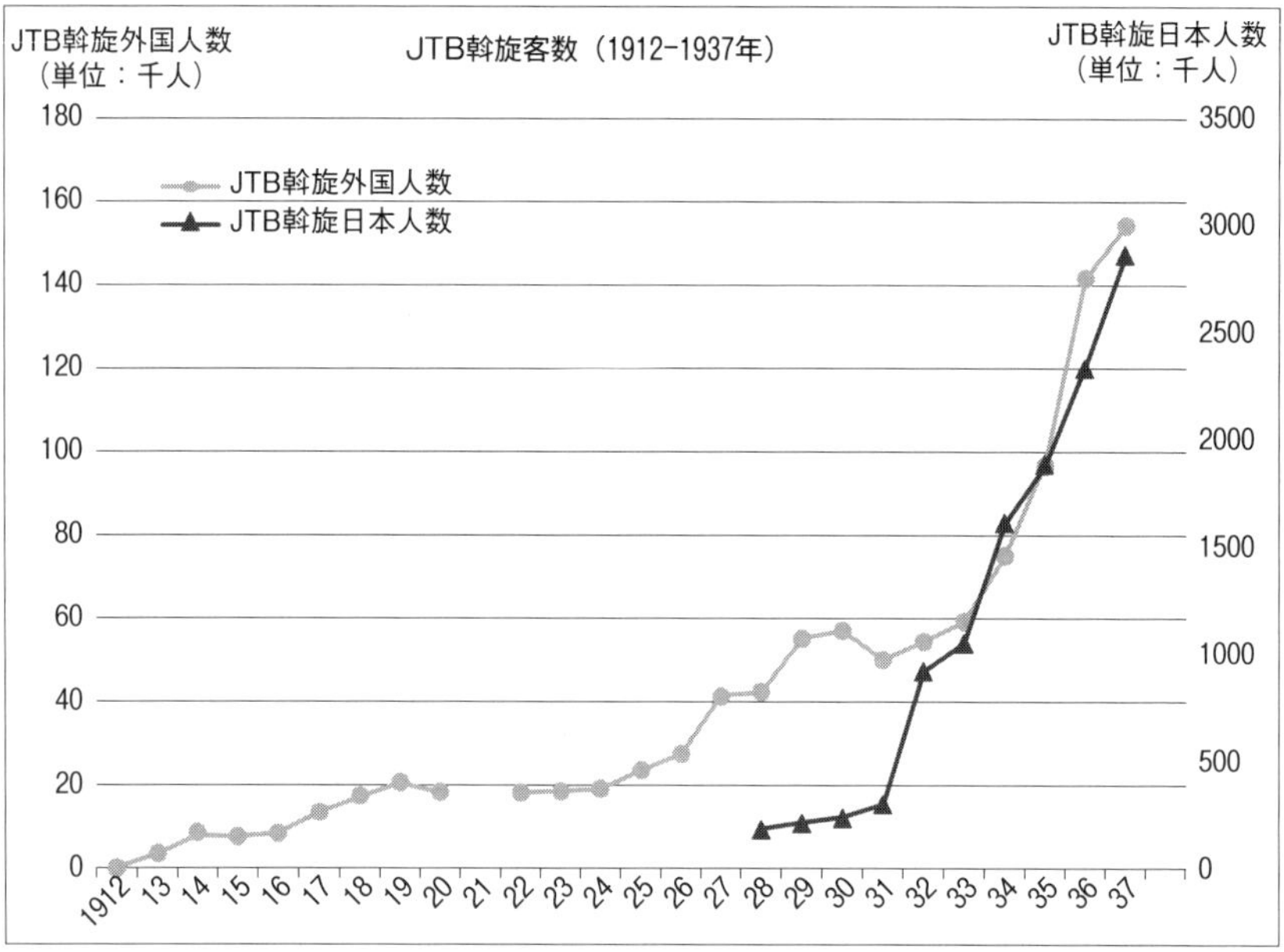

表8－2　国別・訪日外国人数（1910-1941年）

年次	訪日外国人数(単位：人)							
	米国	英国	ドイツ	フランス	ロシア(ソ連)	中国	その他	合計
1910	3,870	3,161	856	370	1,663	5,730	n.d.	15,650
1911	3,875	3,032	924	313	2,821	5,263	n.d.	16,228
1912	3,882	3,411	1,087	375	2,120	5,502	587	16,964
1913	5,077	4,123	1,184	363	2,755	7,786	598	21,886
1914	3,765	2,399	805	361	3,075	6,030	588	17,023
1915	2,960	1,977	35	168	2,917	5,313	476	13,846
1916	4,225	3,604	9	242	4,803	6,266	759	19,908
1917	5,196	3,868	0	431	7,780	9,621	1,529	28,425
1918	3,572	3,693	1	665	8,165	11,455	2,089	29,640
1919	5,664	3,953	78	710	4,681	11,393	2,723	29,202
1920	6,821	4,238	234	513	3,830	13,202	3,267	32,105
1921	3,772	2,857	263	245	2,983	13,082	1,839	25,041
1922	4,032	3,130	287	301	2,690	16,517	1,638	28,595
1923	3,538	2,462	329	148	779	14,736	1,364	23,356
1924	3,402	2,962	590	293	2,337	15,613	1,468	26,665
1925	4,182	3,174	507	354	1,102	9,486	5,034	23,839
1926	6,704	3,624	536	429	849	10,977	1,587	24,706
1927	6,654	3,880	609	354	990	12,383	1,516	26,386
1928	7,782	3,761	742	555	1,251	13,889	1,820	29,800
1929	8,527	4,362	940	439	1,587	16,300	2,600	34,755
1930	8,521	5,246	985	466	1,453	14,543	2,358	33,572
1931	6,162	3,523	672	462	1,082	12,878	2,494	27,273
1932	4,310	3,525	721	478	1,066	7,792	3,068	20,960
1933	5,792	5,117	1,118	636	1,091	9,146	3,364	26,264
1934	7,947	6,391	1,313	883	1,427	12,676	4,559	35,196
1935	9,111	7,293	1,523	894	1,280	14,260	8,268	42,629
1936	9,655	6,992	1,446	920	1,315	11,398	10,842	42,568
1937	10,077	6,097	1,816	882	1,562	8,275	11,593	40,302
1938	5,148	3,209	1,861	511	1,648	4,021	11,674	28,072
1939	6,711	3,616	2,585	532	157	7,325	16,318	37,244
1940	5,983	2,804	5,442	550	447	9,968	18,241	43,435
1941	n.d.	n.d.	n.d.	n.d.	n.d.	n.d.	n.d.	27,754

出典：表8－1、8－2ともに、訪日外国人数は国際観光振興会編（1984: 301,303）、JTB幹旋客数は日本交通公社編（1962: 115,165-170）より作成。

＊1：訪日外国人数は、船客等の一時上陸客を除く。

＊2：1939年度のソ連の訪日外国人数の激減は、同年以降「白系露人」を除外し、「その他」に計上したことによる。

＊3：前頁表8－1のグラフのJTB幹旋外国人数は、1914年度の大正博覧会、1915年度のサンフランシスコ博覧会（パナマ太平洋博）、1926年度のフィラデルフィア万国博覧会の会場内に設置されたJTB案内所での幹旋数を除く（日本交通公社編 1962: 115）。また、1928-37年度の世界周遊船その他の幹旋数（1928年度：1300人、29年度：2500人、30年度：2000人、31年度：1200人、32年度：不明、33年度：2365人、34年度：1727人、35年度：4193人、36年度：3882人、37年度：4845人）も除く（日本交通公社編 1962: 165-170）。

小山の民族・人口論と宣伝論は、従来個別に検討されることが多く、特にこれらの研究が並行して進められていた一九三〇-四〇年代において、両者がいかなる問題関心のもとで結びついていたかは、十分に問われてこなかった。しかし近年、その連関を析出する作業も開始されている。たとえば福間（2003）は、小山は一方の人種・民族研究を通じて日本人と植民地住民との間の差異や対立を認識し、他方こうした帝国の分裂を回避し、社会的一体感を生みだすための手段として、さまざまな宣伝媒体を用いた「輿論」操作の議論を位置づけていたとする。なお、ここでいう宣伝媒体とは、新聞・広告・ラジオ・映画などの知覚メディアを指す。その他の論者も、これらのメディア操作を通じて植民地住民の声を世論から抹消し、日本民族との「闘争」関係を隠蔽しようとするところに、小山の宣伝論の狙い（とその限界）を見ている（吉見 1999; Morris-Suzuki 2000）。こうした学説史的位置付けは、小山の民族論は、日本民族と他のアジア民族との間の差異や序列を自明視しつつも、「アジアの連帯」をスローガンに掲げるという「根本的欺瞞」を孕んでいたとする評価（坂野 2005b: 422）にもつながっている。

ただし、小山が宣伝論のなかで挙げている宣伝媒体とは、単に、敵対する民族「間」を仲立ちする知覚メディアだけではない。本章では、民族それ自身を「メディア」と捉える小山の視点に注目し、そこから彼の宣伝論および民族・人口論を再構成する。ここで鍵となるのが、彼の宣伝論のなかでも「観光宣伝」に関する議論である。従来この観光宣伝論は、さまざまな知覚メディアを用いて対日世論を操作する小山のプロパガンダ政策の一部として扱われ、それ自体単独で検討すべき対象とは見なされてこなかった。だが、小山の「観光」宣伝論には、それ以外の宣伝論には見られない——ただし小山の民族・人口論にはくり返し登場する——ある独特な視点が入り込んでいる。それは、異なる民族が出会う「民族接触」への強い関心である。

小山にとって民族接触とは、民族間の異質性や対立を顕在化させるものであり、帝国内部に社会的分裂をもたらす危険をはらんだものだった。しかし彼は、植民地支配を維持するためにはなるべく民族接触を回避すべきだと考えたわけではなかった。むしろ彼は、危機に瀕した帝国秩序を再建するために、民族接触を積極的に利用する方法を考えた。本章の第一の課題は、小山の民族・人口論と宣伝論を、両者に通底する「民族接触」の視点から接続し、学説史的に再定位することにある。ただしこの作業を進めるにあたり、本章ではもうひとつ、知識社会学的に解明されるべき重要な問題がある。それは観光・宣伝・民族・人口といった複数の研究分野を接続可能にした〈場〉の問題である。本章ではその手がかりとして、小山が移民・観光・フィールドワークという三つの移動／旅の形態を「民族接触」という共通の主題のもとに包摂している点に注目する。今日では通常個別に研究されているこれらの移動／旅の実践が、一九三〇‐四〇年代の小山においてなぜ連動しえたのか、その歴史的・社会的背景を明らかにすることで、当時の「人の移動」に関わる政策的思考の一端を照射することが、第二の課題である。

第二節　フィールドワークとしての観光

小山が観光宣伝論を執筆した一九三〇年代は、観光事業が日本の国策の一部に組み込まれ、観光関連機関の組織化が急ピッチに進められた時代にあたる。まずは小山の議論が生まれてきた政治的〈場〉として、当時の日本の観光事業体制の特徴について整理しておこう（図8‐1を参照）。

第一の特徴は、観光事業が鉄道行政を掌る鉄道省（鉄道院の後身として一九二〇年設置）の管下に置かれたことだ。一九三〇年四月には「最初の観光事業の中央行政機関」（田 1940: 115）である国際観光局が鉄道省・外局として設置された（勅令八三号）。また国際観光局長は鉄道大臣によって任命され（初代局長は鉄道省国際課長の新井堯爾）、資金面でも鉄道省の援助に大きく依存していた。さらにその事業方針も、同年七月に鉄道大臣の諮問機関として設置された国際観光委員会（勅令一三〇号）の答申に左右された。国際観光局によると、当初は「内閣直属にするのが妥当」とする意見もあったが、鉄道省はこれまでも外国人向けの観光案内書の作成や、ビューローの外客誘致・旅客斡旋業務をサポートしてきた実績があり、諸外国の例をみても鉄道事業と観光事業には「密接な関係」があるとの理由から鉄道省が選ばれたという（国際観光局編 1940: 11）。

第二の特徴は、観光事業の主な目的が外国人観光客の誘致（インバウンド政策）に置かれたことだ。国際観光局は

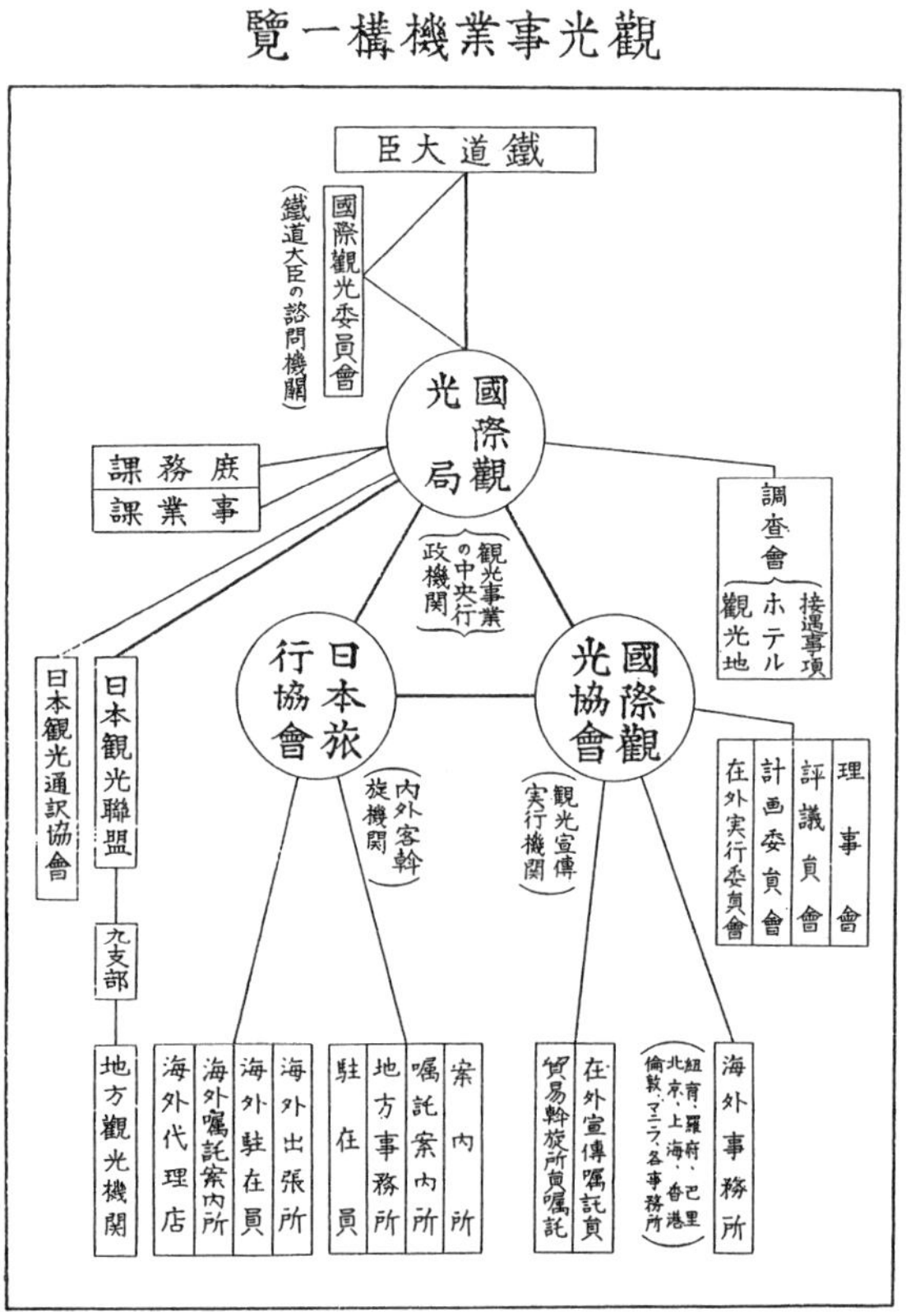

図8－1　1930年代日本の観光事業体制

出典：国際観光局編（1940: 87）より転載。

「外客ノ誘致ニ関スル事項ヲ掌ル」機関とされ、国際観光委員会も、会長たる鉄道大臣の諮問に応じて「外客誘致に関する事項を調査審議」し、関係各大臣に建議する機関だった[4]。そもそも「国際」観光局という名称自体が、将来的に国内業務も扱うことを考えて「観光局」とすべきだという意見に対して、「外客誘致を強調する意味合で」付けられたものだった（国際観光局編 1940: 13）。

国際観光局設置にともない、一九三一年一二月には、外客誘致・海外宣伝業務を掌る実務機関として国際観光協会が設置された。同協会は鉄道大臣の寄附行為により創設された財団法人で、事務所は鉄道省内に置かれ、人員面でも鉄道省関係者が多く、事業資金の大半は鉄道省の特別会計から捻出されていた。[5] 一方、海外宣伝を掌る国際観光協会の創設を受け、これまで外客誘致・斡旋業務を担ってきたビューローは、日本国内の旅行文化の普及・啓蒙活動や国内旅行客の斡旋へと業務の軌道修正を図る。その後、一九三五年には鉄道省主催の団体旅客斡旋業務がすべてビューローに委託され、これが冒頭でみた国内斡旋客数の急増につながっていくわけである。さらに一九三六年一一月には、国際観光局設置を機に急増した日本全国（朝鮮・台湾・樺太・満洲も含む）の観光課・観光協会・保勝会等の統制を目的として、日本観光連盟が結成された。なお同連盟も、本部は鉄道省内に置かれ、運営は主に国際観光局が担い、役員には鉄道省関係者が多数含まれるなど、鉄道省と固く結びついていた。

小山は国際観光局嘱託として、[6] 国際観光協会の機関紙『国際観光』（一九三三年創刊）に観光宣伝に関する論考を数点寄稿している。これらは後に『宣伝技術論』（一九三七年）・『戦時宣伝論』（一九四二年）に収録されるが、先行研究はこの点について、小山がそれまで新聞・広告等を題材に論じてきた世論の形成や操作に関する議論を、観光の分野に応用したものと簡単に触れるにとどまる。むしろ先行研究は、一九三〇年代に小山の宣伝論が、日本の中国侵略にともなう対日世論の悪化と抗日運動の展開をうけ、その思想対策たる「文化宣伝 Kulturpropaganda」研究に傾斜していくことに注目してきた。

確かに、小山は観光宣伝を対外的・対内的な思想対策の一環と捉えていた。「国際観光政策は観光事業を通じて『今日本は何を考へ』、『何をしてゐる』かを現実に世界に示す外交的使命を持つ」と同時に、「対民族工作の文化的一翼を担当する」（小山 1942b: 314）。しかも早くから観光宣伝の「一義的目的」を外貨獲得ではなく思想対策に置いている点は（小山 1933: 25）、行政側に同様の態度が現れるのが、日米対立が深まり、観光消費額の高い米国人旅行者数が冷えこむ一九四〇年代であることをふまえると（東亜交通公社編 1944）、注目に値する。

ただし小山は一方で、観光宣伝には他の宣伝とは異なる独自な特徴があると考えていた。それは観光が、単にメディアを介して異国を眺めるのではなく、実際に異国に触れるという移動をともなうことに由来する。

> 国際観光現象は外人の他国に於ける旅行である限り、必ずそこに原住民たる異質民族との接触を伴ひ、同時にその観光の直接又は間接の目的には異質民族の文化或は生活様式の視察を包含するものである。従つて国際観光政策を一つの文化政策と見るならば、我々は其の政策の理論的基礎をなす民族接触及び民族の概念を明確に把握してをくことが不可欠に必要となる。（小山 1937b: 292 強調引用者）

国際観光は異なる民族が出会う「民族接触」だと小山はいう。さらに彼は、国際観光政策を論じるにあたって、「民族接触」の理論的考察が不可欠だとも主張している。にもかかわらず、小山の宣伝論が検討される際、この点は看過されてきた。これは単に宣伝論だけに関わる問題ではなく、戦前の小山の領域横断的な研究スタイルを理解するうえでも大きな見落としである。なぜならこの「民族接触」という概念は、後述する小山の民族・人口論にもたびたび登場する、まさに中核に位置する主題だからである。

では、小山は国際観光をひとつの民族接触と捉えることで、いかなる論点を提起しようとしたのか。ここでポイントとなるのは、国際観光が異文化の「視察」を含むという発言である。この「視察」というやや堅苦しい表現は、そのまま受けとる必要がある。つまり彼はこの表現を、観光旅行が一方でもつ娯楽性と対比して自覚的に用いている。

> 国際旅行即ち国際観光は一方に於て享楽であるが一方に於ては見学であり、現地調査《フィールドワーク》である。（小山 1937b: 299）

観光は一種の「現地調査＝フィールドワーク」だと小山はいう。あるいは観光客は一種のフィールドワーカーだといってもよい。こうした発言がなされた理由のひとつは、彼が両者をともに「民族接触」と捉えていたことによる。事実、小山（1941: 139）は民族学の方法論について語っている箇所で、フィールドワークを観察者と原住民との間の「異質民族の接触」と説明している。ただし上記の発言は、観光とフィールドワークの「民族接触」としての共通性にとどまらず、「現地調査」としての共通性も指摘しており、これは二〇世紀前半の人種・民族研究の歴史からみて、以下の二点でとても奇妙である。

第一は、近代のフィールド調査を支配していた反ツーリズム言説の問題だ。ジェイムス・クリフォードが指摘するように、二〇世紀初頭の欧米で「フィールドワーカー」の科学的権威が確立される際、彼らは自分たち以外の移動者・居住者の知識を否定し、脱正統化するために一連の言説を生みだした。彼が特に注目したのは、植民地行政官・宣教師・旅行作家などの「干渉主義」や「文学性」を否定項に位置づける言説（とフィードワークの干渉性および民族誌の主観性の忘却）だが（Clifford 1997 = 2002: 84–89）、これと似たような差別化は、近代の反（マス）ツーリズム言説に関する研究成果（MacCannell 1976; Culler 1988; Buzard 1993; Kaplan 1996 = 2003）をふまえるならば、現地理解の「深い」調査者と「浅い」観光客との間にも長らくおこなわれてきたといえよう。

この反ツーリズム言説の問題を日本の調査史の文脈で考える際、第三章で扱った鳥居龍蔵の言動は特に興味深い。すでに述べたように、鳥居は遼東半島を皮切りに東アジア全土を次々と踏破していった業績から、日本の海外フィールドワークのパイオニアとされる人物だが（梅棹忠夫）、参与観察を重視する現代の社会／文化人類学者には、その調査範囲の広さと滞在期間の短さから「浅い」調査とされる場合がある。つまり、彼の調査は「旅行者的な学問」（芹沢長介）とされるのである。ただしこの評価は、実は鳥居本人もみずからの「学術探検」や「旅行日記」の科学性を訴える際、同時代の「遊山的旅行」や「趣味の紀行」から批判的に距離をとろうとしていた点とあわせて理解されねばならない。つまり、ここには反ツーリズム言説の反復があり、観光旅行から「科学的な」フィールド調査を差異化しようとする長い伝統がある。観光をフィールドワークと同一視するような小山の発言は、こうした伝統とは一線を画している。

そのうえで第二に奇妙なのは、当時小山が日本の人種・民族研究の領域で、フィールドワークの学問的意義を声高に主張していた人物でもあったことだ。福間（2003）も指摘するように、小山はハンス・フライヤー（一八八七–一九六九）の影響をうけ、高田保馬（一八八三–一九七二）の民族論の理論的抽象性を批判し、「民族の現実的な生活認識」や原住民の「心」の把握のためには現地調査が不可欠であると主張した。また小山（1941: vii; 1944: iii）は、従来の民族研究を「単なる外国書の翻訳による諸民族の紹介」か、「単に上流階級又は学者の一部が洋行の名の下に」「ホテルの窓と自動車の窓から異質民族を眺めていたに過ぎなかつた」と痛烈に批判している。さらに付言すれば、小山（1941: 92,137）が念頭に置いていた現地調査のモデルは、柳田民俗学やマリノフスキーらの仕事であり、彼の「現地調査」理解が多分に不適当であったとするのも難しい。

では、なぜ小山は観光に現地調査の意味あいをみたのか。次節ではその鍵を、一九三〇－四〇年代の日本の観光政策、特に外国人招請事業に求め、彼の認識を支えていた歴史的背景を明るみにだす。

第三節　メディアとしての民族――外国人招請事業を手がかりに

外国人招請事業とは、海外から一定の人物を選抜し、日本旅行に招待するという観光宣伝の一種である。当時この事業は、写真・映画・広告・博覧会などを用いた「直接的宣伝」とは別の、「間接ではあるがしかも非常に有力な対外宣伝方法」と位置付けられていた（国際観光局編 1940: 161）。国際観光局設置以降の事業内容は、表8－3の通りである(7)。

一九三三年二月に国際観光協会は、満州事変により悪化した対日世論の改善と旅客誘致のため、米国の青少年雑誌『アメリカン・ボーイ』誌上で、「日本―なぜ僕は日本に行きたいか（Japan-and Why I Want to Go There）」と題する懸賞論文を募集し、その一等当選者を日本旅行に招待する計画を企てた。これが招請事業の「嚆矢」とされる（国際観光局編 1940: 162）。応募総数約一七〇〇通から選ばれた学生三名は、アイオワ州立大学新聞科教授のミチェル・チャンレイ（元『アメリカン・ボーイ』編集次長）に引率され、内地・朝鮮・満洲を約五週間かけて旅行した（表8－4を参照）。まず注目したいのは、その募集要項に「一等当選者は日本旅行から帰つた後九十日以内に四千語以上の旅行記を国際観光協会に提出すること」が義務付けられていたことだ（国際観光局編 1940: 162–163）。つまり、帝国各地での見聞を帰国後、より広範囲に伝える役割があらかじめ前提されていたのである。彼らの旅行記は翌年『米国青少年の日本観』（一九三四年）として邦訳されたほか、米国の新聞・雑誌や講演会の場で披露されたが、国際観光局の説明によると、そこには①日本の近代的な産業や生活様式、②日本の自然美、③日本人の精神美と優越性、④満洲国の飛躍的発展という共通了解がみられたという（国際観光局 1940: 163）。

表8－3　国際観光局による外国人招請事業

	対象者・人数	事業内容（場所・期間など）
1933	『アメリカン・ボーイ』懸賞論文当選者三名と引率者一名	内地・朝鮮・満洲の見学旅行（七月一四日〜八月一七日）
1934	上海在住の英字新聞・雑誌記者三名	内地・台湾を視察（中支・南支・南洋に暮らす欧米人の誘致のため）
1936	米国太平洋沿岸諸州のハイスクール女性教員一五名	内地・朝鮮・満洲（七月半ば〜八月下旬）
1937	米国・カナダのハイスクール女性教員九名	内地各方面（一〇月より約三〇日）
1938	米国・カナダの女性教員二九名	内地・朝鮮・満洲（七月〜）
	米国のホテル業者一八名	内地・朝鮮・満洲（一一月より約一ヵ月間）※日本ホテル協会との共同事業
	北支の観光・報道・教育機関の指導層一七名	（日支観光提携のため）「日本」の文化・産業・教育・軍事等を視察（四月より約一ヵ月間）
	蒙古聯盟自治政府・訪日視察団一八名	一〇月来日（日満支蒙の観光提携のため）
	【その他】北支の「名流婦人の一行や北京中等学校長を中心とする教育視察団」等	
1939	米国・カナダのハイスクール女性教員二九名	内地班（関東・関西・北海道・九州）と内地・朝鮮・満洲班に分かれて視察（六月〜八月）
	豪州ハイスクール女性教員五名	内地各方面（一月より約一ヵ月間）
	米国の男性教員四名	内地・朝鮮・満洲
	蘭印の女性教員八名	内地・朝鮮・満洲（六月半ば〜七月末）
	インドの教育家一四名	内地・朝鮮・満洲（九月初〜一〇月初）

年		
1939（続）	ブラジルの教育家三夫妻（六名）	内地・朝鮮・満洲（九月末～一一月半ば）
	アルゼンチン・ウルグアイの女性教員七名	不明
	米国の旅行業者一一名	内地・朝鮮・満州・北支（欧州大戦を機に、米国人を東亜に誘致するため）
	日本郵船・大阪商船の在米支店船客係八名	内地視察（一〇月より）
	①北支：官民の代表的人士一六名 ②中支：新政府の重要人物一四名 ③北支：文化面の著名人士一一名 ④中支：一〇名を予定	①朝鮮経由で内地視察（四月三〇日～五月二三日） ②内地視察（五月下旬～六月中旬） ③内地視察（一一月七日～一〇《ママ》月二日） ④三月中旬予定（実施不明）
	【その他】 ▼独伊の温泉学者二夫妻、温泉地・観光地（六月～）※日本温泉協会と協同事業 ▼米国の作家D・カーネギー、内地・朝鮮・満州・北京・上海（七月末～約四〇日） ▼米国・スイス・オーストラリア・フィリピン等の旅行講演家一〇名 ▼米国・フィリピンの新聞雑誌記者八名、内地・朝鮮・満州・北支を視察	
1940	米国・カナダ女性教員一六名	内地・朝鮮・満洲の都市（七月初～八月末）
	米国の教育家二名	内地（特に教育制度）視察&朝鮮・満洲旅行（七月中旬より約一ヵ月間）
	タイの教育家一一名	内地の文化・教育・産業（五月初旬より約一ヵ月間）
	米国の旅行業者一一名	内地・朝鮮・満洲・北支（九月上旬～一〇月一九日）
	日本郵船・大阪商船の在シカゴ支店社員四名（各二名）	・日本郵船社員（一〇月一三日～一一月一五日） ・大阪商船社員（六月九日～八月一六日）
	北支方面の人士一二名	満洲・朝鮮経由で内地（とくに教育制度）視察（一一月八日～一二月六日）
	蒙疆方面の人士五名	「日本」の文化・産業面（七月初旬より約一ヵ月間）
	サンパウロ大学・日本語講座学生訪日視察団二二名	内地・朝鮮各地を視察（四月一九日～五月一七日） ※国際学友会との共同主催

1940（続）	
東洋文化学会主催・夏期大学講座聴講生訪日使節団八一名	夏期講座聴講のため来日中の米国人視察団（二世ふくむ）に補助金付与
満洲綴方使節団一二名（満洲小学生一〇名（在満五族から男女各一名）と引率者二名）	日満親善と正しい国情認識のため、内地見学&東京大阪で満洲国紹介、日満学童歓迎会に出席（七月より二〇日間） ※紀元二六〇〇年記念事業　※満鉄と共同主催
①サンフランシスコ万博懸賞論文当選者一〇名 ②ニューヨーク万博懸賞写真当選者五名	①内四名は内地視察（一〇月一三日～一一月二四日）、のこり六名は米国の旅行制限で延期 ②三月来日予定→米国の旅行制限で延期
【その他】 ▼米国・ブラジルの学者・作家三名、内地・朝鮮・満洲・北支・上海など視察 ▼米国・メキシコ・マニラ等の新聞雑誌記者五名、内地・朝鮮・満洲・北支など ▼ロサンジェルス日米協会長二名、内地・朝鮮・満洲（六月二六日～八月一六日） ▼シカゴの教育社会事業活動家一名、内地・朝鮮・満洲（九月一四日～一〇月一九日） ▼国際観光局（仏印）宣伝嘱託員一名、内地視察（一二月二七日より約一ヵ月間） ▼米国プリンストン大学卒業生一名、内地・朝鮮（八月五日～九月一五日） ▼米国エクスペリメント・グループ（異文化理解のためホームステイなどおこなう）学生四名、内地・朝鮮・満洲・中国旅行（七月一五日より約二ヵ月間） ▼興亜厚生大会（大阪）出席中の独・伊代表四名（約一ヵ月間） ▼ホイットフィールド家三名（六月二六日より約一ヵ月半）	

出典：国際観光局（1940）及び田（1940）より作成。

表8－4　『アメリカン・ボーイ』懸賞旅行日程（1933年7月14日～8月17日）

日程	発着地	スケジュール
7月14日	横浜港着	入京
7月15日		東京滞在
7月16日		東京滞在
7月17日		日光エクスカーション
7月18日		帰京
7月19日		東京滞在
7月20日	東京発 鎌倉着	三浦半島回遊後、鎌倉へ
7月21日	鎌倉発 岐阜着	名古屋経由で岐阜へ
7月22日	岐阜発 京都着	琵琶湖・比叡山経由で京都へ
7月23日		京都滞在
7月24日		京都滞在
7月25日	京都発 奈良着	京都～奈良
7月26日	奈良発 宝塚着	大阪経由で宝塚へ
7月27日	宝塚発 宮島着	宝塚～宮島
7月28日	宮島発 下関着	宮島～下関
7月29日	下関発 別府着	下関～別府
7月30日	別府発 雲仙着	阿蘇、熊本、島原経由で雲仙へ
7月31日	雲仙発 下関発	長崎経由で下関へ 連絡船にて下関発
8月1日	京城着	釜山経由で京城へ
8月2日	京城発	
8月3日	奉天着	
8月4日	奉天発 新京着	撫順炭鉱見学後、新京へ
8月5日	新京発	
8月6日	大連着	
8月7日	大連発	ハルビン丸にて大連出航
8月8日		船中
8月9日	門司着	瀬戸内海通過
8月10日	神戸港着	鳥羽宿泊
8月11日	鳥羽発 神戸着	名古屋経由で神戸へ
8月12日	神戸発 蒲郡着	神戸～蒲郡
8月13日	蒲郡発 精進湖着	御殿場経由で精進湖へ
8月14日	精進湖発 箱根宮ノ下着	精進湖～箱根宮ノ下
8月15日		箱根滞在
8月16日	箱根発 横浜着	小田原経由で横浜へ
8月17日	横浜発	横浜出航

出典：国際観光協会編（1934: 附録4頁）より作成。

実際『米国青少年の日本観』を読むと、これら米国人一行は、横浜や東京、大連や新京を訪れた際の「近代的な都市」の姿や、想像以上に自動車（しかも米国製）が多かったこと、日本の鉄道が（米国よりも）正確かつ安全だったことに驚いている。また日光・鎌倉・京都・奈良で見た寺社や自然の美しさ、行く先々で出会う日本人の礼儀正しさや親切心にも高い評価を与えている（国際観光協会編 1934）。

ただし以上の評価、なかでも日本人の「礼儀正しさ」や「親切心」に関しては、彼らが基本的に招待客であったことを割り引いて考える必要があるだろう。彼らの旅費はすべて国際観光協会から出ていたし、一行には英語に堪能な通訳が付き、宿泊先も帝国ホテルなどの一流の「西洋化」された国際観光ホテルが用意されていたため、彼らが旅先において金銭・言語・生活面で大きな不安を感じることはなかったと推察される。また旅行中は多くの歓迎会が催され、手厚い歓待や大量の土産物（たとえば御木本での真珠贈呈）を受け取っている。要するに、参加者の学生の言葉を借りれば、この日本旅行は、「どこへ行っても僕達を王者の如くもてなして呉れる」、「毎日毎日がクリスマスのやうに思へて来た」旅であり（国際観光協会編 1934: 5–6）、この特別で、例外的な待遇こそが、日本人の「礼儀正しさ」や「親切心」という印象をかなりの程度形づくったと考えられる。彼らの見たものが、日本および日本人の〈部分的現実〉にすぎなかったことは、引率者のチャンレイ自身も、短い滞在のなかで触れ合うことができたのは、「上層階級（即ち最高の教育を受け、最も理智に富み、最も教養深い階級）だけ」であり、下層の人々は「目に映った程度」しか知ることができなかったと率直に認めている（国際観光協会編 1934: 12）。しかし、主催者たる国際観光協会にとってこの招請旅行は、米国人に日本や満洲の「まことの姿」を正しく理解させ、「日本人の真情」に親しく触れさせることができた大変有意義な事業として評価されていた（国際観光協会編 1934: 序 1）。

観光を単なる「享楽」ではなく「現地調査」と捉える小山の眼差しは、観光客を日本の現状を伝える宣伝媒体として位置づける観光政策の動向を反映していたと考えられる。実際、一九三〇年代後半に行政サイドでは、訪日外国人に対する認識の変化が起こっていたようだ。たとえば国際観光局創立十周年を記念して編纂された『観光事業十年の回顧』（一九四〇年）は、一九三五年以降を「観光事業の躍進期」とし、この時期の訪日外国人の新たな特徴として以下の五点を挙げている（国際観光局編 1940: 41）。すなわち、①「単に興味本位若しくは猟奇的観光者」以外の、日本の文化・産業・国民性などを研究しようとする外客の増加。②「月並の観光経路による旅行に満足せず、努めて新しい経路をとらんとする外客」の増加。③学校教員・新聞雑誌記者・旅行講演家などの「わが国の観光事情を宣伝する上に効果の多い人士の来訪」。またこの頃、米国人の海外旅行者数は総数として減りつつあったが、④「東洋」、なか

図8－2　米国・カナダ女性教員の招請旅行（1939年7月、宮城県パークホテル前にて）

出典：宮城県史編纂委員会編（1955: 12）より。

でも日本を訪れる旅行者は増加し、⑤アジア地域（「東洋諸邦」）や太平洋沿岸の自治領・植民地に暮らす欧米人の訪日旅行者数も増加したという。つまり、欧米人の訪日旅行者数が増加するなかで、従来のアマチュアリズムとは区別される目的関心と社会的影響力をもった旅行客の存在が認知されつつあったのだ。

この文脈でみれば、国際観光を現地調査と重ね合せる小山の発言は、単なる比喩と片付けるべきではない。仮に比喩だとしても、そうした比喩を可能にした歴史的文脈をむしろ問うべきである。つまりそれは、観光客が異文化を視察し、それを本国に伝達＝翻訳する力をもつ主体として登場してきた、もしくはそう見なされていた時代状況を映しだしているのである。

外国人招請事業のターゲットに教育家・新聞記者・旅行業者が多く含まれているのも（表8－3参照）、以上のような観光客に対する認識の変化を反映したものと考えられる。すなわち、その狙いは、海外において宣伝力のある人物を選別し、日本で手厚くもてなすことで、帰国後、これらの広告塔を通じて対日世論を改善することにあり、いわば内地観光事業の外国人版とでも呼べるものであった（図8－2参照）。

さらに一九三八年以降になると、そのターゲットは、当時最大の観光客であった米国人を主軸とするものから、中国・「満蒙」その他のアジア地域へと拡大していく。たとえば一九三八年度には中国北部の観光・報道・教育関係者が招待されているが、その目的は、当時の第三代国際観光局長・田誠（1940: 154）によると、「彼等の口と筆とを通じて我が国の実状と国民の真意を新生支那の大衆に伝へ、我国への旅行の誘致、両国民の親善に資すると共に、延いてはかかる人士の協調と支援とを得て日支観光提携の強化を図る事」にあったという。なお、この「日支観光提携」に関しては、旅行中に開かれた懇談会で、アジア系諸民族の間に「亜細亜の認識」を高めるとともに、欧米人観光客を太平洋方面によりいっそう誘致するためにも、「日・満・支」三国が観光宣伝・観光ルート・観光設備などの面で広域連携を図ることが提唱されたという（田 1940: 154–155）。

こうした広域的なアジア観光圏の構想は、小山の議論にも見いだせる。それが「極東観光ブロック」構想である。小山（1942b: 297–298）はそこで、将来の大東亜共栄圏における国際観光事業の三つの柱として、①「極東の実情認識のための欧米人の極東観光」、②「日本の実情認識のための諸民族の日本観光」、③「共栄圏の実情認識のための日本人の共栄圏観光」を挙げている。ここには、欧米人の帝国観光と並んで、植民地住民と日本人が内地と外地を視察しあい、帝国内でのお互いの「実情認識」を深めていくような国際観光のあり方を確認することができる。またこの図式でいえば、これまで見てきた招請事業の展開は、①にとどまらず、②を射程に入れていく過程と押さえることができよう。

以上のように外国人招請事業とは、外国・外地の指導者や知識人を、日本帝国（内・台・鮮・満・蒙）を巡る観光旅行に招待し、その旅行記や講演などを通じて対日イメージを操作しようとする試みだった。小山が国際観光を現地調査と重ね合わせたとき、その背後には、日本の文化を異国に伝達＝翻訳する媒体役（media）の位置に、新聞・ラジオ・映画といった様々な知覚メディアだけではなく、まさしく民族それ自身――それは必ずしも研究者に限らない――が編入されていく過程が進行していたのである。

特に観光事業の特異性は畢竟外人自ら来らしめて日本の生活環境を現地調査させることであり彼等自身が宣伝の媒体の役を務めることである。（小山 1937a: 10 強調引用者）

なお付け加えておきたいのは、この宣伝方法が、一九三〇年代末までには日本の観光政策のなかで最も有力視されていたことだ。たとえば一九三九年度の国際観光協会の一般会計予算は一三〇万円だが、その内の三一万円（約二五％）が「外人招待事業」にあてられている。その結果、同年度の事業は対象地域も幅広く、総勢約四〇〇名に及んだという（国際観光局編 1940: 59–60）。こうした事業規模の拡大は、その文化宣伝効果が認められた結果だが、単にそれだけではない。少なくとも関係者の間では、招請事業はその他の宣伝方法に比べて経費的に安価であり、かつ事業経費を優にカバーできるほどの観光消費を生み落とすものとして経済面でも評価されていた（国際観光局編 1940: 169–170; 田 1940: 156）。だから小山が観光事業の「特異性」として、民族自身がメディアになる点に注目したのは、当時の観光政策の中で招請事業が占めていた位置からみて、ある意味当然だったのである。

最後に指摘すべきは、同様の事業が植民地でも展開されていたことだ。つまり内地居住者も、植民地の現状を視察し、それを本国に伝える宣伝部隊として招請事業に組み込まれていた。これは小山の観光ブロック構想の③の次元といえる。

一九三〇年代の日本人の「帝国観光」の拡大に関しては近年の研究成果（Young 1998＝2001: ch.5; 高 2002; 曽山 2003; ルオフ 2010）に譲り、ここでは招請事業との関連で、ビューロー大連支部の「文士書家招聘」事業に注目したい。これは「日本の著名文士、書家を満洲に招聘してこの人達の満洲旅行によつて収穫された絵と文とを取纏め満洲案内記を編纂して満洲を汎く紹介すべく計画」されたもので、一九二八（昭和三）年度から開始された（東亜交通公社編 1943: 75）。この初年度の招請者の一人が先述した鳥居龍蔵である。一九二八年は鳥居の第五回目の満洲調査の時期で、『満蒙の探査』（一九二八年）、『西比利亜から満蒙へ』（一九二九年）等の「満蒙」関連の著作が立て続けに出版されていた時期にあたる。おそらく大連支部も、この満洲専門家としての鳥居の宣伝力を重視したのであろう。人類学という異文化表象の実践が、帝国全土に広がる観光政策の一翼に組み込まれ、日本帝国のナショナル・イメージの構築に動員されていく歴史的局面を、ここに見ることができる。言いかえれば、小山の発言を単なる比喩で済ますとき、我々はかえってフィールド調査と国際観光、または「科学的」民族誌と「単なる」旅行記との区分が――少なくとも政策面では――流動化していた事態を見逃すことになる。

第四節　民族接触と帝国秩序

第一項　接触領域の管理とナショナルな自己呈示

観光を現地調査と捉える小山の認識は、日本の観光政策のなかで、国内外の指導者・知識人その他の観光客たちが、異文化表象を媒介する行為主体として価値付けられていく動きと連動していた。小山が観光政策には「民族接触」の理論的考察が不可欠だと主張したのも、こうした政策展開のなかで理解される。つまり、それは単に異民族との接触機会が増えたという量的理由ではなく、その出会いの場が〈日本・日本人〉の印象を左右する潜勢力を秘めているという認識からくるものだった。なかでも重視されたのが、「社会環境」と呼ばれる対面的相互行為の場面である。「社会環境とは空間及び時間的切点を同じくする人間の精神の相互作用によつて人格形成に大なる影響を与へるのであつて外客に対するただ一人の親切が国民全体への好意となることが甚だ多い」（小山 1937a: 10）。つまり、一部の日本人が「国民全体」を代表するような換喩的な力を秘めている場、それが小山にとって民族接触の領域なのだ。

この民族接触の捉え方が、小山が観光と現地調査の共通点を指摘するもうひとつの理由である。小山（1941: 139）がフィールドワークを民族接触と捉えていたことは既にみたが、彼は同時にそこで、観察者の侵入が現地住民側にひきおこす敵対心をいかに和らげるかについて語っている。ここで参照されるのが、ラポール関係の構築を重視するW・H・R・リヴァース（一八六四–一九二二）の議論である。そして小山は別のところで、このリヴァースの議論をそのまま、「観光客として観光住民に接触する場合の研究態度」の説明にも利用している（小山 1937a: 10）。つまり、フィールド調査において必要な現地住民との親密な関係が、観光客が観光地を訪れる際にも不可欠だというのである。要するに、日本人がホスト役であれゲスト役であれ、はたまた調査者の役割を担う場合でさえ、異民族との接触領域の「管理 management」が最重要の課題となるという点では、これらの出会いはすべて同列なのだ。

以上の検討から、小山の議論における接触領域（フィールド、観光地）の二面性が浮かびあがる。つまり、小山にとって民族接触の領域とは、異民族の文化（「生活」・「心」）を観察する空間であると同時に、自民族の文化を呈示する空間でもあった。言いかえれば、観光客および調査者は、見る者であると同時に、見られる者でもあり、さらに見せる者でもあるということだ。小山の議論には、民族の現実を直接的・内在的に理解すべきだとするリアリズム的主張がある一方で（第二節）、我々が異民族・異文化について抱く〈現実〉とは、一部の住民が出会う接触領域のなかで喚起される〈印象〉にほかならないのだという演劇論的視点が共存している。以下では、この接触領域を利用した自己呈示という視点から、小山の民族・人口論を再構成したい。

第二項　征服者の征服――境界侵犯への不安

小山も所属した人口問題研究所が開設された一九三九年前後は、戦前日本の人口政策のフレームが「過剰」人口論から「過少」人口論に転換していく時期にあたる（高澤 1992）。特に一九四一年一月に人口政策確立要綱が閣議決定され、一九六〇年までに内地総人口一億を目標とする「人口増強」策が打ちだされると、人口問題研究所は政府の諮問機関としての性格を強め、「人的資源保持涵養」・「出生率維持増加」の二点を焦点とする調査研究を担うようになる。

小山の人口論もこの転換期に位置するが、なかでも移民（植民）政策を重視する点に特徴がある。小山（1941: 146–148, 197–198）によれば、従来の人口論は、「現実の国際法上の国境を永久的な民族生存の居住限界」とみなし、「日本民族を狭隘な孤島に閉ぢ込める退嬰的理論を一般化してゐた」という。たとえば人口増加にともなう資源の不足には、「天然資源の不足の克服には向はないで」、「満洲に於ける権益の放棄」や「人口増加の抑制」で答えてきた。

それは人口増加を問題視し、しかもそれを「生活水準の引下」や「産児制限」を通じて国内的に解決しようとする「量を質に転化するところの退嬰的な人口論」だったと小山はいう。また生産技術の向上や市場の開拓によって国内の人口扶養力を高めるという解決策も、今日では各国の貿易制限や移民管理が強まるなかで不可能になりつつあり、現下の土地・資源・人口の不均衡を是正するためには、「ただ一つの道しか開かれてゐない」と主張する。「それは軍事力による不可避の解決策であるところの海外に排水口を見出すこと」である。

海外への入植を「不可避」とする小山の判断は、「日本の海外発展は異質民族との接触を不可避」にするという認識に結びついていく（小山 1941: 30）。こうして小山の民族論・人口論でも「民族接触」――ここでは文化変容、人口の増減、混血現象などをさす――が議論の中心に位置づけられる。ただし、これらの現象への着目自体はさほど目新しいものではない。重要なのは、ここでも小山の民族接触の捉え方にある。

小山（1941: 29–36）は、「民族接触」に対する従来の二つの捉え方を批判している。ひとつは民族学の、「未開人は段々文明人の圧迫によつて減少し、終には亡びてしまう」とする「宿命的未開人滅亡論」。これは、ヨーロッパの植民地でも接触当初の人口減少が停止し、医療施設の改善などによって増加に転じている点や、植民地政府が混血児を法的に認めていないために人口減少に見えるという問題を無視しているという。もうひとつは人種学の、混血を即「頽廃 degenere」と捉える純血思想。これにも小山は、歴史的にみて人類の雑婚や混血は常態であり、その優生学的是非にはいまだ意見の対立があると反論を加えている。つまり「接触＝人口減少」、「混血＝退化」という単純な因果関係に留保を付し、民族接触をどちらにも転じる可能性をもつ継続的な研究課題として再提出する。

この留保は、小山が最終的には日本人の純粋性を守るべく混血防止を主張していくことをふまえた場合（小山 1944: 643–644）、一考に値する。またこの混血防止の主張は、小山が従来「反同化主義者」（Morris-Suzuki 2000: 512）と評価されてきた理由でもある。ただし、戦前日本の「同化」という概念はそれ自体、曖昧で多義的なものである。そのため、その具体的内実を問うことなく、同化主義／反同化主義と整理するだけでは不徹底な分析といわざるをえない(8)。少なくとも小山の混血防止論は、異民族との接触を全面的に禁止すべきだという主張ではない。この点は本章のポイントでもあるため、やや詳しく見ていきたい。

第一に確認したいのは、小山のいう日本人の〝純粋性〟とは、生物学的・遺伝学的意味での「純血」を指していないことだ。たとえば小山は、「仮令異質要素の血が混つても永年に亙つてそこに淘汰育成が行はれ、特に異質的特徴を示さない程同化作用が行はれている場合」には「一つの固有な純系人種」と言えるとし、日本の歴史は「直接大量な異質民族と接触する機会を持たなかつた」ため、その条件を満たしたと述べている（小山 1942a: 235）。この起源の雑種性は認めつつも、その後は歴史的に純度を保ってきたという物語は、当時多くの優生学者に共有されていた論理だが（小熊 1995: 240）、ここでは彼が語っている接触の条件に目を向けたい。つまり「永年に亙つて」（＝期間）、「直接大量な異質民族と接触する機会」を持たないこと（＝接触する民族の人口量）、これが小山にとって日本人の〈純粋性〉を語りうる条件となっているのだ。

第二に、これらの条件は、異民族を同化する条件にとどまらず、逆に、異民族に同化される条件としても考えられている。事実、小山が日本の南方進出のための基礎資料として、西欧列強が熱帯地域の植民地経営に失敗した原因を考察したとき、その筆頭に挙げているのが、「厖大な土着人口量」に対峙する「侵入者の少人数」の問題だった（小山 1942a: 72-87）。彼によれば、このような接触状況では、入植者の数を増やすか、政治的優越性や法的・社会的制限によって原住民との距離を適切に保たないかぎり、優秀な民族が劣等な民族によって追放または同化吸収（＝原住民化）されてしまう逆転現象が起こるという。そして西欧の植民地経営が失敗した理由は、この「征服者の征服」（小山 1942a: 79）を防止する策をとらず、入植者の社会的・心理的孤立、本国の犯罪者などの「劣等者」の流入、道徳的に堕落した生活の蔓延、貧困白人階級の発生、現地女性との性交渉、混血児の増加などを放置したことにあったと主張する。

小山の民族学に対する批判もこの文脈で再度押さえたい。つまり、文明社会との「接触」が原住民の「人口減少」（「滅亡」）を引き起こすという物語には、「征服者の征服」への危機感が欠落している。小山の議論の根底にあるのは、〈文明＝日本〉の同化力に対する疑いである。

我が民族の指導権が既に確立し、東亜共栄圏内の諸民族が斉しく我が民族の進出を歓迎するとする甘い考を持ち、或は我民族が異民族同化に特殊の優れた民族的性格を持つと信ずることは此の際最も危険な独断である。東亜共栄圏内の諸民族の結合体を永続的に形成するものは軍事・政治・経済関係の技術的内容ではなくして、これに基づいて発生する民族相互の接触関係である。（小山 1942a: 128 強調引用者）

小山が日本人の同化力に疑義を挟みつつも、なお日本帝国の存立基盤を「民族相互の接触関係」に求めていることに注意したい。実際、小山は異民族との接触を遮断すべきだとも、それが可能だとも考えていない。なぜなら、すでにみたように、小山にとって入植は「不可避」であり、そうである以上、民族接触もまた「不可避」だからである。だがそれだけではなく、小山にとって民族接触の領域は、支配の正統性が生成してくる現場とも捉えられていた。「共栄圏内に不動的足場を持つためには土に民を植えなければならない。そしてその定着性とその原住民との接触性によつて邦人指導者と土民大衆とは信頼によつて結び付けられるのである」（小山 1941: 407 強調引用者）。

したがって、帝国秩序の再建にとって重要な政策的課題は、異民族と接触するか否かではなく、誰が、どう接触するかにある。つまり、あらゆる接触を認めるのでも禁じるのでもなく、現地住民と接触するに相応しい日本人を選別し、その出会いを「管理」することが重要なのだ。小山の言葉を借りれば、「思想堅実にして身体強健な日本人を多数共栄圏内の諸国に入植せしめ、その勤労奉公の実践を通じて接触民族に範を示」すことが求められるのだ（小山 1942a: 2 強調引用者）。このようにして大量の入植者を送り込むことで原住民化を防ぎ、日本人の優秀性を印象づけることで支配の正統性を確立する。以上のように、小山の議論では、観光客だけでなく入植者もまた、「日本人」の広告塔のような存在として位置づけられている。

第三項　帝国を循環させる

小山（1944: 657–658）は、戦前最後の著作となる『南方建設と民族人口政策』第四編「大東亜建設計画」のなかで、

表8－5　日本帝国の内地人口配置に関する政策構想（全文ママ）

① 原住民又は華僑と生存競争に陥らざる産業、職業を選択すること。但し適性原住民、敵性華僑に対しては漸次其の自立性を削減すること。
② 既住の生活情況に可及的に類似の職業、移住地を決定すること。
③ 新風土に適した生活様式を採用すること。
④ 移植民に対し指導民族としての自負心、資源開発利用法、原住民との接触態度等に関し予め訓練すること。
⑤ 共栄圏の全般地域に数ヶ所の基地を設けそれを通じて集団的に各地に移住せしめ、独立、分離的移住、即ち棄民となる怖れある移住形式は極力避けること。
⑥ 各地に移住基地日本人町を設け、之を相互有機的に関連せしめ且つ母国との連絡を緊密にすること。
⑦ 単に官吏、サラリーマン階級のみならず、可及的に各職業層の人口を送出すること。
⑧ 現地除隊により植民配分を行ふこと。
⑨ 配偶者を可及的に伴ふこと。
⑩ 絶えず新なる生産年齢層の男女を植民地に送出すること。
⑪ 雑婚及び混血児の発生を極力防止すること。
⑫ 第二世の教育に於ては可及的に内地留学を行ふこと。
⑬ 在外邦人の徴兵検査は現地で行はず内地で行ひ且つ猶予期間を設けず、これを機会として合格、不合格に拘らず訓練し、日本精神の高揚とともに母国を視察せしめること。
⑭ 移民は民族発展の先駆者として敬意を表すること。
⑮ 慰安、衛生、教育には特に注意を払ふこと。
⑯ 生活及び経済条件を指導力を維持するに充分な程度にし、内地及び他民族より良好ならしめること。

植民地における日本人移民の人口配置に関して考慮すべき事項として、以下の一六項目を挙げている（表8－5を参照）。最後に、小山の政策構想を手がかりにして、彼が民族接触を利用して帝国秩序をいかに再建しようとしたかを見ていくことにしたい（以下○は項目番号）。

まず確認されるのは、移民をどの地域に送り、いかなる生活を営ませるかを、徹底的に管理しようとする姿勢である。たとえば移民の送出先には、「原住民又は華僑と生存競争に陥らざる産業、職業を選択すること」（①）にくわえ、移住前と類似の職業・居住地を選択するように求めている（②）。また居住形態も、「独立、分離的移住、即ち棄民となる怖れある移住形式は極力避け」、「集団的」に暮らすよう勧めている（⑤）。この点はさらに、各入植地に「日本人町」を設け、「之を相互有機的に関聯せしめ且つ母国との連絡を緊密にする」という提案（⑥）とも相補的である。このように集団的居住や母国との紐帯維持が強調されたのは、先にみた入植者の〈原住民化＝同化吸収〉の防止策と考えてよいだろう。しかし見方を変えれば、こうして日本・日本人とのつながりに常に目配りせねばならないほど、「日本人」の純粋性や同化力や指導力は、小山にとって、暫定的で条件付のものなのである。

この点は、小山の民族・人口論を理解するうえで鍵となる部分である。坂野のいうように、たしかに小山にとって、日本人が大東亜共栄圏の指導民族たるべきことは自明視されていた。しかし、この〈日本人＝指導民族〉のアイデンティティは、全員に自動的に保証される所与ではなく、現地の生活環境を周到に管理している場合にかぎり維持されるものだった。つまり、それは訓練され、植え付けられ、大切に保護されるべきものであった。移民を外地へと送りだす前に、「資源開発利用法」だけでなく、「指導民族としての自負心」や「原住民との接触態度」を「予め訓練する」よう求めているのも④、この文脈で理解される。

指導民族の自負心に関しては、「移民は民族発展の先駆者として敬意を表する」必要があり⑭、さらに物質面でも、「生活及び経済条件を指導力を維持するに充分な程度にし、内地及び他民族より良好ならしめる」必要がある⑯。また原住民との接触、特に性交渉に関しては、「雑婚及び混血児の発生を極力防止する」よう心掛け⑪、「配偶者を可及的に伴ふこと」が必要となる⑨。さらに移民の滞在期間（接触期間）にも目配りがなされている。在外邦人や移民二世は一定期間——徴兵検査や内地留学の形で——内地に引き戻し、訓練や教育をほどこす一方⑫⑬、常に新たな移民を外地に送りつづける必要がある⑩。これは言うならば、日系移民やその子孫たちを外地から内地へと、逆に、内地から外地へと、定期的にローテーション（循環）させる、という発想にほかならない。

小山の民族・人口論は、異民族との接触領域を支配の正統性の源泉としつつも逆に征服されることを怖れ、過度の混淆を避けながらも入植を不可避として押し進める、そうした二重の運動の狭間にある。言いかえれば、「日本人」のアイデンティティを維持するために民族接触を回避する戦略と、「日本人」の指導力を誇示するために民族接触を利用する戦略との緊張がそこにはある。だから彼の混血防止論も、あらゆる民族接触を回避する「隔離」説と捉えるのはまったく的外れである。要点はむしろ、小山の言葉を借りれば、「日本の民族的・文化的純粋性を失ふことなくして彼等を如何に同化せしめ得るか」（小山 1941: 222–223 強調引用者）にあり、ここから「優秀な」日本人を「大量」に、しかも「周期的」に植民地に送り込み、民族接触の質、量、期間を厳格に管理することで帝国内の社会秩序を達成する手法が生まれてくる。

小括

小山は、移民・観光・フィールドワークという今日個別に研究されている移動現象を、「民族接触」という共通の視座から捉え、宣伝・観光・民族・人口に関する複数の研究分野の知見を総動員し、独自な議論を展開した。民族接触への着目自体は目新しいものではない。文化変容や混血現象は以前から問題にされてきたし、彼の参照文献からみて「民族接触」という概念には、同時期の欧米人類学・社会学で流行した「文化接触 cultural contact」研究（清水 1999）の影響が窺われる。ただし、この概念を観光やフィールドワークの領域にまで流用し、いとも容易に観光と調査を重ねあわせ、演劇論的な異文化理解に達していくその姿勢は、当時の人種・民族研究において反ツーリズム言説や対象文化の現実的理解が叫ばれていたなかで、異質である。では、こうした領域横断的な研究スタイルを可能にした〈場〉とは一体何であったか。

小山が宣伝論と民族・人口論を並行的に執筆していた一九三〇–四〇年代は、移民・観光・フィールドワークという三つの移動形態が、日本帝国のナショナル・イメージの形成に動員されていく時代だった。観光をフィールドワークと捉える小山の認識は、調査が単なる「享楽」だという意味ではもちろんなく、帝国内を移動する観光客と調査者がともに、異文化を観察し、それを国内外に伝達する宣伝媒体＝メディアとして、日本帝国のプロパガンダ政策の一翼に組み込まれていく事態を表していた。こうした政策動向を受けて、一部の日本人と異民族とが出会う接触領域が、ネイション全体を表象＝代表する換喩的な力をもつ場としてクローズアップされるようになる。

そこでは、観光客と調査者は異文化を観察・伝達する役割にとどまらず、さらに日本文化を対外的に呈示する役割も担うようになる。つまり民族接触は観光客と調査者を、一方的に見る側ではなく、見られる立場にもおく。しかしもし我々がここに、戦後多方面から攻撃されることになる「観察者的視点」への先駆的な批判を見るとしたら、これは大きな誤りである。むしろ小山はこの民族接触の二面性への認識から、その出会いをいかに管理するか——つまりどの日本人を、いかなる現地住民と、どれくらいの期間接触させるか——という方向に議論を展開させた。これは観光宣伝論にとどまらず民族・人口論、特に移住者の選別や循環（滞在期間の管理）といった発想に確認できる。いうならば小山の人口配置論とは、日本帝国という舞台上に「日本人」を代表するに相応しい内地人口をいかに展示するか、それによって「日本人＝指導民族」という印象を現地住民にいかに植え付けるかという議論であった。

ただし、この一部の日本人の部分的な接触を通じて帝国秩序を再建するという構想は、小山の人口過少論が示唆するように、植民地住民への指導力を保持するのに十分な日本人が不足しているという、帝国崩壊への不安をその舞台裏にもつ。この点で、小山の政策構想は、帝国崩壊への不安と観光事業の国策化という一九三〇年代に高まる二つの潮流が、日本の植民地政策のなかでいかに合流・融合したかを示す象徴的な事例といえよう。小山が目指したのは、植民地住民の〈日本化・文明化〉を推進し、完全なる同質化を目指すという意味での「同化」政策ではない。しかしかといってそれは、民族間の接触・交流を固く禁じるような「隔離」政策でもなかった。小山が目指したのは、民族間の移動・接触を推進し、そこで喚起される自他の「比較」を利用して宗主国／植民地間の序列を確立することにあり、それは単純な「同質化」でも「差異化」でもない第三の政策構想を示している。そしてまた、こうした「比較」による統治は、台湾の事例で見てきたように、日本の植民地政策のなかに常に作動してきたものであり、小山の構想は、日本帝国主義の最終段階でとられた、その極限形態と位置付けることができる。

第九章　「日本化」と「観光化」の狭間で

——『民俗台湾』と日本民藝協会の台湾民藝保存運動

はじめに

前章では、小山の観光宣伝論を取り上げ、一九三〇年代に帝国崩壊への不安が高まるなかで、その有効な解決策として、観光政策がますます政治的な重要性を帯びていくことを確認した。小山の構想は、観光という人の移動・接触を利用して宗主国／植民地間の序列を確立するという一九世紀以来の日本の植民地統治の手法を継承するものだった。しかしそれは、「日本人＝指導者」という前提を自明視していたからではなく、逆に、そうした前提が崩れていたからこそ採用された手法だった。日本人全体の優越性がもはや自明視できないという状況認識のもとで、にもかかわらず／だからこそ、一部の「優秀な」日本人の振る舞いを通して「日本人＝指導者」という印象を作り上げていくほかないのだという発想のなかに、当時の帝国秩序の揺らぎを見て取ることができる。

一方で、一九三〇年代の観光立国化の動きは、宗主国／植民地間の序列を揺るがす要因としても作用した。なぜなら、これまで〈未開・野蛮〉などと否定的に評価されてきた植民地特有の自然や文化は、いまや貴重な観光資源として、政策的に保護すべき対象と見なされるようになったからである。こうした政策動向は、台湾の場合、日中戦争期に高まる「皇民化（日本化）」政策との間に大きな緊張を生むことになる。またそれとともに、総督府の保存政策を足掛かりにして、〈日本＝文明〉を理想とする価値観の転換を迫るような活動も展開された。

本章は、一九四〇年代に台湾で出版された『民俗台湾』という雑誌の活動、なかでも台湾民藝品の保存活動に注目し、それが宗主国／植民地間の序列を前提としない文化保存の道すじを切り開く試みであったことを明らかにする。本章が終戦間際の、その意味では短期間で中断された活動をあえて取り上げるのは、戦後『民俗台湾』の評価をめぐって繰り広げられてきた論争が、既存の帝国史研究の問題点を如実に示しているからだ。それは植民地における日本人と現地住民との関係を「支配と抵抗」、「中心と周辺」といった二項対立図式で解釈しようとするあまり、そうした図式に収まりきらない言論・活動を捨象してしまう傾向であり、本章の目的は、日台連携で展開された台湾民藝保存運動の事例を通して、この解釈枠組を問い直すことにある。

第一節　ポスト・コロニアル時代の『民俗台湾』論争

『民俗台湾』とは一九四一年七月から一九四五年一月まで全四三期発行された月刊誌で、当時「本島人」と呼ばれた台湾漢族を中心に、島内外の風俗習慣や自然地理に関する資料を収集・記録することを目的に掲げていた。また論文や資料報告の他にも、関連文献の紹介や各地の通信欄、質問コーナーや生活全般にわたる時評欄を設けるなど、台湾文化に関心をもつ幅広い読者のための連絡室・談話室の役割も果たそうとしていた。[1] その企画・運営の中心にいたのが、当時台湾総督府情報部に勤めていた池田敏雄と台北帝国大学医学部教授の金関丈夫（一八九七―一九八三）である。その他の主要メンバーには、岡田謙（同文政学部講師）、中村哲（同文政学部教授）、森於菟（同医学部教授）、須藤利一（台北高等学校教授）、国分直一（台北師範学校教授）などの日本人研究者にくわえ、立石鉄臣（版画家）、松山虔三（写真家）といった学者以外の者や、楊雲萍（小説家）、陳紹馨（台北帝大在籍）などの台湾漢族も含まれていた（図

図9－1　『民俗台湾』と関係者写真

＊前列左より黄得時、金関丈夫、池田敏雄（立姿）、中村哲、（不明）。後列左より青木（印刷工場所長）、国分直一、田宮権助、楊雲萍、立石鉄臣、黄啓木。

出典：（左）末成道男編『池田敏雄台湾民俗著作集（上）』緑蔭書房：巻頭頁より転載。（右）『民俗台湾』創刊号表紙。

9－1を参照[2]）。日本語で書かれた雑誌の性格上、『民俗台湾』の購読者は、台湾漢族のなかでも男性や知識人が多かったようだが、その流通範囲は広く、台湾島内にとどまらず、日本本国やその他の植民地・占領地でも読まれていたという[3]。

この日台共同で発行された雑誌の性格に関しては、そこに当時のコロニアルな力関係をどう差し込むかによって、戦後まったく異なる二つの評価を生んできた（呉 2002; 三尾 2006）。そのひとつは、主に関係者の回想録によるもので、日中戦争期に高まる皇民化（日本化）政策のなかで台湾の伝統文化を記録・保存しようとした『民俗台湾』の活動に、台湾への愛やヒューマニズムをみる立場である（池田敏雄 1982; 楊 1983; 池田鳳姿 1998）。もうひとつは、あくまでも関係者内部の温度差や差別意識を強調するポスト・コロニアル研究の立場で、少なくとも日本人側——特に金関——の参加動機には、日台間の人種的な序列（川村 1996）や両者の境界線を維持・強化しようとする思惑（小熊 2001）が隠されていたとされる[4]。

本章で問題にしたいのは、この論争を支配している共通の解釈枠組である。それは、植民地で展開された日本人の言論・活動を「支配／抵抗」、「中心／周辺」といった二項対立図式のなかに位置づけ、評価しようとする傾向だ。この点は、一九九〇年代以降の『民俗台湾』論争を方向づけた川村湊の問題提起に明確にみることができる。

川村（1996: 5–10）は、『民俗台湾』一九四三年一二月号に掲載された座談会「柳田国男氏を囲みて」で提起された「大東亜民俗学」という比較民俗学の構想に注目し、その日本中心主義を痛烈に批判した。彼によると、「大東亜民俗学」とは、大東亜共栄圏において「日本人」を中心に、「日本語」で収集・分類された風俗習慣を、「日本」民俗学の問題関心に関わるかぎりで比較対照する試みであったという。つまり、そこには各植民地に対して本国から独立した調査主体や方法論や研究テーマを求めたり、植民地の諸文化との比較研究を通じて日本文化を相対化していく意図など一切なく、あくまで比較の中心に「日本」という基軸を据えたまま、あとは日本とどれくらい似ているか、日本人の自己理解にどれほど貢献するのかと問う、植民地サイドに従属的役割を押し付けるものであった。またこの意味で、「大東亜民俗学」とは、東京の柳田を中心として日本各地（＝周辺）の研究家や教員や好事家たちを求心的に束ねていくという日本民俗学の組織体制を、単に植民地（＝周辺）へと「放射状」に拡大したものにすぎなかったと評価されている。

川村の評価は、それ以前の雑誌関係者の評価とは大きく異なり、その後、様々な反論を引き起こした。ただし、その中心／周辺図式に基づく評価軸は、『民俗台湾』を当時の皇民化（日本化）政策との対比のなかで肯定的に位置づけようとする論客にも共有されている。たとえば創刊前に各方面に配られた趣意書をめぐる解釈の相違をみてみよう。その主筆者とされる金関は、『民俗台湾』の刊行動機を次のように説明している。

> 単に湮滅を防ぐと言ふだけの意味に於いてすら一見何ら実用的価値の伴はない自然物に対しても、政府は天然記念物等の方策を樹て、これが保護と研究とを奨励してゐる。われわれは台湾旧慣の湮滅を惜しむのではない。しかし、これを記録し研究することが、われわれにとつての義務であり、且つ、単に現下の情勢のみを考へても、甚だ急務であると言ふことを、強調したいのである。(5)

従来争点となってきたのは、「台湾旧慣の湮滅を惜しむのではない」というくだりである。つまり、そこに金関ら日本人の、あくまで台湾文化の「湮滅」（同化吸収）を前提としたサルベージ的眼差しをみる川村に対し、趣意書は皇民化政策推進派から雑誌を守るレトリックにすぎず、むしろ台湾文化の破壊に対する（当時最大限の）抵抗をみる関係者（国分 1997）その他（三尾 2006）の反論・修正が寄せられている。台湾文化の破壊への抵抗か、それを前提したものなのかという、このくり返し現れる対立は、ただし当時の総督府の政策的立場を「日本化」推進派として捉える共通了解の上に成立している。

この点で示唆的なのは、『民俗台湾』が創刊される一九四一年前後を、一方的な「同化」政策から「地方文化」保護への政策転換期と捉える呉（2002）の論考である。先述したように、一九三〇-四〇年代は、観光事業の国策化にともない、台湾でも自然環境や伝統文化の保存事業が大きく展開された時期にあたる。それゆえ、当時の『民俗台湾』の活動の意味を、単に皇民化政策との関係のなかでのみ捉え、それへの「同調」もしくは「抵抗」として位置づけることは、不十分な分析といわざるをえない。また以下でみるように、『民俗台湾』の台湾民藝保存活動は、伝統文化の「湮滅」に対抗して「保存」を主張するという単純なものではなく、いかなる形で保存すべきか、保存すべき「文化」とは何かという問題提起を含んだものであった。本章では『民俗台湾』の位置づけについて、従来注目されてきた皇民化政策との関連ではなく、台湾の自然・文化保護の動向からアプローチする。

第二節　戦時下台湾の自然・文化保存政策と『民俗台湾』

一九三〇年代の台湾の保存事業を念頭に置くと、先の趣意書で注目されるのは、むしろ冒頭部分である。すなわち、「単に湮滅を防ぐと言ふだけの意味に於いてすら」保護や研究が奨励された「自然物」に比べて、「台湾旧慣」の保存を正当化するためには、「湮滅を防ぐ」以上の意味が必要だったという当時の言論状況を、ここに窺うことができる。また「何ら実用的価値の伴はない」という表現も、自然環境と伝統文化に対する総督府の保存活動の違いを印象づけている。この対照は、「滅びゆく一草一木は、政府や学者の手によつて万全の保護策がとられてゐるが、それよりももつともつと大切な人間の気風の良さなどと云ふものが、自然の滅亡に任せられてゐるのは、大変不合理な気がする」[6]という金関の主張にも窺える。では、この「政府や学者の手」による「保護策」とは、いかなるものであったか。

一九三〇年代の台湾の保存事業について、従来多くの研究がなされてきたのは、一九三〇年前後の国立公園設置をめぐる動向である（神田 2003; 曽山 2003）。それに対して本章では、これらの成果を踏まえつつも、『民俗台湾』関係者が実際に言及している対象であるという理由から、同時期に展開された史蹟名勝天然記念物保存事業に注目したい。

一九一九年四月に内地で制定された「史蹟名勝天然記念物保存法」（法律第四四号）が台湾に適用されたのは一九三〇年二月、第一三代総督・石塚英蔵の時代（任期：一九二九・七〜一九三一・一）にあたる。同年一〇月には総督府内に、「史蹟名勝天然記念物の保存に関する事項を調査審議」する機関として「史蹟名勝天然記念物調査会」が設置され、調査委員として総督府官吏や学識経験者ら一九名が選出された[7]。当時内地では保存事業の対象地域を「朝鮮満洲」や「中華民国」に拡大していく計画があり[8]、台湾の動向もこうした植民地圏全体の流れのなかに位置づけられる。なお、すでに「古蹟及び遺物保存規則」（一九一六年）を整えていた朝鮮では、その後「宝物古蹟名勝天然記念物保存令」（一九三三年）が制定され、また「満洲国」でも「古蹟、古物、名勝、天然記念物の仮指定」（一九三七年）のもとで実地調査が開始されていく[9]。

当時の台湾の保存事業の特徴は、自然環境への関心がきわめて強いところにある。たとえば調査会副会長の石黒英彦（総督府内務局長）が保存法成立の背景として強調するのも、主に自然破壊の問題だ。すなわち、台湾は温帯から熱帯にまたがる山岳地で珍しい動植物を多くふくみ、「自然科学研究」の有数な候補地であるにもかかわらず、近年の「都市の計画、道路の開墾、鉱山の発掘、森林の伐採等文化的諸施設の発展に伴ひ益々改廃せられ、或は濫獲濫採等により貴重なる至宝をして其の跡を絶たしむる状態であつた」という[10]。また他の論者も、台湾の自然界を「学問上の宝庫」とし、その保存を「日本全体の自然界の保存上」も、「太平洋の天然保護の見地」からも、「殖産工業上の資源」としても重視しているが[11]、それに比べて台湾の伝統文化を評価する姿勢は希薄である。第一回の史蹟名勝天然記念物指定（一九三三年度）をみても、「史蹟名勝」の対象はオランダ統治期の建築物や皇室関連（北白川能久親王）の遺蹟等にとどまる[12]。この点は、国立公園法制定（一九三五年）前後の台湾の観光事業の性質に関する呂の指摘とも符合する。呂（2006: 148）によれば、当時は国際観光局設置にともない、植民地の自然・文化の保存が観光資源の観点から重視されていくが、日本人や外国人旅行客の「保養地」として注目された自然環境や天然資源（温泉）に比べて、台湾は「文化が薄っぺらで、工藝技術が未発達」であるため観光客を引き寄せる魅力がないと思われていたという。

ただし、台湾には観光資源となるような文化がまったくないと考えられていたかというと、これは必ずしもそうではない。当時の代表的な旅行ガイドブックである『台湾鉄道旅行案内（昭和一五年度版）』（日本旅行協会台湾支部）をみると、たしかにその多くは台湾の自然風景、特に登山の記述に割かれているが、一方で「文化景観」（六–七頁）の紹介もなされている。ただしその中身は、『民俗台湾』が対象とした台湾漢族の文化ではなく、「蕃地」に暮らす先住民（「高砂族」）の文化が中心である。

この点に関しては、石塚総督期が、先住民文化の破壊から保存へと政策の重心変化が起こる時期にあたることを指摘しておきたい。そもそも先に石黒が述べていた自然破壊は、それ以前の理蕃事業（山地開発、林野整理、土地収奪など）の結果でもあり（本書の第七章を参照）、これが戦前最大の先住民蜂起たる霧社事件（一九三〇年）の一因を形づくる（近藤 1992; 中村 2003: ch.4）。事件の責任をとり石塚が辞職した後、「高砂族」には日本化・農耕民化政策が徹底されていくが、その一方で、先住民文化の価値を認め、それを保存しようとする動きも現れていたことは注目される。たとえば事件後配布された理蕃警察官の専用機関誌『理蕃の友』（警務局理蕃課）の中で、当時「史蹟名勝」選定委員だった尾崎秀真（総督府嘱託）は、台湾漢族が多く暮らす「平地」には「国宝」と称すべき「美術品」はなく、仮にあっても「支那本土から輸入または移入せられたものばかり」であるのに対して、「蕃人」工藝品には学問的・歴史的にみて、「国家的に保存すべき貴重品」があると主張している[13]。

では、この一方における文化保存の動きは、他方における日本化政策の動きとどう結びつくのか。その手がかりとなるのが、先の「文化景観」の記述である。そこでは旅行客に対して、台湾の山岳地は「僅かの高山が大衆化されただけで、未知の処女境少からず」「未だ常に遠征気分になれる」こと、しかも「理蕃事業の成功によつて今日殆ど全く安心して登山をなし得」ることが同時にアピールされている。すなわち、未開でありかつ脱「蕃」化されているという、いわば〝飼い慣らされた野蛮性〟として、先住民の自然・文化環境は、観光客が「遠征気分」で楽しめる貴重な観光資源（「景観」）として位置づけられていた（曽山 2003: ch.6 も参照）。しかし、先住民の工藝品をことさら「蕃風化」された形で加工し、「内地土産」・「蕃産品」として宣伝・販売したり、「蛮装」姿の先住民を観光地で「見世物」化するその過剰な演出は、ときとして理蕃関係者の眼に、皇民化政策の目的に逆行するものとさえ映っていた（第七章第五節を参照）[14]。

『民俗台湾』を取り巻く政策動向を十分に理解するためには、皇民化政策だけでなく、以上のような台湾の保存事業の展開も考慮しなければならない。つまり一九三〇年代の観光立国化の動きのなかで、先住民の自然・文化環境は「観光資源」として評価され、その保存活動も大きく進展したが、それに比べて台湾漢族の風俗習慣や伝統工藝は過小評価されており[15]、『民俗台湾』はこの保存政策の対象から外れた「文化」を保護するための媒体だったのだ。この点は、荒木貞夫（当時文部大臣）を会長とする日本博物館協会が「大東亜大陸と南洋との天産人文」の収集・保存を目的に提唱した「大東亜博物館」構想[16]（一九四二年）への金関の対応にも窺える。この計画について金関は、「それと同時に、形なく、眼に見えないがために、斯かる大企画の下にも収容されずして、湮滅を辿らんとする文化の一面のあることを忘れてはならない」と注意を促し、そうした「眼の見る能はざる文化財――民間伝承――を保管して後世に遺さうとする」「一種の紙上博物館」として、『民俗台湾』の存在意義を訴えている[17]。

次節では、この「紙上博物館」で金関が担当した「民藝解説」を取り上げ[18]、台湾漢族の伝統文化、なかでも伝統工藝をとり巻く当時の社会状況について、より詳細に探ることにしたい。

第三節　台湾民藝の骨董品化――「民藝解説」を中心に

金関が『民俗台湾』創刊号からほぼ毎号執筆したのが、「民藝解説」というコーナーである。これは金関が選択・解説した工藝品を松山虔三の写真付きで紹介するという作りになっており、その対象は「古来台湾人の生活に深く浸透したものは、必ずしもその産地に拘泥しないで取り扱つていきたい」（①、以下、○は号数を表す）と述べているように、台湾漢族の工藝品にとどまらず、「南支」（福建・広東地方）や「高砂族」、さらには東南アジアの工藝品にまで及ぶ（本章末尾の別表1を参照[19]）。

金関の民藝解説には、当初から「懐古的」・「骨董趣味」とする批判が絶えなかったようだ。金関自身、『民俗台湾』のなかで「一ばん誤解される」のが民藝解説であるとし、そうした批判に何度か応答している。たとえば「民藝解説について」（『民俗台湾』第四号）と題する文章では、紹介された工藝品が現用品ではないという読者の投書に対し、「一たい民藝の性質として、歴史とか伝統を離れると非常に危険なものである。筆者が今後できるだけ力を入れて紹介しようと思つてゐる新製品の如きも、過去の伝統にその美を負ふてゐないものは一つもない」と答えている。つまり、骨董品か現用品かは本質的な問題ではなく、その「歴史」や「伝統」を重視すべきだというのである。そのうえで彼は、仮に現用品を扱うにしても、台湾には「竹製品等少数のもの以外に推奨に値する現産民藝品がないやうである」と付け加えている。

事後経過を補足すると、実際当初は「既に骨董品扱ひ」されていた物（①）を紹介していた民藝解説だが、その後は台湾家庭内で日常的に使われている品々も扱われるようになる（⑧⑱㉑等）。ただし、金関が工藝品の選定にあたって歴史や伝統を重視していたこと、また少なくともこの時点では、台湾の現用品の多くに「民藝」の価値を認めていなかったことは留意しておきたい。

この点は、懐古的・骨董趣味とする批判に対して、金関が次のように応答している点とも関わる。すなわち、『民俗台湾』のなかで「所謂あるべき姿のためにと云ふ意識を最も卑近に、最も明白にもつてやつてゐるのは私の民藝解説」であり、「台湾の新しい造型美術を興す上に参考になる心算でやつて居る」という主張である。[20] 歴史や伝統を背負った工藝品を掘りおこすことで、「台湾の新しい造型美術」の「あるべき姿」を示したいと金関が語るとき、そこにあるのは、単なる過去への回帰ではなく、過去と未来に挟まれた現在の生産品への強い批判意識であった。以下でみるように、その批判の矛先は、日台間のコロニアルな交流にともなう日本製品の流入、観光客または日本人消費者を対象とする生産システムの導入、またその結果としての、台湾の伝統工藝品の駆逐・衰退に向けられていた。

民藝解説には以下の二つの特徴がある。第一は、一般家庭内で日常的に使われている（いた）工藝品の「美」を指摘し、それとの対比において目下台湾で流通している〈日本化・近代化〉された生産物やその生産システムへの反省を促す手法。第二は、そうした意識改革を促すために、特に日本の民藝家や茶人の評価をもちだすやり方である。この点をよく示しているのが、柳宗悦（一八八九－一九六一）が『工藝』（日本民藝協会発行）第九四号で類品を紹介したとされる「染付鉢」④の解説で、柳がそれを「国宝」級と評したと述べつつ、金関は「多量製産の手芸品ならでは見られない紋様であり、形である。近代資本主義的製作に係る粗悪な商品の入り込む迄は、台湾のあらゆる台所はかかる名器に充たされてゐたのである」と解説している。

この日本人の鑑識眼をもって台湾在住の読者や製造業者に反省をうながす手法は（他に⑯⑲㉔㉘）、それが同時に、第一の特徴である台湾産業界の〈日本的近代化〉に対する批判と結びついていたことが重要である。すなわち、「近代の薄っぺらな作品」⑮、「日本の、見掛だけは美しいが、力のない機械製品」㉔、「華奢な浮薄な内地品の模倣」㉝、「現代の規格」製品の「愚劣さ」㊴に対する批判である。民藝解説が「骨董趣味」に陥っているという読者の投書も、現在台湾には紹介すべき民藝品が少ないとする金関の応答も、この文脈で再度捉え返したい。つまり、それはどちらも、日本の機械化・規格化された製品の模倣および流通によって、台湾独自の工藝品がいわば骨董市場でしか手に入らないようになってしまった、当時の市場動向を表していたのである。逆にいえば、台湾民藝の保護・育成にとって重要な課題は、この〈本国＝都市 metropolitan〉中心型の市場経済システムからいかに脱却するかにあった。

では、この課題はいかに進められたか。次節では、柳の台湾視察旅行を前後して、『民俗台湾』の保存活動が日本民藝協会の地方文化運動と共振しつつ連帯していく過程を追う。

第四節　『民俗台湾』と日本民藝協会の連帯

戦時下の台湾民藝保存活動は、『民俗台湾』誌上でのみ展開された孤立した運動ではなかった。たとえば『民俗台湾』創刊号の「各地通信」欄には、「台湾の竹椅子京都に進出す」と題して、日本民藝協会の河井寛次郎が台湾出身の竹材職人三名（謝義・許萬・杜和順）を京都に招いて五種の竹製品を製作させたという記事が掲載されている（図9-2を参照）[21]。この出来事は、民藝解説「竹椅子」[19]でも紹介されたが、そこでは河井らの作品以上のものが台湾（特に台南市関廟庄）では安く豊富に手に入るため、「台湾在住の内地人家庭」の「新生活様式」に採用すべきだという、より積極的な提言も付されている。

この内地の評価を利用して台湾居住者に新しいライフスタイルを提案する手法は、当時の内地中心・依存型の言論状況を逆手にとった戦略といえる。つまり、台湾民藝をめぐる島内の価値観を、単に民藝解説を通して内側から変えていくのではなく、日本本国に台湾民藝の価値を伝え、その外部評価を利用して島内に働きかけていく姿勢を、ここに確認できる。たとえば『民藝』（日本民藝協会発行）一九四二年二月号に金関が寄せた「台湾工藝瞥見記」では、台湾民藝をめぐる本国の誤解を正すべく、台湾の竹製品のほか、「高砂族」の布織物や「南支」伝来の陶器などが紹介される一方、これらが日本製品の流入や対中流通ルートの遮断、さらには観光客や日本人消費者に合わせた生産指導により「醜悪」化している現状が伝えられている。「従来の台湾の指導家は、工藝指導と云へば土産物の製作であると考へてゐたらしい。その結果が今日見る所謂蕃産品であり、蛇皮製品であり、牛角製品である。これらの醜悪な製品を一掃するには先づ指導者の頭脳を改革しなければならない」[22]と。

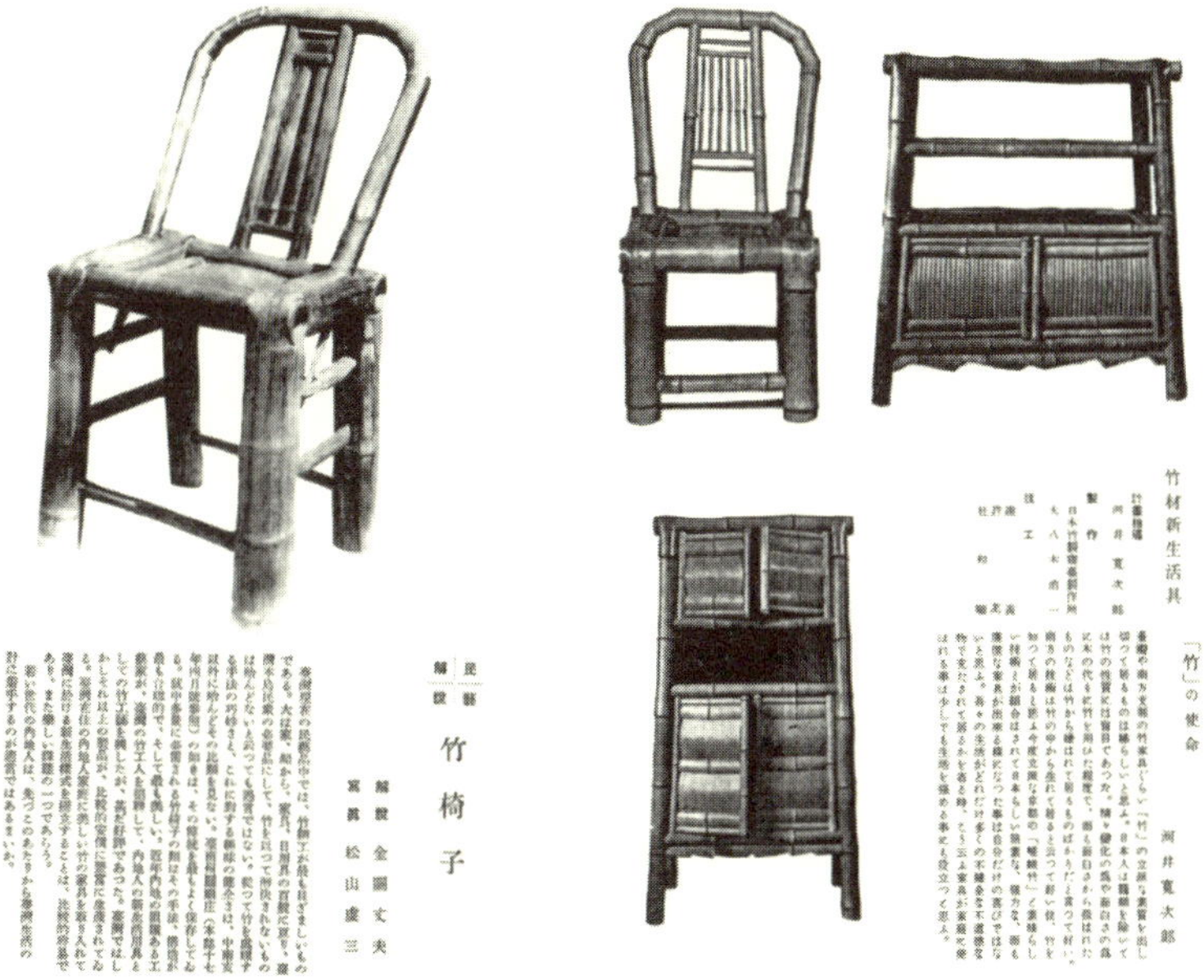

図9－2　台湾竹製品の紹介（『民藝』・『民俗台湾』）

出典：（右）『民藝』昭和18年８月号、（左）『民俗台湾』第19号より。

柳が台湾を訪れるのはこの報告の翌年、一九四三年三月一四日から四月一六日までの約一ヵ月間にわたる。当時すでに朝鮮・沖縄・中国・アイヌ等の民藝調査を進めていた柳は、東洋美術国際研究会に委嘱され、「台湾本島人及高砂族の生活工藝を調査する」目的で台湾各地を視察した(23)。一方、台湾側のホスト役は、フォーマルには総督府文教局とされているが、実際に便宜を図ったのは『民俗台湾』関係者であったという（池田敏雄 1980: 520）(24)。なお、この視察の概要はすぐさま、「台湾の生活用具について」（『民藝』第五〇号）、「台湾の民藝に就いて」（『民俗台湾』第二三号、第二四号）で紹介されている(25)。

上記の論述や柳の書簡(26)から台湾の印象を探ると、柳は特に台南市関廟庄の竹細工と「高砂族」の布織物に感動したらしく、これは民藝解説その他(27)で示された『民俗台湾』の評価と一致し、それを裏付けるものだった。こうした共通了解に立ち、柳が台湾の民藝保存のあり方について『民俗台湾』関係者と語っている記録がある。それが『台湾公論』一九四三年六月号の「生活と民藝」と題する座談会記録で、出席者は柳、金関、中村哲、立石鉄臣、そして大倉三郎（総督府営繕課長）である[28]。

座談会冒頭で柳は、民藝協会が台湾民藝と今後どう向き合っていくかについて、以下の三つの方向性を示している。第一は、台湾は歴史が新しく、台湾漢族の民藝品も「支那の延長」で独自性がないとする本国の認識を正すべく、展覧会や講演会を通してその価値を本国に伝えること。第二に、「台湾の新しい見方」を確立すべく、日本本国での活動にとどまらず、台湾で活動している『民俗台湾』と連携すること。第三に、台湾の工藝家と共同のプロジェクトを立ち上げたり、台湾でも展覧会を主催することで、将来的に台湾の民藝部門を育成していくこと、である。要するに、台湾民藝の保護・育成のために日本民藝協会と『民俗台湾』が共同戦線をはるということが、アジェンダとして設定されたのである。

ここでも事後経過を追うと、上記の提案が具体化されていく様子が窺える。まず柳が視察旅行のなかで集めた台湾の民藝品が、総督府文教局と台湾教育会の主催により台北市公会堂にて展示された後、その一部は東京駒場の日本民藝館に送られ一般公開された。また台湾では、これを機に工藝展覧会を開催する機運が盛りあがり、文教局内に「生活の造形面の刷進」を目指す「生活文化振興会」（会長は文教局長）が設置された。その後、金関と立石は文教局に委嘱され、文教局の細野浩三とともに展示品選定のために台湾全島を視察、そのかたわら新竹・台中・台東・花蓮港・台北各地で講演をおこなった。展覧会の準備には金関・立石・細野に加え、さらに大倉三郎と台湾人工藝家の顔水龍も加わり、一九四四年に「決戦生活展覧会」が総督府・生活文化振興会・皇民奉公会の主催により台北市および台南市で開催された[29]。一方、日本国内では同四四年、以前から台湾竹製品を和室にとり入れた新生活様式の設計、つまり今日でいうモデルルームの展示会を開いていた河井が尽力し、大阪・京都・東京の高島屋で「竹材新生活具展覧会」を開催している[30]。

こう見ていくと、座談会で提唱された日台間の連携はスムーズに進展したかにみえる。また台湾での展覧会を総督府みずから後援している点は、呉のいうように、同化政策から文化保存への政策転換を示しているかに映る。だが、皇民化運動と地方文化運動との軋轢は、実際には総督府内の皇民奉公会と文教局との対立として継続したようだ。たとえば柳の台湾民藝展覧会は、当初文教局が企画し、それに皇民奉公会も参加する予定だったが、「民藝展覧会は戦争に関係がない」と却下され、台湾教育会との共催に落ちつくことになったという。[31] また決戦生活展覧会の準備に関わっていた立石は、「内地依存を脱却し本島生産品の活用」を目指すという当初の目的が、会の運営主体が皇民奉公会に移るにつれ薄れ、『民俗台湾』関係者が担当した「生活用品の陳列に関しては、所謂民藝品の解釈を誤る人多いらしく、主催方面に危懼される感じ」があったと記している。[32] さらに決戦生活展覧会に関しても、金関たちが展示品の選定も兼ねて、島内各地を「新しい物を生んでゆかれるための民藝品展覧会の趣旨を説明して」歩いた際、奉公会による妨害があったと指摘されている。[33] 要するに、呉のいう「地方文化」保護の動きが総督府内に生まれていたことは確かだが、台湾民藝の保護・育成に、時局その他の理由から反対する勢力も共存し続けたと捉えておくのが適当だろう。

この点をあえて強調するのは、ひとくちに「地方文化」保護といっても、そこでいう「地方文化」をどのように評価し、その保護・育成をいかなる形で進めていくかに関しては、多様な方向性がありえたからだ。たとえば先に見たような、先住民文化を「観光資源」として保護し、観光客用の見世物を演じさせたり、土産物の製作を指導するようなあり方も、地方文化の保護・育成のひとつではある。しかし金関の「蕃産品」批判に明白なように、金関・柳らが目指したのは、そうした〈本国＝都市〉の消費者の期待に合わせた文化保存ではなかった。その意味で、彼らの活動は、「同化」政策に対抗して「保存」を訴えるという単純な図式では捉えきれない。彼らの活動は、日本化・近代化・観光地化さらには保存政策といった複数の政策ベクトルが重なり合う政治状況のなかで、台湾民藝という「地方文化」の価値をいかに主張し、〈本国＝都市〉中心の思考に回収されない新たな文化保存の道すじを切り開いていくかという、より複雑な交渉を含んだものであった。次節ではこの点に関する金関・柳らの立場を、「生活と民藝」座談会での発言から追っていきたい。

第五節　台湾民藝の「芸術性」と「歴史性」の相克

座談会の最大の争点は、台湾民藝をどのような意味での「文化」と位置づけ、評価するかにあった。またこの点に関する出席者の議論を整理すると、台湾民藝をめぐって大きく二つの評価軸が存在し、それらが互いに緊張状態にあったことが明らかになる。それは台湾民藝を「芸術性」と「歴史性」の次元で評価する立場である。

まず台湾民藝を「芸術」として評価する立場から見ていこう。この立場は、台湾漢族の文化を中国文化の延長で独自性がないと評価する立場への対抗として打ちだされている。たとえば大倉は、台湾の建築物の保存を訴える際、台湾には歴史的に古い建造物は少ないが、「美術的建築」として重要なものがあると語る。また台湾に多くみられる寺廟の発祥地である「南支」では、この点が省みられず、「荒廃」が急速に進んでいるため、この際、「優秀なものを何等か保存する施策が台湾だけにでも是非講じなければならない」とも主張している(34)。

ただし、このように台湾建築の「美術的」価値を主張し、その意味での保存を訴える戦略には、台湾特有の制度的障壁があった。それは当時総督府の保存政策における「文化」の範疇に、芸術性の次元が相対的に欠けていたことだ。たとえば柳は、内地や朝鮮の「国宝の指定」や「重要美術の保護」に対応する法律(35)が台湾にはないとし、「内地や朝鮮程古美術がないにしても台湾として、大切な物は保護して頂きたい」と訴えている。この点は史蹟名勝天然記念物保存法についても同様で、総督府の大倉によると、同法の対象は「史蹟」・「名勝」たる建造物にすぎず、特別「美術」の規定はないと説明されている。要するに、当時台湾民藝を芸術性の観点から保存するには、台湾民藝を中国・漢文化の亜流ではない独自な「芸術」と捉える価値観を生みだし、かつ保存政策の対象に「芸術」の範疇を組み込むという二つの課題を乗り越える必要があった。

さらに、台湾民藝が芸術性の観点から評価された背景には、もうひとつ別の理由がある。それは、台湾民藝を歴史性の観点から評価することが、そうした伝統文化の存在を政治的に危険視する立場（＝皇民化政策）と衝突することだ。この点について中村は、台湾では「その土地の歴史的固有な文化」や「民藝」の保存が「政治の問題」に絡むと指摘する。これはつまり、伝統文化の保存が台湾漢族のナショナリズムを醸成する、または政府当局にそう受けとられるという問題で、これは民藝の領域にとどまらず、『民俗台湾』の旧慣調査に関してもたびたび危惧されていた点だった。この点について柳は、台湾民藝は「純粋に芸術的の《ママ》問題」として保存することが望ましく、「余り物質的に考へずに」後世に「文化的精神を遺す」という意味で保存すべきだと訴えている。台湾では「精神的な文化的なもの」への保護意識がつねに弱いという大倉の指摘にも窺えるように、皇民化政策との衝突を避けるためにも台湾民藝を歴史性の次元から切り離すべきだという問題意識が、芸術性の次元が押しだされたもうひとつの理由であった。

だが注意したいのは、こうした切り離しが、芸術性と同時に歴史性を内包している「民藝」の性格規定と対立することだ。金関が民藝の「美」を「過去の伝統」と切り離すことに「危険」を感じたように（第三節）、柳もまた台湾民藝を単に美的対象として眺める態度が、その作り手たる民衆への差別意識と容易に共存してしまっている現状について、「高砂族」の工藝品を例にして語る。

> 高砂族の織つた織物を、美しいと見る人は多い。併しそれを産んでくれた人々に驚きを感じる人が稀なのは不思議である。彼らを未開人と軽蔑してゐる人は、その布の美しさを知つてゐる人とは思へない。ましてあんな原始人にどうしてこんな美しい布が織れるのかと考へる如きは僭越の至りである。さうして又、なぜこんな事が吾々に容易に出来ないのかと考へる如きも、うぬぼれから来るのである。吾々には出来にくく、彼等には出来る力が当然あるのだと、そこまで考へてくれる人が稀なのは淋しい。美しさの魅力は、現れた姿よりも、匿れてゐる力にこそ潜んでゐる。(36)

民藝の「美しさ」を認めるとは、同時にその背後にいる作り手たちの「力」への承認を要請する。植民地状況においてそれは、「吾々」と「彼等」との間に想定された序列関係の否定を意味するだろう。とすれば、台湾民藝を「純粋に芸術的の問題」として処理し、その歴史性を声高に主張することなく、皇民化政策との衝突を避け続けることは、おそらく柳にとって根本の解決ではなかったはずだ。

ただし本章で重要なのは、これら二つの見解の齟齬ではなく、まさにこうした芸術性と歴史性の相克こそが、当時金関・柳らが取り組んでいた課題の性質を示してくれる点にある。つまり、単なる理想に終わることなく、戦時下台湾において民藝保存を実践的に進めていくためには、台湾民藝のもつ独自な価値を、当時の政策動向と抵触することなくすり合わせていくことが必要だった。興味深いのは、この課題を克服しようとするなかで、台湾民藝という地方文化を〈本国＝都市〉中心の思考には回収されない形で評価し、保存しようとする立場が打ちだされてくる点だ。次節では、それを大きく三つに分けて見ていくことにしたい。

第六節　三つの「地方文化」構想

第一は、台湾を日本の一つの「地方」と捉え、保護を引きだす発想である。これは民藝保存を「時局性」が薄いとする論者に対し、しかし現在内地では商工省が地方の民藝を奨励しているという柳の発言をうけて出てくる[37]。たとえば金関は、この「日本的の技術」を保護しようとする動きを、だから「台湾の物は保護する必要はなかろう」とするのではなく、そこでいう「日本なるものは、台湾なり大東亜を含んだ日本に他ならない」ことを自覚すべきだと語る。また中村も、「日本の指導権の下にある大東亜の中の台湾は一つの地方」だとし、柳も「台湾を一地方と考へて、地方性を発揮すればよい」と主張している。これは当時商工省の議論が、もっぱら内地の地方工藝の問題に偏っていた点とは対照的である（商工省工藝指導所編 1942等）。つまり、「日本」の意味を「日本帝国」と読み替え、内地の各地方と台湾を同じ「地方」として同列に置く。そうすることで、民藝保存をめぐる内地／外地間の優先序列をとり外す戦略である。この発想を本章では、台湾が日本帝国の〈下位単位〉であることを前面に押しだすことで、本国と植民地の人種的な序列関係を背景化させる戦略という意味で、帝国内部での「サブ」ナショナルなローカリティの構想と呼ぶことにしたい。

第二は、戦争の進展につれ内地と外地との連絡が途絶えるなか、この孤立状態や自給自足への要請を、台湾が〈本国＝都市〉への依存傾向を脱し、自立的にモノを生むためのチャンスと捉える発想だ。たとえば金関は、現在の「地方的孤立」は、「大きな資本と大きな販路」をもつ「資本工藝」から、「小さな資本で小さな販路を持ち、小さな仕事をする」方向へと転換するための「絶好の機会」であり、単に「概念上」ではなく「事実上」そうならざるを得ないと主張する。さらに柳は、これを機に台湾に暮らす内地人も、これまでの「何でも彼んでも、内地風に物を作つて終ふ」傾向を脱して、「台湾の物で取り入れて良いものは是非共それを生かす」ことが必要だと語っている。[38] これは台湾を「日本（帝国）」の一部に組み込んでいく先の立場とは異なり、「日本（内地）」からの分離を〈自立化〉の機会として肯定的に捉え、その傾向を推進していく姿勢であり、その意味で、帝国内部における「マルチ」ナショナルなローカリティの構想と呼んでおきたい。

第三は、台湾文化をその他の植民地経営にとって参考となる貴重な資料と位置付け、保護を引きだす発想である。[39] これは『民俗台湾』の旧慣調査の意義を訴える際にも再三とられてきた手法であり、そこでは漢文化だけでなく南方文化が混成している台湾漢族の文化に関する理解が「南支」、「東南アジヤ」の社会経済的中核をなす「南支出身の華僑」、ひいては「満洲」の民族問題にも応用できる汎用性をもつと主張されていた。[40]

この発想は、一九四〇年代の日本の民族政策の中で台湾がいかなる位置を占めていたかという点とあわせて理解されねばならない。後藤（1992）によると、当時は戦前日本の「台湾＝南進拠点」論の第三段階にあたる。つまり、台湾領有によって南方への関心が芽生えつつも、抗日運動の鎮圧や財政基盤の確立、欧米との協調や三国干渉後の「ロシア問題」が優先された第一期、そして第一次大戦後の東南アジアへの経済的関心が高まる第二期に続く、領台四〇周年の一九三五年から「大東亜共栄圏」構想がでてくる終戦までの段階である。ここで注目すべきは、特に日中戦争期の台湾の位置づけについて後藤が指摘している以下の二つの特徴である。すなわち、一方で総督府は『『臣民』台湾人の心がこの戦争により中国へ向かい、抗日意識が高まることを恐れ、『国語』政策を軸とする『皇民化』政策を加速させた」が、他方で、日本政府や軍部の関心は当初、日中間の紛争処理のために大陸方面に逸れており、大東亜共栄圏構想の下で南方工作が本格化する太平洋戦争期にいたっても、すでに「内地化」された台湾が無視される傾向が存在したという（後藤 1992: 161–164）。

要するに、一方には〈内地化すべき台湾〉という、台湾人の民族意識を助長するような伝統文化の保存を危険視する風潮があり、他方には〈内地化された台湾〉という、すでに植民地統治の基礎が固まり、いまさら台湾文化の資料を集める必要はないとする見方が存在した(41)。そしてこれら二つの台湾認識の狭間で、台湾文化の記録・保存を過小評価する動きが進行していたのである。こう捉えるとき、台湾の「地方文化」を漢文化と南方文化の混成体として位置づける第三の方向性が、これら両面からの圧力を同時に解決するものであったことが理解されてくる。

> 日本国民にして同時に漢文化の伝統のかくまで深く浸透した住民は他にないであらう。新国民政府下及び南方共栄圏内数億の華民との提携が益々必要とされ、その提携の緊密さが直接戦捷への一の貢献でもあらうとする現時の情勢に於いて、本島の住民が高き日本精神の充分な把握の下に、その特有の伝統的文化材《ママ》を活用して、この提携に貢献することは最も緊要であらうと考へられる。……日本国民として先づ皇民精神に徹すべきは勿論第一必要事であるが、同時に本島漢文化の検討と把握を放棄する必要はない。それは現時局下に於ける日本の一大損失を意味するものである(42)。（強調引用者）

日本国民でありながら内地人とは異なる台湾人「特有の伝統的文化材」、つまり「漢文化の伝統」を強調することで、その特殊性を消し去ろうとする皇民化政策への抵抗が、日本政府が優先していた中国大陸（特に華南方面）や東南アジアの「華民」問題との関連で正当化されている。それは日本とは異なる台湾の特殊性をあえて突き詰めることで、より普遍的な広がりをもつ南方文化・漢文化圏へと自らを接続していく姿勢といってもよい。これは台湾を日本帝国の一部として内地と同列に置く発想とも、自立的単位として独立させていく発想とも異なる。むしろそれは、内地との文化的差異を押しだし、かつ台湾をその他の植民地とインターコロニアルに連結するという発想であり、その本国―植民地の二項関係を〝横断〟していく姿勢から、これを帝国内部の「トランス」ナショナルなローカリティの構想と呼びたい。

台湾の「地方文化＝ローカリティ」の位置づけとして、サブ／マルチ／トランスという三つの方向性をみてきたが、注意すべきは、これらはいずれも「日本帝国」の解体を志向するものではなく、その領土枠組を前提（なかには強調）する、その意味では「コロニアル」な台湾文化の位置づけである。しかし同時に注目したいのは、台湾民藝保存に対する政策的支持を引きだす際の、この経路の複数性であり、かつそれらがいずれも「日本＝内地」中心・依存・延長型ではない、その限りでは「脱コロニアル」な、文化保存の道すじを切り開いていることである。

第七節　日本帝国史の脱中心化に向けて

今から約二〇年前、『民俗台湾』関係者の中村哲を囲む座談会が、彼が初代所長を務めた沖縄文化研究所で開かれた。戦前の台湾と戦後の沖縄問題をめぐる中村の言論活動を中心に、当時の状況を伺い、今後の研究方針について語り合うというのが会の趣旨であった。そこで中村は、戦後日本の台湾研究は「台湾の自治」から出来なくなったが、「台湾の人が、中国や沖縄のことを共通して研究しよう」とする動きは、「日本の台湾時代に啓発された」のではないかと語っている（中村他 1990: 400）。また他の参加者も、最近「中国の福建省と琉球の比較研究」が文部省の助成を受けたり、「東アジアから東南アジアにかけての地域と沖縄を比較」する動きが沖縄内部から出てきているが、この先駆けが『民俗台湾』だったと指摘している（中村・安岡・武者・安江・東・仲程・中俣・比嘉 1990: 415–417）。

これらの発言が示唆するのは、戦後日本の比較研究における対象範囲の縮小（とその回帰）である。ただし本章で述べたように、ここで回顧されている『民俗台湾』の広大な比較論が、あくまで日本帝国の領土枠組を前提し、それに支えられつつ展開されたものであった点は再度強調すべきだろう。またこの点で、「大東亜」民俗学という比較民俗学の構想がもつ植民地主義的性格を見据えようとした川村の問題提起は、依然重要であり続けている。本章の焦点は、川村らが「日本帝国」に投影している〈日本＝中心／植民地＝周辺〉という解釈枠組にあり、それが日本人と現地住民との間の、「支配と抵抗」、「同化と保存」といった二者択一の物語には回収できない、当時の関係者たちがとりえた多様な活動実践の幅を捨象してしまうところにある。

実際、「大東亜民俗学」構想も、それを台湾サイドから捉え返すとき、日本民俗学の中心／周辺構造を単に植民地へと拡大的に延長したものと捉えるのは不十分であることが分かる。たとえば、この構想に対する金関の（柳田以上の）積極性を示すものとして、柳田との座談会に先だつ『民俗台湾』第一三号の『方言覚書』（柳田 1942→1969）に関する次の書評がたびたび引用されてきた。すなわち、「柳田先生の一国民俗学の立場は筆者もまた充分に尊重し、理解してゐるつもりであるが、然しその他に、東亜民俗学と云ふやうなものの立場を固める必要がありはしまいか」と。

先行研究が指摘するように、たしかに金関はここで、日本民俗学の射程内に「東亜」を組み込むべきだと強く訴えている。しかし留意したいのは、この発言が、台北地方の端午節の祭礼と中国大陸の風習との関連を示唆しつつ、「この将来の研究は、如何なる学者が、如何なる部門で当るのであろうか」と問いかけるなかで出ていることだ。つまり、少なくともこの時点の「東亜」民俗学は、宗主国日本と植民地台湾という二項間に局限された比較ではなく、日本／台湾／中国という領土的境界線を越えた比較研究の可能性として提示されたにすぎない。その後の「『民俗台湾』編集座談会」（一九四三年三月開催）[43]でも金関は、台湾の民俗学は「日本の民俗学とは直接繋りはない。どつちかと云ふと支那の民俗学のブランチになる」と述べており（編集部 1943: 2）、あくまで台湾・中国間の比較を一義的としている。たしかに同席上では、台湾研究が日本民俗学にとってもつ意義にも話題が及んでいるが、そこでの金関の主張は、「間接には日本の古来の民俗を台湾で開明すると云ふことも、全然あり得ないことはない」というもので（編集部 1943: 3）、直截とはいいがたい。

台湾と日本との比較についても、金関が念頭に置いていたのは、直に日本というよりは、特に沖縄との比較である。彼にとって沖縄は、台湾在住の内地人移住者に沖縄出身者が多く含まれていた点でも[44]、沖縄が台湾と同じく南方文化と漢文化が合流する地域であるという認識からも、台湾民俗学の汎用性がより高い地域と見なされていた。また、こうした比較から浮かびあがるのは、「日本の古来」の姿ではなく、むしろ「沖縄に浸潤して居る漢文化」の問題である。しかも彼はこの問題を、これまでの日本民俗学が無視してきた研究課題だと主張している。

> それをやり得る人は内地からは出ない。台湾に居る人がやらなければならない。それが判つて始めて沖縄の文化が判る。日本的な要素だけを彼処で見て居つては沖縄の完全な姿は判らないと思ふ。……〔中略〕……沖縄の洗骨を柳田さんなんかはすぐ日本の古い墓制に結び付ける。しかしその前に一応は台湾から南支の洗骨と云ふものを調べなければいけないと思ふ。これはやはり台湾なり南支を知つた人が沖縄をやる必要がある。(45)（強調引用者）

ここでの金関の論点は、日本民俗学が沖縄の文化を見てきたかどうかではなく、どう見てきたかにある。つまり、金関は日本民俗学の限界を、沖縄に「日本的な要素だけ」をみて、「すぐ日本の古い」姿へと回収しようとする、その日本中心的な眼差しに求めていたのである。

これらの発言からも、金関の「東亜民俗学」構想には、台湾と日本との比較を模索する以上の意味が込められていたことが分かる。それは第一に、台湾・中国間の比較のために「一国」民俗学がもつ領土的限定（国境）を乗り越えることであり、第二に、台湾・沖縄間の比較のために「日本」民俗学がもつ日本中心主義をとり外すことである。言いかえれば、金関は、帝国の「周辺」同士をつなぐ比較の道すじを新たに切り開くことで、〈本国＝都市〉を中心にその周囲の諸文化を求心的に束ねていくような「国民国家」的な比較研究のあり方を、帝国内部から脱中心化することを目指していたのである。

以上を踏まえてもう一度、金関・柳らの「地方文化」構想に立ち返ってみたい。本章で論じたサブ／マルチ／トランス・ナショナルな「地方文化」の位置付けは、いずれも台湾民藝を取り巻く日本中心型の言説構造や政治・社会システムを転換しようとする点で共通していた。なかでも「トランス」ナショナルな位置付けは、台湾民藝を漢文化や南方文化といった複数の文化が重なり合うなかで生成した混成文化と捉え、しかもその混成性を、価値の低い不純物としてではなく、将来的に保護・育成すべき「文化」として価値付けたという点で注目される。なおこの場合の「文化」とは、ひとまず「芸術」という意味であるが、金関・柳らの「民藝」に対する理解を汲むならば、同時にそれは「歴史・伝統」という意味での文化でもあり、さらにいえば、そうした混成的な「美」や「歴史」を担ってきた民衆たちの「力」という意味での文化でもあったと考えられる。

たしかに金関・柳らの活動は、日本帝国の領土枠組を前提し、その内部での実践に甘んじている点で限界があるということもできる。とはいえ、当時の政治状況をふまえた場合、それを前提としない議論が実質的に可能であったかは大いに疑問であるし、そうした外在的な批判が果たして、民藝保存に対する制度的サポートを引き出すうえで有効であり得たかという疑問が残る。我々はむしろ、金関・柳らの活動を、当時の日本帝国「内部」に存在した台湾民藝に対する別の評価軸との関係のなかで捉えるべきである。

金関・柳らの活動は、台湾民藝が日本の機械化・規格化された製品によって駆逐され（骨董品化）、観光客の土産物としてしか価値を認められていない現実（観光商品化）のなかで展開された。また当時台湾には、台湾漢族の伝統文化を、政治的に解消すべき不純物と捉える価値観（皇民化政策）や、「真正な」中国・漢文化の亜流にすぎないと捉える価値観が根強く存在した。さらに重要なのは、以上の台湾民藝を取り巻く複数の評価軸が、まさに本書でこれまで論じてきた、台湾の植民地政策に含まれる相反する政策ベクトルの帰結でもあったことだ。つまり金関・柳らの活動は、①台湾漢族を近代の資本主義経済へと投げ込み、②〈日本＝文明〉を理想とする価値観を埋め込もうとしながら、③あくまで台湾を中国・漢文化の一部として位置づけ、④日本とは異なる〈台湾＝異域〉イメージを再生産し続けてきた、日本の植民地政策全体への対抗運動として組織されたのである。

我々は日本帝国の観光・博覧会政策を検討する過程で、異なる文化や社会の「比較」が植民地体制を支える有効な手段として認識され、利用されたことを見てきた。またその場合、「比較」は常に、植民地住民が〈日本＝文明〉との対比において自己の〈遅れ＝未開性〉を見出すように管理されてきた。さらに、そうした日本中心型の比較は、一九三〇‐四〇年代には、帝国内を移動する多くの人々を対日イメージの形成に動員する政策を生みだし（第八章）、さらにフィールド科学の内部でも「大東亜民俗学」のような形で追求されていく。

なるほど、金関がこの構想に積極的にコミットしたのは確かであり、それを先導したのは彼であるということもできる。しかし本章の検討を踏まえるならば、金関がそこで意図していたのは、台湾の文化を、日本文化や中国文化を中心に据えた比較の場から解放し、複数の文化がお互いに輸入・輸出しあうような混成的な場の中に位置づけ、評価することだった。だから、たとえば金関が沖縄の文化について、日本の視点から「日本的な要素だけ」を探るのではなく、台湾や「南支」の視点から「沖縄に浸潤して居る漢文化」の要素も探るべきだと語るとき、それは沖縄文化の混成性への承認要求であると同時に、沖縄の文化が「日本文化」と「漢文化」のいずれにも回収・還元できない〈外部〉、その意味での〈他者〉であることへの承認要求でもあったといえよう。[46]

そして金関が沖縄について語ったことが台湾の文化についても言えるのだとすれば、〈日本〉・〈中国〉という中心軸を失ったその比較のベクトルが向かう先は、少なくとも、台湾文化の独自性や差異を、日本文化からの〈遅れ＝未開〉と見なしたり、中国文化の〈異端＝模倣〉にすぎないと捉えるような価値観から解き放ち、むしろその混成性そのものを、守り・残すべき「文化」とする価値観への転換を迫るものであったと考えられるのである。

別表1 「民藝解説」（1941年7月～1944年12月）の掲載内容 (1/2)

号数（刊行年月）	民藝解説（備考）	産地／伝播地域（推定）	関連年表 （★は『民俗台湾』掲載）
1号（16年7月）	陶枕（「陶枕頭」）	南支(広東付近)／台湾・沖縄	★「竹椅子京都に進出す」
2号（16年8月）	餅印（餅菓子の型）	不明（台湾？）	
3号（16年9月）	染付壺（薬品入・陶器）	南支／台湾	★『民藝とは何か』書評
4号（16年10月）	染付鉢（陶器）	南支／台湾	
5号（16年11月）	なし		
6号（16年12月）	士林刀	台湾（士林）	
7号（17年1月）	燭台（真鍮製）	台湾	
8号（17年2月）	箸籠（箸さし・木製）	台湾	「台湾工藝瞥見記」(『民藝』)
9号（17年3月）	綉花様（刺繍・木綿製）	台湾／広東・台湾北部・南部・「高砂族」・海南島・苗族	
10号（17年4月）	草鞋	台湾（高雄・台北）	
11号（17年5月）	手爐（携帯用の爐）	中国/台南、内地にも渡来	
12号（17年6月）	薬壺	南支（福建）／海南島	
13号（17年7月）	玻璃缸と水缸仔（阿片吸引道具・ガラス製）	台湾（広東から渡来）	★柳田国男著『方言覚書』書評
14号（17年8月）	煙盒（煙草入・竹製）	台湾（福州人が作成）	
15号（17年9月）	染附中皿	南支（福建）／台北	
16号（17年10月）	花藍（花用の籠・竹製）	台湾	
17号（17年11月）	木匙（パイワン族使用）	「高砂族」	河井寛次郎が日本橋三越で「家具・工藝品展覧会」開催
18号（17年12月）	茶罐（急須・陶器）	汕頭／南支・台湾	
19号（18年1月）	竹椅子	台湾／中支・南支	
20号（18年2月）	玻璃絵（装飾用絵画・ガラス製）	南支（広東）／台北	
21号（18年3月）	染附鉢（陶器）	南支（福建）／海南島	柳宗悦・台湾視察(3～4月)
22号（18年4月）	穿瓦衫（瓦の外壁張）	台湾北部(中歴街)／士林	柳の民藝品展覧会を開催 ★顔水龍「工藝図絵」開始 ★「『民俗台湾』編集座談会」
23号（18年5月）	香爐（錫製）	台南	★「台湾の民藝に就いて(上)」

24号（18年6月）	花仔布（花模様の印布）	北支／満州・南支・台湾（漢族・「高砂族」）	★「台湾の民藝に就いて(下)」「台湾の生活用具について」(『民藝』)座談会「生活と民藝」(『台湾公論』)
25号（18年7月）	燭台（陶器）	汕頭／台湾	
26号（18年8月）	椅仔（椅子·木製）	高雄（客家・平埔）	「生活文化振興会」設立
27号（18年9月）	窓仔（通風用の壁枠）	淡水／南支	
28号（18年10月）	印色盒仔（肉池·陶器）	南支（福建）	
29号（18年11月）	木盛籃（参詣用の食物籠）	台湾（嘉義）／台湾各地	
30号（18年12月）	椅仔（椅子·木製）	西洋人指導により台湾漢族作成／台南	★座談会「柳田国男氏を囲みて」
31号（19年1月）	なし		
32号（19年2月）	硯	南支／台湾（朝鮮に類似品あり）	
33号（19年3月）	茶碗（陶器）	台北	「決戦生活展覧会」開催
34号（19年4月）	竹椅子	台湾（関廟庄）	
35号（19年5月）	なし		
36号（19年6月）	なし		河井寛次郎が大阪・京都・東京の高島屋で「竹材新生活具展覧会」開催
37号（19年7月）	なし		
38号（19年8月）	籤筒（竹籤入れ·木製）	不明（台湾）	「竹の工藝・特集」(『民藝』)
39号（19年9月）	鏡箱仔（化粧箱·木製）	南支(広東)／台湾で使用	★座談会「奉公運動と台湾の民俗研究」
40号（19年10月）	草履	タイ／台湾·海南島·日本·ビルマ·仏印·マレー半島、スマトラ·ジャワ、インド等	
41号（19年11月）	筆筒（筆入れ·陶器）	南支／台湾・朝鮮	
42号（19年12月）	赤絵皿（陶器）	南支（広東）／海南島で発見	
43号（20年1月）	なし		
44号（未刊）	なし		

結語　比較と植民地的想像力

一九世紀後半に到来した初期グローバリゼーションの波は、多くの日本人に、これまで文字や絵や伝聞を通して間接的にしか知りえなかった異民族の姿を、間近に見る機会を提供した。遠く離れた土地により早く、安く、安全に行けるようになっただけではない。さらには、現地のたくさんのモノやヒトを、目の前に持って来る／連れて来ることが可能となり、それらを一ヵ所に展示し、一望に「比較」することが可能になったのである。それは、当時そこに居合わせた多種多様な人々にとって、おそらく「新しい世界」のはじまりであったに違いない。

本書はこれまで、帝国期日本で展開された数々の「比較」の事例を取り上げてきた。その対象は、「人類」全体を視野に入れた、その意味でグローバルな旅と比較から始まり（坪井正五郎）、最終的には、台湾漢族の民藝・民俗という、ローカルな文化を守るための、それでいてトランス・ナショナルな比較の構想（『民俗台湾』）で終わっている。そしてこれら二つの事例の間に、近代において新たに可能になった「比較」のベクトルを、日本帝国のナショナルな枠内に囲い込もうとする政策および学知の実践が存在した。本書は、こうした「比較」の舵取りをめぐる様々な行為者間の綱引き・せめぎ合いを、観光・博覧会・フィールドワークという三つの領域を中心に分析してきた。

観光・博覧会・フィールドワークという三つの領域は、当時の日本人にとって、植民地の暮らしや文化、そして生身の人間に直接触れることのできる、貴重な「植民地的出会い」の場であった。また、それらはいずれも諸文化・諸社会の「比較」を可能にするものでもあった。その意味で、今日では個別に研究されているこれら三つの領域は、帝国期の学知や政策的思考のなかで、単なる比喩にとどまらず、実質的に重なり合っていたのである。

もちろん、当時のあらゆる人々が、こうした互換性を明確に表現していたわけではない。実際、この点にはっきりと言及したのは、鳥居や小山といった一部の研究者に限られる。しかしそれでもなおこの事実は、観光／博覧会／フィールドワークの学問的線引きが、二〇世紀前半の日本では未確定で流動的なものであったという、知識社会学的・歴史社会学的にみて重要な論点を指し示している。我々はこれらの線引きを、帝国期の分析に当然のように持ち込むべきではないし、現時点から過去の研究者の「未熟さ」を批判して満足すべきでもない。本書の目的はむしろ、これら三つの領域を互換可能にした想像力の源泉を問い、帝国期の社会的現実を浮き彫りにすることにあった。以下ではこの点を、本書の議論に即して整理しておこう。

日本の人類学者が原住民展示の場を重要な「フィールド」と見なしたのは、第一に、それが国内に居ながらにして現地の人々と出会い、直に観察したり質問したりできる手っ取り早い機会であったからだ。その意味で、内地観光団として日本にやってくる植民地の人々も、同じように重要な調査対象だった。しかし、こうした実利的な理由にとどまらず、原住民展示は第二に、当時の理想的な「フィールド」概念をまさに具現化していたからこそ、人類学者はそれを重視したのである。つまり原住民展示の場は、現地調査の単なる二義的な代替物ではなかった。そうではなく、中央から周囲の諸民族を一望に観察・比較できるというその空間編成が、多くの人類学者にとって理想的だったのである。鳥居があえて多様な民族が雑居しあう場所に調査の拠点を置き、その光景を〈博覧会〉のようだと語ったのは、当時の「フィールド」概念に含まれる一望監視的な欲望を最もストレートに表したものだった。要するに、「フィールド」は「博覧会」のようでなくてはならなかったのだ。

フィールドと博覧会を互換的に捉える人類学者のまなざしは、その理想的な空間イメージ――各人種がそれぞれの分類ケースに行儀よく収まり並んでいるような――とは合致しない現実を例外化・周辺化した。本書ではその点を、①調査対象の「混成性」、②観察者と調査対象の「民族接触」、③展示の「真正性」の問題を軸に論証してきたが、さらに重要なのは、そこでおこなわれた調査対象の構成のされ方が、日本人類学の近代科学化・フィールド科学化――つまり調査主体の構成――を支えたものでもあったことだ。たとえば鳥居がみずからの「科学的」フィールドワークと帝国主義的／観光旅行的な旅とを差別化するために打ちだした、「危険な」調査地を歩く「孤独な」観察者という物語は、彼の調査を可能にした植民地支配のプロセスや、植民地化にともなう「安全」地帯の形成、さらには植民地の民族・文化の観光化のプロセスを、言説的に周辺化することで成立した。しかもこの鳥居に見いだされる特徴は、日本では少なくとも一九九〇年頃まで「探検」の伝統として引き継がれていく。

観光とフィールドワークを重ね合せる小山の議論は、以上のような学説史的文脈のなかで捉えるとき、きわめて異質である。本書で論じたように、彼の議論は、観光とフィールドワークは――人類学者にとってその差がいかに大切であれ――「民族接触」という意味で同列だという認識に基づいていた。つまり、観光客と同じく調査者も、現地住民からみれば異質な文化をもつ余所者なのであって、両者の出会いには常に民族対立へと転化する可能性が孕まれている。この認識は、調査に対する現地住民の抵抗を、一方的に調査対象の「民族性」の問題とみなした鳥居の認識とは異なる。

とはいえ小山のスタンスも、日本の植民地支配や植民地調査に対する批判からくるものでは決してなかった。それどころか彼の主な関心は、観光客と調査者をともに、異民族に「日本人」の印象を伝え、日本人に「異民族」の印象を伝える宣伝媒体（メディア）として捉え、日本帝国のプロパガンダ政策に動員することにあった。そこでは、民族対立の温床となる差別や不平等をいかに解消するかよりも、「民族接触」のあり方をいかに管理すれば相手側によい印象を作りだせるかという演出の問題が優先される。なおこうした小山の議論は、一九三〇年代の反日世論の高まりと観光立国化の流れに裏打ちされたものだが、台湾の内地観光政策にみられるように、本国―植民地間の移動や接触を管理し、異文化表象・異文化比較を操作するという政策的思考は、日本の植民地政策につねに埋め込まれてきたものでもあった。

最後に、以上の知見を、アンダーソンの議論と対比させて位置付けておきたい。本書は、近代のナショナリズムの誕生には、世界を比較可能な諸社会の多元的並存として捉える世界観の成立が関わっていると論じたアンダーソンの議論を理論的出発点としている。しかしこの「比較」の成立を、帝国（国家）解体型のナショナリズムに直結させていく彼の論理展開は、本書の考察を踏まえた場合、以下の点で短絡的であるといえよう。

まず日本の植民地政策のなかで、植民地住民に他との「比較」を促すことは、国内の民族対立を「抑制」する手法として認識されており、事実台湾では観光という形をとる異文化「比較」が植民地住民に対する教育手段として利用されていた。したがってアンダーソンのように、「比較」の成立を植民地帝国の「崩壊」を導く要因としてのみ捉えるのは一面的であり、逆に、「比較」が植民地体制をいかに「支えた」かという視点からの分析が必要となる。

付言すれば、「比較」を日本帝国の支配の技法のひとつとして位置づけることは、帝国史研究にも新たな視点を切り開くように思われる。近年の帝国史研究では、日本の植民地政策を「同化（日本化）」政策と一括りに論じてきた旧来の枠組に代えて、同質化／差別化、包摂／排除といった二重の政策ベクトルの緊張状態を植民地帝国の特質と捉え、そこから植民地帝国の多元的・重層的な統治構造を解明する動きが進んでいる（駒込 1996; 陳 2001; 山室 2003）。ただし、そこで論じられる政策ベクトルは通常、同質化（包摂）と差別化（排除）の軸であり、本書で観光政策を例にして論じたように、民族間の（隔離ではなく）移動と接触をすすめることで（同質化ではなく）自／他の「比較」を促がし、差異や序列を顕在化させるという政策ベクトルの存在はあまり注目されてこなかった。

おそらくその理由は、民族間の移動や接触さらには混交現象を、単一的・同質的なネイション形成とは矛盾するものとして暗黙のうちに捉えてきたからではないだろうか。事実アンダーソンは、「比較」の成立を共同体内部に亀裂――「限定性＝領土化」の意識――をもたらす要因と捉えており、植民地帝国が被統治者側に「比較」の意識を生みだしたことは、最終的に自己を「崩壊」に導く「矛盾」にほかならなかったと述べている。しかしくり返しになるが、「比較」がいかなる方向に転じるかは所与ではなく、「比較」の成立を分裂要因としてのみ捉えることは、グローバルな人の移動・接触・混交現象をネイションの解体に結びつける言説と同じく、方法論的ナショナリズムにほかならない。

さらにアンダーソンの「矛盾」という表現に関連してもう一点述べておきたいことがある。それは、日本の植民地政策に関してたびたび指摘されてきた〝内部化しつつ外部化する〟という包摂的排除の動きが、日本の植民地支配を心理的に「支える」役割を果たしていたことだ。もちろん、日本化を要求しながら差別的待遇は温存するという両義的な政策が、植民地住民に不満や反発を引き起こしたことは確かである——内地観光の例でいえば、銃器問題をめぐって日台間の不平等に抗議したミセルがそれにあたる。しかし本書で論じたように、そうした政策的緊張が日本統治期を通じてつねに作動していたことを踏まえた場合、この相反する政策ベクトルの間に植民地住民を挟み込むことが、彼らに絶えず自己の〈遅れ＝恥〉を意識させる機能を果たしていたという側面にも分析的関心を払うべきだろう(1)。

最後に、「比較」と〈国家解体型〉「ナショナリズム」を短絡的に結び付けないことで、我々は国家による比較の管理の問題だけでなく、そうした管理からはみ出していく比較の可能性についても考えることが可能になる。実際、国家が比較をいかに管理し、どのような世界観を植え付けようとしたかを丹念に跡付けることによってのみ、それとの対比のなかで、帝国期日本のナショナリズムの枠組に回収されない比較があり得たかどうかを判別することもできるのだ。

本書は最終章で、その可能性のひとつを『民俗台湾』の活動、特に台湾漢族の民藝・民俗をつくりあげてきた独特の「混成性＝雑種性」こそが、守るべき「文化」であるとする価値観のなかに認めた。それは一見、アンダーソンがナショナリズムの動因として捉えていた〝否定性の烙印を肯定に転じる運動〟に近いものだ。しかし、このみずからの「雑種性」を認め・守り・残していくという構想の先にあるのは、アンダーソンがいうような、「雑種性を解消し」、「ナショナリズムの純粋性」を出現させること、ではないだろう。みずからの「雑種性」を認め、しかもそれを解消することなく、それとともに生きていくとき、そこに出現するのは、つねに他とのつながりのなかで自己を捉える、脱中心化された、再帰的な意識である。しかしここに出現する「比較＝相対化」の意識は、またしてもアンダーソンがいうような、他からはっきりと区別された「限定＝領土化」されたアイデンティティと同じものではない。それは逆に、こうした文化のテリトリー化（領域画定）、あるいは領域画定された「文化」概念そのものを問い直していくような比較であり、まさにそれこそが、帝国期日本の観光・博覧会政策とフィールド科学のなかで絶えず締め出されてきた比較なのである。

年表――本書で扱った主な出来事

西暦（元号）	学界の動向	観光・博覧会・保存事業の動向	台湾の政策動向および国際情勢
一八七九（明治一二）	「東京地学協会」設立		
一八八四（明治一七）	坪井：東京大学理学部内で研究会「じんるいがくのとも」開催（一〇月） ↓一二月：「人類学会」と改称（初代会長：神田孝平）		
一八八六（明治一九）	人類学会の機関誌『人類学会報告』創刊（二月） ↓人類学会を「東京人類学会」、『人類学会報告』を『東京人類学会報告』に改称（六月）		
一八八七（明治二〇）	『東京人類学会報告』を『東京人類学会雑誌』に改称（八月）		
一八八九（明治二二）	坪井：人類学研究のため英仏に国費留学（一八八九年六月九日～一八九二年一〇月一四日）	パリ万国博覧会開催（五月六日～一〇月三一日）	
一八九二（明治二五）	坪井：東京帝国大学理科大学・教授になる		
一八九三（明治二六）	坪井：東京帝大人類学教室・初代主任になる 鳥居：東京帝大人類学教室・標本整理係となる	シカゴ万国博覧会開催（五月一日～一〇月三日）	
一八九五（明治二八）	鳥居：遼東半島調査、満洲調査開始	台湾：先住民に対する島内観光事業開始	日清講和（下関）条約 総督府：「官有林野及樟脳製造業取締規則」（日令二六号）
一八九六（明治二九）	坪井：東京人類学会・会長に就任 伊能：台湾「平埔族」調査開始 鳥居：第一回台湾先住民調査（東海岸地域、乾板写真機の導入）		総督府：「蕃地出入取締の府令」（府令三〇号） 第三代台湾総督に乃木希典が就任（一八九六年一〇月～一八九八年二月） 先住民拉致事件

一八九七（明治三〇）	伊能：台湾全島調査開始 鳥居：第二回台湾先住民調査（紅頭嶼）	台湾：第一回内地観光事業（八月三日〜八月三一日）	
一八九八（明治三一）	鳥居：第三回台湾先住民調査（南部地域）		第四代台湾総督に児玉源太郎が就任（一八九八年二月〜一九〇六年四月） 「台湾協会」創設（会長・桂太郎、幹事長：水野遵）
一八九九（明治三二）	鳥居龍蔵著『人類学写真集台湾紅頭嶼之部』		義和団の乱
一九〇〇（明治三三）	鳥居：第四回台湾先住民調査（中南部地域）	パリ万国博覧会開催（四月一五日〜一一月五日）	総督府：「蕃地占有に関する法令」（律令七号）
一九〇一（明治三四）	臨時台湾旧慣調査会（会長・後藤新平）結成		豪・移住制限法
一九〇二（明治三五）	鳥居：西南中国調査（苗族・猓玀族調査）	ハノイ博覧会開催（一九〇二年一一月一六日〜一九〇三年一月二五日）	日英同盟
一九〇三（明治三六）	坪井正五郎著「人種談」	内地：第五回内国勧業博覧会（大阪・天王寺）開催（三月一日〜七月三一日）	
一九〇四（明治三七）	東京帝大・人類学教室主催「人類学標本展覧会」開催	セントルイス万国博覧会開催（四月三〇日〜一二月一日）	
一九〇五（明治三八）	白鳥庫吉を中心に「亜細亜学会」設立		日露講和（ポーツマス）条約 関釜連絡船開港
一九〇六（明治三九）	鳥居：蒙古調査開始		米・日本人学童隔離事件 第五代台湾総督に佐久間左馬太が就任（一九〇六年四月〜一九一五年四月） 南満洲鉄道株式会社設立（初代総裁・後藤新平）
一九〇七（明治四〇）	鳥居龍蔵著『苗族調査報告』	内地：東京勧業博覧会（東京・上野）開催（三月二〇日〜七月三一日）	台湾協会が「東洋協会」に改称
一九〇八（明治四一）	満鉄東京支社内に「満鮮歴史地理調査部」設置	内地：朝日新聞社主催・第一回世界一周旅行企画	日米紳士協定

一九〇九（明治四二）	坪井正五郎著「実際問題と人種の異同」（サンフランシスコ発行『日米』紙掲載）		
一九一〇（明治四三）	鳥居：朝鮮半島調査開始	日英博覧会（英国・ロンドン）開催（五月一四日〜一〇月二九日） 内地：朝日新聞社主催・第二回世界一周旅行企画 台湾：日英博出場を兼ねた先住民の英国観光（一九一〇年二月〜一九一一年六月）	日韓併合条約 総督府：「理蕃五ヵ年計画」（一九一〇-一九一四年）開始
一九一一（明治四四）	『東京人類学会雑誌』を『人類学会雑誌』に改称 坪井：世界一周旅行へ（一九一一年七月五日〜一九一二年三月二九日）	戴冠記念博覧会・帝国博覧会開催（英国・ロンドン） 台湾：第二回内地観光事業（四月一日〜四月二七日）・第三回内地観光事業（八月一五日〜九月二三日）	
一九一二（明治四五）	金田一京助編『日本国内諸人種の言語』（東京人類学会発行）	内地：明治記念・拓殖博覧会（東京・上野）開催（一〇月一日〜一一月二九日） 台湾：第四回内地観光事業（四月二三日〜五月二七日） 第五回内地観光事業（一〇月一日〜一〇月三一日） ジャパン・ツーリスト・ビューロー創設	奉天—釜山間の直通急行運転開始 東京—下関間の特別急行運転開始
一九一三（大正二）	坪井：露・ペテルブルクで死去 鳥居龍蔵著「人類学と人種学（或は民族学）を分離すべし」	内地：拓殖博覧会（大阪・天王寺）開催（四月一五日〜六月一三日）	
一九一四（大正三）		内地：東京大正博覧会（東京・上野）開催（三月二〇日〜七月三一日）	台湾：「南蕃事件」
一九一五（大正四）			総督府：「林野整理事業」（一五年から一〇ヵ年）開始
一九一六（大正五）		朝鮮：「古蹟及び遺物保存規則」制定	後藤新平著『日本膨張論』

一九一八（大正七）		台湾：第六回内地観光事業（四月一九日〜五月三一日）	シベリア出兵
一九一九（大正八）	鳥居：東部シベリア調査開始	内地：「史蹟名勝天然記念物保存法」制定（法律四四号）	朝鮮：三・一運動／中国：五・四運動 総督府：「凶蕃制圧」のため警務局内に飛行班設置
一九二一（大正一〇）			台湾：議会設置請願運動（一九二一-三四年）
一九二二（大正一一）	鳥居：東京帝大助教授（第二代人類学教室主任）になる B・マリノフスキー著『西太平洋の遠洋航海者』		総督府：「蕃人撫育」のため警務局内に活動写真班設置
一九二四（大正一三）	鳥居：東京帝大を辞職（↓同年、鳥居人類学研究所設立）		
一九二五（大正一四）	松村瞭が東京帝大助教授（第三代人類学教室主任）になる	台湾：第七回内地観光事業（七月三日〜七月三〇日）	
一九二六（昭和元）	鳥居龍蔵著『人類学上より見たる西南支那』		
一九二八（昭和三）		台湾：第八回内地観光事業（四月） 満洲：ビューロー大連支部の「文士書家招聘」事業開始	
一九二九（昭和四）	小山：東京帝大文学部新聞研究室研究員となる	台湾：第九回内地観光事業（四月）	第一三代台湾総督に石塚英蔵が就任（一九二九年七月〜一九三一年一月）
一九三〇（昭和五）		「国際観光局」（勅令八三号）・「国際観光委員会」（勅令一三〇号）設置 台湾：史蹟名勝天然記念物保存法（一九一九年）が拡大適用（一一月）	台湾：霧社事件 総督府：「蕃人開発調査」（一九三〇年から八ヵ年）開始
一九三一（昭和六）		内地：「国立公園法」制定（法律三六号）	満洲事変

		外客誘致・海外観光宣伝の実務機関として「国際観光協会」設置	
一九三二（昭和七）			総督府：「理蕃善行章授与規程」（訓令八三号）・「頭目章授与規程」（訓令八四号）制定
一九三三（昭和八）		国際観光協会の外国人招請事業はじまる（『アメリカン・ボーイ』懸賞論文旅行） 朝鮮：「宝物古蹟名勝天然記念物保存令」制定	総督府：「自助団体助成内規」制定 花蓮庁を皮切りに国語章授与を開始
一九三四（昭和九）		台湾：第一〇回内地観光事業（九月二二日～一〇月一三日）	
一九三五（昭和一〇）		台湾：始政四〇周年記念・台湾博覧会（台北市）開催（一〇月一〇日～一一月二八日） 台湾：第一一回内地観光事業（四月二〇日～五月一一日） 台湾：国立公園法（一九三一年）が拡大適用	
一九三六（昭和一一）		台湾：第一二回内地観光事業（三月二〇日～五月一八日／四月八日～四月三〇日／四月八日～五月二日） 日本全国（植民地ふくむ）の観光課・観光協会等を束ねるため「日本観光連盟」結成	第一七代台湾総督に小林躋造が就任（一九三六年九月～一九四〇年一一月）：「皇民化」政策の推進
一九三七（昭和一二）	小山栄三著『宣伝技術論』	台湾：第一三回内地観光事業（四月二日～四月二三日） 満洲国：「古蹟、古物、名勝、天然記念物の仮指定」にともない実地調査開始	日中戦争勃発

一九三八（昭和一三）	長谷部言人が第四代人類学教室主任になる	台湾：第一四回内地観光事業（五月一日〜五月二三日／九月七日〜九月二八日）	
一九三九（昭和一四）	鳥居：北京・燕京大学客員教授に就任（→一九五一年一二月帰国） 厚生省「人口問題研究所」設立	台湾：第一五回内地観光事業（四月一五日〜五月六日）	
一九四〇（昭和一五）		台湾：第一六回内地観光事業（五月三日〜五月二二日／九月-一〇月） 皇紀二六〇〇年記念で計四団体・一三〇余名の内地観光事業を実施	第一八代台湾総督に長谷川清が就任（一九四〇年一一月〜一九四四年一二月）
一九四一（昭和一六）	東京人類学会を「日本人類学会」に改称 小山栄三著『民族と人口の理論』 金関丈夫・池田敏雄を中心に『民俗台湾』創刊（一九四一年七月〜一九四五年一月）	台湾：第一七回内地観光事業（四月一八日〜五月九日）	人口政策確立要綱が閣議決定 総督府：戦時動員体制の強化と皇民化推進のため「皇民奉公会」設立
一九四二（昭和一七）	満洲建国大学の大山彦一・大間知篤三を中心に「満洲民族学会」設立 小山栄三著『民族と文化の諸問題』・『戦時宣伝論』	日本博物館協会（会長・荒木貞夫）「大東亜博物館」構想発表	
一九四三（昭和一八）	文部省「民族研究所」設立（所長・高田保馬） 『民俗台湾』に座談会「柳田国男氏を囲みて」掲載 柳宗悦の台湾民藝調査（三-四月） 『台湾公論』に座談会「生活と民芸」掲載		
一九四四（昭和一九）	小山栄三著『南方建設と民族人口政策』		

註

序章　はじまりの拉致

（1）「蕃人の誘拐に対する処分」『理蕃誌稿』第一編：三二一―三二三頁。
（2）「生蕃見物」『読売新聞』明治二九年一二月五日。
（3）「台湾土人の見世物」『読売新聞』明治二九年一二月一一日。
（4）「蕃地出入取締の府令適用方に就き通牒」『理蕃誌稿』第一編：二八頁。なお当時の引用には、読みやすさを考慮し、適宜句読点を加えている。以下同様。
（5）「蕃人の内地観光」『理蕃誌稿』第一編：五三―五四頁。
（6）「台湾土人の見世物」『読売新聞』明治二九年一二月一一日。

第一章　理論視角――移動・比較・ナショナリズム

（1）日本人の世界一周旅行は、一九〇八（明治四一）年に朝日新聞主催のメディア・イベントとして始まる（石川編 1908）。また第一回の盛況を受けて一九一〇（明治四三）年には日英博覧会（一九一〇年）観覧を兼ねた第二回目の世界一周旅行イベントが企画された（朝日新聞記者編 1910）。ただし、その参加費はそれぞれ総額二三四〇円、一九五〇円と高額で（石川編 1908: 12; 朝日新聞記者編 1910: 6）、参加者のほとんどは、東京・大阪の都市部に住む商工業経営者、医者・弁護士・教員などの専門職や議会議員といった富裕有閑層によって占められていたという（有山 2002: 99–105, 182–185）。
（2）国際移動／国内移動研究が分断された今日の学問状況を踏まえた場合（Wimmer and Glick Schiller 2002: 310–313）、地理的な移動にとどまらず、社会的な移動（social mobility）をも組み込む形で、「移動」とナショナリズムとの関係を論じたアンダーソンの議論はいまだ先駆的であり続けている（近年の取り組みは、Urry 2000 = 2006）。
（3）「分離独立型」と「国家統合型」という用語は、Hechter（2000: 15–17）のナショナリズム類型から着想を得ている。
（4）戴國煇は、武力鎮圧された先住民がなぜ戦時中「高砂義勇隊」として日本のために戦い、いまなお「日本精神」について語り、日本人の心のオアシスになっているのか――それらを徹底的に思考しないかぎり、先住民に対する「日本の近代」を直視したことにはならないと述べている。我々は、一方に「抵抗」し続ける植民地住民がいて、他方にそれを暴力的に抑え込む日本人統治者がいるという「支配／抵抗」図式を越え、被統治者側の体制へのコミットメントの問題を、それ自体説明を要する研究課題として直視する必要がある。
（5）「文化とその規範――美、真、現実――を、距離をおいた分析や、他のありうる性向との比較の対象となるような人工的取決めとみなすことは、民族誌的な態度にとってきわめて重要である」（Clifford 1988 = 2003: 153–154）。同様の態度は、社会学にとっても重要だろう。社会の内側からその社会をあたかも部外者のように眺めること――それが社会規範の「脱自明化」あるいは自己の「他者化」と呼ばれてきた研究姿勢のベースにあるものだとすれば。

第二章　「人類」から「東洋」へ
――坪井正五郎の旅と比較

（1）坪井が出発時に大阪朝日新聞記者に語った談話より（「坪井理科大学教授の出発」『人類学雑誌』第二七巻四号：二五六–二五七頁に転載）。

（2）坪井正五郎「世界周遊雑記」『人類学雑誌』第二七巻第六号～第二八巻第九号（明治四四年九月～大正元年九月）。

（3）「坪井理科大学教授の出発」『人類学雑誌』第二七巻四号：二五六–二五七頁。

（4）坪井（1912a: 23）も参照。

（5）社会学では小山（旧姓：久保）栄三（「人種学的社会学説」（大正一四年）『社会学雑誌』一九」）や秋葉隆（「"Intensive Method"に就て」（昭和四年）『社会学雑誌』五七）による紹介が早いケースと思われる。一方、人類学について馬淵東一は、歴史主義主流の段階から機能主義（及びインテンシブ調査）への重心変化が起こった時期を一九三〇（昭和五）年前後としている（馬淵 1954 → 1974）。

（6）日本人類学史における日本人による最初の組織的活動は、一八八四（明治一七）年の「人類学会」創設――後に「東京人類学会」と改称――と機関誌『人類学会報告』創刊――後に『東京人類学会報告』、『東京人類学雑誌』、『人類学雑誌』と改称――に求められる（坂野 2005b）。その中心にいたのが、当時東京大学理学部生物学科在籍中の坪井正五郎（二一歳）である。坪井は一八八六年に大学院に進学、一八八八年には帝国大学理科大学助手、英仏留学後の一八九二年に教授となる。東京人類学会および東京帝大人類学教室の主宰者として、明治草創期の日本人類学の普及・発展につとめた坪井は、一八八八年の九州での古墳調査の帰路、徳島の鳥居龍蔵（当時一八歳）と出会う。鳥居は坪井を師事して上京、一八九三年には人類学教室の標本整理係となり、助手・講師時代をへて、一九二二年に助教授に就任、坪井亡き後の第二代人類学教室主任として大正期以降の日本人類学を牽引した。

（7）留学中の足どりを簡単に追っておこう。坪井は一八八九年六月九日に横浜港を出発し、神戸、上海、香港、ホーチミン（ベトナム）、シンガポール、コロンボ（スリランカ）、アデン（イエメン）、スエズ（エジプト）、ポートサイド（エジプト）、アレクサンドリア（エジプト）の一〇港を経由し、同年七月二二日にマルセーユに上陸、同月二四日パリに到着した。パリではルーブル博物館やトロカデロ博物館、フランス革命百周年を記念した万国博覧会（Exposition Universelle de Paris, 1889）を観覧した。また、カトルファージュ（Armand de Quatrefages, 1810–1892）が会長を務める「人類学万国公会」に入会し、「日本に於ける人類学研究の景況」と題する文章を寄稿したり、「土俗学 Ethnographie 万国公会」に入会し、「日本に於ける石器時代人民蹤跡」と題する講演をおこなうなど、学術交流も積極的におこなっている。約三ヵ月半の滞在の後、一一月七日にパリを出発、翌日ロンドンに入る。ここでも坪井は大英博物館、スタンレー（Henry Morton Stanley）のアフリカ探検をテーマとする「アフリカ物産展」（Stanley and African Exhibition, 1890）を観覧したほか、国際学会にも精力的に参加している。たとえば一八九一年の第九回万国東洋学会（於：ロンドン）に東京帝国大学代表として出席し、「東京近傍に於ける横穴二百余の発見に就て」と題する講演をおこなった。またこの講演により坪井は名誉賞牌を授与され、翌一八九二年には英国人類学会（Royal Anthropological Institute）の会員に推挙されている。さらに同年八月の国際犯罪人類学会（於：ブリュッセル）にも、坪井は法学者の寺尾亨とともに文部省代表として出席した。以上のような活動を経て、坪井は一八九二年一〇月一四日に日本に帰国した。

（8）この発言は、坪井が同じ論文でカトルファージュによる一八七二年の発言（出典不明）として引用している文章、「［パリの］博物館では元から人類学の授業が有て今尚ほ世界第一たる蒐集品を以て之を補助して居る」（坪井 1887: 270）を受けたものである（このパリの博物館が具体的にどこを指すかは不明）。ちなみにカトルファージュは、一八五五年から一八九二年まで国立自然史博物館（Museum National d'Histoire Naturelle）の人類学講座主任を務めていた。またフラワーは一八八四年に大英博物館の館長となっている（Barber 1980→1995: 238–240）。

（9）たとえば坪井（1889b, 1889c: 80, 1890a: 151）を参照。

（10）この陳列方法は、「同一種族の土俗全体を知らうと云ふ人には其種族の者の有る所を通覧する便を与へ〔＝系統的〕、身体装飾にもせよ、武器にもせよ、諸種族に付いての比較を試みやうと云ふ人には種族別けの向きに往来する便を与へる〔＝比較的〕」（坪井 1904b: 335）と坪井はいう。またこの方法は、セントルイス万国博覧会（一九〇四年）に人類学教室から出品された「日本石器時代遺物」の展示にも利用された。それは、「大なる箱を縦横に仕切り、縦列を見れば地方地方の遺物の種類を知り、横列を見れば遺物の地方的異同を明かに為し得る様に工夫せしもの」であり、「地方は北の方千島より南の方台湾までを十五に分かち」展示されたという（『東洋学芸雑誌』明治三七年一月、第二一巻二六八号）。

（11）科学史家のククリックは、一九世紀英国の人類学者の「比較法 comparative method」を説明するなかで、当時の進化論的世界観が、人類の多様性を「質ではなくむしろ程度」の差として、「進化の方向性ではなく速度」の差として解釈することを可能にしたと指摘している（Kuklick 1991: 78–89）。この場合、住民間のどんな違いも進化の度合（速度）という一次元的尺度のなかで測られるため、たとえばアフリカの「原始人」と英国の「下層階級」が同列に並べられ比較されることも可能であったという。

(12) 坪井は世界一周旅行の折にふたたび大英博物館を訪れているが、その陳列方法には相変わらず厳しい評価を下している。坪井の比較法と陳列法との関係を示す格好の文章であるため、長くなるが、その要点を整理しておく。坪井はまず、「現用石器の使用者は即ち石器時代人民中の現存者で有るから、彼等に関する調査が過去の石器時代の事を研究するに付いて大参考と成るは云ふまでも無い事で有るし、又古物の遺跡の調査で解かつて来た石器の製法、形式の変遷順序の事は、彼等の知識の程度、生活状態の階級を考定するに於て極めて有用で有る」と語る（坪井 1912e: 404）。それゆえ、「遺存石器〔＝遺跡から発掘された石器〕と現用石器との比較は人類研究の上から見て実に大切な事で有るが、何れの博物館に於ても未だ十分に其方面には意が注いで無い様で有る」（坪井 1912e: 404）という。また、同館の「土俗部」の陳列についても、「アフリカならアフリカ、太平洋諸島なら太平洋諸島」という風に「大体地理分け」に部屋を分けているが、各標本は壁際の戸棚に飾ってあったり、中央のガラス箱に入っていたり、衝立に掛けてあったりするだけで、「身体の何所へ着ける物だとか、どうして使ふ物だと云ふ事の解かる様に」なっていないと批判する（坪井 1912f: 472-473）。その結果、「通覧した後で頭に遺こるのは色々の物が有つたと云ふ事丈で、どうも何種族はどんな生活をして居るとか其開け方はどの位の程度で有るとか云ふ事を心中に画くのは困難で有る。ちよつと日本の部の事を云つて見ると、旧式の武器と馬具が有る、台所の雛形が有る、夫れに小野小町の像と云ふ古びた木像が有る。これで抑も日本人に付いて何等かの考へが浮ぶで有らうか。自分は固より此博物館の此土俗部に学術上価値有る物の沢山有るのを否認するのでは無い。自分は此所に多くの研究材料を得たのを喜んで居るので有る。併し、世界有数の大博物館としては、而して衆人に向つて公開して有つて、通俗教育の一機関と成つて居る博物館としては土俗品蒐集上陳列上まだまだ改良の余地が有ると信ずるので有る」（坪井 1912f: 473）。

(13) タイラーは一八八三年からオクスフォード大学内のピット・リヴァース博物館（一八八四年創設）の館長を務めていたという（中園 2005: 111-112）。

(14) 東京地学協会とは、ロンドンの王立地理学協会（Royal Geographical Society）等にならい、一八七九（明治一二）年に渡辺洪基、鍋島直太、長岡護美、榎本武揚を中心に設立された団体で、世界各国の地誌的情報や地質調査を日本の経済開発や軍事政策に生かすことを目的に掲げていた（田畑 1997: 16-18; 山室 2006: 35-41）。坪井の講演は、同会員の田代安定（東京人類学会の会員でもある）からの求めに応じたものである。なお、同協会は鳥居の西南中国調査（後述）の支援機関でもある。

(15) 坪井の人類学が、世間一般からは既成の学問と混同されて理解されていたことは、坪井の弟子の一人である山崎直方（山崎 1913）も指摘しており、この誤解をいかに払拭していくかが生前の大きな課題であった（坪井 1894c, 1908）。

(16) 当時の黄禍論の概観は、橋川（2000: 69-101）、Dower

（1986＝1987: 204–215）を参照。また同様の問題を「白人衰退white decline」論という別の角度から分析したものとして、Füredi（1998）、Bonnet（2004）を参照。
（17）さらに坪井は、人種の混在を人種対立と直結させる思考法――たとえば多民族国家はつねに人種対立の問題を抱えるといった――も批判していた（坪井 1904c: 397, 1906: 196）。
（18）鳥居は「原素」のメタファーを導入することで、かつての純粋な民族の姿を〝方法論的に〟復元できると主張しただけではない。鳥居によれば、一度は消失したかにみえる民族固有の姿も、ある特定の条件の下では〝事実上〟復活してくる場合がある。「民族あるいは一つの人種がメンタルキャラクターの上に於いて静かな形にある場合には比較的祖先の形が現れて来る場合がある。……他の民族の影響をしばし遠ざかり比較的自らの性格のみが落ちついて居るから再び祖先の形が現れて来る。……これはちょうど化学者が試験管で以て単なる原素を取り出すと同じ方法であります。そうしてかように考えてみれば、かの帰化人がやつた所の文化と純粋の日本人がやつた文化とどれだけ違つて来るか、これらもいろいろ研究することが出来ると思います」（鳥居 1910a: 474 強調引用者）。つまり、外来文化の流入が「落ちついて」、「静かな」状態にある場合――鳥居は鎖国時代の元禄文化を例に挙げる――には、いったん外来文化と交じり合った日本固有の文化も、ふたたび顕在化してくるというのである。民族性はいわば〝沈殿〟するのだ。
（19）ピーター・ヒュームは、西洋人類学は植民地住民をつねに（西洋の）人類学者による解釈を必要とする存在――物言わぬ他者――とみなしてきたと述べ、その一例として「先史pre-history」概念を取り上げている。「一般的に『先史』概念は、書かれた記録の存在によって歴史を定義し、無文字社会を歴史から切り離してしまうギロチンとして機能する。この切断の背後にあるのは、『歴史的』社会にはわれわれに語りかけてくる書かれた記録すなわち論争の余地なき『証拠』という堅固な実体が存在するがゆえに、何が起こったかを知ることができるのに対して、『先史的』社会には書かれた記録がないため、無言の遺物を解釈する専門知識を必要とする、という想定である。なるほど書かれたものは、特殊な、そしてジャンルを特定しうる証拠ではある。しかしそれは、考古学の対象たる石器文化の遺物と原理的には区別されえない。両者ともテクストであり、読まれなければならないからである。歴史は切断不可能である」（Hulme 1986/1992 → 1995: 75）。
（20）この危機感も西南中国での実体験からきている。鳥居は雲南省を訪れた際、仏領インドシナの近くに位置するために現地の外国人の多くがフランス人によって占められ、雲南政府から政治・経済面で手厚い優遇を受けていることを目のあたりにし、自己の境遇を嘆いている（鳥居 1926: 322）。
（21）苗族調査以降、鳥居は自然科学・理科系の講義から、上田萬年の言語学、建部遯吾の社会学、白鳥庫吉や市村瓚次郎の東洋史など、東京帝国大学文科大学（文学部）の講義に関心をうつす。それにともない、白鳥・市村ら文科系との交流がふえ、逆にそれが坪井との関係悪化を招いたとされる（中園 2005: 149, 198–199）。この白鳥を中心に構想されたのが、鳥居も尽力した「東洋学会」の創設である。ただし正確には、白鳥が組織しようとしたのは、「東洋」学会ではなく「亜細亜」学会と言われている（中見 2006: 35–37）。ちなみに、「東洋学会」（一八八六年）や「帝国東洋学会」（一九〇〇年）と名乗る団体も事実上存在したが、鳥居は「東洋学会」創設を一九〇六年以降と回顧している（鳥居 1953: 235–236）。

（22）八木によれば、坪井は生前、頭骨ひとつを測るにも数百ヵ所を調べる必要があり、煩雑な割には成果が望めないこと、また人種分類の多くはその根拠が不明確であることを問題視していたという（八木 1913: 709）。また鳥居も、坪井は「体質測定」をすることは決してなく、教えを乞うても「かく頭蓋いじりして何の利益ありや」とあしらわれたと回想している（鳥居 1927: 463）。身体計測あるいは統計分析への坪井の違和感は、世界一周旅行出発前の次の発言からも窺える。「統計なるものは完全なると否とにより結論に於て大なる誤謬を貽《マ》す《マ》ものにて、怪しき統計は唯に利益なきのみならず毒害を流すこと甚し、極端なる例を挙ぐれば、人の身長を計るに当り年齢を問はざるが如き是れなり」（「坪井理科大学教授の出発」『人類学雑誌』第二七巻四号：二五六–二五七頁）。

（23）坪井の場合も、明治末期には議論の変化がみられる。たとえば坪井（1910）は、「体質」は他の指標に比べて変化しにくいとし、「体質」に基づく集団分類――坪井はそれを「天性団Somatological unit」と呼ぶ――をその他の「人種」分類よりも重視している。この見解は、坪井（1899b: 332–333）が「移住」や「異種族雑婚」による世界各地の「体格変化」の実例を挙げながら、「時の長短の別こそ有れ、何れも変化するものであるとの事が分かつた以上は、現存する如き人種の別は根本的のもので無いと言はなければ成りません」と語っていた頃とは、明らかに議論の重心が異なる。

（24）ただし、パーソナルな影響力は強くなかったと考えたほうが妥当のようである。主に国内において人類学の普及につとめた坪井とは異なり、つねに海外調査に飛び回っていた鳥居には直接の弟子を育てる余裕はなかった（清水 2001: 245）。また坪井とは異なり、鳥居はアカデミズムの中心（東京帝大人類学教室）に安定した居場所をもたなかった。たとえば鳥居は一九二二年に東京帝大助教授として坪井亡き後の第二代人類学教室主任となるが、その二年後には大学を辞職し、家族ぐるみで設立された鳥居人類学研究所を拠点に活動することになる。人類学教室はその後、松村瞭（第三代人類学教室主任）・長谷部言人（第四代人類学教室主任）といった形質（体質）人類学を専攻する学者が主任の座につき、その「自然科学化」（坂野 2005b）を一気に押し進めることになる。

（25）鳥居の「東洋人種学」構想に含まれる一連の本質主義は、サイードの言う「帝国主義の認識論」に近い。「この認識の核にある強固な命題とは、原則として、誰もが変更のきかぬかたちでなんらかの人種なりカテゴリーに所属し、その人種なりカテゴリーは、それ以外のいかなる人種なりカテゴリーにも吸収されえないということである。ここからたとえば、オリエント的なもの、あるいはイギリス性、フランス性、アフリカ性、アメリカ的例外主義といった、さまざまに捏造された本質が誕生した」(Said 2000b = 2009: 86)。鳥居が人類の異種混交性を「原素」のメタファーで捉え、他から明確に区別された「人種性・民族性」の存在を仮定したことは、本章で述べたとおりである。さらに鳥居の場合、この前提は、「東洋人種」に属している研究者こそが、「東洋人種」の研究に特権的にアクセスできる/すべきだとする「所有排他主義」(Said 1985 = 1993: 329)につながっていく。

(26) さらに付言すれば、鳥居の「東洋人種学」を、後の「民族学」の系譜に位置づける清水の整理(③)は一面的である。確かに鳥居は、人種・民族研究における歴史・文化・言語研究の重要性を主張したし、自らの研究を「自然科学」ではなく「人文科学」の領域に位置づけたが、その一方で、鳥居が最も重視した指標は「体格」・「体質」であったことを忘れてはならない。文化的指標の流動性・曖昧性に対して身体的指標の固定性・確実性を置いたという意味では、鳥居は後の形質(体質)人類学の系譜にも位置づけられる——事後的にみれば——両義的な存在なのである(阿部 2008)。

第三章 フィールドワークにおける「リスク」と「真正性」
——鳥居龍蔵の台湾・西南中国調査

(1) 社会学も、こうした人類学の動向と無縁ではありえない。従来の「社会」概念に、あるひとつの地理的に限定され、文化的に均質化された、機能的に補完しあう自立的システムという「国民国家」の(理念的)イメージが投影されてきたことは、多くの論者が指摘してきた(Giddens 1985 = 1999; Billig 1995)。また社会学のなかで、伝統的に「居住性・居住者」と固く結びついてきた「コミュニティ」の概念についても、人類学における「フィールド」概念と同じく、「コミュニティ」を横断しつつそれをたえず再形成している「移動性・移動者」の問題を、言説的に周辺化する役割を果たしてきたと批判されている(Urry 2000 = 2006: 234–236, 245–249)。さらにいえば、「異質・未開なる他者」を理解するという人類学の学問的姿勢がはらむ問題も、「西洋・近代」を主な調査対象にすえてきた社会学にとって対岸の事柄ではない。たとえば社会学系フィールド調査の歴史においても、少なくともその焦点をエスニック・コミュニティと逸脱文化の二点に特化させていた初期シカゴ学派の時代は、非西洋的または反文明的という意味で、「都市の探検」の様相を呈していた(Van Maanen 1988 = 1999: 45–48)。またコンネルは、草創期社会学の「比較法 comparative method」が非西洋の未開社会の事例を多用していた点に触れたうえで、しかし二〇世紀前半に「社会学 = モダニティの学」という了解が成立して以降、この当初はとても目立つ位置にあった帝国主義的文脈が、その後の社会学史のなかで忘却されてしまったという（Connell 1997）。最後に、社会学がその強固な「近代化論」の図式によって、近代のエスニシティやナショナリズムの問題を長らく主題化しえなかったことは言うまでもない。実際、それらは前近代社会——非西洋の新興諸国や西洋の国家形成の初期段階——に特有の、近代化とともに衰退を運命づけられた「残滓」として、周辺的なトピックと見なされてきた（Connor 1972; Hechter 1975 → 1999: ch.2; Parkin 1979; Brubaker 1996: 80-83）。社会学が誕生する一九世紀後半から二〇世紀初頭が世界各地でエスニック・ナショナリズムが吹き荒れた時代だったにもかかわらず（Anderson 1983 → 1991 = 1998: ch.5; Hobsbawm 1990 = 2001: ch.3）、こうした無視が可能だったのは、ウィマーとグリック・シラーに従えば、この時期成立した学問的分業があたかも防波堤のように機能したからである。「一九‐二〇世紀初頭のナショナリズムや国民国家の勃興ならびにエスノナショナルな戦争の勃発に関する研究は——第一次世界大戦直後にデュルケムが書いた短い論評を数少ない例外として——歴史学に一任されてきた。ヨーロッパやアメリカ以外の共同体的communal アイデンティティやネイション形成の過程は、人類学の領分とされ、その後、政治科学の領分とされた。社会理論が一九八〇年代まで、近代世界におけるナショナリズムの重要性やその諸原因について遺憾にも扱うことができなかったのは、一部には、こうした二〇世紀初頭に確立された学問的分業に起因している」（Wimmer and Glick Schiller 2002: 303）。

（2）さらに日韓併合期の朝鮮調査を加えることもできよう（江上 1976 → 1986: 293）。ただし寺田（1981: 80）も留保するように、鳥居の調査時期は日本の領土制圧の過程と大幅に重なっていたが故に、いまだ「経済的にも組織という点からも」十分な支援体制は整っていなかったという点には留意しなくてはならない。

（3）具体的には大橋から三〇円、徳富から二〇円の寄付金を受けているが（中薗 2005: 17）、このうち大橋の寄付金は、「『太陽』に記事を載せるというようなわけで出してくれた」という（鳥居 1936b: 412）。当時の学術調査と新聞社とのタイアップ関係が垣間見れる。

（4）「東部台湾諸蕃族に就て」（九集一〇四巻）、「有黥蕃の測定」（九集一〇七巻）、「紅頭嶼の土人は如何なる種族よりなる乎」（一〇集一一六巻）、「南部台湾蕃社探検談」（一一集一二五・一二六巻）、「台湾蕃地探検談」（一三集一四六・一四七・一四八巻）。

（5）鳥居は一八九〇（明治二三）年の徴兵検査の前日に、ロンドン留学中の坪井からスタンレーの「アフリカ探検記」を送られている。そこには坪井の字で、「人類学はなお未開のアフリカの如し、これを開拓する者は誰ぞ」と書かれており、感動して読んだという（1936b: 410）。

（6）鳥居と近代的な知覚装置との関係について、もうひとつ重要なのは聴覚メディア、つまり蓄音機の利用である。ただし蓄音機が用いられたのは国内調査に限られるため、本文では省略する。たとえば鳥居は徳川頼倫に依頼され、一九〇一（明治三四）年に岐阜県白川村から石川県能登半島までの横断調査に同行したとき、昔話や民謡を収録するために蠟管蓄音機を利用している（鳥居 1953: 215）。また一九〇四（明治三七）年に、上田萬年の言語学講義をともに聴講していた伊波普猷と一緒に訪れた沖縄でも、島の言語や民謡を吹き込むために蠟管蓄音機を持参している。鳥居によると、沖縄本島で伊波と別れた後、彼は宮古島、八重山諸島、与那国島へとわたり、なかでも鳥居が「民謡の島」と呼んでいる八重山諸島では、「三十有余の八重山固有の祝詞、子守歌、俗謡」を録音したという（鳥居 1904; 1953: 226–230）。日本で蓄音機（フォノグラフ）が公開されたのは一八七九（明治一二）年、その後は東京浅草の花屋敷（奥山閣）を筆頭に、日本各地で一般公開がなされ、明治二〇–三〇年代には軍歌や流行歌、歌舞伎俳優の声色などを数銭で聞かせてくれる蓄音機屋の姿が、徐々に街頭に溶けこんでいったという（倉田 1979）。また倉田が紹介している、当時の蓄音機販売の広告をみると、それが単なる娯楽鑑賞用ではなく、遺言を後世に保存するためとか、遠隔地への手紙の代用といった伝達手段や、外国語の独学自習や発音練習といった学習器具としても期待されていたことが分かる。遠くはなれた民族の言葉や歌声を保存し、それを人類学研究に応用するという鳥居の発想も、こうした試みの一環として位置づけられよう。実際、先の沖縄調査について『東洋学芸雑誌』（明治三七年八月）は、「就中注意すべきは俚歌童謡の蓄音なり」と強調し、「従来我邦に於て蓄音機と云へば娯楽にのみ供するものの様思はるる傾き有りしが此の如き実例に由つて学術上の応用を示したるは誠に喜ばしき事なり」と評価している。ちなみに、この蠟管は「民謡の歌曲の旋律の研究」のため、坪井から田中正平（音響学、物理学者）に手渡されたが、その後見つかっておらず、関東大震災の時に消失したのだろうと鳥居は回顧している。

（7）たとえば『東京人類学会雑誌』（明治二九年二月）には、伊能嘉矩が送付した「台湾生蕃」の写真を大野延太郎が筆写したものが載せられている。

（8）大杉栄も、鳥居のアジア調査を「帝国主義的侵略事業」と批判していたとされるが（松本 1976: 734）、未見である。

（9）「旅行日記」としての「出版時期」がもっとも早いのは、『蒙古旅行』（明治四四年、博文館）である。

（10）鳥居が西南中国調査をおこなった時期（一九〇二–一九〇三年）は、その前後にヨーロッパでも西南中国の旅行記や論文報告が立て続けに出版されていたという（大林 1980: 304）。

（11）鳥居が調査者の「経験」を軸とするテクストの組み立て方をどのように考えていたかは、たとえば『蒙古旅行』の凡例にみることができる。そこでは、参考書の引用を極力避けること、地名・人名・物名はすべて口語・方言で記載すること、資料の地図はみずからが作製した旅行順路のみを示したものを使い、地名も調査地を「精密」に記載する以外は「省略」すること、等々が試みられている（鳥居 1911: 4）。

（12）原文はフランス語。ただし引用は、全集に収録されている小林知生の訳文をそのまま用いている。なお「ヤミ族」というのは、紅頭嶼（蘭嶼）に居住する先住民に対して鳥居が付けた呼称である。

(13) ただし鳥居が危険地帯に向かおうとするほど、用意された護衛の数も増えている。

(14)「余は最初日本を出発する際、苗の土地は我が日本帝国の台湾の生蕃におけるが如く、全くシナ人との交通離隔し、絶えてその間に往来無きものと考えておつたが、いま実際について黒苗の状態を見ると、初めの考えとは大いに異なつて、その風俗の如きは固有の状態を存じているとはいえ、一面にはシナの感化を受けていることもまたはなはだ多い。ことに苗族の男子の如きは、その風全くシナ化して、少しもシナ人の男子と違わないものがある。要するに苗族固有の風俗は、多くその婦女子において始めて真相がうかがわれるといってよかろう」（鳥居 1926: 50）。

(15) 第二章で述べたように、この眼差しは、鳥居が「自然の背景の間に生蕃が生活している」と考えていた台湾調査以来のものであり（鳥居 1936b: 413）、晩年の自叙伝でも「原始的生畜《ママ》〔蕃?〕生活と地理的関係とが調和し、自然の雰囲気を形成する所は、私に人類と土地との関係を面白く感じさせた」（鳥居 1953: 201）と語っている。

(16) 現在、「彝《イ》族」と呼ばれる。

(17) 鳥居は湖南省に入ると、危険を避けるために剃髪をし、辮髪（の付け髪）・中国帽・中国服を着用して中国人官吏に変装してもいた（鳥居 1902）。

(18) たとえば台湾からの通信（鳥居 1896b）では、「東部台湾は人類学上中々面白く土人は旧躰を存じ、聊も支那化せられ居らず。小生は西部より始めずして此人類学的博物館の観ある東部より取調を為せしは今にして大に利益ありしを喜び居候」と述べている。また満洲調査（第2回）でも、「私が配慮したのは、今なお純粋さを保つている満洲人だけを対象にすることであつた」と語る（鳥居 1914: 206）。しかもこうした純粋性の希求は、調査対象だけでなくインフォーマントにも及ぶ。たとえば『蒙古旅行』（1911）では、「シナ化」・「蒙古化」した通訳（とそれに依存した旅行者）が痛烈に批判されている。「従来日本人及び外国人の蒙古に旅行せし人々は、皆通弁を雇ひ、之に拠りて其の旅行をなしたるものなるが、是等の通弁は如何なる種類の人間なるかと云ふに、多くは年少の頃より蒙古地方に行商を為しつつあるシナ人なり。即ち彼等は其の少年時代より蒙古の内地に入り居るを以て、下品ながらも多少蒙古語を解し、若し旅行者にしてシナ語に通じ居る人なれば、彼等を伴ひ行く事は最も便宜多し。……〔ただし、〕彼等はその品性下劣人間のみなれば、旅行中蒙古人の家に宿泊せる際の如き、旅行者より贈る謝礼金等は半ば己の懐を肥やし、僅かに其の半を先方に渡すが如き事往々にして之れあり。又物を尋ぬる際に於ても、其の通訳多くは正しからざるが如きものあり。又南方の蒙古人にして、シナ語に通ずる者をも通弁として雇ひ得らるれど、シナ語に通ずる蒙古人は、概して其の性質既にシナ化せられたるもののみにして、余り快き同伴者には非ざるなり。即ち蒙古の旅行をなさんとするものは、之等二種の通弁中孰れかを選ばざる可からざるものなれども、蒙古通の人に非ざれば彼等を雇ふ事は非常に困難なるを以て、普通は北京若しくは満洲方面にて、シナ人を雇ひ之と共に旅行するもの多し。又或種の人は其のシナ語に通ずるに任せ、単独旅行を試みるものあれども、北方の蒙古地方はシナ語の行はれざる区域なれば、之等の人々は唖の旅行をなすものにして、只目に見る物以外には、聞く事も知る事も得ざるなり」(鳥居 1911: 29-30)。

(19)「相互に隔絶した無縁の種族」、「本来の純粋性」・「民族的純度がよく保たれている」民族を調査したという鳥居の主張は、小林知生の鳥居評価に(何の疑問もなく)引き継がれている(『鳥居龍蔵全集(5)』の解説を参照)。

(20)第四回台湾調査後に開かれた東京地学協会での講演において、鳥居は聴衆に対し、台湾にいく機会があれば、異なる種族が混住する「埔里社」を訪れるよう薦めている。鳥居によれば、この場所は「生存競争の烈しい所」であり、いまやその住民(「埔里蕃」・「眉蕃」)は中国化され、絶滅寸前にあるという(鳥居 1901a: 429)。

(21)鳥居が使用した写真技術を当時の時代状況を踏まえて推論した野林(1997)によれば、鳥居の乾板写真は、カメラの重量や撮影操作の点から手持ちの撮影は不可能であり、三脚で固定する必要があったという。また連続撮影も難しく、撮影時には被写体が動かぬよう、いく時間か拘束する必要があった。

第四章　フィールドとしての博覧会
——明治・大正期日本の原住民展示と人類学者

(1)博覧会委員でもあった西田金庫衡器製造所社長の西田正俊が主導者であったとされる(千本 2008: 57)。

(2)『東京人類学会雑誌』(明治三六年二月)二〇三号:二〇九頁より引用。

(3)実際、原住民村は一九世紀末には世界各地のさまざまな博覧会(万国博覧会・内国博覧会・植民地博覧会)に共通して見られる標準的なパビリオンになっていたという(Blanchard et al 2008: 32)。

(4)漢族が来往する以前から台湾に住んでいた先住民のうち、平地に居住し、漢族風の生活様式を取り入れた種族の総称。

(5)第五回内国勧業博覧会協賛会編(1903: 199)および『東京人類学会雑誌』(明治三六年四月)二〇五号:二九四頁。

(6)吉見(1992: 214)は、一九〇七(明治四〇)年の東京勧業博覧会でも「朝鮮館の隣に建てられた水晶宮」において朝鮮人(男・女)二名を浅黄色の服装で徘徊させたという記録があると指摘している。

(7)『東京人類学会雑誌』(明治三六年四月)二〇五号:二九五頁を参照。

(8)松田(2003: 123)より引用。

(9)『東京人類学会雑誌』(明治三六年四月)二〇五号:二九四頁。

(10)以下の記述は、坪井(1903b)、松村(1903)を中心に、適宜「各国人の長屋住居（一）（二）」『都新聞』明治三六年四月二六日、同二九日で補完している。

(11) 石狩国幌別村に住む「イタクバク」という人物の住居であったとされる（「各国人の長屋住居（一）（二）」『都新聞』明治三六年四月二六日、同二九日）。

(12) 作成された人形は以下の通り。「フィジー土人（男・女）」「ニュージーランド土人（男・女）」「ニューギニー土人（男・女）」「アウストラリア土人（男・女）」「アイヌ（男・女）」「日本種族／日本内地人（男・女）」「朝鮮人／韓国人（男・女）」「支那種族／清国漢人（男・女）」「台湾蕃人（男・女）」「ボルネヲ土人（男・女）」「ジャヴァ土人（男・女）」「シャム人（男・女）」「アンダマン土人（男・女）」「トダ（男・女）」「印度人（男・女）」「ツングース（男・女）」「チベット人（男）」「サモエッド（男・女）」「ペルシャ人（男・女）」「ジョルジヤ人（男・女）」「トルコ人（男・女）」「アラビヤ人（男・女）」「エジプト人（男・女）」「アビシニヤ人（男・女）」「アツカ（男・女）」「コンゴ土人（男・女）」「ズールー（男）」「ホヴァ／マダカスカル土人（男児・女）」「ブッシマン人（男・女）」「ホッテントット人（男・女）」「ラップ人（男・女）」「イギリス人（男・女）」「ブリタニイ人（男・女）」「ベルベル人（男・女）」「ダホメイ土人（男・女兵）」「グリーンランド・エスキモー人（男・女）」「クリーインデヤン人（男・女）」「中央エスキモー人（男）」「ヲレゴン土人（男・女）」「ネブラスカ土人（男）」「合衆国人（男・女）」「メキシコ白人（男・女）」「メキシコ土人（男・女）」「ブラジル土人（男・女）」「ボトキユド人（男・女）」「チリ土人（男）」「パタゴニヤ土人（男・女）」「テラデルフュゴ人（男）」「マルキサス土人（男）」「サモア土人（女）」。

(13) この差異と同一性に基づく空間編成のあり方は、各民族の暮らしを伝えるために用意された品々の配置にもみてとれる。たとえば台湾「生蕃」の首棚には人間の頭蓋骨三つ、アイヌの首棚には熊の頭蓋骨三つというパラレルな展示。これをみた観客の一人は、「飾りたる熊の髑髏三個を安置したるは熊祭として、彼の生蕃の首祭と較べ見て亦た異様の感をなせり」と語る（「各国人の長屋住居（二）」『都新聞』明治三六年四月二九日）。「コレクションを構成する諸要素は、本来置かれていた利用法に由来する意味を失い、そのかわりにコレクションのなかでの存在意義を与えられる。それゆえ、本来は地面に敷いて使うことを目的として作られたはずのインドのカーペットが、壁にかけられて純粋な展示物となる。さらにこれが他の地域のカーペットといっしょに壁にかけられたとき、インドのカーペットは、本来の使用法にもとづく価値や歴史よりも、コレクション内部での差異によって意味を与えられる」（Hage 1998 = 2003: 281）。

(14) この人種地図の体裁は、鳥居龍蔵編集・大野延太郎挿絵による『人種誌』（坪井正五郎校閲）にも採用された。そこでは地図に「彩色を施し」、「膚色の大概」が分かるように工夫がなされたという（『東京人類学会雑誌』（明治三六年二月）二〇三号：二〇七頁）。

(15) たとえば松村瞭は、人類館内の「ザンジバル島人」の頭骨測定を実施しており、東京大正博覧会でも南洋館内の「サカイ種族」の体質調査を実施しそれを論文化している（松村 1914a, 1914b）。また言語学者の金田一京助が、東京に居ながらにして樺太アイヌ語を採集できたのは、東京拓殖博覧会に展示されたアイヌ住民からの聞き取りによると言われている（海保 1992: 162）。

(16)『東洋学芸雑誌』（明治三六年六月）二〇巻二六一号：二八〇-二八一頁。

(17)「学術以外又珍奇大に人を娯楽せしむるものあり」（第五回内国勧業博覧会要覧編纂所編 1903: 172）。「会場中最も異彩を放ち最も奇観を呈す」（金港堂編 1903）など。

(18)「日英博の生蕃館（下）」『台湾日日新報』明治四三年九月三〇日。

(19)「日英博の生蕃館（下）」『台湾日日新報』明治四三年九月三〇日。

(20) 如是閑は日英博の先住民村については、その真正性を批判していない。彼はただ、その倫理性を問い正すにとどまっている。すなわち、「之を多くの西洋人が動物園か何かに行つたやうに小屋を覗いて居る所は些か人道問題にして、西洋人はイザ知らず日本人は決して好んでかかる興行物を企てまじき事と存じ候」（朝日新聞記者編 1910: 553）と。たしかにこれも重要な論点ではあるだろう。しかし我々は、ここまでの議論を踏まえて、そこに二つの留保を付け加えたい。第一は、同時代の日本の博覧会でも観客の多くは原住民展示を「余興」として楽しんでいたこと。第二は、そうした見世物的な空間が、人類学の資料紹介という教育的・学問的理由によって——関係者の意図はともかく結果として——温存され続けたこと、である。

(21) 身体的特徴に注目することで所属人種を確定するこの手法は、第二・三章でみた鳥居の手法と類似している。また同様の手法は、台湾総督府嘱託として第五回勧業博の台湾館（本書の第五章を参照）の展示を担当した伊能嘉矩の人種分類法にも確認できる（松田 2003: 105, 110）。さらに興味ぶかいのは、一九一〇年に改正された「台湾蕃社台帳」（訓令一六七号）でも、「種族」分類の注意点として次のような規定がなされていることだ。すなわち、「一、体質及言語の系統を等うし土俗及慣習の特徴相同しき蕃人の一群族を以て一種族とす。仮令局部の事実に就て多少の差異あるも人種的系統の同じき者は一種族に包含して妨なし。二、若し土俗慣習を既に他種族の風に改易せるも其の体質言語に於て固有の性質を具有する者は他種族に混入することを得ず」と。

(22) 人類館に関する当時の報告には、館内の余興舞台から観客に熱心に訴えかける一人のアイヌ人男性の姿がたびたび描かれている。この男、すなわち「ホテネ」こと伏根安太郎は、旧土人保護法下のアイヌの子供たちに満足ゆく教育を受けさせるため、「土人学校」の寄付金を募る目的でそこに参加しており、「流暢な日本語」で訴える彼の姿は、聴衆の興味・同情を惹いたらしい（海保 1992: 161–162）。他にも、東京拓殖博の報告には、「呉炳文〔台湾漢族の一人〕の外何れも母国の言語に習熟せざる」と記されているが（拓殖博覧会編 1913: 65）、詳しくみると、開催中に開かれた「人種懇談会」（一一月七日）の記述には、樺太アイヌのロコ（和名：坪沢六助）が「流暢なる日本語を操り」謝辞を述べたとされている（ibid.: 240）。また現地の記者によると、同博覧会に集められた「ギリヤークの統領ボーコン」もまた「よく日本語を解して」いたという（「樺太日日新聞」大正元年［月日不明］→河野選 1984: 126–138）。当時「ギリヤーク」の引率役を務めた吉岡新平は、「彼等は曽て自己の居村以外に他へ旅行したることなく」、「半年は雪の中の天幕生活をなして居村以外を知らざる四人」と語っているが（「中央新聞」大正元年一〇月一日→『人類学雑誌』（大正元年一〇月）二八巻一〇号：六一九頁より）、それは必ずしも彼らが外部世界から孤立した生活を送ってきたことを意味しない。実際、原住民展示の出場者は、日本人との接触がある程度すすんだ人物から選別された形跡がある。たとえば大阪拓殖博における樺太庁による展示民族の勧誘は、次のようにおこなわれたという。まずアイヌの勧誘は、相浜海岸の大酋長バフンケ（和名：木村愛吉）を仲介役にして、当初は東京拓殖博に出場経験のある坪沢六助親子を「前の経験もあり最も好く事情に通じ、且つ日本語も解し得る」ため「適任」と考えていたが、これは健康上の理由のため出場を辞退されてしまう。そこで再度バフンケを介して、「日本語にも精通」した白川茂衛門（五四歳）を含む計四人を選出する。一方、「オロッコ」代表のワシラノ（三二歳）は、ある日本人がオロッコ語研究に訪れた際「語学の先生」を務めた人物、「ギリヤーク」のウエラツカ（二八歳）も「片言交りの日本語」を話し、和名を「卯太郎」と名乗る人物で、彼もまた鳥居龍蔵が人類学調査に訪れた際、「コック」を務めた人物であったという（「小樽新聞」大正二年四月一〇日→河本選 1985: 79–81）。

(23) 第六章で述べるように、大阪拓殖博が開催された一九一三年は、台湾の植民地政策史上、佐久間総督のもとで先住民への武力弾圧が本格化する「理蕃五ヵ年計画期」（一九一〇–一九一四年）にあたる。佐久間総督時代は、これまで入山が困難であった山岳奥地へと討伐が進められた時期であり、大阪拓殖博に参加した先住民の出身地とされる「獅子頭寮」（獅子頭山付近は、それ以前にかなり鎮圧が進んでいたと考えられる。たとえば一九〇三年四月には獅子頭山で先住民約四〇名による武装蜂起があり、総督府はすぐさま隘勇線——山地に切り開かれた歩哨線で、「蕃害」に備えるため塹壕や電流鉄条網や地雷が設置された——を前進させ武力討伐をおこなっている（「生蕃獅子頭山に襲来す」『都新聞』明治三六年五月一六日）。

(24) ただし坪井は、全世界を実地観察することは容易ではないため、その代替案として、「或る地に居住し又は或る地を旅行して其地に於ての事実を観察調査する便宜を有する人々が自分の見聞を学術界に報道する」ことを提案している。彼によれば、「斯かる報道が多数集まれば、間接では有るが人類に関する事実を通覧し概括する事が出来る」という（坪井 1904a: 290）。まさにこれこそが、坪井が英仏留学や世界一周旅行の際に行なったことである（第二章を参照）。

(25) 坪井の管理者としてのスタンスは、人類館が「見世物」と批判されたことに対して、彼がそれを、展示スペースの狭さに起因する問題として受け止めていた点にも窺える。すなわち、「其方法たるや規模を小にして狭隘なる一館内に各人種を集むるときは或は観物の感をなし人種蹂躙の嫌ひなきにあらざるもの如く、且又住家の如きも真を失するの恐れなきにあらざるも、外国の博覧会におけるが如く一館に収容せずして各国人種並に建築を会場内の各箇処に散在せしめ恰も各府県の売店の如くせば、極めて趣味あり又有益のものとなり」（松田 2003: 137より引用）と。

(26) 東京拓殖博は、明治期に併合された日本領土（朝鮮・台湾・関東州・樺太・北海道）の「製産品其他拓殖の情勢」を本国に伝え、殖産興業と拓殖事業を奨励すべく開催された（「拓殖博覧会規則」第一章「総説」第一条）。坪井は、「帝国版図内の各人種を招徠して親しく彼等の性格及生活状態を観覧し今後如何に彼等を訓導すべきかを研究するの機会を内地人に寄与する」という目的で、東京人類学会関係者を植民地に派遣し（北海道・樺太担当は石田収蔵、台湾・朝鮮担当は大野延太郎）、展示民族の勧誘・斡旋にあたらせた（拓殖博覧会編 1913: 63）。

(27) 「樺太アイヌ」「ギリヤーク」「オロチョン」「北海道アイヌ」「台湾土人」「生蕃」による「六人種握手会」は、一九一二年一〇月五日に博覧会場内の観光館で開かれた（「六人種握手会」『東京朝日新聞』大正元年一〇月六日）。一方、「人種懇談会」は一一月七日に開催されている（拓殖博覧会編 1913: 240）。

(28) 金田一は同書について、「博覧会観覧の諸君の、土人と一語でも交へ度しと希望せらるる君子の為めに、日常普通の語を拾録して便宜に備へたるもの」と説明している（金田一編 1912: 凡例1）。たとえば会話篇には、「今日は」「此は何ですか」「貴君は何を造っていますか」「私又来ましたよ」「もう食事が済みましたか」「何が食べたいですか」などの例文が載せられ、各例文にはそれぞれ「北海道アイヌ」「樺太アイヌ」「オロチョン」「ギリヤーク」「生蕃」の対訳がカタカナで表記されている。なお坪井は第五回勧業博でも、伊能嘉矩に「人類館在留諸種族言語集」の作成を依頼している（伊能 1913: 693–694）。この企画は結局実現しなかったが、坪井がその依頼文書（明治三六年四月一〇日付）のなかで、「今日は」「あなたの御名前は何と云ふのですか」といった例文とならんで、「アイヌの言葉は分かりませんから、日本語で返事をして下さい」という例文を差し込んでいること――さらに他の民族の会話集も同様の体裁で作ってほしいと依頼していること――は注目される。ここから坪井が意図していたのは、展示民族の日本語能力を前提としつつ、日本人観覧客には「あえて」現地語で話しかける実践だったことが推察される。

(29) 坪井は東京拓殖博の原住民展示会場（「観光館」）で開かれた第二八回東京人類学会総会（一〇月五日）の席上でも、明治史のなかで人類学上注目すべき出来事として、人種的多様性の増大をあげている。「領土の面積の割りには種族の数が多く、且異つた種族の国民に加はる様に成つたのが明治に成つてからの有ると云ふのは実に注意すべき事で有ります。今近隣の土地に付いて考へて見るのに、北の方樺太の国境以北に何か異つた種族が居るかと云ふのに居らない、南の方フィリピンからマレー諸島はどうかと云ふと夫れ等の地の住民は西マレー系の者で台湾蕃人と同じ部類である。西の方支那は如何。其主なる住民は台湾土人と同一の漢人である。今後我が邦の勢力が一層拡がつたとした所で其範囲内に籠めらるべき者は人種として珍しい者では無く皆既に日本国民と成つて居る者と同種類で有るので有ります。日本の近隣に住んで居て日本国民中に加はる事の有り得べきものは一通り日本国民と成つて仕舞つたので有ります」（坪井 1914: 12）。

(30) 当時の日本領土内の住民のうち、金田一の言語分類①「曲折語」の代表例にあたる「欧米の白人種」とは、おそらく小笠原諸島の住民をさす。坪井は「小笠原島居住の外国人」について、「此地が日本領と公に認められるに至つたのは明治六年の事で有りますが、其住民たるイギリス人、アメリカ人、フランス人、ドイツ人、ポルトガル人、スペイン人等五〇余人が我邦に帰化し了つたのは明治一〇年から一五年迄の間の事なので有ります。彼等は船を操り魚を捕へるのを業として居る者で有りますから、其生活程度は固より高く無く、衣食住共甚だ簡単なもので有りますが、人種としては正しくヨーロッパ人で有ります」（坪井 1914: 7）と述べている。

(31) ガッサン・ハージは、この種の多文化主義言説を「所有」多文化主義と呼ぶ（Hage 1998 = 2003）。

第五章　「台湾」表象をめぐる帝国の緊張
——第五回内国勧業博覧会における台湾館事業と内地観光事業

(1)「台湾館（一）」『台湾日日新報』明治三六年六月七日。台湾館以外の公式パビリオンは、「博覧会ニ適切ナル様式ヲ採択」するという方針の下、文部技官・久留正道によって設計された西洋建築だった（松田 2003: 74）。

(2) 以下の記述は、月出編（1903: 9–14）、『風俗画報』二七〇号：三四–三五頁、「博覧会と台湾館」『台湾日日新報』明治三六年三月一日、「博覧会と新竹の四阿亭」同上、明治三五年一二月三〇日を参照。建築物の移築過程に関する詳しい経緯は、松下・石田（2011）を参照。

(3)「博覧会と台湾館」『台湾日日新報』明治三六年三月一日。

(4)「博覧会雑感（八日発）」『台湾日日新報』明治三六年三月一五日。その他に、「母国人は台湾館を以て戦捷の好記念として持て囃し膨張的国民の誇称資料として吹聴し」、台湾出品物を「珍奇なりとして賞嘆し博覧会に入るものは必ず先づ一たび台湾館を訪はざるなき」（「博覧会瞥見記（五）」同上、明治三六年四月八日）など。

(5)「博覧会瞥見記（五）」『台湾日日新報』明治三六年四月八日。

（6）「博覧会台湾喫茶店成績」『台湾日日新報』明治三六年八月二六日。なお中間報告だが、台湾料理店の来客数は一日平均二五〇人にのぼったという（「台湾館内の売上高」同上、明治三六年七月九日）。
（7）「台湾館の価値」『台湾日日新報』明治三六年四月二四日。
（8）「台湾館の価値」『台湾日日新報』明治三六年四月二四日。
（9）たとえば見物客に人気の纏足も、台湾館には何の模型も説明もなく、ただ一対の靴を展示しているにすぎない点は、「支那人の系統に属する台湾人を説明せんとするに於ける一大欠点」と批判されている（「台湾館の価値」『台湾日日新報』明治三六年四月二四日）。また「台湾の一大風俗」であるアヘンの詳しい説明――アヘン吸引制限の実績や衛生上の問題など――が欠けている点も、纏足の展示と同様の「大欠点」とされる（「台湾館（五）」『台湾日日新報』明治三六年六月一四日）。さらに先住民の衣服の展示は部族別に分かれていないため、「一部族の風俗を見んとする」にはあちこち動かねばならず、「容易にこれを綜合し難し」状態になっている。また先住民の写真も、人類学学者はこれを貴重な資料というが、「普通一般の観覧者はオヤ怖ろしい此様者が居る様では台湾には迂闊に行けない抔位ゐに観過する者多き」状態という（「台湾館（六）」『台湾日日新報』明治三六年六月一九日）。そもそも一般の観覧者は、台湾漢族と先住民の基本的な区別すら分かっていないが、これもその原因は、「陳列の順序よりも列品の種類よりも解説の不完全なる」点にあり、先住民関連の展示は総じて、「遺憾ながら唯珍らしき物を見たりと云ふに過ぎず」と評価されている（「台湾館（七）」『台湾日日新報』明治三六年六月二〇日）。
（10）「国定教科書に記載せる生蕃の記事の誤謬に就き之が訂正を文部当局者に交渉す」『理蕃誌稿』第二編：三四七―三四八頁。
（11）日本では一九〇二年に「国勢調査に関する法律」が成立し、本格的な人口センサスを一九〇五年に実施する予定だったが、この計画は日露戦争の影響などにより中断され、第一回目の調査は一九二〇年（以後五年毎）に実施された。一方、台湾の場合はすでに一九〇五年に「臨時戸口調査」の名称で実質的な人口センサスが開始されている。一九一五年には第二回調査を実施しているため、一九二〇年の第一回国勢調査は、台湾にとっては第三回目の調査にあたる。
（12）ただし台湾と満洲における後藤の植民地経営の連続性、特に調査の連続性については若干の留保が必要である。たしかに、後藤は満鉄経営でも「旧慣」調査を事業のひとつに組み入れ、台湾時代に彼の調査事業を支えた岡松参太郎（京都帝国大学）や中村是公（後の第二代満鉄総裁）をそれぞれ満鉄理事（調査部長）、満鉄副総裁として招き入れている。しかし平山勉によれば、台湾に比べて満鉄の調査事業は、調査費用と調査期間の両面で縮小がみられ、「調査期間の短縮化と成果発表の即時化」（平山 2008: 29）が求められるなかで、結局「他人の資料を使ったスピーディなまとめ」（平山 2008: 32）の域を出るものではなかったという。小林英夫（2006: 50–51）もこの断絶に注目し、その理由を台湾と満洲における調査機関の意味づけの違いに求めている。すなわち、日本の領有権がひとまず国際的に認められていた台湾では、地域住民の懐柔を目的とした重点的な調査をおこなうことができたが、西欧列強との争奪戦の中で国際情勢を素早くキャッチすることが求められた満洲では、調査の面でも「総合的情報収集・対外情報発信機関」としての意味あいが強かったという。

(13) 台湾の植民地政策を「非合理性」という観点から捉え直し、別の可能性のなかで相対化する必要性については、陳 (2001: 13-15) を参照。

(14)「台湾協会趣意書」『台湾協会会報』一号：i-ii頁より。

(15) 水野遵「台湾協会の経過に就て」『台湾協会会報』一号：一一頁。水野遵「京都支部設立に就て」同上、八号：五頁も参照。

(16) 以下の記述は、桂太郎「台湾協会の設立に就て」『台湾協会会報』一号：一-四頁、水野遵「台湾協会の経過に就て」同上、一号：一四-二一頁、桂太郎「京都支部の設立」同上、八号：一-四頁、水野遵「京都支部設立に就て」同上、八号：五-一三頁を参照。なお後者二つの論考は、支部開設を受けて桂と水野が大阪・京都・神戸・名古屋を遊説した際の講演記録だが、いずれも「大同小異」のため京都演説だけが収録されている。

(17) 水野は、台湾協会の基礎を「実業」に置き、「政治」に関わらないことを強調している（「台湾協会の経過に就て」『台湾協会会報』一号：一四、二〇頁）。同じく桂太郎も会長就任の経緯として、「台湾の施政」に関わらず「其基礎を実業上に置く」という条件で引き受けたと語る（「京都支部の設立」同上、八号：三-四頁）。詳しくは「桂台湾協会会頭の談話」『台湾日日新報』明治三五年三月三〇日を参照。

(18) 水野遵「台湾協会の経過に就て」『台湾協会会報』一号：一二頁。

(19) 大隈重信「台湾協会の設立に就て所感を述ぶ」『台湾協会会報』一号：七-八頁。なお『台湾協会会報』（第三号：五三-五四頁）の補足説明によると、ここでいう「無頼の徒」とは、なんら定住する意志を持たずに渡台し、賭博・詐欺・乱暴狼藉などをはたらく人々を指す。また、そうした人々は明治二九年四月以降の渡台者に多く、師団兵として渡台した後、いまだ帰国せずに飲食店・売春宿・質屋などで生計を立てている者に多いとしている。

(20) 河合弘民「台湾協会学校の設立」『台湾協会会報』二二号：一-四頁。

(21)「本会の大拡張」『台湾協会会報』七号：八四-八八頁、「名古屋支部の設立」同上、八号：六二-六四頁。

(22) 一八九九（明治三二）年五月二八日に開かれた第一次総会時点の台湾協会会員は一四一〇名で、そのうち台湾支部の所属会員は七三二名と過半数を超えている（山根 1975: 58）。

(23) 本章の分析時期は児玉総督期に限られるが、台湾漢族の内地観光はそれ以前から実施されている。「明治二九年二月一七日、第一期芝山巖学堂の卒業生葉寿松と張柏堂は樺山台湾総督に連れられ内地見学をしている。それ以前、学務部長伊沢修二に随って柯秋潔、朱俊英及び盲目の生徒二名がすでに内地へ行っており、これは台湾人の内地観光の先駆けであった。そして明治二九年四月一日、台湾人知識人李春生の孫李延齢、李延禧など七名が臨時傭として日給を支給される形で東京に留学した。総督府の支援の下で派遣されたこれらの留学生は支配者の文明の進歩、発達を台湾島内の大衆に宣伝する役目を担わされてもいた」（陳 2001: 117）。

(24)「台湾支部第一次総会記事」『台湾協会会報』一一号：六七-六八頁。

(25)『台湾協会会報』二一号：七六頁、三三号：五二-五三頁。

(26)「内地人士招致の好機」『台湾日日新報』明治三四年一〇月一〇日。

(27)その他にも『台湾日日新報』には、「今日の急務とする所は一は教育の方向より一は事物の実見より本島人の頭脳を開発して殖産興業の思念を発動せしむるに在り」（『台湾日日新報』明治三六年三月一五日）という主張や、台湾の殖産興業のためには「無形の学修よりも実地の見学」が急務であり、そのためにも博覧会見学をもっと奨励すべきだとする主張（同上、明治三六年三月一七日）が寄せられている。

(28)「木村匡氏の意見書」『台湾協会会報』一五号：六八-七〇頁。

(29)「第五回博覧会に付き台湾協会に望む」『台湾協会会報』一九号：七二頁。

(30)「博覧会出品委員会に嘱す」『台湾日日新報』明治三五年四月一〇日。

(31)総督府博覧会委員会（後述）の委員を務めた月出皓も、台湾館設立の背景に〈台湾＝異質・未開・野蛮〉とする本国の誤解があったことを指摘する。「督府一たび開けて以来、屢々討伐を行ひ荐《しき》りに治教を施し土匪跡を潜め蕃民化に服す、殖産興業の事また漸く挙り歳を逐て益々盛ならんとす、瘴癘の荒地も全く変して寧清の楽土となる、古来高砂の別称あるに愧ぢざるなり、然り而して母国の人その実況を詳にせず、依然として人を食ふ鬼族の棲む所と為す者多きが如し、その真相を誤るまた已甚しからずや、第五回内国勧業博覧会の大阪に開かるるや、我が総督府は首として当局に稟議し、特に台湾館を特設し、新領土に於る全般の現象を具出して中外に表示せんことを請ひ、その允可を得たり。」（月出編 1903: 1-2 強調引用者）

(32)「博覧会出品委員会に嘱す」『台湾日日新報』明治三五年四月一〇日。

(33)『台湾協会会報』四四号：四二頁、五八号：四四-四七頁。

(34)上野道之助「第五回内国勧業博覧会の利用」『台湾協会会報』四〇号：五-六頁。

(35)「博覧会出品委員会に嘱す」『台湾日日新報』明治三五年四月一〇日。

(36)別の記事には「設計予算及び出品費」として約一八万円を計上していたとも記されている（「博覧会出品委員会に嘱す」『台湾日日新報』明治三五年四月一〇日）。

(37)「第五回博覧会と総督府の準備」『台湾日日新報』明治三五年一月一五日。

(38)「在台内地人の増減と衛生施設」『台湾協会会報』五〇号：

三六頁。
(39) たとえば明治三五年度の総督府の特別事業費（三六年度分も繰上申請）は六六〇万円で、その内訳は、鉄道事業費五五〇万円、土地調査費九〇万円、築港費二〇万円となっている。
(40)「第五回博覧会と総督府の準備」『台湾日日新報』明治三五年一月一五日、「第五回博覧会準備と台湾家屋」同上、明治三五年二月七日、「第五回博覧会と台湾」『台湾協会会報』四〇号：四六頁、「台湾と第五回内国勧業博覧会」同上、四一号：二五―二六頁、「台湾と第五回内国勧業博覧会」同上、四三号：三七頁を参照。
(41)「台湾館設置の確定」『台湾協会会報』四九号：五八頁。「台湾園遊地の決定」と題する『台湾日日新報』（明治三五年七月二日付）の記事は、台湾出品物を「内地府県の如く種類により各館に分布すべきか又は総督府の希望の如く一ヶ所に取纏めて陳列するかは未だ博覧会より決答なしとの事なり」と報じており、この時点でも陳列方法は未確定であったことが窺える。
(42)「第五回博覧会と台湾」『台湾協会会報』四〇号：四六頁。
(43)「第五回博覧会出品の来年度予算」『台湾日日新報』明治三四年一二月七日、「博覧会出品委員会に嘱す」同上、明治三五年四月一〇日。
(44) 博覧会開幕後の『台湾日日新報』にたびたび確認される、台湾館の盛況を〈意外な〉結果と評する記事（「博覧会瞥見記（五）」『台湾日日新報』明治三六年四月八日、「台湾館の価値」同上、明治三六年四月二四日、「台湾館（一）」同上、明治三六年六月七日など）は、計画段階の期待感の薄さを物語っている。
(45)「台湾出品協会設置の計画」『台湾日日新報』明治三五年二月一三日、「博覧会出品と売店」同上、明治三五年二月一五日。
(46) たとえば「博覧会と販売協会に就て」（『台湾日日新報』明治三五年三月一六日）では、台湾出品協会について、「既に総督府の委員会は是等の〔出品勧誘を担当する〕機関たるものなれば重ねて設置すべき必要を見ざれども〔…〕」と報じられている。
(47)「博覧会と庁委員」『台湾日日新報』明治三五年三月二一日。
(48)「博覧会出品協会創設の必要奈何」『台湾日日新報』明治三五年二月一八日。
(49)「第五回博覧会と総督府の準備」『台湾日日新報』明治三五年一月一五日、「第五回博覧会準備と台湾家屋」同上、明治三五年二月七日。
(50) 以上の記述は、「博覧会委員会回答の要項」『台湾日日新報』明治三五年五月二五日、「台湾館設置と台湾協会」同上、明治三五年六月一五日、「博覧会に於ける設備」同上、明治三五年八月六日、「博覧会に対する諸計画」同上、明治三五年八月七日、「台湾館」『台湾協会会報』四五号：四七―四八頁、「台湾館設置の確定」同上、四九号：五八頁、「台湾館の工事」同上、五〇号：五六頁、「台湾館及び台湾会館」同上、五三号：五〇頁、「第五次総会」同上、五八号：四五頁、「第六次総会」同上、六八号：四一―四二頁を参照。ただし篤慶堂の移築案も、資金調達はスムーズに進んだわけではない（「第五回博覧会準備と台湾家屋」『台湾日日新報』明治三五年二月七日)。また同じ頃には、台湾の特産品である烏龍茶の販路拡大と「阿里山森林の実相」を宣伝する目的で、台北茶商公会との協議の末、阿里山の檜を利用した茶室(「台湾喫茶店」)を建築する案も浮上するが、これも当初は費用面で消滅する恐れがあった(「第五回博覧会と総督府の準備」同上、明治三五年一月一五日、「内国博覧会喫茶店に就て」同上、明治三五年一月一七日、「第五回博覧会準備と台湾家屋」同上、明治三五年二月七日)。総督府はその後、不足分の費用を「勧業費」――台湾の殖産興業のため明治三三年に新設された――から補うべく調整を進めるが(「博覧会出品と売店」同上、明治三五年二月一五日、「博覧会出品費」同上、明治三五年三月一六日)、それでも予算全体の少なさから、篤慶堂と台湾喫茶店のどちらかに焦点を絞るべきだという議論は続いた(「博覧会出品と売店」同上、明治三五年二月一五日、「第五回博覧会準備」同上、明治三五年二月一六日)。

(51) 以上の計画は、「台湾園遊地設置の計画」『台湾日日新報』明治三五年五月八日、「博覧会委員会回答の要項」同上、明治三五年五月二五日、「台湾館設置と台湾協会」同上、明治三五年六月一五日、「台湾館建築の決定」同上、明治三五年六月二五日、「台湾園遊地の決定」同上、明治三五年七月二日、「博覧会に対する諸計画」同上、明治三五年八月七日、「第五回博覧会彙報(承前)」同上、明治三五年一二月四日、「博覧会と新竹の四阿亭」同上、明治三五年一二月三〇日、「博覧会台湾館看守人の出発」同上、明治三六年二月二五日、「博覧会と台湾館」同上、明治三六年三月一日を参照。

(52)「博覧会と台湾音楽」『台湾日日新報』、明治三五年一〇月三日、「博覧会雑感(八日発)」同上、明治三六年三月一五日。

(53) 以上の台湾協会の活動は、「台湾支部第四回総会」『台湾協会会報』四四号:四一頁「第五回内国博覧会と当協会」同上、四四号:四二頁、「第四回総会」同上、四五号:五三頁、「台湾館設置の確定」同上、四九号:五八頁、「第五回内国勧業博覧会彙報」同上、五四号:五四頁、「第五次総会」同上、五八号:四六頁、「台湾協会の活動」『台湾日日新報』明治三五年四月一九日、「台湾協会と博覧会」同上、明治三五年五月八日、「台湾協会と博覧会」同上、明治三五年五月一一日、「本島人乗船乗車賃の割引」同上、明治三六年一月二五日、「台湾協会発行の割引切符」同上、明治三六年二月四日、「台湾協会博覧会の準備」同上、明治三六年二月二一日、「博覧会と台湾館」同上、明治三六年三月一日、「台湾会館の図」同上、明治三六年三月八日を参照。

(54) 理事は荒井泰治・賀田金三郎・陳瑞星の三名、評議員は日本人二五名・台湾人二〇名の計四五名で構成された。なお陳瑞星は台北茶商公会の幹事を務めた人物で、同副会長の大庭永成(協賛会評議員)とともに一八九九(明治三二)年に内地観光に赴いている(表5-2を参照)。また評議員の一人である林望周も一九〇〇(明治三三)年度に内地観光を経験している(「第五回博覧会台湾協賛会」『台湾協会会報』五〇号:五一-五三頁）。

（55）以上の台湾協賛会の活動は、「博覧会協賛会全島出品予定」『台湾日日新報』明治三六年一月一八日、「博覧会協賛会の協議」同上、明治三六年二月三日、「博覧会協賛会の予算」同上、明治三六年二月四日、「博覧会協賛会の割引券発送」同上、明治三六年二月一九日、「協賛会の割引券に就て」同上、明治三六年二月一一日、「協賛会割引券の発行高」同上、明治三六年二月二五日。「第五回博覧会台湾協賛会」『台湾協会会報』五〇号：五一-五三頁、「台湾協賛会の会員募集状況」同上、五二号：四四頁を参照。

（56）「第五次総会」『台湾協会会報』五八号：四六頁。

（57）「第五回内国勧業博覧会開設ニ付照会等（林副総裁其外）」『台湾総督府公分類纂』第四六七〇冊三号（松下・石田 2010: 464 より引用）。

（58）「博覧会委員会回答の要項」『台湾日日新報』明治三五年五月二五日、「博覧会に於ける設備」同上、明治三五年八月六日。

（59）「河内博覧会と台湾」『台湾日日新報』明治三五年八月八日、「河内博覧会の沿革と準備」同上、明治三五年八月一五日。

（60）ハノイ博覧会の詳細は、檜山（2001: 671–700）を参照。

（61）以下は、檜山（2001: 691–693）に収録された柳本の出張復命書（【B文書】）より引用。なおこの復命書は、「河内博覧会の視察」（『台湾日日新報』明治三六年三月二四日）にも掲載されている。

（62）「第五回内国勧業博覧会に関する台湾総督府の準備」『台湾協会会報』四六号：五一-五二頁。

（63）台湾館の展示が、日台関係および台中関係をどのように表象するかという問題と固く結びついていたことは、次のエピソードにも窺える。檜山は、台湾館に清国福建省洋務局の出品物が陳列されていた点に触れ、それを「台湾と対岸関係との親密さ」を強調するものと解釈している（檜山 2001: 683）。しかしこの福建省出品物は、開幕直後に中国人留学生や福建省博覧会委員から「福建省出品のみが台湾館内の一部に出陳せらるるは面白からず」（「福建省出品の場所換に就て」『大阪毎日新聞』明治三六年三月二一日）との抗議を受け、清国が出品している参考館内の四川省陳列所に移されている。この対応について二宮は、「台湾と福建を峻別することを通じて、『台湾』が日本領である現実を清国に認知させる狙い」があったと指摘する（二宮 2006: 85）。

（64）「博覧会出品協会創設の必要奈何」『台湾日日新報』明治三五年二月一八日。

（65）「内国博覧会に就て」『台湾協会会報』四四号：三八頁。

（66）「街庄長と博覧会」『台湾日日新報』明治三五年四月二二日、「本島人の博覧会参観」同上、明治三五年一一月一一日、「本島人側の博覧会観覧者」同上、明治三六年一月二〇日。

（67）「総選挙と博覧会」『台湾日日新報』明治三六年三月一日。

（68）「更に本嶋人の博覧会観覧を奨励すべし」『台湾日日新報』明治三六年三月一五日。

（69）「有耶無耶」『台湾日日新報』明治三六年四月二六日。『台湾

日日新報』には博覧会を見学した台湾漢族の感想も随時掲載されたが、その一人は「台湾館が他館に比してあまりに見すぼらしく感じた」と述べている（「本島人の博覧会観」『台湾日日新報』明治三六年四月三〇日）。
（70）「博覧会販売店と本島人」『台湾日日新報』明治三五年六月一〇日。他に「博覧会出品費」同上、明治三五年三月一六日、「博覧会出品準備と街庄長召集」同上、明治三五年四月九日、「第五回博覧会準備」『台湾日日新報』明治三六年二月一六日なども参照。
（71）「博覧会と大阪商船」『台湾協会会報』五三号：四三頁。
（72）「本島人側の博覧会観覧者」『台湾日日新報』明治三六年二月二〇日。
（73）「台湾女子教育の趨勢」『台湾協会会報』六〇号：四二頁。ただし別の報告書をみると、その他に台湾の学生団体六四三名の来観も確認できる（大阪市商工課編 1904: 159–165）。
（74）たとえば後藤新平は、台湾人観覧客への台湾協会の手厚い接客待遇が、日台間の偏見を和らげ、それが後に台湾漢族の内地留学を後押ししたと評価している（後藤 1907 → 2001: 107–109）。また台湾協会も、博覧会が台湾漢族に「師弟教育の緊要」を理解させ、現在台湾人の内地留学に対する問い合わせが多数にのぼっていると報告している（「第五次総会」『台湾協会会報』五八号：四六頁）。その後の経過をたどると、台湾人観光者は博覧会が終了する明治三六年以降減少したが、代わりに留学生が増加したと報告されている（「本会第七次総会」同上、八一号：二二頁、「第八次総会」同上、九三号：二九頁）。
（75）「更に本嶋人の博覧会観覧を奨励すべし」『台湾日日新報』明治三六年三月一五日。なお『台湾総督府統計書』によると、一九〇三年時点の「本島人」人口は約二九〇万人である。
（76）「協賛会割引券の発行高」『台湾日日新報』明治三六年二月二二日。「台北通信（二月二二日）」同上、明治三六年二月二三日。
（77）「基隆旅人宿組合の紛議」『台湾日日新報』明治三六年二月二六日、「日の丸館の広告に就て」同上、明治三六年二月二七日。
（78）「博覧会割引券濫発と諸会社の苦情」『台湾日日新報』明治三六年三月一四日。
（79）たとえば『台湾日日新報』には「上遊者の注意」と題して、「上遊者中毫も是等の便宜を利用せず怪《あや》しげなる宿屋に投じなどして迷惑するもの」が多いので――お金を騙し取られる事件など――引率者は台湾会館を有効活用してほしいと忠告されている（「上遊者の注意」『台湾日日新報』明治三六年四月二五日）。台湾会館の利用者の少なさは、「第五回内国博覧会と当協会」『台湾協会会報』四四号：四二頁、「第四回総会」同上、四五号：五三頁、「台湾館設置の確定」同上、四九号：五八頁、「第五回内国勧業博覧会彙報」同上、五四号：五四頁、「第五次総会」同上、五八号：四六頁も参照。
（80）「更に本嶋人の博覧会観覧を奨励すべし」『台湾日日新報』明治三六年三月一五日。

（81）「台北通信（三月一七日）」『台湾日日新報』明治三六年三月一七日。

（82）「河内博覧会の視察」『台湾日日新報』明治三六年三月二四日。

（83）「台湾支部総会に於ける門田」『台湾協会会報』八〇号：四四頁。

（84）『台湾協会会報』一〇〇号：二〇-二二頁。

第六章　「比較」という統治技術
——明治・大正期の先住民観光事業

（1）先住民が居住する山岳地帯および東部沿岸地帯は、当時「蕃地」と称され、警察行政に委ねられた「特別行政区域」（島内で施行される法令の適用外）として、「普通行政区域」から区別されていた。また「蕃地」には、総督府の許可を得なければ入山は許されず、土地の私有も認められなかった（近藤 1996: 270）。この「蕃地」の総面積は、一九〇〇年代初頭で約一二〇〇方里（全島面積の五三・五％）を占めていたが、その後漸次「普通行政区域」に編入されていき（第二節第二項参照）、一九四〇年代には一〇四八方里（全島面積の四四・九％）にまで縮小したとされる（北村 2008: 30n.60）。

（2）「蕃社」とは、清国統治期に先住民行政の末端に設置された行政区画で、領有後も総督府はこの体制を踏襲した。近藤（1996: 266-67, 277, 295-96）によると、「蕃社」は通常、単一または複数の集落からなり、各蕃社には「頭目」・「勢力者」とよばれる指導者がおかれていた。

（3）「理蕃沿革の梗概」『理蕃の友』昭和九年五月、「最初の蕃人接見」『理蕃誌稿』第一編：四-五頁。

（4）撫墾署とは、清朝統治期の撫墾局制を継承しつつ一八九六（明治二九）年三月に設置された行政機構（一一撫墾署、一七出張所）で、その任務は、①「蕃人の撫育授産取締に関する事項」、②「蕃地の開墾に関する事項」、③「山林樟脳製造に関する事項」を管轄することにあった（「撫墾署官制」勅令九三号）。

（5）「蕃人の内地観光」『理蕃誌稿』第一編：五三-五四頁。

（6）同書は一八九五年から一九二六年までの約三〇年間の「蕃政の推移」（「凡例」『理蕃誌稿』第一編）を編年体で記したもので、各編の発行機関および編纂者は次のように変化している。台湾総督府民政部蕃務本署『台湾総督府理蕃誌稿』（第一編、一九一一年、編纂者：台湾総督府事務嘱託・伊能嘉矩）、台湾総督府民政部警察本署（第一・二編、一九一八年、編纂者：台湾総督府事務嘱託・伊能嘉矩）、台湾総督府警務局『理蕃誌稿』（第三編、一九二一年、編纂者：台湾総督府事務嘱託・猪口安喜）、同『理蕃誌稿』（第四編、一九三二年、編纂者：台湾救済団嘱託・原田倭主）、同『理蕃誌稿』（第五編、一九三八年、編纂者：台湾救済団嘱託・桂長平）。

（7）石塚英蔵秘書官・山本光雄による保管文書（謄写、二八九枚）（山辺編 1971所収）。

（8）たとえば明治三五年七月二日付の『台湾日日新報』には「蕃人の内地観光余談」と題して、「土倉鶴松」に引率され、神戸・大阪方面を見学した先住民の様子が記されている。それによると、この観光団は次のような経緯で実施されたという。「蕃人とても自然の境遇よりして脳組織の粗笨なりと云ふ迄のことにて事々物々に対しては矢張り七情の発動するを免れずと見に前回に於て内地観光に赴きたる者が帰来頻りに内地の風光文物を披露したるより中には其談に由りて心酔渇仰する者を生じ恰かも吾維新後に於ける洋行帰りの人の如くに持囃さるるより何処にても有勝の頑固派は頻りに之れを嫉視して却て反抗の意思を激生し遂には蕃社内にも所謂文明派と頑固派の二派を生ずる傾きあるより今回の一行には此等を調和せしむる為めに夫れとなく頑固派に属する者のみを選抜せしなり」（強調引用者）。なお行政側の資料では通常、明治三五年頃は、先住民の内地観光事業が中断していた時期とされる。たとえば「蕃人観光」の沿革を整理した斎田悟（総督府警務局）は、「明治三〇年（第一回内地観光団）以来久敷く内地観光は計画されなかつた。当時は平地に於ける土匪平定に全警察力を集注してゐる時であつたからである。明治三五年漸く匪乱が鎮定するや撫蕃に力を注いだが未だ我が威力徹底せず、態度不遜を極めて容易に官命に従はない。そこで……（明治四四年の第二回内地観光団の話がつづく）」と記している（「蕃人観光の沿革と其の実績」『理蕃の友』昭和九年一〇月：三頁）。しかし『台湾日日新報』の記事を踏まえると、明治三五年に台湾漢族の抵抗がひとまず鎮定されたのを機に、内地観光団が組織された可能性がでてくる。くわえて、同記事で言及されている「前回」という記述だが、これを第一回内地観光団と解釈すると、明治三五年の観光団は、第一回の効果を踏まえ、第一回と同じ対象地域からメンバーを選別したことになる。一方、「前回＝第一回観光団」でないとすると、第一回と第二回の〈空白期間〉に少なくとも計二回の観光団が組織されていたことになる。さらに団体ではないが、一九〇〇年七月一二日から一〇月五日にかけて、嘉義辨務署（台南県）管内の「アパリ」という男性が台南・台北方面を観光後、内地観光（神戸・大阪・東京・仙台等を見学、途中で東京帝国大学人類学教室を訪問）に赴いたという記録もある（松田 2004: 86-90）。また「観光」と銘打ってはいないが、日本を訪れた先住民の「噶矢」は、大嵙崁撫墾署長の宮原藤八が連れてきた「来赦《ライシャ》」（大嵙崁竹加山社の頭目の親族とされる）と呼ばれる少年であったとされる（『都新聞』明治三〇年七月三一日）。なおこの少年は、第一回観光団と日本で面会した直後、明治三〇年八月一五日に病死（享年一五歳）した（『都新聞』明治三〇年八月一四日、八月一八日）。その他の来日先住民の例としては、「生蕃人の帰台」（『読売新聞』一八九八年三月一六日）、「台湾生蕃歌妓団来る」（『読売新聞』一九〇七年一〇月二八日）、「生蕃来る」（『読売新聞』一九〇九年一〇月一七日）等も参照。

（9）「蕃人観光に関する通牒」『理蕃誌稿』第二編：五九一－五九二頁。

（10）一九一〇（明治四三）年一〇月二七日に蕃務本署長から各庁長に送られた通牒「観光蕃人引率者心得」では、従来の台北観光における統率の無さ（「同行せる他種族と睚眦相見て調笑怒罵する」・「事物を観察するに当りては得失妍醜口に任せて評品し毫も憚る所なし」）が問題点として指摘されている（「観光蕃人引率者心得」『理蕃誌稿』第三編上巻：一三八－一三九頁）。
（11）「蕃人観光に関する通牒」『理蕃誌稿』第二編：五九一－五九二頁。
（12）『理蕃誌稿』第四編：三〇三、三九六－三九七頁。
（13）この点は、第七章の註44を参照。
（14）「蕃人の内地観光」『理蕃誌稿』第一編：五三－五四頁。
（15）「蕃人の内地観光」『理蕃誌稿』第一編：五三－五五頁。
（16）『理蕃誌稿』第三編上巻：一九五－一九八頁。
（17）「生蕃来」『万朝報』明治四四年八月二九日。
（18）「台湾蕃人内地観光に関する件（2）」JACAR（アジア歴史資料センター）：Ref. C08020225600（第三四－三五画像目）、明治四五年～大正一年　公文備考　巻一六七　雑件三（防衛省防衛研究所）。
（19）「雑（3）」JACAR: C08020372800（第六－七画像目）、大正二年　公文備考　巻一一六　雑件四止（防衛省防衛研究所）。過去の観光経験者が聴衆のなかに紛れ込んでいたのは偶然ではない。たとえば宜蘭庁内「ルモアン社」の報告会では、第五回内地観光団の参加者三名に加えて、前回の観光団参加者四名を同席させたとある（同上、第一〇画像目）。
（20）『万朝報』大正元年一〇月九日。
（21）「蕃人観光団中の美しい婦人」『読売新聞』大正七年四月二六日。
（22）「蕃人観光の沿革と其の実績」『理蕃の友』昭和九年一〇月：四頁。
（23）第四章の註4を参照。
（24）この「中断」については本章の註8も参照。
（25）大正末にまとめられた『理蕃の概況』（台湾総督府警務局理蕃課、一九二四年）には、「此五年計画の主なる目的は蕃人が兇行の具たる銃器弾薬を押収し、其禍根を絶ち漸次善導して温良な農民たらしめんとするに在［り］」と記されている（山辺編 1971: 532）。
（26）「裸の珍客」『都新聞』明治四四年八月二九日。また第四回観光団については、「第一に武威を示して『戦つた所で到底もかなはない』といふ事を悟らせるのであるから、到る処軍隊を見せてゐる、今度は二回目〔表6－1では三回目にあたる〕であるが本年四月第一回〔第二回〕の際京阪を見せただけで相当な効果は収め得たらしい」という記事も掲載されている（「生蕃来」『万朝報』明治四四年八月二九日）。
（27）「台湾蕃人内地観光に関する件（1）」JACAR: C08020225500（第六－七画像目）、明治四五年～大正一年　公文備考　巻一六七　雑件三（防衛省防衛研究所）。
（28）『理蕃誌稿』第三巻上巻：三三一－三三六頁。第五回観光団に関する南投庁の報告によると、今回は軍隊や兵器の見学を「観光の主眼」に置いたため、報告会でも軍隊や兵器の話題が多くのぼったという。また、その話を聞いて特に怖れていたのは、明治四三年に日本軍の攻撃をうけた「ガオガン蕃」だったと記されている（「雑（3）」JACAR: C08020372800（第五五画像目）、大正二年　公文備考　巻一一六　雑件四止（防衛省防衛研究所））。

（29）実際、この可能性は関係者自身にも意識されており、たとえば第四回内地観光事業にあたって蕃務本署長から各庁長に送られた通牒には、帰台後の報告会について、「講話したる要領は毫も文飾を施さす其儘報告相成度」と正確な情報提供を求めている（「蕃人の内地観光（第三回）」『理蕃誌稿』第三編上巻：二九一頁）。また後期観光事業においても、『理蕃の友』には各地の警察官や先住民指導者が所在地を良くみせようとして報告を歪めていることへの危惧が述べられている（「理蕃人の問答」『理蕃の友』昭和九年五月：一一－一二頁、「視学事務打合会に於ける石垣警務局長の訓示要旨」昭和一〇年六月：一－三頁、「全島高砂族青年団幹部懇談会感想」昭和一一年三月：五－七頁を参照）。

（30）「昔の観光（上）」『理蕃の友』昭和一一年七月。

（31）「台湾蕃人内地観光に関する件（1）」JACAR: C08020225500（第四九－五二画像目）、明治四五年～大正一年　公文備考　巻一六七　雑件三（防衛省防衛研究所）。

（32）たとえば第三回観光団の目的に関する以下の報道を参照。「第一に武威を示して『戦つた所で到底もかなはない』といふ事を悟らせるのであるから、到る処軍隊を見せてゐる」（「生蕃来」『万朝報』明治四四年八月二九日）。「世界を日本と生蕃とだけと考えて居る彼等は見る物として驚かぬはなく、神戸大坂等で食傷するほど見せられた軍隊の行動には震え上るばかりで兵隊を見せるのは止めてくれと嘆願したのもある位。……尚ほ五、六日間の滞在中兵営や造兵所やの怖い処を見物させて日本にはとても戦争では叶わぬ事を好く呑み込ませた上退京するのだそうだ」（「裸の珍客」『都新聞』明治四四年八月二九日）。

（33）「吶喊されて吃驚」『都新聞』明治四四年八月三一日。

（34）「雑（3）」JACAR: C08020372800（第五五－五八画像目）、大正二年　公文備考　巻一一六　雑件四止（防衛省防衛研究所）。

（35）「蕃人内地観光（第四回）」『理蕃誌稿』第三篇上巻：三三四－三三五頁。

（36）「飛行機見物：昨日の生蕃観光団」『万朝報』大正元年一〇月一五日。飛行機への恐怖心は、「台湾蕃人内地観光に関する件（1）」JACAR: C08020225500（第六四－六五画像目）、明治四五年～大正一年　公文備考　巻一六七　雑件三（防衛省防衛研究所）、「雑（3）」JACAR: C08020372800（第一四－一五画像目）、大正二年　公文備考　巻一一六　雑件四止（防衛省防衛研究所）などを参照。

（37）「台湾蕃人内地観光に関する件（2）」JACAR: C08020225600（第四六画像目）、明治四五年～大正一年　公文備考　巻一六七　雑件三（防衛省防衛研究所）。

（38）「生蕃来」『万朝報』明治四四年八月二九日。ただしこの時点で、病気で療養中の者が二名でている。つづく第四回観光団でも五名の「落伍者」を出し、通訳の先住民女性が腹痛を訴えて引率を辞退したり（「自動車の生蕃」『万朝報』明治四五年五月五日）、他の先住民のなかにも疲労を理由に外出拒否や帰宅希望を求める者が多かったという（「生蕃の一行は連日の疲労で早く帰りたいとだだをこねる者も多くなつた、腹をいためたといふ口実の下に六名は宿に残る」「地雷火見物」『万朝報』明治四五年五月九日、「生蕃の一行は連日の疲れでグッスリ寝込んで居る所を揺り起され、……病人を三人宿に残して〔新橋から横須賀へ向かう〕」「横須賀の生蕃」『万朝報』明治四五年五月一〇日）。こうした参加者の疲労や病気、そして死の問題は、事業当初からつきまとう問題だった。第一回観光団の多くは「腸胃カタル」に罹り（「生蕃の一行」『都新聞』明治三〇年八月一四日、「生蕃の東京見物」同上、明治三〇年八月一七日）、滞在中に開かれた「生蕃招待会」でも二名が病気（「間歇熱」）のため欠席している（「生蕃招待会の模様」同上、明治三〇年八月一九日）。その原因の一端は、環境の変化や規律正しいスケジュールにあると考えられていた。「滞京中の生蕃は気候風土等の異なるより何れも多少健康を害ひ居りしが彼等は常に極はめて不規則なる生活を為し居りたるも蕃地出発以来規則的の生活をなし殊に着京以来何時より何時迄と時間を定めて見物し且つ往復共馬車人車等に乗るが故に運動不足等の為め日一日に病者殖へ昨日の如きは其過半病に伏せるに至りしが殊に彼等とは別に上京したる生蕃一名昨日病死したる等より一層心細くをりたるにや帰心矢の如き有様にて昨日は一日見物せる事を見合はせ尚ほ期日を早めて帰台せしむる筈なりと云ふ」（「生蕃多く病む」『読売新聞』明治三〇年八月一七日）。なお文中の病死した先住民とは、大嵙崁撫墾署長の宮原藤八が連れて来た「来赦」を指す（本章の註8を参照）。

（39）「台湾蕃人内地観光に関する件（1）」JACAR: C08020225500（第六九画像目）、明治四五年〜大正一年　公文備考　巻一六七　雑件三（防衛省防衛研究所）。

（40）「雑（3）」JACAR: C08020372800（第二二画像目）、大正二年　公文備考　巻一一六　雑件四止（防衛省防衛研究所）。

（41）「台湾蕃人内地観光に関する件（2）」JACAR: C08020225600（第四五画像目）、明治四五年〜大正一年　公文備考　巻一六七　雑件三（防衛省防衛研究所）。「雑（3）」JACAR: C08020372800（第四七画像目）、大正二年　公文備考　巻一一六　雑件四止（防衛省防衛研究所）。

（42）「日本語を覚えた」『都新聞』明治四四年九月三日、「何しても神様」同上、明治四四年九月四日。

（43）「生蕃団の退京」『万朝報』明治四四年九月七日。

（44）新聞各紙の論調は基本的に、先住民の〈奇異な〉言動をコミカルに描き、笑い飛ばすものが多く、蔑視的である。たとえば第六回観光団が所沢飛行場に向かう場面に象徴的な描写がある。大勢の見物客が待つ目的地に先住民を乗せた自動車が着いたとき、「車上の黄色な大きい檻の中にぎつしり積め込まれた蕃人は白毛布にすつぽり首まで埋めて黒い顔だけが幾つも際立つて見える、見物はドッと笑ひくづれた」（「太陽に届く‥生蕃の飛行機観」『都新聞』大正元年一〇月一五日)。ここで「艦」と描写されているのは、陸軍用の自動車にすぎない。

(45)「台湾蕃人内地観光に関する件(1)」JACAR: C08020225500(第四六画像目)、明治四五年〜大正一年　公文備考　巻一六七　雑件三(防衛省防衛研究所)。

(46)「台湾蕃人内地観光に関する件(2)」JACAR: C08020225600(第二五画像目)、明治四五年〜大正一年　公文備考　巻一六七　雑件三(防衛省防衛研究所)。

(47)「台湾蕃人内地観光に関する件(1)」JACAR: C08020225500(第四六画像目)、明治四五年〜大正一年　公文備考　巻一六七　雑件三(防衛省防衛研究所)。

(48)「女と見られる生蕃」『都新聞』明治四四年九月二日。

(49)「生蕃団来る」『万朝報』明治四五年四月三〇日。

(50)「観光生蕃来る」『読売新聞』明治四五年四月三〇日。

(51)桂長平「昔の観光(上)」『理蕃の友』昭和一一年七月：六―九頁。

(52)「生蕃骨休み」『都新聞』大正元年一〇月一七日。また調査が行われたかは定かではないが、第五回観光団は東京帝大で鳥居龍蔵にも接触している(「昨日の生蕃団」『万朝報』明治四五年五月七日、「ちいさい工場だ：生蕃団の大学見物」同上、明治四五年五月八日)。

(53)「蕃人の内地観光」『理蕃誌稿』第一編：五四頁。

(54)「台湾の生蕃パノラマに驚く」『読売新聞』明治三〇年八月一七日、「観光の生蕃人」同上、明治三〇年八月一八日、「生蕃酋長招待会」同上、明治三〇年八月一九日、「帰台後の観光生蕃人」同上、明治三〇年九月二七日などを参照。

(55)「観光の生蕃人」『読売新聞』明治三〇年八月一八日。

(56)「昔の観光(上)」『理蕃の友』昭和一一年七月：八―九頁。

(57)「昔の観光(下)」『理蕃の友』昭和一一年八月：六頁。

(58)「理蕃沿革の梗概」『理蕃の友』昭和九年五月：七頁。この「襲撃」はおそらく、一九〇〇(明治三三)年に大嵙崁方面で発生したタイヤル族の抵抗を指す。『蕃人の動揺及討伐の概略』によれば、「八月台北県下大嵙崁方面の蕃社タイヤル族を討伐す。同方面蕃人は最も慓悍にして雄を北部に移す。……領台後は招隘に就き社地を開放して製脳開墾に着手し、一時繁盛を極めたりしが、六月に至りて反抗を企て、俄に起て脳寮其の他蕃地事業所を襲ひ放火掠奪至らざるなく、人を殺す数十百人、残余の事業員を駆逐して製産品を掠奪せり。是に於て守備兵一中隊と警備隊を協せて討伐せしが蕃人屈せず。我中隊長以下死傷夥しく、終に之を中止し、僅かに隘勇線を民庄付近に設け蕃界封鎖の手段を取るの止むなきに至れり」(山辺編 1971：508)。

(59)「蕃人の観光に就て」『理蕃の友』昭和八年四月：八頁。「未帰順蕃タマホ社蕃人の観光」同上、昭和八年四月：一〇頁。

(60)斎田悟「蕃人観光の沿革と其の実績」『理蕃の友』昭和九年一〇月。

(61)「蕃人の観光に対する感想」『理蕃の友』昭和八年五月：一一頁。

(62)詳しくは「リキリキを見て」『理蕃の友』昭和七年六月：八

頁。

(63) 日英博に出場した先住民が、一九一二(明治四五)年の英国人調査者の訪台に際して率先して歓待に取り組んだというエピソード(「阿緱庁パイワン蕃の英国人歓待」『理蕃誌稿』第三編上巻：二九一―二九二頁)も参照。

(64)「リキリキを見て」『理蕃の友』昭和七年六月：八頁。

(65)『蕃人の動揺及討伐の概略』によると、この反乱計画は、霧社ホーゴー社の頭目二名が首謀者となり、「官府は早晩蕃族を殲滅せしめんとす、如かず我より先んじて各駐在所を襲ひ銃と弾薬とを奪ひ、直に隘勇線の虚を衝かば一日にして事済らん」と訴えることで組織された。この動向を事前に察知した当局はひそかに内偵を送り、「ボアルン社」・「スーク社」・「ブラロー社」・「タウツアー蕃全部」・「トロック蕃の中ブッシンカ社」がすでにこの計画に同意していること、「霧社蕃中のマヘボ、タロワンの二社」も同意する気配をみせていることを掴む。そこで事態の収拾を図るため、この計画に参加していない各社の頭目・勢力者五〇余名を埔里支庁に招致して「軽挙妄動」を諫める一方、「埔里社観光」と称して首謀者二名と計画参加者五〇余名を下山させ、首謀者二名を支庁内に「留置」した(山辺編 1971: 509)。

(66) 一方、霧社事件の際に日本人警察官に協力したり、そもそも事件に関わろうとしなかった先住民のなかに内地観光経験者が含まれていたという証言も残されている(許編 1985: 39; 中村 2000: 210)。

第七章 「比較」を管理する
——霧社事件以後の先住民観光事業

(1) たとえば一八九七(明治三〇)年四月に総督府で撫墾署長の召集会議が開かれた際、恒春撫墾署長から「文字を教へる等は為し能はず。寧ろ幻燈などを持て蕃社内に入り話せば如何と考へ居れり」という提案が早くも出ている(松田 2004: 78 より引用)。こうした発想は、第五章でみた台湾漢族の観光事業にも確認されるが、先住民観光の場合、「殊に蕃人の如く智識程度の低い種族に於ては眼から注入される教育が最も効果的である」(「蕃人観光と北部に於ける其の適地」『理蕃の友』昭和一〇年五月：三頁)という、より差別的な眼差しが入り込んでいた点には留意したい。

(2)「見聞談を聞きても想像することすら能はす、其の効果は容易に未だ観光者に及ばざる有様なる」(山辺編 1971: 454)。

(3)「奥蕃に前山蕃社の進化を見せしむ」『理蕃誌稿』第四巻第五編：七五七頁。

(4) 近藤(1992: 48)によれば、当時の農耕民化政策は、「米食う蕃人は反抗しない」という米食共同体の思想と、「日本人警察官の大半が九州や中国、東北方面の出身者が多数を占め、かつ農村出身者」であったという警察官自身の経験に裏打ちされたものであった。米食を先住民の「進化」と結びつける発想は、「南総督の蕃地に対する感想」(『理蕃の友』昭和七年五月：三頁)を参照。また住居・衣服改良については、「蕃人の服装改良と住家の改良」『理蕃の友』昭和七年三月：六―七頁、「新竹州の蕃人服装改良計画」同上、昭和七年六月：六頁、「乗り出した新竹州　衣服と住家の改良を計画」同上、昭和七年七月：六-七頁、「裡冷社の住宅改善」同上、昭和八年九月：七頁、「蕃屋の改造と蕃社の配列」同上、昭和九年二月：二-四頁、「改造したる蕃屋の様式」同上、昭和九年八月：九頁などを参照。

（5）第一回内地観光団とは、一九三四年九月の高雄州パイワン族一八名と台東庁二名による自費観光をさす（「パイワン族先覚者内地に観光」『理蕃の友』昭和九年一〇月）。その事業報告は、「内地観光団の感想を聴く」（同上、昭和九年一一月）、「高砂族観光団員を連れて」（同上、昭和九年一二月）を参照。

（6）斎田悟「蕃人観光の沿革と其の実績」『理蕃の友』昭和九年一〇月：四頁。

（7）先住民観光に伊勢神宮参詣が組み込まれるは、一九二五（大正一四）年七月の第八回観光団とされる（斎田悟「蕃人観光の沿革と其の実績」『理蕃の友』昭和九年一〇月：四頁）

（8）「農業は尊し」『理蕃の友』昭和九年五月：九頁。

（9）「感謝と希望」『理蕃の友』昭和一一年四月：一一頁。

（10）「可憐な蕃人の為に汗水流して、自分も働き、相手の蕃人に何か一つの施設を成就さすべく、労働を強要する、相手の蕃人がこれを『有難い』と喜んで呉れれば結構だが、多くは有難迷惑位のところではあるまいか？　そこに無理があるからこれを善意の無理と云ふのだ。また、初めから有難いことを知るやうなら夫は既に理蕃の使命ではない、何も金をかけ、汗を流して施設してやる必要もあるまい、出来ないところを、多少の無理は押しても為し遂げる、遣らせるところに理蕃の生命があるのだ。……無理であるか、否かは相手方の理解によるべきだが、その理解が初めからピンと来ないのだ——蕃人だもの……。斯くして対蕃事業は、或る程度までの無理即ち善意の無理は已むを得ないことと思ふ、けれども、相手方を全然無視するのはまた危険である。……要するに蕃人に対し、完全に理解を求むると云ふ様なことは百年河清を待つに等しいものであらう、理解を与へる事が、勿論前提としなければならないが、多少の理解があれば善意の無理で押し通すに非ざれば、吾人の職責、否国家事業の理蕃がなかなか進むまいと思ふ……」（瀬野尾寧「善意の無理」『理蕃の友』昭和七年九月：二-三頁）。

（11）「戦時下に於ける高砂族青年」『理蕃の友』昭和一七年一月：四-五頁。

（12）同様のことは、水稲作の推奨を、あたかも先住民の自発的欲求であるかのように語る言説にも当てはまる。たとえばある論者は、「偶々蕃人が平地に下りて来て万頃の水田に黄金色の垂穂が波を打つてる光景を眺めた時如何に驚異と羨望の眼を見張つたことであらう」、「彼等は今まで粗末な、粟、陸稲、黍、甘薯、里芋等のみを喰べてゐた者が『米の飯』を味ふた時に耐らなく食欲を感じて水田の拡張を図り、苟くも水利の便ある平坦地あれば猫額大の所でも開いて水田にせむと将に百パーセントの熱度に昇つてゐる」と語る（「蕃地適作物の解説（二）」『理蕃の友』昭和七年一〇月：九頁）。この点は、「蕃地水稲耕種改善に対する私見（一）」同上、昭和一七年六月：四頁も参照。

(13) 帰台後の一九三六年五月一三日に総督府で開かれた観光座談会の席上でも、「高砂族観光に対する我等の態度」と題して同様の提案がなされたという（「総督府でも座談会」『理蕃の友』昭和一一年六月：三頁）。

(14) たとえば第六章の別表1における大正一一年一〇月の高雄州旗山郡の先住民二〇名、大正一三年一〇月の台中州新高郡の先住民一七名、大正一四年三月の台中州新高郡の先住民二〇名の観光を参照。

(15) 斎田悟「蕃人観光と北部に於ける其の適地」『理蕃の友』昭和一〇年五月。

(16) たとえば「蕃人恵与の利害と注意すべき要点」（『理蕃の友』昭和七年八月：二-六頁）と題する記事は、恵与品の提供は、以下の四点で現在の政策方針に反すると述べている。すなわち、①政府当局への依存性の増加、②恵与品の多寡による不平等感の醸成、③頭目の権力を増長させる危険性、④経費の増加である。官への「依存性」を脱し、「自律心」を高める必要性については、「自律心の涵養」同上、昭和七年一二月：三頁、「友部警務局長訓示」同上、昭和八年一月：二頁も参照。こうした政策変化を如実に表しているのが、先住民に「経済観念」を植え付けるべく各地で実施された「共同貯金」事業である。『蕃地調査書』によると、一九二二年時点で同事業に参加した蕃社は三一五社、貯金総額は約九万円程だったが、一九二九年には五五五社が参加、貯金総額は約三二万円と着実に増加した（山辺編 1971: 471-472）。

(17)「桜咲く母国の春を訪ねて」『理蕃の友』昭和一二年四月：一二頁、「観光団報告座談会」同上、昭和一二年五月：五-九頁。

(18)「皇国精神の真髄を求めて時局下の母国を訪ふ」『理蕃の友』昭和一三年五月：九頁。

(19)「興亜日本！　桜咲く母国へ高雄州高砂青年勇躍出発」『理蕃の友』昭和一四年五月：五頁。

(20)「老蕃等は、何と言つても頑迷無智であつて容易に旧套を脱することが出来ない。何か新しき施設を為すと必ず之に対して、左様なことをすれば祖先の怒りに触れて必ず病人が出るとか、作物が枯死するとか、種々の非難批評を試みるので実行が動もすれば不確実に陥り易い嫌があるが、青年団に至りては流石に教育を受けた若者だけあつて克く官庁の施設を理解し喜んで命に従ふの美風あるは最も愉快に感ずる処である」（「台東庁下蕃人の社会教化」『理蕃の友』昭和八年一〇月：七頁）。

(21)「神国日本の感銘（二）」『理蕃の友』昭和一五年七月：四-六頁

(22)「内地観光の青年大いに張切る」『理蕃の友』昭和一五年八月：七頁。

(23) 以下はすべて、「理蕃史上光輝ある一頁を飾る高砂族青年団幹部懇談会」『理蕃の友』昭和一〇年一一月：二-九頁より。

(24) たとえば一九三二年一二月に新竹州の先住民二〇名が「先進蕃社」を視察した際の報告には、「同社老蕃達の言によれば、

『屋外埋葬を実行しているが別に神の祟りはない』とのことだが、全く人間は命数尽きれば老若男女を問わず死ぬのが当然だ。『死霊が生存者を招く』等の旧慣は信ずるに足らぬことだと思つた」との感想が寄せられている（「観光蕃人の感想（新竹報）：新竹州観光蕃人の感想」『理蕃の友』昭和八年三月：八-一〇頁）。

(25)「伝統の銃器青年によって出さる」『理蕃の友』昭和一三年一月：一四頁。

(26)「懇談会出席者の感想」『理蕃の友』昭和一一年二月：八-一一頁。

(27)「ブヌン族の隠匿銃器提出」『理蕃の友』昭和一一年七月：一一頁。

(28) 同様の指摘は、Barth（1969）や Gurr（1993）を参照。

(29) たとえば横尾も言及している第一二回観光団に参加したパイワン族の一人は、「国語の必要であることは、毎々聞いて居りましたが、今度内地へ行つた人で国語の解らなかつた人は、ずい分辛く恥かしい思ひをしたさうです。それより不便でどうにも困つたと言ってゐます」（「観光の反響」『理蕃の友』昭和一一年七月：一〇-一一頁）と述べている。また島内観光の場合も、一九三二年一〇月に養蚕所を見学した高雄州の先住民の発言として「蕃語は他地方の蕃人には通じないので困つたが国語だと誰にでも判る。花蓮港や台北の蕃人は国語や台湾語がなかなか上手で羨ましいと思つた」や、一九三五年二月の台北・基隆観光に参加した瀧村覚（タイヤル族、旧名：セツノミン）の発言として「休憩中可笑しかつた事は、蕃人同志ながら一向に言葉の通ぜぬのには驚いた。台北州下や台中州下のタイヤル族とは通ずるが、他は話合つてもまるで唖である。私は構わず色々と話しかけた。隣にいたタイヤル達は羨ましそうに、『貴方は良いね、どんなに知らない人とでも話す事が出来る。自分達には何を話しているのやらさつぱり解らない、話が出来て面白いだろう。自分達も国語を知つていたらどんなに面白いことだろう』などと言つていた」が寄せられている（「養蚕実習蕃人の感想」同上、昭和八年一月：九頁）。

(30)「座談会の時、角板山や東勢の幹部より発表があつたが、何れも尊い体験談で実に感心した、列席者は皆流暢な国語で堂々と発表してゐたので自分達の浅学を恥しく思つた、蕃社の発達は国語の普及であるといふことを熟々感じた」（台中州代表）、「西部方面の各代表は何れも相当の教育を受けた国語の上手な人々ばかりであつたが、それに比べて吾々の国語力は貧弱で赤面の至りであつた。言葉の通じない各種族が国語で以て互に意志を語り合つたことによつて愈々国語の大切な訳を知つた」（花蓮港庁代表）など（「懇談会出席者の感想」『理蕃の友』昭和一〇年一二月：一一-一二頁）。

(31) 中山清（二二歳、台中州タイヤル族）：「台北に着いて全島から集つた六種族の青年代表と初めて朝日館〔台北市明石町警察会館〕の一室に会して幾多の異なつた言語を有する吾々が共に頗る明かに何等の不自由もなく国語を使用して初めて挨拶を交はした事は実に忘れる事の出来ない又何とも言はれぬ愉快なことであった」（「青年団幹部懇談会に出席して」『理蕃の友』昭和一〇年一二月：八–九頁）。日野三郎（三七歳、新竹州タイヤル族）：「〔懇談会の収穫〕各種族が共通の国語で親しく語り合ひしこと。昔なら言葉の不通の為に相互に反目しなければならないのに、恰も同社の者と語り合つてゐる様な親しみ、教育の必要、国語の必要であるかを体験した」（「懇談会出席者の感想」同上、昭和一一年二月：八–一一頁）。宇都木一郎（三六歳、新竹州タイヤル族）：「六種族が一堂に会して、又は共に寝食した事は前代未聞に属することである。之等のものが各自の言葉で語ると丁度お互が唖か聾かの如く身体を動かしたり、手真似したりして一向意志の疎通表示が出来ないものである、又昔なら異種族と遭遇したら最後、満足に頭と軀幹がくつついて帰れる筈がない。所が何と有難い御代ではないか、国語のお蔭で面白く語り合ひ又は自社の紹介をなし、又はお互に将来の約束をする等此の種の催に於ける大きな収穫であつた事を当局に感謝する」（「全島高砂族青年団幹部懇談会感想」同上、昭和一一年三月：五–七頁）。

(32) 花蓮港庁の調査によると、第一一回観光団（一九三五年）に参加した計三〇名（タイヤル族二八名、ブヌン族二名）は「孰れも地方に於ける中堅人物」（頭目四名、善行章受有者三名、国語章受有者八名のほか、青年団幹部を含む）で、そのうち汽車／自動車／汽船に乗ったことがある者は三〇名／二九名／九名、庁所在地観光／台北観光／内地観光の経験者は三〇名／八名／二名、主食を米と答えた者は二八名、内地式衣服を所持する者は二五名、国語を解する者は二八名にのぼる（「第一一回内地観光団出発」『理蕃の友』昭和一〇年五月：一一頁）。

(33) 「自助団体助成、奨励」『理蕃の友』昭和八年六月：一〇頁、「蕃人教化団体に助成金交付」同上、昭和八年七月：七頁、「蕃人教育改善に対する私見」同上、昭和八年八月：八頁、横尾広輔「蕃人青年団の指導に付て（二）」同上、昭和八年八月：三–五頁を参照。

(34) 「台東庁最初の国語章授与」『理蕃の友』昭和一三年八月：七頁。

(35) 『理蕃の友』には昭和一三年四月号以降、「全島優良蕃社リレー」と題して各州庁の「優良蕃社」が紹介されるようになるが、こうした各蕃社を「対照的に」描く記事もまた、「蕃社の男女青年達に多く読まれ、紹介された蕃社の人達は、全社その肩身の広きを誇り、他蕃社の者は、進んでこれに倣はんとするの風を馴致した」という（「高砂族と読書欲」『理蕃の友』昭和一四年三月：一頁）。

(36) 「バットワタンが頭目章と善行章を双方貰つたのは当然だ……恐らく他の蕃社にもあれ丈の人物は居るまい、彼を持つ我社は実に名誉である」（新竹州）、「受賞者の子弟は教育所の同窓生等から羨望されて居る、子弟は亦父兄が勲章を貰つたのを大変に自慢し喜んで居る」（新竹州）、「日本人が儀式等に勲章をつけて居るのを見受けたが今回図らずも此れと同じ様な徴章を頂いて嬉しくて堪らぬ」（台中州）など。

(37) 「僅々二、三〇戸の蕃社の頭目でさへ一人で二個も貰つて居るのに我社では一〇〇戸以上も有り乍ら私一人しか戴か無かつたのは、矢張り蕃社の者の働き方が足りなかつたのでせうか」（台中州）、「今回善行者を出さなかつたのは実に恥かしい、今後は必ず貰つて見せる」（台中州）など。

（38）ネッケルによれば、「羞恥」感情は、差別の原因を自己責任化するがゆえに、もっとも巧妙な支配の技法となり得る。「他者に向けられた権力行使はすべて、不満、憤怒、抵抗を生みだす可能性がある。そのため〈道徳的憤怒の没収〉（バリントン・ムーア）こそが、すべての支配秩序において、権力を確保し、抵抗をそもそもまったく生じさせないようにする特効薬である。道徳的憤怒がうまく没収されるには、悩ましき不正の原因を、その不正を経験している当の人物に帰属させてしまえばよい。明らかな不公正ゆえに、本来なら、他者の営為や不作為への有罪判決もしくは〈倫理的な不賛成〉（マックス・ヴェーバー）が適切であるような場であっても、そうはならず、代わりに主体自身がみずからに道徳的な有罪判決をくだしてしまう。それゆえ羞恥感情は、ヴェーバー的な支配概念の意味で、支配の技法となりうる」（Neckel 1991 = 1999: 256–257）。

（39）第二会場には、東京・大阪・名古屋・京都・北海道の特設館のほか、一般見物客の興味を惹くように「演芸館」・「映画館」・「音楽堂」・「水族館」、さらには「子供の国」と称するアミューズメント施設が置かれ、他の会場に比べて娯楽色の強い構成をとっていた。また第二会場だけは期間中、夜間入場も行なっている。

（40）「施政四〇周年記念台湾博覧会の開催を祝す」『理蕃の友』昭和一〇年一〇月：一頁。

（41）先住民の舞踏公演は、台湾博覧会宣伝係と協賛会宣伝部が企画し、総督府との交渉の末、警務局理蕃課と花蓮港庁その他の斡旋により実現したもので、計八回実施された（台湾博覧会編 1939 → 2012: 661–662）。第一回は一〇月一六日夜、蕃屋前広場にて、高雄州屏東郡コチヤボガン社のパイワン族三〇名（男二四名・女六名）が実演。これは当日の「呼び物」として「夜間入場者の記録を作つた」。第二回は一〇月二六日夜、第二会場内の音楽堂（九〇坪）にて、高雄州潮州郡ポンガリ社の青年団員二五名が実演。第一回の蕃屋前広場での実演が予想外の観客動員をあげ、その結果見物できない人もいたので場所が変更された。今回も夜間開催のため入場者は少ないと予想していたが観衆は「二千数百名」にのぼった。第三回は一〇月二九日夜、音楽堂にて、花蓮港庁アミ族タウラン蕃六九名、「万余の観衆」を動員。第四回は一〇月三〇日夜、音楽堂にて、花蓮港庁アミ族タウラン蕃六九名と同鳳林支庁タガハン社の女子青年団員九名が実演（さらに当日台北に来ていた高雄州の模範青年団員二〇名も助演として参加）し、「当夜の観衆は無慮二万」にのぼった。第五回は一〇月三一日夜、音楽堂にて開催。出演者は前回と同様で（高雄州の青年団員は除く）、当日の夜間入場券売上高から推察すると、少なくとも来館者は九五八〇人とされ、「其の殆ど全部が此の蕃人踊り目当ての入場者」とされる。第六回は一一月一日夜、第二会場・演芸館にて、花蓮港庁タガハン社タロコ蕃の女子青年団員九名が実演し、二回公演ともに「満員札止の盛況」であった（『理蕃の友』昭和一〇年一一月：一〇頁）。さらに一一月一五日、花蓮港庁のアミ族三〇名と高雄州潮州郡のパイワン族三〇名が第二会場の音楽堂で「高砂族の舞踏」を実演している（「麗しき人情、観光蕃人を感激せしむ」『理蕃の友』昭和一〇年一二月：一一頁）。

（42）「高砂族青年団」は「知識階級に属するのみならず、一般に経済状態が可良である為」半額割引とされた（台湾博覧会編 1939→2012: 556）。

（43）表7-3の観覧者数は、『台湾博覧会誌』（台湾博覧会編 1939→2012: 557）の数値と若干異なる（「高砂族観覧者数」は六五五四人）。本書では、男女比などの詳しい内訳を掲載している『理蕃の友』の数値を用いる。

（44）台湾博覧会編（1939→2012: 557）及び「台湾博観覧高砂族と其の観光費」『理蕃の友』昭和一一年三月：一一頁。なお、表7-3の先住民人口数（出所は不明）には注意を要する。台湾総督府総督官房調査課編『昭和一〇年　台湾総督府第三九統計書』（一九三七年発行）の「蕃社戸口」ならびに台湾総督官房臨時国勢調査部編『昭和一〇年　国勢調査結果表』（一九三七年発行）の「種族系統別人口」をみると、一九三五（昭和一〇）年度の「高砂族」総人口は約一五万人で、『理蕃の友』及び『台湾博覧会誌』の約九万人とは大きく異なっている。その理由は、両者が対象とする先住民（「高砂族」）の調査範囲の差にあると考えられる。『台湾総督府統計書』では、昭和六年以前は「普通行政区域（平地）居住の高砂族」を「本島人」に含み、「特別行政区域（蕃地）居住の高砂族のみ」を「高砂族」として掲載していたが、昭和七年以降は方針を改め、両者を区別せず「高砂族」として掲載している。これによって、「高砂族」総人口は八万八六九八人（昭和六年度）から一四万四八一六（昭和七年度）へと急増している（つまり「平地」居住の先住民は約五万六〇〇〇人いたと推察される）。また『国勢調査結果表』にも、昭和五年度の国勢調査から「初めて蕃地に在る高砂族を調査の範囲に入れ」たと記されており、これによって「高砂族」の総数は四万九五八五人（大正一四年度）から一四万一七一一人（昭和五年度）へと急増している（つまり「蕃地」居住の先住民は約九万二〇〇〇人いたと推察される）。以上を総合すると、『理蕃の友』の約九万人という数値は「蕃地高砂族」（『台湾博覧会誌』）、すなわち特別行政区域に居住する先住民の総人口を指す、と考えるべきだろう。

（45）横尾広輔は、先住民を「進化の程度」に応じて、①「蒙昧組」、②「一知半解組」、③「先覚者組」、④「純真組」、⑤「無能組」に分類したうえで、観覧者に青年団員や教育所児童にあたる②③④の比率が高かったこと、すなわち「蕃社の中堅たり、将来中堅たるべき青少年の多かつた事」を評価している（「博覧会の観光と其の指導強化」『理蕃の友』昭和一〇年一二月：二-三頁）。また花蓮港庁が台湾博開催前の八月上旬に観覧希望者に実施したアンケートによると、回答者九九一人のうち汽車・自動車・汽船を見たことがない者は、汽車二一人（二・一二%)、自動車一三人(一・三一%)、汽船九三人(九・三九%)、乗ったことがない者は、汽車一四三人(一四・四三%)、自動車二〇二人(二一・二〇%)、汽船九一五人(九二・三三%)となり、「高山蕃〔先住民〕で殆ど平地の風物を知らぬであらうとの一般的予想を見事に裏切」る結果になった(「台湾博と蕃人観光」『理蕃の友』昭和一〇年一一月:一三−一四頁)。さらに後藤忠一(花蓮港庁)は、同庁の先住民が博覧会観覧後、「日本内地の文化、就中商工業の発達、教育の普及、農業の進歩、国防の充実、交通の完備、日本人の偉大さ並びに天皇陛下の御陵威と皇恩の有難さ」について語り、「殊に若い青年男女に自覚を促がしてゐる」と報告している(「台湾博と蕃人観光」同上、昭和一〇年一一月:一三頁)。この点は「台博観光者の感想(花蓮港)」同上、昭和一〇年一二月:六−八頁も参照。

(46)「青年団幹部の眼に映じた台湾博:流石に高砂族の先覚青年、肯綮に中る此の批評を見よ」『理蕃の友』昭和一〇年一一月:一一−一二頁、「台博観光者の感想(花蓮港)」同上、昭和一〇年一二月:六−八頁、中山清「青年団幹部懇談会に出席して」同上、昭和一〇年一二月:八−九頁。

(47)「断然景気を添へた高砂族の舞踊」『理蕃の友』昭和一〇年一一月:九−一〇頁。

(48)台湾博の会場の一つである大稲埕の分場(四〇〇〇坪)には、「南方館」を筆頭に、「馬産館」・「福建館」・「暹羅館」・「比律賓館」などが置かれ、南支・南洋方面の実情紹介と、「本島人市街の生きた姿」を感じてもらうことを目的にしていた(台湾博覧会編 1939 → 2012: 69)。

(49)日本の展示内容は「鞆之浦の朝景色」、「月夜の明石の浦」、「屋島の夕景」、「国立公園大雪山の晩秋」、日本三景の「夏の夜の松島」・「雪の橋立」・「秋の厳島」、「晩秋の大阪」、「奈良公園の秋色」、「春に霞む京都」、「雲仙」(ゴルフリンク)、「阿蘇」、「霧島」、「秋の琵琶湖」、「春の日本ライン」、「夏の日本アルプス」、「日光の秋色」、「暁の富士」、「伊勢の神域」、「大東京の景観」。台湾の展示内容は、「初夏の淡水」、「春の剣潭及大屯山系の大観」、「秋の塔山」、「月夜の日月潭」、「初冬の新高」、「臨海道路」(台湾東部海岸)、「タロコ峡」、「鵞鑾鼻燈台」、「未来の大屯」。

(50)ただし実際の観覧者は島内居住者が多く(曽山 2003: 230-231)、その意味では、主催者側も認めているように、「内地、満鮮地方に対し相当の宣伝を為した」割には「比較的効果が薄かつた」と言える(台湾博覧会編 1939 → 2012: 812)。

第八章　フィールドワークとしての観光、メディアとしての民族——小山栄三の観光宣伝論と日本帝国の国際観光政策

(1)たとえば奈良県観光連合会の調査は、皇紀二六〇〇年にあたる一九四〇年の奈良県への観光客総延人員(その大半は、初代天皇とされる神武天皇が祀られた橿原神宮の参拝者とされる)を約三八〇〇万(うち団体客数約八五〇万)と見積もって

いる（堀井 1942: 324, 328–331）。

（2）白幡（1996: 44）はその理由として、「とりわけ昭和一〇、一一年は、円暴落によって来日旅行客が増加し、外国人のあいだで日本観光ブームがおきた」ことを挙げている。

（3）小山は一九四一年に人口問題研究所研究官となり、一九四二年九月には同研究所調査部長に昇格、同年一一月に改組された厚生省研究所人口民族部では民族政策研究部長を担当した。さらに小山は、文部省民族研究所でも第一部「民族理論・民族政策・民族教育」部長を務めており、これらの行政機関の中で政策構想を担う中心人物だったことが窺われる。

（4）国際観光員会官制第一条。「国際観光委員会の答申」『国際観光』一巻一号：三四–三五頁。

（5）国際観光協会の会長は鉄道大臣、理事長は鉄道次官、常務理事は国際観光局長であり、評議員は国際観光委員会の役員を兼ね、協会職員は数名を除いて国際観光局職員が兼務していた（国際観光局編 1940: 79; 田誠「国際観光事業の近況」『国際観光』五巻一号：二二–二三頁）。これほど重複があるのならわざわざ新しい組織をつくる必要もないように思えるが、これは事業資金を潤沢にするための仕組みだった。この点について、国際観光委員会では当初から、海外宣伝資金を国の一般会計、鉄道省の特別会計、関係する地方公共団体や民間業者に負担させる案が審議されており（国際観光局編 1940: 15–17）、この官民共同出資を可能にする仕組みとして、「国際観光協会といったような外客の誘致宣伝に当る専門機関を設け、これに対して政府、地方公共団体、関係業者は勿論、広く観光事業の趣旨を翼賛する者から寄附金或は会費の形式で資金の醵出を仰〔ぐ〕」（観光委員会特別委員長代理・正木直彦の説明）という方法が提案されたのである（国際観光局編 1940: 21）。ただし事後経過をみると、国からの補助金や民間出資は遅々として得られず、その後も国際観光協会は資金面で鉄道省に依存し続けた。

（6）勤務期間は不明だが、少なくとも小山（1933）の肩書は「国際観光局嘱託」である。

（7）国際観光局設置以前の事業内容は（国際観光局編 1940: 14–15）を参照。また一九四一年以降は米国の入国制限をうけ、主に中国・南洋方面を対象とする事業が企画されたが、実施状況が不明のため省略する（東亜交通公社編 1944: 9,36–37; 日本交通公社編 1962: 221–227）。なお、こうした招請事業は民間レベルでもおこなわれていたようだ（中村 2007: 172n.8）。

（8）駒込武は、日本の植民地政策を「同化」政策と一括りに論じてきた先行研究の問題点を以下の三点にまとめている。すなわち、①政策の時代的差異を捉えられないこと、②各植民地の独自性や被統治者の主体的反応を過小評価してしまうこと、③政策者の言説にたびたび登場する「日本」の内実を問うことなく、結果としてそれらを一枚岩な意味内容をもつものとして実体化してしまうこと、である（駒込 1996: 13–14）。そのうえで、「植民地支配の当事者による『同化』という言葉は、何かを説明する概念であるのではなく、それ自体分析され説明されるべき概念である」（駒込 1996: 20）と主張している。「同化」概念を「一般的抽象的理念」と捉える駒込は、政策実態の分析において「同化」という言葉を用いることはせず、むしろ法制度的次元における平等化／差別化の軸（「国家統合」の次元）と文化的次元における同一化／差異化の軸（「文化統合」の次元）という二次元の座標空間の中に、個々の政策者の言説・実践をマッピングする方法を採用している（駒込 1996: 16–20）。また陳も「同化」政策の内実について、日本独自の価値観や伝統、特に「国体」精神への一体化と、近代的な知識や技術、合理主義や啓蒙主義といった「普遍的」価値への一体化とは分析上区別すべきだと主張する（陳 2001: 22–26）。さらに石田は、「『同化』政策は『日本化』あるいは『日本人化』を目的とするものであったのだから、何が『日本』あるいは『日本人』であるかが論理的には前提とされるべき筈である」が、実際には逆に、「『同化』させるべき目標としての『日本』の価値を明らかにしなければならないという要請が、その価値内容に影響する面がある」とし、「同化」及び「日本・日本人」の内実自体が支配の文脈におうじて戦略的に変化する論争的なカテゴリーであることを指摘している（石田 1998: 48–49）。この点はイ（1996: 255）も参照。

第九章　「日本化」と「観光化」の狭間で——『民俗台湾』と日本民藝協会の台湾民藝保存運動

（1）以上は『民俗台湾』表紙裏に毎号載せられた「清規」より。

（2）三尾（2005: 148）は、『民俗台湾』執筆者一覧（池田麻奈編 1998）から、投稿者全体の約三分の一が台湾漢族だったと概算している。当時この比率を高いと捉えるべきか否かは、それ自体、『民俗台湾』を評価する論者の立場に左右される。たとえば川村（1996: 125–126）は、「台湾人の書き手ももちろん少なくはなかった」が、それらは数少ない「例外」を除けば「本格的な民俗研究とはいいがた」く、「結果的に日本人研究者の比重のほうがやはり重かった」とする。

（3）『民俗台湾』の執筆者・読者層の多様性や、対象地域の広がりに関する詳細な内容分析は、池田麻奈（1982）や三尾（2005: 146–149）を参照。

（4）川村（1996）と小熊（2001）は、金関の人類学を「文化帝国主義」の一種と捉え、それを『民俗台湾』を評価する際の判断材料としている点で共通している。台湾時代の金関の論考を学説史的にどう位置づけるかという問題は本章の主題ではないが（詳しくは阿部 2008 を参照）、両者の解釈が非常に一面的であることは指摘しておきたい。たとえば小熊は、『台湾時報』（総督府情報部発行）に掲載された金関の小論「皇民化と人種の問題」（金関 1941）のなかに「冷徹な優生政策の信奉者」の顔を見てとり、金関が『民俗台湾』参加した理由も、この優生政策を実現するための手段にすぎなかったと論じている（小熊 2001: 43–45）。また金関の優生政策への関心は、『民俗台湾』に参加した台湾漢族ばかりか、その他の日本人参加者の意図とも乖離していた、とも述べている。だが、坂野（2005b: 266-

267）や三尾（2006: 198n.32）も注意するように、金関と優生学との親和性をめぐる小熊の主張は、実証性が乏しく限定を加えるべきである。そもそも小熊が金関の優生思想を裏付ける資料として挙げているのは、金関の膨大な論文・著作群のうち先の『台湾時報』の数頁の小論だけであり、ましてや金関が『民俗台湾』の調査やその担い手を、優生政策の手段と捉えていたことを裏付ける資料はどこにも挙がっていない。小熊の解釈では、そのような金関の「沈黙」こそが、その他の参加者が金関の意図と自分たちの意図との食い違いを意識せずに共存できた理由とされている。しかしこの主張は、資料的裏付けが存在しないこと（＝「沈黙」）が小熊の仮説の正しさを裏書きするという論理構造になっており、そもそも反証不可能である。よって本章ではこれ以上関わることをしない。一方、川村は、戦前日本の「形質人類学／人種学」がそうであったように、金関の人類学も「人種、民族間の相違を統計的に明らかにし、その優劣、高等／下等を論じる手段であった」（川村 1997: 140）と論じている。さらに、人種・民族の体臭（腋臭）に関する説話や、身体を加工・変形する儀礼風習（纏足・抜歯等）に関する資料が大量に収録された『胡人の匂ひ』（金関 1943a）を取り上げ、金関がこうした「奇習」、「悪趣味」な話題に興味を示しているのは、彼の「エキゾチシズム」（支那趣味）の反映にほかならない、とも述べている（川村 1996: 133–139）。だが、金関が身体を加工・変形する文化に関心を抱いたのは、むしろ既存の形質人類学（人種学）の方法論的限界を強く意識していたからであった。「人類学上、頭形は種族の特徴を示すかなり重要な手がかりとして取り扱われている。しかしこれには、頭形が各人に生まれついたままの形として保たれている、と言うことが前提になければならない。もし生後（或いは生前既に）何らかの外部的原因によって、異常或いは不自然な発達を遂げたものであったならば、このような頭形を捉えて直ちに人種性を云々することの出来ないのはもちろんのことである。…〔中略〕…厳密に言えばどんな頭もみな、ある程度の変形を蒙っているものと考えるのが至当である。ただ今日までの人種学では、実際上の便宜のために、この考察を不問にしているに過ぎない」（金関 1939a → 1978: 2–3）。川村の評価とは異なり、ここで金関は、人骨測定や身体計測によって得られた統計的差異を、そのまま人種の分類に直結させることがいかに危険かについて語っている。この〈後天的＝文化的〉な身体変形への問題意識こそが、「後頭扁平」現象や纏足・抜歯風習ならびにそれに関する説話への関心に結びつくのである（金関 1939a → 1978, 1939b → 1978, 1940a → 1978, 1940b → 1996, 1943a → 2003, 1943b → 2003, 1943c → 2003, 1943d → 2003, 1947 → 1978）。

（5）「本誌発刊の趣意書をめぐる論争の始末（上）」『民俗台湾』二号。

（6）『民俗台湾』一号：三二頁。

（7）『史蹟名勝天然記念物』五巻一二号：七九–八三頁および六巻一号：八五–八六頁。なお台湾史蹟名勝天然記念物調査会委員（昭和五年一二月二日付）は以下の通りである。「史蹟・名勝」の担当委員は、村上直次郎（台北帝大教授）、移川子之蔵（台北帝大教授）、井出薫（台湾総督府技師・営繕課長）、宮原敦（台北医学専門学校教授）、小林準（陸軍歩兵中佐）、皷包美（弁護士）、尾崎秀真（台湾総督府囑託）、谷河梅人（台湾日日新報主事）、稲垣孫兵衛（経世新報主事）、連雅堂（雅堂書局主）の一〇名。「天然記念物」の担当委員は、素木得一（台北帝大教授）、平坂恭介（台北帝大教授）、青木文一郎（台北帝大教授）、中澤亮治（台北帝大教授）、工藤祐舜（台北帝大教授）、日比野信一（台北帝大教授）、早坂一郎（台北帝大教授）、高橋春吉（台湾総督府技師）、與儀喜宣（台湾総督府技師）の九名。委員の約半数は台北帝大の教授陣で占められ、その多くは後の『民俗台湾』寄稿者でもあった。このことが同事業の経過内容が誌上でたびたび掲載された理由のひとつであろう。

（8）『史蹟名勝天然記念物』六巻一号：五頁、八一-八二頁および一一巻一二号：九六〇頁。

（9）「朝鮮の天然記念物」『史蹟名勝天然記念物』一一巻一二号、「満州国に於ける古蹟、古物、名勝、天然記念物の仮指定」同上、一二巻五号。

（10）「台湾に於ける史蹟名勝天然記念物保存事業について」『史蹟名勝天然記念物』六巻二号。

（11）三好学「台湾の天然記念物保存事業に就て」『史蹟名勝天然記念物』五巻一二号。なお三好は、台湾の保存法成立には「天然記念物」調査委員の日比野信一ら台北帝大の働きかけが大きかったとする。これは当時の『史蹟名勝天然記念物』に掲載された台湾関連の論考が天然記念物に集中している点にも窺える。

（12）『史蹟名勝天然記念物』九巻二号：六六-六八頁。

（13）尾崎秀真「重要美術の保存と台湾の蕃族品」『理蕃の友』昭和八年四月：二頁。

（14）「由来平地人の対象とする高砂族は無智兇暴な蕃人か、さもなくば原始人として好奇珍奇な骨董的見世物的又は天然記念物的存在としてのみ価値付けられてきた。化蕃の杵歌の如きは其の代表的のものと言へやう、はるばる来台する旅行者が高砂族に対する印象として既に高砂族の本質を失つた化蕃を以て生蕃を語る唯一の材料とされた事も少くなかつたであらう」（「会後雑感」『理蕃の友』昭和一六年四月：四頁）。

（15）実際、『民俗台湾』の投稿欄（「乱弾」）には、「台湾の寺廟内や仏像や神像には、美術として優れたものは皆無」「全て低俗」「美術的には未練のあるものではない」とする批判も寄せられた（『民俗台湾』四号）。

（16）敗戦で幻に消えたこの構想は、主に資源問題に規定された自然科学系の博物館を志向するものであったという（金子 2001: ch.4）。

（17）『民俗台湾』一四号：四八頁。

（18）台湾民藝に関わる活動としては、その他にも「民俗図絵」（立石）、「グラフ解説」（写真：松山）、「工藝図絵」（顔水龍）、さらに呉（2002）が扱っている各地の歴史旧跡を巡る「民俗採訪の会」等が注目される。

（19）五号の休載は写真担当の松山が病気のため、三四・三五号の休載は金関が南京出張のため、である。したがって理由が不明なのは、未刊の四四号を除けば、三一・三六・三七・四三号である。ただし、これらの号は同時に「グラフ解説」も休載になっており、写真掲載をめぐる何らかの問題があったと推察される。
(20)『民俗台湾』三九号：一三頁および二二号：一一頁。
(21) 詳細は河井寛次郎「『竹』の使命」および河井寛次郎・柳宗悦・式場隆三郎「竹の工藝を語る」(ともに『民藝』昭和一九年八月号) を参照。当時河井は、台湾の竹製品を和室にとり入れた新しい生活スタイルを提唱すべく、今日でいうモデルルームの展覧会を、東京日本橋の三越本店 (「家具・工藝品展覧会」) や京都・大阪・東京の高島屋 (「竹材新生活具展覧会」) で開いていた (「新作家具と工藝品について」『民藝』昭和一八年一月号、「新作家具と工藝品について (承前)」昭和一八年二月号、「竹の工藝を語る」『民藝』昭和一八年八月号を参照)。
(22) 金関丈夫「台湾工藝瞥見記」『民藝』一九四二年二月号。
(23)『工藝』一一四号。「台湾の生活用具について」(『民藝』昭和一八年六月号) の記載によれば、その調査ルートは、基隆―台北―新竹―台中―彰化―鹿港―嘉義―台南―安平―高雄―屏東―潮州―パイワン族の山地―台東―花蓮港―アミ族の村落―羅東―宜蘭―タイアール族の村落等となっている。
(24) 実際、柳の視察に同伴し案内役を務めたのは、金関、松山、顔水龍、宮本延人であり、いずれも『民俗台湾』の寄稿者ばかりである。
(25) ただし、どちらの論考も柳が直接執筆したものではない。前者は、柳の談話を『民藝』編集部の坂根が筆録し、式場隆三郎が補正したもの (文責は式場)。後者は、視察中の談話を金関が筆録したもの (校閲は柳) である。
(26) 河井寛次郎宛 (一九四三年三月二四日、二五日)、外村吉之介宛 (同三月二七日)、三代澤本壽宛 (同四月四日) を参照 (『柳宗悦全集』二一巻下、二一巻中、筑摩書房に所収)。
(27)「竹細工の村」『民俗台湾』一〇号、「関廟庄にて」同上、二六―二八号等を参照。
(28) 以下は、柳宗悦・金関丈夫・大倉三郎・中村哲・立石鉄臣「生活と民藝座談会：柳宗悦氏を囲んで」『台湾公論』一九四三年年六月号：五三―七一頁より。
(29)『民俗台湾』三四号、三五号、三七号を参照。
(30)『民藝』一九四四年八月号を参照。
(31)「生活と民藝」『台湾公論』一九四三年六月号を参照。
(32)『民俗台湾』三四号：二七頁を参照。
(33) 金関丈夫・竹村猛・淡野安太郎・中村哲・中井淳・林茂生・松山虔三「奉公運動と台湾の民俗研究」『民俗台湾』第三九号。
(34) たとえば金関も、「台湾は支那の田舎文化ですから大した価値はないと云ふ一般の考へがあるか知れませんが、南支那の方であゝ云ふ様な建造物を、支那国民が果して遺して行くかどうかは非常に疑問」、「支那人自身が自国の古い物を尊重して居るとは言ひ得られない」と述べている。

(35) 内地の「国宝保存法」(一九二九年)、「重要美術品等の保存に関する法律」(一九三三年)、朝鮮の「宝物古蹟名勝天然記念物保存令」(一九三三年)第一条の「宝物」規定(「建造物典籍書跡絵画彫刻工藝品其の他の物件にして特に歴史の証徴又は美術の模範と為るべきもの」)を指すと思われる。

(36) 『民俗台湾』二四号:一頁。

(37) 新体制下における国民生活改善運動の一環として、民藝協会が農林省・商工省・鉄道省等と連携し進めていた地方工藝(特に東北地方)の振興事業を指すと思われる(特に『民藝』一九四〇年一〇月号を参照)。

(38) そもそも柳の台湾視察は、「資源の窮乏と敵潜水艦の出没で、内地からの日用雑貨の移入が困難となり、島内での自給自足が必要になってきた」ためであり、その後の島内展覧会も「戦争で日本と台湾の間の交通ができなくなった」「現地で自活しなければならなくなった」ためであるとされる(池田・立石・山中・原・中村 1965 → 2003: 445)。また同じ頃には『民俗台湾』誌上でも、「内地依存の夢から醒め、台湾に於て自給自足する」ことが「台湾に於ける最大問題」に位置づけられていく(『民俗台湾』三〇号:一頁)。

(39) この点は、「台湾の生活用具について」『民藝』第五〇号も参照。

(40) 『民俗台湾』二号:四二頁、七号:五六頁、二二号:二一-三頁を参照。なお、こうした植民地「間」の比較は、『民俗台湾』サイドの一方的な声ではなかった。この点を示すのが、満洲建国大学の大間知篤三と大山彦一を中心とする満洲民族学会(一九四二年創設)の動向である。たとえば同会の機関誌『満洲民族学会会報』創刊号で大間知は、『民俗台湾』の資料を用いて「広き区域にわたる漢民族を比較研究」するという方向性を提唱している(大間知篤三「文献紹介」『満洲民族学会会報』一-一:一四-一五頁)。

(41) この点について、当時台北帝大土俗人種学教室に所属していた馬淵東一は戦後、次のように回想している。「満州事変以来、北方の研究が著しく刺激され活溌化したに反し、一般に南方研究は一貫して継子扱いされた感があり、それに伴って台湾研究も萎微沈滞に傾きがちであったといえる。しかも大戦勃発前夜の一時的な南方研究熱は台湾研究をも刺激するかに見えたが、事実はこの空景気が地道な南方研究を『不急不用』なものたらしめ、台湾研究の如きは全く問題外にされてしまったわけである」(馬淵 1954 → 1974: 481)。

(42) 『民俗台湾』二一号:四八頁。

(43) 出席者は、中村哲・金関丈夫・陳紹馨・池田敏雄・松山虔三・立石鉄臣。

(44) 台湾―沖縄間の人口移動に関する近年の歴史研究によると、多くの沖縄出身者が学校教育の分野で初期台湾統治に関与したほか、台湾における沖縄県出身者の割合は年々増加し、大正期には二〇位以下であったのが、一九四〇年には約一万五〇〇〇人を記録して第四位にまで上昇したという。また一九四〇年に沖縄出身者が台湾の内地人総人口に占める割合は四・七%であった（松田ヒロ子 2008: 531）。
（45）『民俗台湾』二二号：一二頁。
（46）この点で、金関のいう混成性は、異種混交性を各要素に分解できる化合物として捉える鳥居の発想とは異なる。ましてやそれは、明治・大正期の人類学者が原住民展示の場に投影したような「一望監視的な」異種混交性——すなわち、中心に位置する日本人の周りに「異」民族が陳列ケースに収まって行儀よく並んでいるような——とはまったく異なっている。

結語　比較と植民地的想像力

（1）以上の理論視角を精緻化するためには、他の植民地との比較が不可欠であろう。本書では台湾の内地観光政策を扱ったが、植民地統治の手段として内地観光を利用する政策は、朝鮮では三・一運動後の「文化政治」時代に加速したとされる（姜 1979: 33-36）。また日本の委任統治領となる南洋群島でも、日本海軍がドイツ領ミクロネシア一帯を占領した直後の一九一五年から内地観光団が定期的に組織されている（千住 2005, 2006）。今後は、こうした植民地・植民地圏で展開された内地観光事業の政策決定過程や政策効果を比較検討し、それぞれの政治体制のなかで内地観光事業が占めていた比重や、植民地間の政策的な影響関係などを探り、「比較」という統治技術を、日本帝国というより広い地政学的空間のなかに位置づけ、評価していくことが必要となる。

謝辞

本書は、二〇一〇年度に名古屋大学大学院環境学研究科に提出し学位を授与された博士論文『帝国期日本のネイション形成と人種・民族研究の学知形成に関する移動論的研究――日本と台湾の博覧会事業および観光政策に注目して』をベースに、大幅な加筆・修正を加えた論考である。

本書の公刊に至るまでには多くの方々のお世話になった。ここに記して感謝の言葉に代えたい。

私が学部二年生のときに名古屋大学文学部社会学研究室に赴任された西原和久先生には、以後一〇年間の長期にわたり指導教官として多くのことを教えていただいた。私が社会学、特に学説史や社会理論の面白さを知ったのは西原先生を通してであり、あのとき先生に出会わなければ、研究者としての今の自分はなかったといってよい。本書の元になる博士論文の執筆過程においても、史料分析に埋没し、ともすれば自宅や図書館に閉じこもりがちであった私に、現代的な（actual）課題に取り組むことの重要性をくりかえし説き、国内外のさまざまな場で発表する機会を与えていただいた。さらに博士論文提出後は出版社のご紹介までしていただき、本当に何から何までお世話になった。

歴代の名古屋大学の先生方からも、さまざまな場面で懇切丁寧なご指導をいただいた。博士論文の副査である川田稔先生、河村則行先生、上村泰裕先生には、けっして読みやすい論文構成ではなかったにもかかわらず、細部に至るまで綿密な検討を加えていただき、自分自身でさえ気づいていなかった今後の研究の可能性についてもご助言をいただいた。本書のために論文全体を見直し、各章を新たに配列しなおすうえで、先生方のお言葉は大きな指針になった。また戦前の人類学調査について初めて発表した際、田中重好先生からいただいた建設的なコメントの数々は、当時博士論文のテーマ設定に思い悩んでいた私にとって、論文執筆に向けた強い後押しになった。さらに丹邉宣彦先生は、議論の新規性を追い求めるあまり強引な論理展開に向かいがちであった私に、先行研究・史料解釈の丹念なレビューという堅実かつ基礎的な作業を踏むことの大切さを教えてくださった。最後に、故・板倉達文先生からは「古典」と向き合うことの大切さを学んだ。私が本書において、B・アンダーソンというナショナリズム研究の「古典」に無謀にもチャレンジしたのは、先生の教えを私なりに解釈して出した答えであった。

大学院生時代にすばらしい先輩方や同期の研究仲間に恵まれたことも幸運だった。私が修士課程に進学した当時の西原研究室は、理論研究の可能性を確信し、グローバリゼーション、国家、移民、市民権、差別問題などに果敢に取り組んでいる研究者が集う場であった。李晟台、保坂稔、杉本学、郭基煥、徳久美生子、渡辺克典、佐藤直樹の各氏からはゼミや西原先生が主催する研究会「グローバル社会理論フォーラム」での発表・対話を通して、現代の複雑な諸問題を解くうえで社会理論がもつポテンシャルの深さを教えていただいた。なかでも渡辺克典氏は、歴史社会学的なアプローチを志向する私にとって、ゼミ内でもっとも頼りになる先輩であり、博士論文の執筆段階から本書の公刊に至るまでの各段階において、つねに的確かつ本質的なアドバイスをしていただいた。また氏が司会を務めた二〇一二年度の日本社会学会大会・若手企画テーマ部会「歴史／国家／社会」では、本書の核となる日本帝国史における〈移動〉と〈比較〉の問題系について発表する機会を与えていただき、コメンテーターの荒川敏彦、石原俊両氏から、本書の射程と、詰めるべき論点について再点検をうながす有益なコメントをいただいた。

新曜社の髙橋直樹氏には、近年の学術書をとりまく厳しい出版事情にもかかわらず、本書の出版を快く引き受けてくださったことを心から感謝している。本書の記述が少しでも読みやすいものになっているとすれば、それはひとえに私の文章のクセや論理の飛躍を事細かに指摘し、終始一貫して丁寧にサポートしてくださった氏のおかげである。

最後に、大学入学以来つねに最大の理解者として経済面・精神面で支えてくれた両親と、いつ終わるとも知れない私の話に辛抱強く付き合ってくれた妻に、この場を借りてお詫びと感謝を述べさせていただきたい。

二〇一四年二月　星が丘にて

阿部純一郎

索　引

あ　行

か　行

さ 行

た　行

な　行

は　行

参考文献一覧

阿部純一郎（2008）「20世紀前半日本の人種・民族研究における『異種混交』現象への応答：自然／文化科学の境界線をめぐる論争」『名古屋大学社会学論集』29：21-46.

Altick, Richard D.（1978）*The Shows of London*, Harvard University Press.（＝1989-1990年，小池滋（監訳）『ロンドンの見世物Ⅰ～Ⅲ』国書刊行会.）

Anderson, Benedict（1983→1991）*Imagined Communities*, Verso.（＝1997年，白石さや・白石隆（訳）『想像の共同体』NTT 出版.）

――――（1998）*The Spectre of Comparison*, Verso.（＝2005年，糟谷啓介・高地薫ほか（訳）『比較の亡霊』作品社.）

Appadurai, Arjun（1996）*Modernity at Large: Cultural Dimensions of Globalization*, University of Minnesota Press.（＝2004年，門田健一（訳）『さまよえる近代：グローバル化の文化研究』平凡社.）

有山輝雄（2002）『海外観光旅行の誕生』吉川弘文館.

朝日新聞記者（編）（1910）『欧米遊覧記』大阪朝日新聞.

Balibar, Etienne and Immanuel Wallerstein（1988）*Race, Nation, Classe*, La Découverte.（＝1997年，若森章孝ほか（訳）『人種・国民・階級』大村書店.）

Barber, Lynn（1980）*The Heyday of Natural History, 1820-1870*.（＝1995年，高山宏（訳）『博物学の黄金時代』国書刊行会.）

Barkan, Elzar（1992）*The Retreat of Scientific Racism: Changing Concepts of Race in Britain and the United States between the World Wars*, Cambridge University Press.

Barth, Fredrik（1969）"Introduction," in Fredrik Barth（ed.）*Ethnic Groups and Boundaries: The Social Organization of Culture Difference*, Waveland Press, 9-38.

Barthes, Roland（1984）*Le Bruissement De La Langue*.（＝1987年，花輪光（訳）『言語のざわめき』みすず書房.）

Beck, Ulrich（1997）*Was ist Globalisierung?* Suhrkamp.（＝2005年，木村利秋・中村健吾（監訳）『グローバル化の社会学：グローバリズムの誤謬――グローバル化への応答』国文社.）

Becker, Howard S.（1986）*Doing Things Together: Selected Papers*, Northwestern University Press.

Bhabha, Homi K.（1994）*The Location of Culture*, Routledge.（＝2005年，本橋哲也・正木恒夫・外岡尚美・阪元留美（訳）『文化の場所：ポストコロニアリズムの位相』法政大学出版局.）

Billig, Michael.（1995）*Banal Nationalism*, Sage Publications.

Blanchard, Pascal. et al.（eds.）（2008）*Human Zoos: Science and Spectacle in the Age of Colonial Empires*, Liverpool University Press.

Bonnett, Alastair（2000）*White Identities: Historical and International Perspectives*, Prentice Hall.

――――（2004）*The Idea of the West: Culture, Politics and History*, Palagrave.

Bourdieu, Pierre（1999）"Rethinking the State: Genesis and Structure of the Bureaucratic Field," in George Steinmetz（ed.）*State/Culture: State-Formation after the Cultural Turn*, Cornell University Press, 53-75.

Brubaker, Rogers（1996）*Nationalism Reframed: Nationhood and the National Question in the New*

Europe, Cambridge University Press.
Buzard, James（1993）*The Beaten Track: European Tourism, Literature, and the Ways to Culture, 1800–1918*, Oxford University Press.
Cheah, Pheng（2003）“Grounds of Comparison,” in Pheng Cheah and Jonathan Culler（eds.）*Grounds of Comparison: Around the Work of Benedict Anderson*, Routledge.
陳培豊（2001）『「同化」の同床異夢：日本統治下台湾の国語教育史再考』三元社.
Chernilo, Daniel（2007）*A Social Theory of the Nation-State: The political forms of modernity beyond methodological nationalism*, Routledge.
千本秀樹（2008）「人類館事件と差別の序列：第五回内国勧業博覧会における人間展示」『現代の理論』2008年新春号：56–67.
張良沢（監修）／戴嘉玲（編訳）（2000）『FORMOSA 原住民写真＆解説集』前衛出版社（台北）.
Clifford, James and George E. Marcus（eds.）（1986）*Writing Culture: The Poetics and Politics of Ethnography*, University of California Press.（＝1996年，春日直樹他（訳）『文化を書く』紀伊国屋書店.）
Clifford, James（1988）*The Predicament of Culture: Twentieth-Century Ethnography, Literature, and Art*, Harvard University Press.（＝2003年，太田好信ほか（訳）『文化の窮状：二十世紀の民族誌，文学，芸術』人文書院.）
———（1997）*Routes: Travel and Translation in the Late Twentieth Century*.（＝2002年，毛利嘉孝・有元健ほか（訳）『ルーツ』月曜社.）
Connell, Robert W.（1997）“Why Is Classical Theory Classical?” *The American Journal of Sociology*, 102（6）: 1511–1557.
Connor, Walker（1972）“Nation-Building or Nation-Destroying,” *World Politics*, 24（3）: 319–355.
Cooper, Frederick and Ann Laura Stoler（eds.）（1997）*Tensions of Empire: Colonial Cultures in a Bourgeois World*, University of California Press.
Corbey, Raymond（1993）“Ethnographic Showcase, 1870–1930,” *Cultural Anthropology*, 8（3）: 338–369.
Culler, Jonathan（1988）“The Semiotics of Tourism,” in *Framing the Sign*, Basil Blackwell, 153–167.
Dabydeen, David（1987）*Hogarth's Blacks: Images of Blacks in Eighteenth Century English Art*, Manchester University Press.（＝1992年，松村高夫・市橋秀夫（訳）『大英帝国の階級・人種・性：W・ホガースにみる黒人の図像学』同文舘出版.）
第五回内国勧業博覧会協賛会（編）（1903）『第五回内国勧業博覧会協賛会報告書』（明治36年11月）第五回内国勧業博覧会協賛会.
第五回内国勧業博覧会要覧編纂所（編）（1903）『第五回内国勧業博覧会要覧（上）』（明治36年5月）第五回内国勧業博覧会要覧編纂所.
田誠（1940）『国際観光事業論』春秋社.
Dower, John W（1986）*War Without Mercy: Race and Power in the Pacific War*, Pantheon Books.（＝1987年，猿谷要（監修）・斉藤元一（訳）『人種偏見：太平洋戦争に見る日米摩擦の底流』TBS ブリタニカ.）
江上波夫（1970）「作品解説『満蒙を探る』」泉靖一（編）『失われた文明を求めて』文芸春秋，518–520.
———（1976→1986）「鳥居龍蔵博士のこと」『江上波夫著作集12』平凡社，269–301.
Fanon, Frantz（1961）*Les Damnés de la Terre*.（＝1996年，鈴木道彦・浦野衣子訳『地に呪われた

る者』みすず書房.）
Fryer, Peter（1984）*Staying Power: The History of Black People in Britain*, Pluto Press.
藤崎済之助（1931）『台湾の蕃族』国史刊行会.
福間良明（2003）『辺境に映る日本：ナショナリティの融解と再構築』柏書房.
Füredi, Frank（1998）*The Silent War: Imperialism and the Changing Perception of Race*, Pluto Press.
Geertz, Clifford（1983）*Local Knowledge: Further Essays in Interpretive Anthropology*, Basic Books.（＝1999年，梶原景昭ほか（訳）『ローカル・ノレッジ』岩波書店.）
———（1988）*Works and Lives: The Anthropologist as Author*, Stanford University Press.（＝1996年，森泉弘次（訳）『文化の読み方／書き方』岩波書店.）
Gellner, Ernest.（1983）*Nation and Nationalism*, Cornell University Press.（＝2000年，加藤節（訳）『民族とナショナリズム』岩波書店.）
Giddens, Anthony（1985）*The Nation-State and Violence*, Polity Press.（＝1999年，松尾精文・小幡正敏（訳）『国民国家と暴力』而立書房.
———（1990）*The Consequences of Modernity*, Polity Press.（＝1993年，松尾精文・小幡正敏（訳）『近代とはいかなる時代か？：モダニティの帰結』而立書房.）
Goffman, Erving（1963）*Stigma: Notes on the Management of Spoiled Identity*, Prentice-Hall Inc.（＝2003年，石黒毅（訳）『スティグマの社会学：烙印を押されたアイデンティティ』せりか書房.）
五井信（2000）「表象される〈日本〉」金子明雄・高橋修・吉田司雄他（編）『ディスクールの帝国』新曜社.
呉宏明（1994）「近代日本の台湾認識：『台湾協会会報』・『東洋時報』を中心に」古屋哲夫編『近代日本のアジア認識』京都大学人文科学研究所.
呉密察（2002）「『民俗台湾』発刊の時代背景とその性質」藤井省三・黄英哲・垂水千恵（編）『台湾の「大東亜戦争」』東京大学出版会.
後藤乾一（1992）「台湾と南洋」『近代日本の植民地2』岩波書店.
後藤新平（1898）「台湾協会設立に就て所感を述ぶ」『台湾協会会報』2号.（→2001年，拓殖大学創立百年史編纂室（編）『後藤新平：背骨のある国際人』拓殖大学，pp.1-7所収.）
———（1899）「台湾の実況」『台湾協会会報』7号.（→2001年，拓殖大学創立百年史編纂室編『後藤新平：背骨のある国際人』拓殖大学，pp.8-32所収.）
———（1901）「台湾協会学校学生諸君に告ぐ」『台湾協会会報』28号.（→2001年，拓殖大学創立百年史編纂室（編）『後藤新平：背骨のある国際人』拓殖大学，pp.40-48所収.）
———（1902）「台湾協会学校学生諸君に望む」『台湾協会会報』40号.（→2001年，拓殖大学創立百年史編纂室（編）『後藤新平：背骨のある国際人』拓殖大学，pp.49-54所収.）
———（1907）「東洋協会の過去と将来」『東洋時報』103号.（→2001年，拓殖大学創立百年史編纂室（編）『後藤新平：背骨のある国際人』拓殖大学，pp.102-109所収.）
———（1916）「師友の地再遊の所感」『東洋時報』216号.（→2001年，拓殖大学創立百年史編纂室（編）『後藤新平：背骨のある国際人』拓殖大学，pp.135-152所収.）
———（1916→1924）『日本膨張論』（大正5年→大正13年）大日本雄弁会【再版】.
Greenblatt, Stephen（1991）*Marvelous Possessions: The Wonder of the New World—The Clarendon Lectures and the Carpenter Lectures 1988*, Oxford University Press.（＝1994年，荒木正純（訳）『驚異と占有：新世界の驚き』みすず書房.）
Gupta, Akhil and James Ferguson（eds.）（1997）*Anthropological Locations: Boundaries and Grounds of*

a Field Science, University of California Press.
Gupta, Akhil and James Ferguson（1997）“Discipline and Practice: ‘The Field’ as Site, Method, and Location in Anthropology,” in Akhil Gupta and James Ferguson（eds.）*Anthropological Locations: Boundaries and Grounds of a Field Science*, University of California Press, 1-46.
Gurr, Ted Robert（1993）*Minorities at Risk: A Global View of Ethnopolitical Conflicts*, United States Institute of Peace Press.
Hobsbawm, Eric J.（1990）*Nations and Nationalism since 1780*, Cambridge University Press.（＝2001年，浜林正夫・嶋田耕也・庄司信（訳）『ナショナリズムの歴史と現在』大月書店.）
Hage, Ghassan（1998）*White Nation: Fantasies of White Supremacy in a Multicultural Society*.（＝2003年，保苅実・塩原良和（訳）『ホワイト・ネイション：ネオ・ナショナリズム批判』平凡社）
春山明哲（1993）「明治憲法体制と台湾統治」『近代日本と植民地 4：統合と支配の論理』岩波書店.
――――（2008）『近代日本と台湾：霧社事件・植民地統治政策の研究』藤原書店.
Harvey, D.（1989）*The Condition of Postmodernity*, Blackwell.（＝1999年，吉原直樹（監訳）『ポストモダニティの条件』青木書店.）
橋川文三（2000）『黄禍物語』岩波現代文庫.［初版1976年］
橋爪伸也（監修）（2005）『日本の博覧会：寺下勍コレクション』平凡社.
旗田巍（1969）「「満鮮史」の虚像：日本の東洋史家の朝鮮観」『日本人の朝鮮観』勁草書房に所収.
林えいだい（編）（1995）『台湾植民地統治史：山地原住民と霧社事件・高砂族義勇隊』梓書院.
林えいだい（編著）（1998）『証言　台湾高砂義勇隊』草風館.
Hechter, Michael（1975→1999）*Internal Colonialism: The Celtic Fringe in British National Development*, Transaction Publishers.
――――（2000）*Containing Nationalism*, Oxford University Press.
Held, David, Anthony McGrew, David Goldblatt and Jonathan Perraton（1999）*Global Transformations*, Polity Press.（＝2006年，古城利明・臼井久和・滝田賢治・星野智（訳者代表）『グローバル・トランスフォーメーションズ』中央大学出版部.）
編集部（1943）「『民俗台湾』編集座談会」『民俗台湾』22：2-14.
日比嘉高（1999）「創刊期『太陽』の挿画写真：風景写真とまなざしの政治学」筑波大学文化批評研究会（編）『植民地主義とアジアの表象』筑波大学文化批評研究会，61-87.
平山勉（2008）「満鉄調査の慣習的方法：統計調査を中心として」松村高夫・柳沢遊・江田憲治（編）『満鉄の調査と研究：その「神話」と実像』青木書店，26-120.
檜山幸夫（2001）「ハノイ博覧会と台湾総督府：パンフレット『EXPOSITION DE HANOI』を中心に」中京大学社会科学研究所台湾総督府文書目録編纂委員会（編）『台湾総督府文書目録 第八巻』ゆまに書房.
堀井甚一郎（1942）「観光都市としての奈良」仲川明・森川辰蔵（編）『奈良叢記』駸々堂書店.
Horowitz, Donald L.（1985→2000）*Ethnic Groups in Conflict*, University of California Press.
許介鱗（編）（1985）『証言　霧社事件：台湾山地人の抗日蜂起』草風館.
Hulme, Peter（1986/ 1992）*Colonial Encounters: Europe and the Native Caribbean, 1492-1797*.（＝1995年，岩尾龍太郎・正木恒夫・本橋哲也（訳）『征服の修辞学：ヨーロッパとカリブ海先住民，1492-1797年』法政大学出版局.）
飯沢耕太郎（1992）『日本写真史を歩く』新潮社.

池田麻奈（1982）「『植民地下台湾の民俗雑誌』解題」（→1998『民俗台湾』南天書局）.
池田麻奈（編）（1998）「『民俗台湾』執筆者別作品一覧」『民俗台湾』南天書局.
池田鳳姿（1998）「『民俗台湾』の時代」『民俗台湾』南天書局.
池田敏雄（1980）「柳宗悦と柳田国男の「不親切」」（→2003年，末成道男（編）『池田敏雄台湾民俗著作集（下巻）』緑蔭書房）.
———（1982）「植民地下台湾の民俗雑誌」（→1998『民俗台湾』南天書局）.
池田敏雄・立石鉄臣・山中繁男・原吉郎・中村精（1965）「台湾の民俗と民芸を語る」（→2003年，末成道男（編）『池田敏雄台湾民俗著作集（下巻）』緑蔭書房）.
伊能嘉矩（編）（1905）『領台十年史』（明治38年６月）新高堂.
伊能嘉矩（1913）「龍鱗一片」『人類学雑誌』（大正２年12月）28（11）：690-696.
井上熊次郎（編），（1903）『第五回内国勧業博覧会案内記』考文社.
石田雄（1998）「「同化」政策と創られた観念としての「日本」（上）」『思想』892：47-75.
石川周行（編）（1908）『世界一周画報』東京朝日新聞社
伊藤真実子（2005）「第五回内国勧業博覧会と万博開催への模索：台湾館と人類館」『日本歴史』686: 69-84.
泉靖一・江上波夫（1970）「『失われた文明を求めて』について」泉靖一（編）『失われた文明を求めて』文芸春秋，521-534.
海保洋子（1992）『近代北方史：アイヌ民族と女性と』三一書房.
上沼八郎（1988）「『台湾協会会報』改題：台湾協会とその活動」『台湾協会会報　別巻』ゆまに書房.
姜東鎮（1979）『日本の朝鮮支配政策史研究：1920年代を中心として』東京大学出版会.
金丸良子（2010）「鳥居龍蔵のフィールドサーヴェイの特色：西南中国調査を事例として」『言語と文明』8 ：61-83.
金関丈夫（1939a）「タイヤル婦人の頭部変形について」（→1978年，金関丈夫『形質人類誌』法政大学出版局所収.）
———（1939b）「台南州番子田出土の石丸と関廟庄の扁平後頭」（→1978年，金関丈夫『形質人類誌』法政大学出版局所収.）
———（1940a）「台湾における人骨鑑定上の特殊事例」（→1978年，金関丈夫『形質人類誌』法政大学出版局所収.）
———（1940b）「Vagina Dentata」（→1996年，金関丈夫『新編：木馬と石牛』岩波書店所収.）
———（1941）「皇民化と人種の問題」『台湾時報』，24-29.
———（1943a）『胡人の匂ひ』東都書籍（→2003年，中島利郎（編）『台湾随筆集（三）』緑蔭書房.）
———（1943b）「纏足の効用」『胡人の匂ひ』所収.（→2003年，中島利郎（編）『台湾随筆集（三）』緑蔭書房.）
———（1943c）「男子の纏足」『胡人の匂ひ』所収.（→2003年，中島利郎（編）『台湾随筆集（三）』緑蔭書房.）
———（1943d）「アイヌにも欠歯の風習があつたか」『胡人の匂ひ』所収.（→2003年，中島利郎（編）『台湾随筆集（三）』緑蔭書房.）
———（1947）「海南島東南部漢人の後頭偏平について」（→1978年，金関丈夫『形質人類誌』法政大学出版局所収.）
神田孝治（2003）「日本統治期の台湾における観光と心象地理」『東アジア研究』36: 115-135.

金子淳（2001）『博物館の政治学』青弓社.
Kaplan, Caren（1996）*Questions of Travel: Postmodern Discourses of Displacement*, Duke University Press.（＝2003年，村山淳彦（訳）『移動の時代：旅からディアスポラへ』未来社.）
川村湊（1996）『「大東亜民俗学」の虚実』講談社.
―――（1997）「植民地主義と民俗学/民族学」『AERA 民俗学がわかる』朝日新聞社.
金田一京助（編）（1912）『日本国内諸人種の言語』（大正元年11月）東京人類学会.
北村嘉恵（2008）『日本植民地下の台湾先住民教育史』北海道大学出版会.
小林英夫（2006）『満鉄調査部の軌跡1907-1945』藤原書店.
小島麗逸（1979）「日本帝国主義の台湾山地支配：対高山族調査史その１」『台湾近現代史研究』2: 5-29.
―――（1981）「日本帝国主義の台湾山地支配：霧社蜂起事件まで」戴國煇（編）『台湾霧社蜂起事件：研究と資料』社会思想社.
小風秀雄（1995）『帝国主義下の日本海運：国際競争と対外自立』山川出版社.
国光社（編）（1903）『第五回内国勧業博覧会重要物産案内』（明治36年４月）国光社.
国分直一（1997）「『民俗台湾』の運動はなんであったか」『しにか』8-2: 122-127.
国際観光協会（編）（1934）『米国青少年の日本観』（昭和９年２月）国際観光協会.
国際観光局（編）（1940）『観光事業十年の回顧』（昭和15年３月）国際観光局.
国際観光振興会（編）（1984）『国際観光振興会20年のあゆみ』国際観光振興会.
駒込武（1996）『植民地帝国日本の文化統合』岩波書店.
近藤正巳（1992）「台湾総督府の『理蕃』体制と霧社事件」『近代日本と植民地（2）：帝国統治の構造』岩波書店.
―――（1996）『総力戦と台湾：日本植民地崩壊の研究』刀水書房.
金港堂（編）（1903）『第五回内国勧業博覧会総説博覧会案内』（明治36年４月）金港堂.
河野本道（選）（1984）「河野常吉蒐集『アイヌ関係新聞記事　自明治三三年至昭和二年』」『アイヌ史資料集（第七巻）：河野常吉資料篇（一）』北海道出版企画センター所収.
―――（1985）「阿部正巳蒐集『アイヌ関係新聞記事　自明治二〇年至大正八年』」『アイヌ史資料集（第六巻）：阿部正巳文庫編（三）』北海道出版企画センター所収.
越沢明（1993）「台湾・満州・中国の都市計画」『近代日本と植民地３：植民地化と産業化』岩波書店.
高媛（2002）「「楽土」を走る観光バス：1930年代の「満洲」都市と帝国のドラマトゥルギー」『拡大するモダニティ1920-30年代（2）』岩波書店.
小山栄三（1933）「学理上より見たる宣伝」『国際観光』1(2): 21-27.
―――（1937a）「国際観光政策の諸問題」『国際観光』5(3): 4-11.
―――（1937b）『宣伝技術論』高揚書院.
―――（1941）『民族と人口の理論』羽田書店.
―――（1942a）『民族と文化の諸問題』羽田書店.
―――（1942b）『戦時宣伝論』三省堂.
―――（1944）『南方建設と民族人口政策』大日本出版株式会社.
久保（小山）栄三（1925）「人種学的社会学説」『社会学雑誌』19：21-45.
Kuklick, Henrika（1980）“Boundary Maintenance in American Sociology: Limitations to Academic ‘Professioalization’,” *Journal of the History of the Behavioral Sciences*, 16: 201-19.
―――（1991）*The Savage Within: The Social History of British Anthropology, 1885-1945*,

Cambridge University Press.
———— (1999) "Assessing Research in the History of Sociology and Anthropology," *Journal of the History of the Behavioral Sciences*, 35(3): 227-237.
國雄行（1993）「内国勧業博覧会の基礎的研究：殖産興業・不平等条約・「内国」の意味」『日本史研究』375: 54-68.
倉田喜弘（1979）『日本レコード文化史』東京書籍.
イ・ヨンスク（1996）『「国語」という思想：近代日本の言語認識』岩波書店.
Leiris, Michel（1966）*Brisées: avec un portrait de l'auteur par Picasso*, Mercvre de France.（＝1971年，後藤辰男（訳）『獣道』思潮社.）
馬淵東一（1954）「高砂族に関する社会人類学」（→1974年，『馬淵東一著作集(1)』社会思想社.）
MacCannell, Dean（1976）*The Tourist : A New Theory of the Leisure Class*, University of California Press.
Malik, Kenan（1996）*The Meaning of Race: Race, History and Culture in Western Society*, New York University Press.
Malinowski, Bronislaw（1922）*Argonauts of the western Pacific: an account of native enterprise and adventure in the archipelagoes of Melanesian New Guinea*, London: G. Routledge & Sons, ltd. / New York: E.P. Dutton & Co.
満鉄会（編）（2007）『満鉄四十年史』吉川弘文館.
Marcus, George E.（1986）"Contemporary Problems of Ethnography in the Modern World System," in James Clifford and George E. Marcus（eds.）*Writing Culture: The Poetics and Politics of Ethnography*, University of California Press.（＝1996年，足羽与志子（訳）「現代世界システム内の民族誌とその今日的課題」春日直樹ほか（訳）『文化を書く』紀伊国屋書店所収）
Marcus, George E. and Michael M. J. Fischer（1986）*Anthropology as Cultural Critique: An Experimental Moment in the Human Sciences*, The University of Chicago Press.（＝1989年，永渕康之（訳）『文化批判としての人類学：人間科学における実験的試み』紀伊国屋書店.）
Marshall, P. J. and Glyndwr Williams（1982）*Great Map of Mankind: British Perceptions of the World in the Age of Enlightenment*, J. M. Dent & Sons Ltd.（＝1989年，大久保桂子（訳）『野蛮の博物誌：18世紀イギリスがみた世界』平凡社.）
Marx, Anthony W.（2003）*Faith in Nation: Exclusionary Origins of Nationalism*, Oxford University Press.
松田ヒロ子（2008）「沖縄県八重山地方から植民地台湾への人の移動」蘭信三（編）『日本帝国をめぐる人口移動の国際社会学』不二出版.
松田京子（2003）『帝国の視線：博覧会と異文化表象』吉川弘文館.
———— (2008)「植民地支配下の台湾原住民をめぐる「分類」の思考と統治実践」『歴史学研究』846：99-107.
松田吉郎（2004）『台湾原住民と日本語教育：日本統治時代台湾原住民教育史研究』晃洋書房.
松本清張（1976）「解題」『鳥居龍蔵全集12』.
松村瞭（1903）「大阪の人類館」（明治36年4月）『東京人類学会雑誌』205：289-292.
———— (1914a)「大正博覧会に於ける諸人種」（大正3年6月）『人類学雑誌』29(6)：233-237.
———— (1914b)「大正博覧会南洋館に於けるサカイ種族の人類学的研究」（大正3年8月）『人類学雑誌』29(8)：295-318.

松下迪生・石田潤一郎（2010）「1903年第五回内国勧業博覧会台湾館の設置経緯について」『日本建築学会計画系論文集』75(648)：463-469.
———（2011）「1903年第五回内国勧業博覧会台湾館計画における移築建物について」『日本建築学会計画系論文集』76(667)：1693-1700.
Maxwell, Anne（1999）*Colonial Photography and Exhibitions: Representations of the 'Native' and the Making of European Identities*, Leicester University Press.
Merton, Robert K.（1957）"Contributions to the Theory of Reference Group Behavior," in *Social Theory and Social Structure*, The Free Press.（＝1969年，森東吾・森好夫・金沢実（訳）『社会理論と機能分析』青木書店所収.）
Miles, Robert（1993）*Racism after 'Race Relations'*, Routledge.
Miles, Robert. and Malcolm Brown（2003）*Racism*, Routledge.
三尾裕子（2005）「『民俗台湾』と大東亜共栄圏」貴志俊彦・荒野泰典・小風秀雄（編）『「東アジア」の時代性』渓水社.
———（2006）「植民地下の「グレーゾーン」における「異質化の語り」の可能性」『アジア・アフリカ言語文化研究』71: 181-203.
三浦恵次・岩井義和（1997）「小山栄三の世論研究史について」『社会学・社会福祉学研究』101: 37-74.
宮城県史編纂委員会（編）（1955）『宮城県史16（観光）』宮城県史刊行会。
宮武公夫（2010）『海を渡ったアイヌ：先住民展示と二つの博覧会』岩波書店.
Morris-Suzuki, Tessa（2000）"Ethnic Engineering," *Positions*, 8(2): 499-529.
モーリス=スズキ，テッサ（2002）「植民地思想と移民」『拡大するモダニティ1920-30年代2』岩波書店：183-214.
本橋哲也（2005）『ポストコロニアリズム』岩波新書.
中見立夫（2006）「日本的「東洋学」の形成と構図」『「帝国」日本の学知 3 』岩波書店，14-54.
中村宏（2007）「戦時下における国際観光政策」『神戸学院法学』36(3-4): 165-202.
中村ふじゑ（1981）「霧社抗日蜂起から50年」『思想の科学』127：114-118.
———（2000）『タイヤルの森をゆるがせた台湾・霧社事件——オビンの伝言』梨の木舎.
中村勝（2003）『台湾高地先住民の歴史人類学：清朝・日帝初期統治政策の研究』緑蔭書房.
中村哲・安岡昭男・武者英二・安江孝司・東喜望・仲程昌徳・中俣均・比嘉実（1990）「中村先生を囲んで」『沖縄文化研究』16: 377-431.
Nanta, Arnaud（2008）"Colonial Expositions and Ethnic Hierarchies in Modern Japan," in Pascal Blanchard et al.（eds.）*Human Zoos: Science and Spectacle in the Age of Colonial Empires*, Liverpool University Press, 248-258.
中園英助（2005）『鳥居龍蔵伝』岩波書店.
Neckel, Sighard（1991）*Status and Scham*, Campus Verlag GmbH.（＝1999年，岡原正幸訳『地位と羞恥：社会的不平等の象徴的再生産』法政大学出版局.）
日本順益台湾原住民研究会（編）（1999）『伊能嘉矩所蔵台湾原住民写真集』順益台湾原住民博物館.
日本交通公社（編）（1962）『日本交通公社50年史』日本交通公社.
新倉貴仁（2008）「ナショナリズム研究における構築主義：ベネディクト・アンダーソンの知と死」『社会学評論』59(3): 583-598.
二宮一郎（2006）「第五回内国勧業博覧会「台湾館」をめぐって：明治36年台湾総督府の一大宣

伝」『現代台湾研究』30・31：76-93.
野林厚志（1997）「鳥居龍蔵の乾板写真術」『精神のエクスペディシオン』東京大学出版会.
農商務省（編）（1904）『第五回内国勧業博覧会事務報告（下）』（明治37年 8 月）.
――――（1905）『聖路易万国博覧会本邦賛同事務報告（第二編）』農商務省.
――――（1912）『日英博覧会事務局事務報告（下）』
大林太良（1976）「改題」『鳥居龍蔵全集 7 』朝日新聞社，625-635
――――（1980）「解説」鳥居龍蔵（著）『中国の少数民族地帯をゆく』朝日新聞社，297-310.
小熊英二（1995）『単一民族神話の起源：〈日本人〉の自画像の系譜』新曜社.
――――（2001）「金関丈夫と『民俗台湾』」篠原徹（編）『近代日本の他者像と自画像』柏書房.
大阪市商工課（編）（1904）『第五回内国勧業博覧会報告書』（明治37年 5 月）大阪市商工課.
大田君枝・中川静子（1969）「霧社をたずねて（抜粋）」戴國煇編『台湾霧社蜂起事件：研究と資料』社会思想社所収.）
Parkin, Frank（1979）*Marxism and Class Theory: A Bourgeois Critique*, Columbia University Press.
Passaro, Joanne（1997）"'You Can't Take the Subway to the Field!": "Village" Epistemologies in the Global Village,'in Akhil Gupta and James Ferguson（eds.）*Anthropological Locations: Boundaries and Grounds of a Field Science*, University of California Press, 147-162.
ピーティ，マーク（Mark R. Peattie）（1996）『植民地：帝国50年の興亡』読売新聞社.
ピホ・ワリス（高永清）（著）／加藤実（編訳）（1988）『霧社緋桜の狂い咲き：虐殺事件生き残りの証言』教文館.
Platt, Jennifer（1983）"The Development of the 'Participant Observation' Method in Sociology: Origin Myth and History," *Journal of the History of the Behavioral Sciences*, 19: 379-393.
Rosaldo, Renato（1986）"From the Door of His Tent: The Fieldworker and thc Inquisitor," in James Clifford and George E. Marcus（eds.）*Writing Culture: The Poetics and Politics of Ethnography*, University of California Press.（＝1996年，西川麦子（訳）「テントの入口から」春日直樹ほか（訳）『文化を書く』紀伊国屋書店所収.）
呂紹理（2006）『時間と規律：日本統治期台湾における近代的時間制度導入と生活リズムの変容』交流協会.
ルオフ，ケネス（Ruoff, Kenneth J.）（2010）『紀元二千六百年：消費と観光のナショナリズム』朝日新聞出版.
Rydell, Robert W.（1984）*All the World's Fair: Visions of Empire at American International Expositions, 1876-1916*, The University of Chicago Press.
Said, Edward W.（1978）*Orientalism*, Georges Borchardt Inc.（＝1993年，『オリエンタリズム（上・下）』平凡社ライブラリー.）
――――（1985）"Orientalism Reconsidered," in Samih Farsoun（ed.）*Arab Society, Community and Change*, Croom Helm.（＝1993年，「オリエンタリズム再考」『オリエンタリズム（下）』平凡社ライブラリー所収.）
――――（1993）*Culture and Imperialism*, Alfred A. Knopf.（＝2001年，大橋洋一（訳）『文化と帝国主義 2 』みすず書房.）
Said, Edward W.（2000a）*Reflections on Exile and Other Essays*, Harvard University Press.（＝2006年，大橋洋一・近藤弘幸・和田唯・三原芳秋（訳）『故国喪失についての省察』みすず書房.）
――――（2000b）*Reflections on Exile and Other Essays*, Harvard University Press.（＝2009年，大橋洋一・近藤弘幸・和田唯・大貫隆史・貞廣真紀（訳）『故国喪失についての省察 2 』みすず

書房.）
齋藤一（1999）「日本の「闇の奥」」名波弘彰ほか(編)『植民地主義とアジアの表象』筑波大学文化批評研究会.
坂元ひろ子（1995）「中国民族主義の神話：進化論・人種観・博覧会事件」『思想』849：61–84.
坂野徹（2005a）「人種・民族・日本人」竹沢泰子（編）『人種概念の普遍性を問う』人文書院, 229–254.
———（2005b）『帝国日本と人類学者1884–1952年』勁草書房.
佐々木高明（編）（1993）『民族学の先覚者　鳥居龍蔵の見たアジア』国立民族学博物館.
佐藤成基（2009a）「国家／社会／ネーション：方法論的ナショナリズムを超えて」佐藤成基（編）『ナショナリズムとトランスナショナリズム：変容する公共圏』法政大学出版局, 13–31.
———（2009b）「国民国家と移民の統合：欧米先進諸国における新たな『ネーション・ビルディング』の模索」『社会学評論』60(3): 348–362.
佐藤卓巳（2005）「戦後世論の成立」『思想』980: 72–89.
Schivelbusch, Wolfgang（1977）*Geschichte der Eisenbahnreise: Zur Industrialisierung von Raum und Zeit im 19. Jahrhundert.*（＝1982年, 加藤二郎（訳）『鉄道旅行の歴史：十九世紀における空間と時間の工業化』法政大学出版局.）
千住一（2005）「日本統治下南洋群島における内地観光団の成立」『歴史評論』661: 52–68.
———（2006）「委任統治期南洋群島における内地観光団に関する覚書」『立教大学観光学部紀要』8: 59–64.
芹沢長介（1963）「鳥居龍蔵論」『思想の科学』18: 58–64.
清水昭俊（1999）「忘却のかなたのマリノフスキー」『国立民族博物館研究報告』23(3): 543–634.
———（2001）「日本における近代人類学の形成と発展」篠原徹（編）『近代日本の他者像と自画像』柏書房.
白幡洋三郎（1996）『旅行ノススメ：昭和が生んだ庶民の「新文化」』中公新書.
曽山毅（2003）『植民地台湾と近代ツーリズム』青弓社.
Stocking, George W.（1992）*The Ethnographer's Magic and Other Essays in the History of Anthropology*, The University of Wisconsin Press.
———（1995）"Delimiting Anthropology: Historical Reflections on the Boundaries of a Boundless Discipline," *Social Research*, 62(4): 933–966.
Stoler, A. L. and F. Cooper（1997）"Between Metropole and Colony: Rethinking a research Agenda," in Fredrick Cooper and Ann Laura Stoler（eds.）*Tensions of Empire: Colonial Cultures in a Bourgeois World*, University of California Press.
Stoler, Ann Laura（1997）"Racial Histories and Their Regimes of Truth," *Political Power and Social Theory*, 11: 183–206.
———（2002）*Carnal Knowledge and Imperial Power: Race and the Intimate in Colonial Rule*, University of California Press.
末成道男（1988）「鳥居龍蔵」綾部恒雄（編）『文化人類学群像（3）』アカデミア出版会.
商工省工芸指導所（編）（1942）『国民生活用具の問題：国民生活用具に関する懇談会記録』工業調査協会.
田畑久夫（1997）『民族学者・鳥居龍蔵：アジア調査の軌跡』古今書院.
台湾博覧会編（1936）『始政四十周年記念台湾博覧会写真帖』台湾博覧会（→2012年, 『復刻版

近代日本博覧会資料集成《植民地博覧会Ⅰ　台湾》：第三巻　始政四十周年記念台湾博覧会写真帖』国書刊行会）.
――――（1939）『始政四十周年記念台湾博覧会誌』台湾博覧会（→2012年,『復刻版　近代日本博覧会資料集成《植民地博覧会Ⅰ　台湾》：第一巻　始政四十周年記念台湾博覧会誌』国書刊行会）.
台湾博覧会協賛会（編）（1939）『始政四十周年記念台湾博覧会協賛会誌』台湾博覧会協賛会（→2012年,『復刻版　近代日本博覧会資料集成《植民地博覧会Ⅰ　台湾》：第二巻　始政四十周年記念台湾博覧会協賛会誌』国書刊行会.）
台湾総督府警務局（編）（1935）『蕃人教育概況』台湾総督府警務局（→2010年，阿部洋（編）『日本植民地教育政策史料集成（台湾篇）第54巻』竜渓書舎.）
――――（1942）『高砂族の教育』台湾総督府警務局（→2010年，阿部洋（編）『日本植民地教育政策史料集成（台湾篇）第55巻』竜渓書舎.）
台湾総督府警務局理蕃課（編）（1932-1943）『理蕃の友』理蕃の友発行所（→1993年,『〔復刻版〕理蕃の友』緑蔭書房）.
高木秀太郎（1903）『第五回内国勧業博覧会』関西写真製版印刷写真部.
高橋泰隆（1995）『日本植民地鉄道史論：台湾，朝鮮，満州，華北，華中鉄道の経営史的研究』日本経済評論社.
高岡裕之（1993）「観光・厚生・旅行：ファシズム期のツーリズム」赤澤史朗・北河賢三（編）『文化とファシズム：戦時期日本における文化の光芒』日本経済評論社.
高澤淳夫（1992）「戦時下日本における人口問題研究会と人口問題研究所」戦時下日本社会研究会『戦時下の日本』行路社，103-119.
竹沢泰子（編）（2005）『人種概念の普遍性を問う：西洋的パラダイムを超えて』人文書院.
拓殖博覧会（編）（1913）『拓殖博覧会事務報告』東京：拓殖博覧会残務取扱所.
田中純一郎（1980）『日本映画発達史Ⅰ』中央公論社.
寺田和夫（1981）『日本の人類学』角川書店.
寺内威太郎（2004）「「満鮮史」研究と稲葉岩吉」『植民地主義と歴史学：そのまなざしが残したもの』刀水書房.
Todorov, Tzvetan.（1982）*La Conquête de l'Amérique : La Question de l'autre*.（＝1986年，及川馥・大谷尚文・菊地良夫（訳）『他者の記号学：アメリカ大陸の征服』法政大学出版局.）
冨山一郎（1994）「国民の誕生と「日本人種」」『思想』845: 37-56.
鳥居龍蔵（1895a）「西比利亜の土人」『鳥居龍蔵全集（7）』朝日新聞社，546-552.
――――（1895b）「在旅順鳥居龍蔵氏よりの来書」『東京人類学会雑誌』113: 452-454.
――――（1896a）「遼東半島」『鳥居龍蔵全集（8）』朝日新聞社，573-597.
――――（1896b）「鳥居龍蔵氏の消息」『東京人類学会雑誌』129: 121-122.
――――（1896c）「鳥居龍蔵氏の近信」『鳥居龍蔵全集（11）』朝日新聞社，459-460.
――――（1897a）「台湾探検者鳥居龍蔵氏の消息」『東京人類学会雑誌』139: 35.
――――（1897b）「鳥居龍蔵氏よりの通信」『東京人類学会雑誌』141: 116-118.
――――（1897c）「伊能嘉矩氏と鳥居龍蔵氏との会合」『東京人類学会雑誌』141: 118-119.
――――（1897d）「台湾生蕃地探検者の最も要す可き知識」『鳥居龍蔵全集（11）』朝日新聞社，408-415.
――――（1899）「台湾東南部の人類学的探検」『東京人類学会雑誌』155: 195-198.
――――（1901a）「台湾蕃地探検談」『鳥居龍蔵全集（11）』朝日新聞社，422-431.

――――（1901b）「台湾中央山脈の横断」『鳥居龍蔵全集（11）』朝日新聞社，431-459.
――――（1901c）「北海道千島に於ける人類学的調査に就て」（明治34年12月）『東京人類学会雑誌』189: 109-112.
――――（1902）「在清国鳥居龍蔵氏よりの来書」（明治35年10月）『東京人類学会雑誌』199: 36-37.
――――（1903a）「在清国鳥居龍蔵氏よりの来書」『東京人類学会雑誌』202: 166-170.
――――（1903b）「苗族ト猓玀ニ就テ」『鳥居龍蔵全集（11）』朝日新聞社，357-368.
――――（1903c）「支那に於ける苗族の地理学的分布竝に其の現状」『鳥居龍蔵全集11』朝日新聞社，368-383.
――――（1903d）「マルコポロ旅行記中にある猓玀の記載」『鳥居龍蔵全集（10）』朝日新聞社，602-605.
――――（1903e）「鳥居龍蔵氏よりの清国通信」『東京人類学会雑誌』204: 252-253.
――――（1904）「鳥居龍蔵君琉球通信」『東京人類学会雑誌』221: 451-452.
――――（1905a）「苗族は現今如何なる状態にて存在する乎」『鳥居龍蔵全集（11）』朝日新聞社，383-396.
――――（1905b）「思ふこと一つ二つ」『鳥居龍蔵全集（12）』朝日新聞社，393-396.
――――（1907）「苗族調査報告」『鳥居龍蔵全集（11）』
――――（1910a）「人種の研究は如何なる方法によるべきや」『鳥居龍蔵全集（1）』朝日新聞社，471-480.
――――（1910b）「人類学研究・台湾の原住民（一）序論」『鳥居龍蔵全集（5）』朝日新聞社.
――――（1911）「蒙古旅行」『鳥居龍蔵全集（9）』朝日新聞社.
――――（1913）「人類学と人種学（或は民族学）を分離すべし」『鳥居龍蔵全集（1）』朝日新聞社，480-483.
――――（1914）「人類学研究・満洲族」『鳥居龍蔵全集（5）』朝日新聞社
――――（1926）『人類学上より見たる西南支那』『鳥居龍蔵全集（10）』朝日新聞社，219-521.
――――（1927）「日本人類学の発達」『鳥居龍蔵全集（1）』朝日新聞社，459-470.
――――（1936a）「満蒙其他の思ひ出」『鳥居龍蔵全集（12）』朝日新聞社，1-136.
――――（1936b）「学生生活五十年の回顧（一）」『鳥居龍蔵全集（12）』朝日新聞社，408-414.
――――（1953）『ある老学徒の手記』『鳥居龍蔵全集（12）』朝日新聞社，137-343.
東亜交通公社（編）（1943）『東亜旅行社満洲支部十五年誌』東亜交通公社満洲支社.
――――（1944）『最近に於ける海外宣伝の推移：「観光事業十年の回顧」続編』東亜交通公社.
東京大学総合研究資料館（編）（1991）『乾板に刻まれた世界：鳥居龍蔵の見たアジア』東京大学総合研究資料館.
坪井正五郎（1887）「人類学当今の有様（第一篇）」（明治20年８月）『東京人類学会雑誌』18: 267-280.
――――（1889a）「パリー通信」（明治22年9月）『東京人類学会雑誌』43: 516-524.
――――（1889b）「パリー通信」（明治22年10月）『東京人類学会雑誌』44: 17-26.
――――（1889c）「パリー通信」（明治22年12月）『東京人類学会雑誌』46: 77-90.
――――（1890a）「パリー通信」（明治23年3月）『東京人類学会雑誌』48: 145-152.
――――（1890b）「ロンドン通信」（明治23年５月）『東京人類学会雑誌』50: 222-232.
――――（1890c）「ロンドン通信」（明治23年８月）『東京人類学界雑誌』53: 333-335.
――――（1891）「比較土俗学」『東洋学芸雑誌』117: 281-287.

———（1892a）「考古学と土俗学」（明治25年１月）『東洋学芸雑誌』124: 8-13.
———（1892b）「人とは何ぞ」（明治25年８月）『東京人類学会雑誌』77: 354-363.
———（1892c）「地理学上智識の拡張が人類学上研究の進歩に及ぼせる影響」（明治25年11月）『東京人類学会雑誌』79: 33-41.
———（1893a）「通俗講話人類学大意」（明治26年１月）『東京人類学会雑誌』82: 130-133.
———（1893b）「通俗講話人類学大意（続）」（明治26年２月）『東京人類学会雑誌』83: 187-190.
———（1893c）「通俗講話人類学大意（続）」（明治26年３月）『東京人類学会雑誌』84: 230-233.
———（1893d）「通俗講話人類学大意（続）」（明治26年７月）『東京人類学会雑誌』88: 424-428.
———（1893e）「通俗講話人類学大意（続）」（明治26年８月）『東京人類学会雑誌』89: 465-468.
———（1894a）「人類学の発達」（明治27年６月）『東京人類学会雑誌』99: 336-344.
———（1894b）「人類学の発達（続）」（明治27年７月）『東京人類学会雑誌』100: 379-384.
———（1894c）「人類学と近似諸学との区別」（明治27年８月）『東京人類学会雑誌』101: 421-426.
———（1895a）「人種問題研究の準備」（明治28年３月）『東京人類学会雑誌』108: 214-222.
———（1895b）「人類学の定義に関する意見」（明治28年12月）『東京人類学会雑誌』117: 85-90.
———（1899a）「土俗的標本の蒐集と陳列とに関する意見」（明治32年10月）『東洋学芸雑誌』217: 423-427.
———（1899b）「人種的諸性質の異同は根本的のものなりや否や」（明治32年8月）『東洋学芸雑誌』215: 330-335.
———（1902）「人類学研究所としての我国」（明治35年10月）『東京人類学会雑誌』199: 32-36.
———（1903a）「人種談」（明治36年４月）『東京人類学会雑誌』205: 255-272.
———（1903b）「人類館と人種地図」（明治36年４月）『東洋学芸雑誌』20（259）：163-66.
———（1903c）「第五回内国勧業博覧会に於ける人類学」（明治36年5月）『東京人類学会雑誌』206：299-303.
———（1904a）「人類学研究材料蒐集の範囲，附たり人類学問題集編纂意見」（明治37年5月）『東京人類学会雑誌』218: 289-292.
———（1904b）「人類学標本展覧会開催趣旨設計及効果」（明治37年６月）『東京人類学会雑誌』219: 333-342.
———（1904c）「ロシヤの人種」（明治37年８月）『東洋学芸雑誌』276: 383-397.
———（1905a）「人類学的知識の要益々深し」（明治38年６月）『東京人類学会雑誌』231: 384-392.
———（1905b）「人類学的智識の要益々深し（承前完結）」（明治38年８月）『東京人類学会雑誌』233: 462-468.
———（1906）「人類学に於て謂ふ所のモノジェニー，ポリジェニー」（明治39年５月）『東洋学芸雑誌』296: 195-200.
———（1908）「人類学講話（二）」（明治41年５月）『東京人類学会雑誌』266: 296-299.

――――（1909）「実際問題と人種の異同」（明治42年４月）『東京人類学会雑誌』277: 260-262.
――――（1910）「人類中に認めらるる種々なる集団」『東京人類学雑誌』290: 287-291.
――――（1911）「世界一周雑記（三）」（明治44年11月）『人類学雑誌』27(8)：479-488.
――――（1912a）「世界一周雑記（五）」（明治45年１月）『人類学雑誌』28(1)：20-27.
――――（1912b）「世界一周雑記（六）」（明治45年２月）『人類学雑誌』28(2)：88-96.
――――（1912c）「世界一周雑記（七）」（明治45年３月）『人類学雑誌』28(3)：150-157.
――――（1912d）「海外旅行記」（明治四五年六月）『早稲田講演』2 (2)（→二〇〇五年，山口昌男（監修）『うしのよだれ』国書刊行会，pp. 280-286所収.）
――――（1912e）「世界一周雑記（一〇）」（明治45年７月）『人類学雑誌』28(7)：403-407.
――――（1912f）「世界一周雑記（一一）」（明治45年８月）『人類学雑誌』28(8)：470-473.
――――（1912g）「拓殖博覧会出場の諸種族」（大正元年12月）『東洋学芸雑誌』370: 590-592.
――――（1914）「明治年代と日本の版図内の人種」（大正３年１月）『人類学雑誌』219/ 1: 1-12.
月出皓（編）（1903）『台湾館』第五回内国勧業博覧会台湾協賛会.
Turner, Victor（1974）*Dramas, Fields, and Metaphors: Symbolic Action in Human Society*, Cornell University Press.（＝1981年，梶原景昭（訳）『象徴と社会』紀伊国屋書店.）
梅棹忠夫（1991）「回想の民族学」『梅棹忠夫著作集（10）』中央公論社，595-614.
――――（1992）「民族学と写真」『梅棹忠夫著作集（11）』中央公論社，549-566.
宇野利玄（1981）「台湾における「蕃人」教育」戴國煇（編）『台湾霧社蜂起事件：研究と資料』社会思想社.
Urry, John（2000）*Sociology beyond Societies: Mobilities for the twenty-first century*, Routledge.（＝2006年，吉原直樹（監訳）『社会を越える社会学：移動・環境・シチズンシップ』法政大学出版局.）
Van Maanen, John（1988）*Tales of the Field: On Writing Ethnography*, The University of Chicago Press.（＝1999年，森川渉（訳）『フィールドワークの物語：エスノグラフィーの文章作法』現代書館.）
Wallerstein, Immanuel（1996）*Open the Social Sciences: Report of the Gulbenkian Commission on the Restructuring of the Social Sciences*, Mestizo Spaces/ Stanford University Press.（＝1996年，山田鋭夫（訳）『社会科学をひらく』藤原書店.）
――――（1999）*The End of the World as We Know It: Social Science for the Twenty-First Century*, University of Minnesota Press.（＝2001年，山下範久（訳）『新しい学：21世紀の脱＝社会科学』藤原書店.）
Williams, Rosalind H.（1982）*Dream Worlds: Mass Consumption in Late Nineteenth-Century France*, University of California Press.（＝1996年，吉田典子・田村真理（訳）『夢の消費革命：パリ万博と大衆消費の興隆』工作舎.）
Wimmer, Andreas and Nina Glick Schiller（2002）“Methodological nationalism and beyond: nation-state building, migration and the social sciences,” *Global Networks*, 2(4): 301-334.
八木奘三郎（1913）「坪井博士の美点と欠点」（大正２年12月）『人類学雑誌』28(11).
山辺健太郎（編）（1971）『現代史資料22：台湾２』みすず書房.
山路勝彦（2004）『台湾の植民地統治：〈無主の野蛮人〉という言説の展開』日本図書センター.
――――（2008）『近代日本の植民地博覧会』風響社.
山本有造（2006）「近代日本帝国における植民地支配の特質」（http://hdl.handle.net/10114/91）
山室信一（2003）「「国民帝国」論の射程」山本有造（編）『帝国の研究：原理・類型・関係』名

古屋大学出版会.
――――（2006）「国民帝国・日本の形成と空間知」『「帝国」日本の学知8』岩波書店，20-76.
山中源二郎（1971）「『縦横人類学』を読む」『季刊人類学』2(2): 237-240.
山根幸夫（1975）「台湾協会の成立とその発展：日本植民政策の一側面」『東京女子大学附属比較文化研究所紀要』36: 49-77.
山崎直方（1913）「理学博士坪井正五郎君を悼む」（大正2年7月）『東洋学芸雑誌』382: 319-323.
柳田国男（1942）「方言覚書」（→1969年，『定本柳田国男集（18)』筑摩書房所収）
柳田国男・橋浦泰雄・岡田謙・中村哲・金関丈夫（1943）「柳田国男氏を囲みて：大東亜民俗学の建設と『民俗台湾』の使命」『民俗台湾』30：2-15.
吉見俊哉（1992）『博覧会の政治学：まなざしの近代』中公新書.
――――（1999）「東京帝大新聞研究室と初期新聞学的知の形成をめぐって」『東京大学社会情報研究所紀要』58: 45-71.
楊雲萍（1983）「金関丈夫先生の思い出」『えとのす』21.
Young, Louise（1998）*Japan's Total Empire: Manchuria and the Culture of Wartime Imperialism*, University of California.（＝2001年，加藤陽子・川島真・高光佳絵・千葉功・古市大輔（訳）『総動員帝国：満洲と戦時帝国主義の文化』岩波書店.）
有信社（編）（1913）『明治記念　拓殖博覧会案内記』有信社.

著者紹介

阿部純一郎（あべ・じゅんいちろう）

1979年生まれ。名古屋大学大学院環境学研究科社会環境学専攻社会学講座博士後期課程単位取得満期退学。博士（社会学）取得。現在椙山女学園大学文化情報学部准教授。専門は、社会学。近年は、冷戦期日本の渡航管理制度と「不法出国」問題について研究を進めている。主要著書に、西原和久・保坂稔編『グローバル化時代の新しい社会学』（共著、新泉社、2007）、訳書に、ニック・クロスリー『社会運動とは何か――理論の源流から反グローバリズム運動まで』（共訳、新泉社、2009）などがある。

〈移動〉と〈比較〉の日本帝国史
統治技術としての観光・博覧会・フィールドワーク

初版第1刷発行　2014年4月14日

著　者　阿部純一郎
発行者　塩浦　暲
発行所　株式会社新曜社
〒101-0051
東京都千代田区神田神保町3-9　第一丸三ビル
電話(03)3264-4973(代)・FAX(03)3239-2958
E-mail: info@shin-yo-sha.co.jp
URL http://www.shin-yo-sha.co.jp/
印刷所　亜細亜印刷
製本所　イマヰ製本所

ISBN978-4-7885-1359-4　C3036